Stephan Waldscheidt
Bessere! Romane! Schreiben! 1 & 2

Das schreiben Leser auf amazon.de ...

»Praxisnah, logisch und unterhaltsam« – *Anett Posner*

»Tolles Buch. Sehr hilfreich. Leicht nachvollziehbar.« – *Andrea Gerth*

»In lebendiger Sprache geschriebene Tipps und Tricks für das Feintuning von Romanen mit zahlreichen Beispielen aus Literatur und Film.« – *Katharina Bleuer*

»Dieses Buch ist ein wahrer Augenöffner!« – *Laurence Horn*

»S. W. weiß, wovon er spricht, seine Tipps sind mehr als hilfreich.« – *Zazza*

»Jede einzelne Seite ist ein Geschenk.« – Claudia Stein

... und das schreiben die Medien

»Wie immer bei Waldscheidt vergisst man übers Schmökern voller Lachanfälle, Aha-Erlebnisse, treffender Beispiele und brillanter Analysen oftmals, dass man sich jede Menge Stellen mit Haftzetteln markieren sollte, um später all die hervorragenden Tipps auszuprobieren und umzusetzen. Trotzdem und gerade deswegen: ein großartiges Buch – und eine dringende Kaufempfehlung für alle AutorInnen, die einfach besser schreiben wollen.«
The Tempest

»Sehr angenehm zu lesen ist Waldscheidts erfrischend plastischer Erklärstil; viele seiner Erläuterungen untermauert er mit Zitaten aus internationalen Romanen. Das Buch eignet sich hervorragend zum sprunghaften Lesen. Wer damit arbeitet, wird es nicht Stück für Stück durchgehen, sondern immer wieder zur Hand nehmen, um bestimmte Themenbereiche zu vertiefen. Egal, ob Anfänger oder Profi«
Textart

Stephan Waldscheidt

BESSERE! ROMANE! SCHREIBEN! 1 & 2

Schreibratgeber für Autorinnen & Autoren

Schriftzeit Schreibratgeber

Und das steht drin

Intro: Für wen ist dieses Buch und was erwartet Sie darin? ... 7

Vorbereitung

Was muss passiert sein, damit Frodo das Schiff besteigen kann?
*Zur **Grobplanung** eines komplizierten Romanplots* ... 10
Drum prüfe, wer sich einen Roman lang bindet
*Was ist eine **Prämisse** und welche ist die richtige für Sie?* ... 12
Gefahren und Chancen von Moden in der Literatur
*Das **Thema** Ihres Romans* ... 15
Die wundersamen Entdeckungen beim Bierdeckelsammeln
*Über die **Recherche*** ... 17
Warum Sie Ihren Mann als Leiche im Wohnzimmer drapieren sollten
*Zwecks **Inspiration** Situationen im Roman darstellen oder durchspielen* ... 18

Plot & Struktur

Ein Glas Sauerkirsch-Konfitüre, und der Leser weint
*Warum Sie **Geschichten weben** und nicht bloß spinnen sollten* ... 22
Zwei in einem Buch
*Der Unterschied zwischen **Geschichte und Plot*** ... 24
Was hat der Kleinganove mit dem Filmstar zu schaffen?
*So machen Sie aus Ihrem Roman eine **unendliche Geschichte*** ... 25
Verpasst Clara das Flugzeug und ihre große Liebe?
*Zur emotionalen Tiefe und Höhe von **Hindernissen*** ... 28
Es regnet immer zur ungünstigsten Zeit
*Warum **Hindernisse** aufeinander aufbauen sollten* ... 30

Erzählen & Erzählperspektive

Wie Sie Märchenonkel werden. Oder Märchentante.
*So erzählen Sie **souverän*** ... 33
Warum ist es im Haus so totenstill?
*Die beiden Säulen **mitreißenden** Erzählens* ... 35
Ist Ihr Roman gefährlich und schlimmer als Drogen?
*So holen Sie **mehr aus der Geschichte** heraus* ... 37
Dämonen an beiden Ufern
*So bringen Sie das **Feuer** zurück in Ihren Roman* ... 40

Halten Sie sich gefälligst da raus!
*Einmischen oder **hinter dem Text** verschwinden* ... 42
Dazu fällt mir noch folgende Geschichte ein ...
***Informationsüberflutung** des Lesers* ... 48
Die gefährlichste **Versuchung** des Romanautors
... und wie Sie ihr widerstehen ... 51
Hilfe, der Tiger ist los!
*Mehr Dramatik durch **Wechsel der Erzählperspektive*** ... 59
Die zwei **Gefahren der Ich-Form**
... und was Sie dagegen tun können ... 62
Ich weiß etwas, was du nicht weißt
***Informationsvorsprung** von Leser oder POV-Charakter* ... 63
Vom Zehnmeterturm! Für Lore – und nicht für den Führer!
*Die Vorteile von **Froschperspektive** und **Understatement** im Roman* ... 66
Brief an meine ermordete Schwester
*Die Risiken **ungewöhnlicher Erzählperspektiven*** ... 68

Der perfekte Einstieg

Wer gewinnt den Starr-Wettkampf?
*Wie Sie Ihren Roman **in Gang** bringen* ... 71
Gut gegen den Mordswind der weißen ersten Seite
*Wie Sie den **perfekten Einstieg** finden* ... 72
Wyoming brennt nicht für jeden gleich
*Wie Sie sich vom **Schauplatz inspirieren** lassen* ... 75
Blitz für NAW
*Der Anfang Ihres Romans als **stimmiges Gesamtkonzept*** ... 77
Reinkommen, hinsetzen, genießen
*Warum Sie den Lesern den **Einstieg möglichst einfach** machen sollten* ... 80
Besuchen Sie Clarice Starling nicht auf dem Schießstand
*Der **beste Zeitpunkt** für den Einstieg in Ihren Roman* ... 82
Untote kommen übrigens auch noch vor
*Der Prolog im Roman – und was **für** ihn spricht* ... 83
Das Baby, tot in den Armen seiner Mutter
*Der Prolog im Roman – und was **gegen** ihn spricht* ... 85
Ach du Schande, eine alte Handschrift!
*Der Prolog im Roman – so **schreiben** Sie ihn und so lassen Sie ihn **weg*** ... 88

Lebendige Charaktere schaffen

Warum erschoss Jan K. elf Menschen?
*Was Romanfiguren **antreibt*** 92
Was steht ganz oben auf der Playlist Ihrer Heldin?
*Nur **interessierte** Charaktere schaffen Interesse beim Leser* 94
Ein Tsunami aus **Mitgefühl**
Lektionen aus Clint Eastwoods Film »Hereafter« 96
Wer hat meinen Roman ermordet?
*So tötet ein **passiver Held** Ihren Roman – und so **beleben** Sie ihn wieder* 100
Der Teufel steckt im Detail (und manchmal auch im Fahrstuhl)
*Was ein typischer **Hollywood**-Film über Charakterisierung lehrt* 102
Wo liegt das **Böse**?
*In den **Motiven** oder in den **Taten**?* 105
Der Serienmörder als Duckmäuser und Gott
*Das wichtigste von allen **Rollenspielen*** 107
Wenn Engel und Teufel um eine Seele streiten
***Auslagern** von Persönlichkeitsmerkmalen* 109
Warum kaputte Rasenmäher besser sind als Zigaretten
*So erschaffen Sie **interessante Nebenfiguren*** 111
Aus bestimmten Blickwinkeln stark und resolut
*Einen Charakter mittels **Verneinungen** beschreiben* 113
Der Held an Ihrer Weihnachtstafel
*Wie Sie Ihren Helden am tiefsten **verletzen*** 114
Evelyns Schönheitssalon und der Mann ihrer Träume
*Warum Sie sich von Ihren Romanfiguren mal so richtig **ärgern** lassen sollten* 115
Der Dorftrottel oder George Clooney im Ehebett
***Attraktive Ziele** – für die Romanfigur und für den Leser* 116
King Kong und die weiße Frau beim Pauschalurlaub auf Malle
*Das **Individuelle** an einer **Beziehung*** 119
Wie Süß! Wie heißt der Kleine denn? Voldemort? Oh.
*So finden Sie den richtigen **Namen** für Ihre Romanfiguren* 121
Von Kaffeetrinkern und unfreundlichen Wörtern
*Wie Sie auch **sprachlich** Ihren Romanfiguren **nahe** kommen* 126
So fesseln Sie Ihre Leser (an die Heldin Ihres Romans)
*Wie Sie Ihre Charaktere den Lesern **näherbringen*** 128
Der stille Charme der Versicherungssachbearbeiterinnen
*Leser lesen gerne über Menschen bei der **Arbeit*** 131

Er war kein Held, bloß ein Mensch, der Heldenhaftes tat
*Zeigen Sie Ihren Lesern Menschen – und vor allem **sich selbst*** 134
Spendabel wie ein Schotte?
*Wie Sie von **Vorurteilen** Ihrer Leser profitieren* 136
Als meine Frau heimkam, saß die Königin an ihrem Platz
*Von »**The King's Speech**« und der Figur Lionel Logue lernen* 138

Szenen & Übergänge

Spät rein, früh raus
*So steigen Sie richtig in Szenen **ein** und richtig wieder **aus*** 141
Los, spring! Es ist doch nur eine Leerzeile
Harte Schnitte 150
Eheprobleme, französisch und mexikanisch
Überleitungen, Überbrückungen 152
Dackel hängt drei Stunden an Sylter Klippe (mit den Zähnen)
*So **beenden** Sie Ihre Szenen **subtiler*** 155

Mitreißend schreiben

Wie Ihr Roman Silvester wird
Überlebensgröße** und reichlich **Mikrospannung 158
Der Mörder in Ihrem Innern
*Wo Sie **Gefühle** am besten **recherchieren*** 160
Das Wundervolle am Tod
*Wie Sie aus dem **Klischee ausbrechen** und Ihre **Leser verändern*** 162
Reiten wie der Wind oder doch lieber segeln?
*Wie zwei **perfekte Popsongs** Ihren Roman besser machen* 164
1. Backen, 2. Brauen, 3. Königskind holen
*Wie Sie mit der passenden **Liste** Ihren Roman verbessern* 166
Einem echten Kerl verzeiht eine Frau doch alles
*Die Wucht der **Begeisterung*** 168
Keine Bühne für Geschwätz
*Wie Sie allein durch **Streichen** Dialoge stärker machen* 169
Roman mit Tsunami-Frühwarnsystem
***Überraschungen** glaubhaft anlegen* 172
Die Kavallerie und die Blutsauger
*Wie **wundersame Rettungen** Ihren Roman stärker machen* 176
Du darfst nicht alles, bloß weil du Gott bist
*Nur bestimmte **Zufälle** werden von Ihren Lesern akzeptiert* 178

Und der Oscar geht an ... den **Helden** Ihres Romans!
Was Sie aus dem Film »127 Hours« für Ihren Roman lernen können 179
Wahre Liebe überwindet alles (sogar den Plot)
Was Sie aus dem Film »Der Plan« für Ihren Roman lernen können 182
Harry, hol schon mal den Wagen...heber
***Spannung auf jeder Seite** durch Mikro-Erwartungen* 185
Von Zeitbomben, auch menschlichen
Zeit als Spannungsfaktor 187
Es ist nicht spannend, sich in den Fuß zu schießen
*Wie Sie sich beim **Erzeugen von Spannung** selbst aus dem Weg gehen* 189

Beschreibungen & Bilder

Wie sehen Sie aus, wenn ein Riese Sie in die Länge zieht?
*Warum Sie Romanfiguren nicht **zu Tode beschreiben** sollten* 192
Es ist **nichts Körperliches**, sagte sie
*Worauf es bei der **Beschreibung** von Romanfiguren ankommt* 195
Ihr Herz, ein beschwingtes Organ
*Ein paar Gedanken zu **Beschreibungen von Charakteren*** 197
Körperteile-Shuffle
*Vorsicht vor zu viel oder zu **detaillierter Anatomie*** 199
Arzt mit Haaren auf den Zähnen sucht Sprechstundenhilfe mit Biss
Metaphern** richtig verwenden: mit Hilfe von **Wortwelten 201
Ein Gletscher kalbt im Totenreich
*Wie Sie Ihre Bildwelten vor **Unstimmigkeiten** schützen* 204
Der Autor als Schnellschussgewehr
*Ein paar schnelle Gedanken über das **perfekte Sprachbild*** 206
Eine kleine Spinne namens »Unsere Ehe«
***Symbolik** im Genre-Roman* 207
Von der Hure blieb nur der Hut
Gefahren** und **Chancen** der **Symbolik 208

Sprache & Stil

Jesus und der aufgeschlitzte Teddy
*Wie Sie **Details fürs Ganze** sprechen lassen* 211
Schreiben statt Kleistern
*Wie Sie **Sprachklischees** vermeiden* 212
Das Universum? Ein Schritt in die falsche Richtung
*Spielarten von **Humor** im Roman – auch für unlustige Texte geeignet* 215

Nachbereitung

Ihr Roman im Fegefeuer
*Die **Überarbeitung*** 229
Der Kuckuck und die **Normseite**
Was ist eine Normseite und wofür brauchen Sie sie? 231
Ab mit ihrem Kopf!
*Weshalb ich an einem Abend drei Romane anfing – und **beiseitelegte*** 235

Schreiben & Leben

Kann man literarisches **Schreiben lernen**?
Oder warum Sie diese Frage vergessen sollten 238
Lass die **Fehlersau** raus!
So schreiben Sie eine erste Fassung 239
Mehr ist anders
*Zur **Emergenz** von Romanen* 241
Leben und Sterben wie Bonnie und Clyde
*Chancen und Risiken der als Roman getarnten **Autobiografie*** 244
Meine Lektion von Spritzgebäck
*Über **Schreibregeln*** 246
Wenn der Hund dringend raus muss
*Wie das **Aufhören mitten im Satz** Ihre Phantasie beflügelt* 247
Die literarische Begleiterscheinung von Mittagsschläfchen
*Ihre **Inspiration** beim Schopf packen* 248
Der Autor als Sommelier des Lebens
*Sensibilisieren Sie Ihre **Wahrnehmung*** 249
Was Ihre Muse liebt
***Kreative Pausen** nutzen* 250
Der perfekte Tag, Ihren Roman zu **beginnen**
*Psst: Der ist **heute!*** 251
Ich bin ein schwarzer Schwan – und wer sind Sie?
Wie** ein Autor sein muss – und **wie viele 252
Das sichere **Erfolgsrezept** für Schriftsteller
Ja, ganz ehrlich 254
Wird Ihr Buch ein **Bestseller**? Fragen Sie die Affen
*Experten und ihre Urteile im **Buchmarkt*** 257
Der große Test: Wird Ihr Roman ein Bestseller? 259
Haben **Sie** das Zeug zum **erfolgreichen Autor**?
***Was Sie brauchen**, um verdammt gute Romane zu schreiben* 285

Intro: Für wen ist dieses Buch und was erwartet Sie darin?

Verehrte Autorin, verehrter Autor,

Sie lesen richtig: Ich verehre Autoren. Es gibt viele wunderbare Schriftstellerinnen und Schriftsteller. Genug können es nie sein. Darum dieses Buch.

Im Winter vor einem prasselnden Feuer sitzen, eine Tasse Tee und frischgebackene Plätzchen daneben. In der Ferne am Strand liegen, eiskalter Orangensaft, die Wellen branden eindringlich, aber nicht aufdringlich heran, benetzen die sonnenwarmen Füße. Ein Spätsommertag auf der Terrasse, der Blick geht in die grüngoldenen Bäume, aufgebauscht von einer Brise, die schon nach Herbst duftet. Perfekte Orte zum Lesen – zu schade für einen schlechten Roman. Darum dieses Buch.

Nichts ist schöner als Lesen. Nichts? Sie haben Recht: Schreiben ist schöner. Doch wie schreiben, wie die Leser erreichen, beglücken, verzaubern? Antworten finden Sie in diesem Buch.
Die Zeit, die Sie mit Schreiben verbringen, ist zu kostbar, um sie nicht perfekt auszufüllen. Sie schreiben, um gelesen zu werden. Sie können erzählen, doch Sie möchten noch besser werden. Dabei hilft Ihnen dieses Buch.

»*Bessere! Romane! Schreiben! 1 & 2*« vereint Artikel aus meinem Blog schriftzeit.de. Alle wurden überarbeitet und zum Teil deutlich erweitert. Das Buch verrät Ihnen die Tricks erfolgreicher Autorinnen und Autoren und erklärt, wie Sie diese auch in Ihrem Roman einsetzen. »*Bessere! Romane! Schreiben! 1 & 2*« wird Sie inspirieren.
Das Buch ist keine A-Z-Anleitung zum Schreiben von Romanen. Vielmehr erläutere und vertiefe ich anhand von Beispielen aus bei großen Verlagen erschienenen Romanen Aufgaben und Schwierigkeiten, die jedem Autor früher oder später begegnen. Ich zeige Ihnen Techniken, wie Sie diese Herausforderungen lösen und Ihre Romane lesenswerter machen.
Das Buch wurde von einem Praktiker für Praktiker geschrieben, es hilft dem Anfänger ebenso wie dem Profi, egal, ob beim Planen, Schreiben oder Überarbeiten Ihres Romans. Vieles, was Sie hier lesen, finden Sie in keinem anderen Buch.

Dieses Buch fasst die als E-Books erschienenen »*Bessere! Romane! Schreiben!*« und »*Bessere! Romane! Schreiben! 2*« in einem gedruckten Buch zusammen. Die Artikel wurden überarbeitet und thematisch neu sortiert.
Viel Vergnügen bei der Lektüre und noch mehr beim Anwenden des Gelernten. Verehrte Autorin, verehrter Autor, ich freue mich auf Ihre wundervollen Romane.

Geben Sie mir doch kurz Bescheid, wenn ein neues Buch von Ihnen erscheint: blog@schriftzeit.de.
Stephan Waldscheidt, im Juni 2013

Nachtrag: Ist dieses Buch etwas für Sie? Eine kleine Orientierungshilfe.

Wem hilft dieses Buch nur bedingt weiter:
☺ Romannovizen, die Tipps suchen, wie man Romane aufbaut und strukturiert
☺ Autoren, die wissen möchten, wieso sie dauernd Absagen von Verlagen kassieren
☹ Schreibanfängern
☹ Literaten, die in der Form Roman in erster Linie ein Kunstwerk sehen

Wer findet in diesem Buch Tipps und Tricks und viele Antworten:
☺ Autoren, die an ihrem ersten Roman arbeiten und nicht mehr weiterwissen
☺ Autoren, die schon einige Romanversuche in der Schublade haben
☺ Autoren, die wissen möchten, wo es bei ihrem Roman noch hakt
☺ Autoren, die bereits veröffentlicht haben, aber noch auf den Durchbruch warten
☺ Erfolgreiche Autoren, die sich für Detailfragen zum Erzählhandwerk interessieren
☺ Autoren, die gern einen noch besseren Roman schreiben würden

Jeder Schreibratgeber ist nur so gut wie die Texte, die daraus entstehen. Das hier ist ein Buch für aktives Lesen mit Stift und Marker. Rufen Sie Ihre Muse / Ihren Muserich zu sich auf die Couch und lesen Sie los. Und immer Ihr aktuelles Romanproekt im Hinterkopf dabei!

Die dritte Auflage wurde neu gesetzt und um den umfangreichen Test »*Wird Ihr Buch ein Bestseller?*« erweitert. Die Kapitel bekamen zum Teil andere Titel, wurden neu sortiert und gestalten jetzt das Buch noch übersichtlicher.

Manche Artikel streifen weitere Themen – was übrigens für jeden Roman gilt, denn im Idealfall hängt alles mit allem zusammen. Wie Sie gleich sehen werden. Die Artikel behandeln wichtige Aspekte eines Themas, ohne den Anspruch, dieses abzudecken.

Zu den einzelnen Themen finden sich jetzt auch Buchtipps zu weiteren meiner Ratgeber. (Die sonderbaren Kürzel bei den Buchtipps sind abgekürzte Links, die Ihnen Tipparbeit ersparen – das ist jedoch die einzige Tipparbeit, die ich Ihnen mit diesem Buch erspare. Ansonsten setze das Buch auf Anregung, Inspiration und neue Energien für noch mehr und noch bessere Texte.)

Jetzt mal ran an dieses Buch und Ihren Roman!

VORBEREITUNG

Buchtipp: Schon vor dem Schreiben ans Veröffentlichen denken!

KLÜGER PUBLIZIEREN für Autoren von Romanen und Sachbüchern: Erfolgreicher veröffentlichen im Verlag oder Selfpublishing: Ratgeber Autorenfragen, Buchverlage, Literaturagenturen, Marketing

»*Standardwerk*« (R. Norden) | »*Ratgeber der Extraklasse!*« (F. Mueller)

Paperback
j.mp/W9MUCr

Was muss passiert sein, damit Frodo das Schiff besteigen kann?
Zur Grobplanung eines komplizierten Romanplots

Irgendwie schien alles miteinander verbunden – was sie getan hatte, was mit den Männern geschehen war, die sie ans Licht der Öffentlichkeit gezerrt hatte, was mit diesen Typen in Princeton geschehen war. Löse eins davon auf und der Rest erledigt sich von allein. Ob es ihr gefiel oder nicht, ihr Leben war mit diesem Schlamassel verwoben. Sie konnte nicht einfach weggehen.

In seinem Thriller »*Caught*« (Signet 2010 / eigene Übersetzung / dt. »*In seinen Händen*«, Page & Turner) beschreibt Harlan Coben in einem inneren Monolog seiner Heldin indirekt auch, worauf es im Bauplan eines gut konstruierten, spannenden Plots ankommt.

In den letzten beiden Sätzen des Zitats wird gesagt, dass die Heldin selbst in diesen Schlamassel involviert sein sollte. Ihr Einsatz hat sich im Laufe der Handlung immer weiter erhöht. Zunächst war sie nur eine Kommentatorin des Geschehens, dann eine, die versucht hat, es aufzuklären. Schließlich wird sie selbst darin verwickelt. Und zwar auf eine Weise, dass es für sie keinen Weg hinaus gibt – es sei denn, sie klärt alles auf.

Für Ihren Roman bedeutet das Zitat: Gegen Ende (nicht erst am Ende, sondern noch vor dem Höhepunkt) soll der Leser erkennen, dass alles in Ihrem Roman miteinander verbunden ist. Die Puzzleteile ergeben plötzlich ein zusammenhängendes Bild. (Die Auflösung während des Höhepunkts wird zu oft so dargestellt, dass der Schurke dem Helden den Plot erklärt. Aber eigentlich erklärt er es dem Leser. Höchste Klischeegefahr!)

Coben schreibt auch, wie Ihre Heldin zum Erfolg kommen kann: Indem sie eins der Rätsel, einen Subplot vollständig löst, ergeben sich die Lösungen für die anderen ungeklärten Subplots.
Um das zu schaffen, brauchen Sie, gerade wenn Sie mit mehreren Subplots und einer komplexeren Struktur arbeiten, einen Plan.

Vieles löst sich eben nicht von allein. Auch nicht bei Autoren, die behaupten, sie planen nicht, sondern schrieben einfach drauf los. Diese Autoren überarbeiten lediglich mehr und häufiger, bis sie diese Puzzleteile so angeordnet haben, dass sie dann doch ein Bild ergeben.
Oder sie sind Genies. Erfahrene Genies, die schon ein Dutzend Romane geschrieben haben und instinktiv wissen, was sie tun müssen, um eine solche komplexe Struktur zu konstruieren.

Eine einfache Möglichkeit, einen komplizierteren Plot zunächst grob zu planen und Ideen zu sammeln, ist die Was-muss-passiert-sein-Methode. Das Ende sollten Sie dazu, zumindest grob, im Kopf haben. Doch je genauer sie es kennen, umso präziser können Ihre Fragen sein und entsprechend präziser fallen auch die Antworten aus.

Beispiel:
Gandalf, Frodo und Bilbo Beutlin und eine illustre Schar Gesellen aus Mittelerde besteigen das Schiff an den Grauen Anfurten. In Mittelerde herrscht Frieden.

Was muss passiert sein, damit das geschieht?
Der Eine Ring muss in den Rachen des Schicksalsbergs geworfen werden. Sonst lebte die illustre Schar nicht mehr und es gäbe auch keinen Frieden in Mittelerde.

Was muss passiert sein, damit das geschieht?
Jemand muss ihn hineingeworfen haben.

Was muss passiert sein, damit das geschieht?
Jemand muss ihn dorthin gebracht haben.

Was muss passiert sein, damit das geschieht?
Dieser Jemand muss an den Ring gekommen sein. Und so weiter ...

Hilfreich ergänzen lässt sich dieses Vorgehen mit Hilfe der Plot-Meilensteine: die großen Wendepunkte am Ende von Akt 1 und Akt 2, der Höhepunkt und die Auflösung, Pinch Points, Krisen, auslösendes Ereignis.

Jeder dieser Meilensteine ist mit einer Frage verbunden. Der erste Wendepunkt (Plot Point) etwa mit der Frage, was geschehen muss, damit der Held seine Romanaufgabe annimmt, damit er sich so weit verpflichtet, dass er keinen Rückzieher mehr machen kann.

Auf diese Weise finden Sie übrigens auch eher den richtigen Einstieg und wollen nicht schon, wie das gerade Anfänger oft tun, hundert Meter vor der Haltestelle in den Plot-Bus steigen.

Drum prüfe, wer sich einen Roman lang bindet
Was ist eine Prämisse und welche ist die richtige für Sie?

Eine Leserin meines Blogs schriftzeit.de, dreieinhalb Fragen:
Was mache ich, wenn mir zu meiner Idee mehrere Prämissen einfallen?
Wie viele davon verfolge ich? Wohl doch nur eine?
Wie finde ich heraus, welches die richtige ist?

Zunächst einmal: Was ist eine Prämisse?

Wikipedia erklärt den uneinheitlich gebrauchten Begriff wie folgt:
Die Prämisse (v. lat.: praemissum = das Vorausgeschickte) fasst in knapper Form die Verwandlung zusammen, die eine Romanfigur im Laufe der Handlung durchmacht. Sie enthält Ausgangspunkt, Konflikt und Lösung der Figur in einem kurzen Satz.
Sie dient dem Schriftsteller als Werkzeug, um die Handlung der Geschichte auf das Wesentliche zu beschränken, indem sie der Entwicklung einer Figur ein klares Ziel gibt. Darüber hinaus lässt sich bei der Überarbeitung des Textes anhand der Prämisse überprüfen, ob die jeweilige Szene diesem Ziel dienlich und somit unverzichtbar ist.

Klar abgrenzen sollte man die Prämisse zur »Moral von der Geschicht'« und zum Thema eines Romans. Letzteres bezeichnet, worum es in einem Roman wirklich geht.

Beispiel:

In Stephen Kings Roman »*Es*« wäre ein zentrales Thema lebenslange Freundschaft. Das Thema an der Oberfläche aber ist der Kampf einer Gruppe von Männern und Frauen gegen ein Monster, das unter anderem in der genialen Verkleidung des Clowns Pennywise auftritt.

Die Prämisse von »*Es*« könnte lauten:
»Echte Freundschaft führt zum Triumph über ein Monster.«
Hier drin steckt, nach obiger Definition von Wikipedia
* als Ausgangspunkt: die Freundschaft;
* als Konflikt: der Kampf gegen das Monster; und
* als Lösung: der Triumph über das Monster.
Man kann noch tiefer gehen und fragen, wofür das Monster steht. King macht es uns einfach, indem er das Monster sich von Furcht ernähren lässt. Eine tiefergehende Prämisse lautet also:
»Echte Freundschaft führt zum Triumph über die schlimmsten Ängste.«

In vielen Schreibratgebern wird gerne behauptet, ein Roman müsse exakt eine Prämisse haben und diese könne und müsse der Autor von vornherein in einem Satz festmachen. Diese Aussage vereinfacht sehr stark.

In manchen Fällen ist diese Vorgehensweise nützlich, etwa in der oben geschilderten Aufgabe der Prämisse, eine Szene mittels der Prämisse auf ihre Verzichtbarkeit zu überprüfen. In vielen Fällen ist die starke Vereinfachung jedoch falsch.

Tatsächlich kann ein Roman eine ganze Reihe von Prämissen haben und beweisen. In Romanen, die mehrere Helden ins Rennen schicken oder die Handlung aus mehreren Perspektiven schildern, kann und sollte jeder Erzählstrang seine eigene Prämisse besitzen.

Doch selbst damit hat man noch nicht alle Prämissen erfasst.

Ein Roman kann die Geschichte mehrerer Helden mit eigener Prämisse erzählen – und bei jedem Helden mehrere Geschichten. Manche nennen das die Layer oder Erzählebenen. Jede Ebene kann wiederum eine eigene Prämisse haben.

Beispiel:

Der Roman von Mikael Niemi, »*Populärmusik aus Vittula*«, erzählt von zwei Hauptfiguren: vom Ich-Erzähler und von seinem Freund Niila.

Beim Erzähler könnte die Prämisse lauten: »Musik machen in der Jugend führt zu einem glücklichen Leben als Erwachsener.«

Bei seinem Freund lautet sie eher: »Musik machen in der Jugend führt zum Selbstmord.«

Aber diese Prämissen betreffen jeweils nur eine Erzählebene. Auf einer anderen Erzählebene, auf der es um die Freundschaft des Ich-Erzählers mit Niila geht, lautet die Prämisse des Ich-Erzählers, ein wenig umständlich, etwa so:
»Das Anregen und Pflegen einer Freundschaft führt zu einer wichtigen Erfahrung und Art von Liebe, die das spätere Leben aufwertet.«
So gibt es durchaus Romane, deren Helden mehrere Geschichten erleben, und jede hat ihre eigene Prämisse.
Dan Simmons etwa erzählt über seinen Roman »*Drood*« (ein komplexer Historiengrusler über Charles Dickens' unvollendetes letztes Buch und über seinen Freund und Kollegen Wilkie Collins) Folgendes: Ein Freund von ihm habe ganz richtig erkannt, dass er da eigentlich sieben Romane geschrieben habe. Eben weil der Hauptplot über so viele verschiedene Ebenen verfügt.
Und dann sind da noch die angerissenen Erzählstränge oder Ebenen, die der Autor bewusst nicht ausgearbeitet hat, um dem Werk am Ende etwas Offenes, Authentisches, Lebensnäheres zu verleihen. Diese Stränge und Ebenen verweigern sich absichtlich dem Beweisen der Prämisse.

So weit, so kompliziert. Zurück zu der letzten Frage der Leserin: Woher weiß man nun, welche Prämisse die Richtige ist?

Hier gibt es kein richtig oder falsch. Vielmehr kommt es darauf an, was für einen Roman man schreiben will. Je nach Prämisse kann dasselbe Thema zum Krimi, zur Horrorgeschichte oder zur Komödie werden.

Beispiel:

Thema: Mädchen und Junge lieben sich.

Prämisse von Roman 1: »Wahre Liebe führt zur Verwandlung des Jungen in einen Vampir.« Genre von Roman 1: Horror-Romanze.

Prämisse von Roman 2: »Wahre Liebe führt zur gemeinsamen Aufklärung eines schrecklichen Verbrechens.«
Genre von Roman 2: Krimi, Thriller.

Prämisse von Roman 3: »Wahre Liebe führt zur Überwindung von Religionsgrenzen und Fußpilz.«
Genre von Roman 3: Multikulti-Komödie.

Die Prämisse muss aber keineswegs am Anfang des Romanschreibens stehen. Wirkungsvoller ist es, mit einem Charakter zu beginnen, mit Was-wäre-wenn-Fragen, mit Plotschnipseln – und von dort aus, etwa dem Problem des Charakters, die Prämisse zu entwickeln. Um sie dann mit dem Roman zu beweisen. Oder, wie wir gesehen haben, die vielen Prämissen. Womit wir bei der Prämisse des Romanautors wären:

»Einen Roman zu schreiben, führt zu verdammt viel Arbeit.«

Gefahren und Chancen von Moden in der Literatur

Das Thema Ihres Romans

Literatur ist, wie so ziemlich alles im Leben, Moden unterworfen. Bei der sprachlich anspruchsvollen Literatur sind das eher Moden von Ausdruck, Sprache und Form, bei der erzählenden Literatur (und um die geht es mir in diesem Buch) eher thematische Moden.

Beim Schreiben selbst sollten Sie sich von Moden nicht beeinflussen lassen. Doch wenn es an die Entscheidung geht, für welche Ihrer (hoffentlich zahlreichen) Romanideen Sie sich entscheiden, ist es von Vorteil, die aktuellen Moden zumindest zu kennen. Damit Sie eine kompetente Antwort auf die Frage parat haben, ob Sie lieber den Roman mit den Teenagervampiren in Angriff nehmen oder doch eher den mit den Werwölfen aus dem Altenheim.

Jede Modewelle ruft zahlreiche Nachahmer auf den Plan, das ist in allen Branchen so, der Buchmarkt bildet keine Ausnahme. Von einem Roman, noch dazu einem Jugendroman, über Vampire würden die meisten Ihnen im Jahr 2011 abraten. Zu viele Autoren tummeln sich, zum Teil schon seit Jahren, in diesem Feld. Doch womöglich bleiben die Blutsauger ähnliche Dauerbrenner wie Regionalkrimis, die so etwa Anfang der nuller Jahre über uns hereinbrachen und einfach nicht mehr weggehen.

Misstrauen Sie allen Experten, die Ihnen weismachen wollen, sie wüssten, was morgen ist. Wenn die Zukunft bekannt wäre, dann hieße sie Gegenwart, und schon dort streitet man sich über das, was gerade in ist.

Sollten Sie jedoch partout auf den Modezug springen wollen, beachten Sie Folgendes: Je später Sie eine Mode aufgreifen, desto neuer und einzigartiger sollte Ihr Ansatz sein. Kann man zu Anfang der Mode noch eine billige Kopie auf dem Markt unterbringen, fordern die Leser zunehmend ausgefallenere Ideen.
Allerdings – und womöglich gut für Sie – hat jedes Genre auch seine Fans, die immer nur das eine wollen: more of the same. Dabei müssen die Ideen so ausgefallen gar nicht sein. Oft genügt es schon, Bekanntes miteinander zu verbinden, um etwas Neues zu schaffen. Oder kennen Sie einen Regionalkrimi mit Vampiren?

Ein Indikator dafür, welche Moden ihren Zenit schon überschritten haben, sind Parodien: Wenn bereits mehrere Parodien zu den die Moden begründeten Romanen in den Buchläden liegen, ist die beste Zeit für einen Me-Too-Roman bereits vorbei. Recherchieren Sie doch mal, wie viele Parodien allein zu Harry Potter und Stephenie Meyers Twilight-Romanen erschienen sind.

Ein weiterer Indikator für den Höhepunkt des Booms und oft auch für sein Ende sind Kinofilme. Zu der Hysterie über die Filme der »*Twilight*«-Saga gab es bis dahin nichts Vergleichbares.

Noch ein Indikator sind Spin-Offs, auch in anderen Medien, wenn also Videogames mit Harry Potter oder neue Romane erscheinen, in denen Charaktere, Schauplätze oder Motive aus dem ursprünglichen Erfolgsroman die Hauptrolle spielen.

Spätestens, wenn Sie sich mit Ihrem Manuskript an einen Agenten oder einen Verlag wenden, sollten Sie die aktuellen Modeströmungen kennen. Das gilt insbesondere dann, wenn Sie einen Genre-Roman geschrieben haben. Die »*Twilight*«-Romane etwa haben ein eigenes Genre begründet: Teenagervampire.
Wenn Sie einem Verlag in den Jahren nach dem großen Erfolg einen Jugendroman über Vampire anbieten, wird Ihr Roman mit »*Twilight*« verglichen, ob Sie das wollen oder nicht. Sie können sich vorstellen, dass ein Vergleich Ihres Erstlings mit einem weltweiten Megaseller eher ungerecht und wenig hoffnungsvoll für Sie ausfallen wird.

Sehen Sie die Seite des Verlags: Ihre Lektorin wird sich von ihrer Chefin, vom Marketing, von der Presseabteilung, vom Vertrieb, von den Vertretern und von den Buchhändlern fragen lassen müssen, wie in Dreiteufelsnamen man denn noch einen weiteren Vampir-Roman positionieren und verkaufen solle.
Wenn Ihr Roman hingegen etwas (tatsächlich) Einzigartiges hätte, sähe die Sache womöglich anders aus. Dann rennen Sie womöglich offene Türen ein. Schließlich hat die Buchhändlerin ein ganzes Regal und einen großen Tisch speziell für Vampirbücher eingerichtet. Und die wollen gefüllt und beladen werden.

Grassiert die Mode noch eine Weile, mögen Sie mit Ihrer Vampirromanze sogar einen kleinen Erfolg haben. Womöglich ist mancher Verlag dankbar, nach dem Motto: Da weiß man, was man hat. Dann mag es sogar weniger risikoreich sein, auf das Bewährte zu setzen. Die Chance, groß abzuräumen, haben Sie jedoch eher nicht. Leider kann Ihnen niemand sagen, wann die Modewelle bricht. Das Risiko tragen Sie.

Denken Sie daran, wenn Sie mit Konzipieren und Schreiben Ihres Romans beginnen, dass zwischen dem ersten Satz, den Sie schreiben und der Veröffentlichung des Buchs mindestens zwei, eher aber drei oder noch mehr Jahre liegen werden. (Lediglich bei Kinder- und Jugendbüchern und Auftragsarbeiten geht es schneller.) Wenn der Markt heute schon gesättigt ist, was wird dann erst in drei Jahren sein?

Eine zumindest ungefähre Kenntnis von Markt und Moden ist außerdem unverzichtbar für Ihre Glaubwürdigkeit als professionell auftretender Autor. Und Sie sollten wissen, worauf Sie sich einlassen, wenn Sie Ihren Beitrag zur Mode leisten.

Und jetzt ran an die Tasten, schreiben Sie etwas Bahnbrechendes. Schlechte Kopien gibt es schon genug.

Die wundersamen Entdeckungen beim Bierdeckelsammeln
Über die Recherche

Sie stecken fest? An irgendeiner Stelle Ihres Romans geht es einfach nicht mehr weiter. Womöglich fehlen Ihnen – Banalitätsalarm! – einfach nur Inhalte, genauer: etwas, worüber Sie schreiben können, was jedoch außerhalb Ihres Wissens oder Ihrer Erfahrungen liegt.

Zeit, Ihren Horizont zu erweitern.

Blättern Sie in einem Lexikon oder Wörterbuch oder im Web. Fündig geworden?

Stecken Sie bei einem ganz speziellen Thema fest, dann finden Sie Leute, die sich damit auskennen. So könnte eine Krimiautorin – Banalitätsalarm die Zweite! – bei der Polizei nachfragen. Falls Ihr Schurke Bierdeckel sammelt, gehen Sie zu einer Bierdeckelmesse.

Oft, nein, so gut wie immer finden Sie bei gezielter Recherche neben den gesuchten Informationen auch reichlich Beiwerk: Anekdoten (»Das rote da, auf diesem Bierdeckel, da hatte der Reich-Ranicki Nasenbluten, weil ihm Günter Grass ...«), neuen Einblicken (»Die Bierdeckelindustrie lässt heute in nordkoreanischen Sweatshops fertigen. Ich trinke Bier nur noch im Stehen.«) oder Verweisen zu anderen Themen, an die man nie gedacht hätte (»Über die Filzindustrie, ja, wegen Bierfilz, da müssten Sie mal schreiben. Ich meine, Filz! Das sind Tierhaare. Die armen Biester werden gequält, weil wir saufen wollen. Und die Regierung spielt mit. Wenn da mal einer richtig graben würde ...«)

Nicht selten ist das Beiwerk interessanter als das Gesuchte und findet Eingang in den Roman. Oder führt ihn womöglich in eine neue Richtung.

Im Extremfall haben Sie am Ende Ihrer Recherche die Idee für einen ganz neuen Roman gefunden und zugleich schon seine Grundlagen da stehen: Die verfilzte Republik, ein Politthriller.

Warum Sie Ihren Mann als Leiche im Wohnzimmer drapieren sollten
Zwecks Inspiration Situationen im Roman darstellen oder durchspielen

Da steht die Heldin Ihres Romans endlich, frisch aus den Zeilen gepellt, klug, schön, mit einem eisernen Willen und glorreichen Zielen ausgestattet und so vollgepackt mit inneren Konflikten, dass sie kaum noch denken kann. Na, dann kann der Roman ja mal losgehen. Bestimmt wird der gut, ein Bestseller, mindestens.

Aber da fehlt doch was.

Sie meinen, andere Personen? Ebenso klug und mit Zielen und inneren Konflikten beladen wie ein Sherpa mit Bergausrüstung und frischer Yakbutter? Kein Problem.

Da fehlt noch immer was.

Oh, klar, die Leute im Roman müssen was tun. Kein Problem, ein Plot ist schnell ausgedacht, windschnittig wie ein mit Vaseline eingeschmierter Ferrari. Was denn, noch immer nicht genug? Verraten Sie es mir jetzt endlich, Sie Klugscheibenkleisterer?

Ruhig bleiben. Hier kommt's.

Die Charaktere müssen nicht nur »was« tun. Sie müssen miteinander und noch besser gegeneinander agieren. Charaktere sind erst dann vollständig entwickelt, wenn Sie Beziehungen zu anderen eingehen.
Menschen allein mögen ganz interessant sein. Aber Geschichten ergeben sich fast immer erst, wenn mehrere Menschen in Beziehung treten. Erst dann ergeben sich Konflikte.

Selbst der innere Konflikt eines Charakters ist ein Beziehungskonflikt: Ein Teil von ihm will die Welt retten, der andere lieber daheimbleiben und mit seinem Sohn die neue Wii-Konsole ausprobieren.

Und wenn die Welt sich den Zielen widersetzt, mit Erdbeben, Feuersbrünsten und einer verbrannten Pizza? Auch die Welt, die Umstände, das Schicksal sind letztlich nichts anderes als besondere Charaktere.

Sie brauchen einen Beweis, dass Beziehungen interessanter sind als ein einzelner Charakter? Fragen wir mal die drei alten Frauen, die dort drüben neben dem Brunnen auf der Bank sitzen und schwätzen. Ob sie wohl über den Charakter eines Nachbarn diskutieren? Oder doch eher über die Affäre des Nachbarn mit der Dorfpolizistin?

Die interessantesten Charaktere kämpfen mit ihren inneren Dämonen. Auch das ist, siehe oben, ein Beziehungskonflikt. Ein Kampf ist im Grunde eine Form einer Beziehung. Und wenn innere Dämonen keine eigenständigen Charaktere sind, was dann?

Wir gehen noch ein Stück weiter, weg von Zweipersonenstücken. Die haben's leicht: eine Beziehung, und das war's.
Kaum aber setzen Sie in Ihrem kleinen Terrarium Roman drei Charaktere aus, haben Sie es schon mit vier Beziehungen zu tun – und mit noch mehr potenziellen Konflikten.

Beispiel:

Ihre Figuren heißen Albert, Barbara, Christine. Da hätten Sie die Beziehung zwischen Albert und Barbara, die zwischen Albert und Christine, die zwischen Barbara und Christine und die zwischen Albert, Barbara und Christine, wenn mal alle drei zusammen sind.

Also vier mögliche Konflikte!

Nein. Sogar mehr: Was, wenn sich Albert und Barbara gegen Christine verschwören? Sich Christine und Barbara zusammentun, um Albert eins auszuwischen? Oder Albert und Christine die widerliche Barbara ein für alle Mal aus ihrem Leben und dem Terrarium verbannt sehen möchten?

Und jetzt stellen Sie sich vor, Sie haben drei Hauptfiguren, zehn Nebenfiguren und dreißig weitere Personen in Ihrem Roman. Nicht mal besonders viele. Aber wie viele mögliche Beziehungen ergeben sich da, und wie viele potenzielle Konflikte!

Das war die gute Nachricht.

Die bessere, die jedoch noch mehr Arbeit macht: Jeder Mensch ist in jeder Beziehung anders. Bei Ihrem Partner sind Sie die Kuschelmaus, bei Ihren Angestellten die harte Chefin, bei Ihren Eltern Ihr Leben lang »unsere kleine Gabi«. Im Sportverein sind Sie der Scherzkeks, beim Klassentreffen die, die alles durcheinander säuft und trotzdem stehen bleibt und beim Einkaufen die kritische Kundin, die anstrengende Fragen stellt.
Bei Ihren Romanfiguren sollte das genauso sein. Auch wenn es Ihren Roman überfrachten würde, das alles darzustellen – es macht ihn welthaltiger und den Charakter realistischer, wenn sie die vielen potenziellen Beziehungen zumindest andeuten.
Für Sie als Erzähler heißt das: In jeder Beziehung, die Sie in Ihrem Roman betrachten, sollten Sie Ihren Charaktere zumindest ein wenig anders darstellen. Meistens machen Sie das automatisch, denn es ergibt sich aus dem Drive der Situation und des Dialogs. Aber sind Sie sich der Sache bewusst, können Sie überzeugendere, lebendigere Beziehungen und Charaktere schaffen.

Gerne dürfen Sie sich dabei der Beziehungspsychologie bedienen (wie Sie überhaupt vor nichts zurückschrecken sollten, was Sie inspiriert und Ihren Roman reicher macht, vielleicht mal von Selbststudien als Mörder abgesehen).

Die Struktur-Analyse etwa untersucht Kommunikation. Sie unterscheidet zwischen drei Ich-Zuständen, in denen sich ein Mensch befinden kann, wenn er kommuniziert: Kind-Ich, Erwachsenen-Ich und Eltern-Ich. Wenn sich etwa Albert im Kind-Ich (zum Beispiel als beleidigte Leberwurst) befindet, Barbara aber im Erwachsenen-Ich (eher rational argumentierend), sind Konflikte vorprogrammiert – und das bereits ohne widerstreitende Ziele.

Vernachlässigen Sie auch nicht die Eigendynamik, die Beziehungen entwickeln können. Es mag helfen, die zu schildernden Situationen zumindest im Ansatz durchzuspielen, bevor Sie ihnen auf der Seite Leben und Kraft einhauchen.

Sie können die Situation im Wortsinne durchspielen, mit echten Menschen. Das mag Ihnen blöd vorkommen. Keine Sorge. Sie müssen nicht die ganze Szene wie ein Theaterstück inszeniert herunterspulen. Oft genügt es schon, wenn Sie sich im Wohnzimmer hinstellen und Ihre Tochter (den Mörder) auf einem Stuhl drapieren und Ihren Mann (das unschuldige Opfer) auf dem Teppich. Schon bevor Sie irgendetwas tun, fallen Ihnen vermutlich Verbesserungen für Ihre Szene ein. (Ähnlich funktioniert wohl auch die nicht unumstrittene Therapiemethode der Familienaufstellung.) Schüchterne Menschen kramen Ihre alten Puppen hervor und stellen die Szene mit ihnen nach.

Probieren Sie diese und andere Methoden aus. Sie werden verblüfft sein, um wie vieles reicher und lebendiger solche Inszenierungen die Beziehungen zwischen Ihren Romanfiguren machen – und am Ende Ihren ganzen Roman.

PLOT & STRUKTUR

Buchtipp zur Vertiefung

Plot und Struktur: Dramaturgie, Szenen, dichteres Erzählen

»*Ratgeber für Fortgeschrittene, der wirklich anständig in die Tiefe geht. Top!!*«
(Cara)
»*Alle Waldscheidts sind gut. Aber dieser ist der Beste.*«
(pe)

Paperback
j.mp/2cllRjz

Ein Glas Sauerkirsch-Konfitüre, und der Leser weint
Warum Sie Geschichten weben und nicht bloß spinnen sollten

Lacey wandte sich zu ihm [Wolgast]. »Nimm ihn.«
Das tat er. Seine Arme waren noch geschwächt vom Klettern, aber er hielt ihn fest an sich gepresst.*

Eine der wichtigsten Romanfiguren in Justin Cronins Mystery-Thriller *»Der Übergang«*, Wolgast, ist ein lebendig geschilderter, überzeugender Charakter. Bei ihm schließen sich Wunden nicht automatisch, wirkt eine Anstrengung in der nächsten Szene nach. Cronin webt ein dichtes Netz in seinem Roman – und der Ausdruck des Webens scheint mir treffender als das englische »Spinning a yarn«, woher wohl auch unser Erzählfaden kommt. Einen Roman schreiben hat weit mehr mit Weben als mit Spinnen zu tun. (Zugegeben, der Witz mit dem Spinnen ist offensichtlich, den dürfen Sie gerne selbst weiterspinnen.)

Viele Autoren kappen nach einer Szene zu viele ihrer Fäden. Sie scheinen froh zu sein, die Szene hinter sich gebracht zu haben und denken nicht mehr daran, was sie da mit ihren Figuren angerichtet haben. Das geht über reine Continuity-Fehler weit hinaus.

(Randnotiz: Continuity, Kontinuität, ist ein Begriff aus der Filmbranche. Dort werden eigens Leute beschäftigt, die Szenen so herrichten wie bei der Einstellung eine Woche zuvor – damit die rote Vase wieder genau so auf dem gelben Häkeldeckchen steht, an dem die Heldin mal kurz zupfen muss, um ihren Ordnungswahn zu demonstrieren.)

Eine gewebte Geschichte enthält Symbole, die an verschiedenen Stellen im Roman auftauchen. Eine gewebte Geschichte zieht den Leser tiefer in das Geschehen hinein. Warum? Weil er das Gefühl hat, einem Organismus beim Wachsen zuzusehen. Und nicht bloß einem roten Faden in ein Labyrinth hinein zu folgen.

Er [Wolgast] ging um kurz nach sieben. Nach so vielen Wochen, wo er nur herumgestanden war und Pollen von den Bäumen sammelte, protestierte der Toyota lange und keuchend, als Wolgast ihn startete, aber schließlich griff der Motor und lief.*

Cronin hätte Wolgast auch einfach ins Auto steigen und wegfahren lassen können. Gestört hätte das die Leser kaum, schließlich könnte der Toyota ja auch nach drei Wochen sofort anspringen. Aber mit seinem Rückgriff auf ein zurückliegendes Ereignis webt Cronin eine weitere Reihe in seinen Stoff, der Roman wirkt realistischer.
Und nicht nur das: Durch den Rückgriff auf den schlecht anspringenden Wagen zeigt Cronin die vergangene Zeitspanne, statt sie nur zu behaupten.

Schließlich hat das Geschichtenweben einen ganz praktischen Vorteil für Sie als Autor: Es gibt Ihnen einen willkommenen Anknüpfungspunkt, um in die Szene einzusteigen: hier Cronins Toyota.

Für Sie heißt das: Wenn Sie in einer Szene nicht wissen, was Sie Ihre Charaktere tun lassen sollen, probieren Sie es mit einer Verbindung zu einem zurückliegenden Ereignis. Der Charakter könnte sich an eine Unterhaltung erinnern, die sieben Szenen zuvor stattgefunden hat und den Gesprächspartner jetzt darauf ansprechen, vielleicht auf etwas, was der ihm gesagt hat. Oder Ihrem Charakter fällt beim Durchwühlen der Schränke ein Glas Konfitüre in die Hand, das er vor elf Szenen zusammen mit seiner inzwischen verstorbenen Frau gekauft hat. Sofort wallen Emotionen auf.
Sie können auf alles zurückgreifen, Stimmungen, Versprechen, Aussichten, Gegenstände, Wetterlagen, Toyotas, alles, was Ihnen nur einfällt, um ihren Stoff noch ein wenig dichter zu weben.

Kleiner Tipp: Je spezifischer die Details sind, die Sie in Ihre Geschichten einweben, desto leichter sind Rückgriffe möglich – und desto organischer erscheinen sie dem Leser.

Geschichten dicht zu weben, statt nur Erzählfäden zu spinnen, wird Ihrem Roman gut tun. Und ein banales Glas Sauerkirsch-Konfitüre löst plötzlich tiefe Gefühle aus. Auch bei Ihren Lesern.

---
*) eigene Übersetzung aus: Justin Cronin, »*The Passage*«, Ballantine 2010.

Zwei in einem Buch
Der Unterschied zwischen Geschichte und Plot

Bei seinem Roman »*Zwei an einem Tag*« (Kein & Aber 2010) bedient sich Autor David Nicholls am Ende eines Kniffs. Obwohl er eine der beiden Hauptfiguren sterben lässt, schafft er es, den Roman nicht auf einer traurigen Note enden zu lassen. Dazu hört er nicht mit der Sterbeszene auf, sondern durchbricht die Chronologie und endet mit dem Anfang und der Szene, in der für die Hauptfiguren Emma und Dexter die gemeinsame Geschichte beginnt.

Nicholls' Roman ist für Autoren allein schon wegen des Plots interessant: Der Erzähler begleitet Emma und Dexter über zwanzig Jahre hinweg und zeigt ihr Leben an jedem 15. Juli. Ein wenig erinnert mich das an den Film »*Harry & Sally*«, ein wenig an Daniel Glattauers »*Gut gegen Nordwind*«.

An »*Zwei an einem Tag*« lässt sich gut der Unterschied zwischen Geschichte und Plot erkennen: Die Geschichte ist das, was geschieht, der Plot, die Art und Weise, wie es der Autor geschehen lässt.
Für Ihren Roman heißt die Herausforderung: einen Plot zu kreieren, der Ihre Geschichte auf die – nach Ihren Kriterien und nach Kriterien des Erzählhandwerks – effektivste Weise erzählt.
Oft ist der erstbeste Plot, der einem einfällt, eben nicht der Beste. Nicholls gelingt es mit seinem ungewöhnlichen Plot, einen emotional intensiveren Moment und ein befriedigenderes Ende zu schaffen, als hätte er die Geschichte chronologisch heruntererzählt. Beim Leser bleibt das Gefühl, eine in sich abgeschlossene, runde Geschichte gelesen, nein, erlebt zu haben.
Seien Sie nicht zu schnell zufrieden. Eine solch zentrale Entscheidung wie die nach dem Hauptplot und der Struktur Ihres Romans sollte gut überlegt sein, denn sie später zu ändern, erfordert enorm viel Kraft und Zeit.
Achten Sie auch darauf, nicht zu kompliziert zu werden. Autoren, die an ihrem ersten Roman schreiben, neigen dazu, sich mit einer komplexen Plotkonstruktion zu viel auf einmal aufzubürden. Wenn Sie von der chronologischen Erzählweise abweichen, sollten Sie einen verdammt guten Grund dafür haben. Beeindrucken tun Sie mit außergewöhnlichen Romanstrukturen niemanden, schon gar keine Lektorin.
Fragen Sie sich: Wie erzähle ich meine Geschichte am effektivsten? Das allein sollte Ihre Richtschnur sein.

Was hat der Kleinganove mit dem Filmstar zu schaffen?
So machen Sie mit Subplot aus Ihrem Roman eine unendliche Geschichte

»*Jede wirkliche Geschichte ist eine Unendliche Geschichte*«, lässt Michael Ende den Antiquar Koreander gegen Ende seines Romans »*Die Unendliche Geschichte*« (K. Thienemanns Verlag 1979) sagen.

Ende belegt das zwischenzeitlich im Buch immer mal wieder. In kleinen angerissenen Geschichten, die stets mit demselben Sätzlein enden. Etwa diese:

Übrigens wurde Engywuck später noch sehr berühmt, der berühmteste Gnom seiner Familie sogar, aber nicht wegen seiner wissenschaftlichen Forschungen. Doch das ist eine andere Geschichte und soll ein andermal erzählt werden.

Oder hier:

Der alte Caíron kehrte übrigens nie wieder in den Elfenbeinturm zurück. Aber er starb auch nicht und blieb auch nicht bei den Grünhäuten im Gräsernen Meer. Sein Schicksal sollte ihn einen ganz anderen, höchst unvermuteten Weg führen. Doch das ist eine andere Geschichte und soll ein andermal erzählt werden.

Ende gelingt mit diesen kleinen Nebengeschichtchen mehreres. Zum einen erfüllt er das Versprechen, das er mit dem Titel seines Romans gegeben hat: Das Buch zeigt sich tatsächlich als Unendliche Geschichte, die neben der Haupthandlung noch in viele andere Richtungen weist und wuchert.

Zum anderen schafft es Ende, die Geschichten einiger Nebenfiguren zugleich weiterzuspinnen und sie dennoch nicht vollständig aufzulösen. Wenn uns Charaktere ans Herz gewachsen sind, wollen wir als Leser wissen, wie es mit ihnen weitergeht. Ende befriedigt dieses Bedürfnis. Aber eben nicht ganz. Er lässt uns zurück mit halb gefülltem Magen und dem Hunger nach mehr. Nach mehr Geschichten. Und hat damit sein Ziel erreicht.

Wenn Sie Ihrem Roman diese Weite einer unendlichen Geschichte verleihen möchten, sollten Sie mit Ihren Subplots und Nebenfiguren ähnlich verfahren. Die wichtigsten Subplots sollten Sie auflösen, um den Lesern am Ende das Gefühl zu geben, dass der Roman tatsächlich zu Ende ist und einen befriedigenden Schluss gefunden hat. Wenn der Leser sich für diese Charaktere interessiert, wenn er sich emotional mit ihnen verbunden fühlt, wird er sich dennoch fragen, wie es mit ihnen weitergeht. Bei weniger wichtigen Subplots können Sie das Ende auch schon mal offenlassen.

Natürlich können Sie diese angedeuteten Geschichtchen zu einem späteren Zeitpunkt in Ihrem Roman fortführen oder in einem weiteren Roman einer Serie. Sie können Sie auch einfach anlegen und sich später darüber Gedanken machen, ob Sie sie weiterführen. Wenn Ihnen etwas Gutes dazu einfällt, schreiben Sie darüber. Wenn nicht, lassen Sie sie offen. Betrachten Sie sie wie Samen in der Erde Ihres Romans.

Auf eine mögliche Schwierigkeit sollten Sie achtgeben: Diese Andeutungen, wie es mit Charakteren weitergeht, dürfen nicht auf Kosten der Integrität der Erzählperspektive gehen. Unproblematisch ist es, wenn Sie, wie Ende, auktorial erzählen.
Aufpassen sollten Sie jedoch bei personaler Erzählweise. Der Erzähler muss auf eine glaubhafte Weise von der angedeuteten Zukunft des Charakters wissen können. Vielleicht liest er etwas über ihn in der Zeitung. Oder jemand erzählt ihm etwas von der aus dem Roman gefallenen Figur.

Auch hier gilt: Überfrachten Sie Ihren Roman nicht mit solchen Nebensächlichkeiten, sondern konzentrieren Sie sich auf die eigentliche Geschichte. Einem ausufernden, langsamen Familienroman mag es anstehen, noch ein Anekdötchen über die verschwundene Kusine dritten Grades zu erzählen. Ein schneller Thriller aber verliert dadurch an Tempo – und das kann er sich nicht leisten.

Wie gehen Sie mit unbedeutenderen Charakteren um, die zwischenzeitlich in der Handlung aufund bald wieder daraus abtauchen, wenn sie ihren Teil zum Roman getan haben? Anstatt sie sang- und klanglos verschwinden zu lassen, versuchen Sie folgendes: Wenn der Held sich von diesen Neben- oder Randfiguren abwendet, lassen Sie noch etwas Kleines geschehen, was neugierig macht. Werfen Sie eine Frage auf, die Sie im Raum stehen lassen.

Beispiel:
Unsere Heldin, eine Ermittlerin der Kripo, hat einen Informanten getroffen. Der Informant, Hugo, taucht nur in dieser einen Szene im Roman auf. Dennoch haben Sie ihn knapp, aber sehr lebendig und eindringlich eingeführt und beschrieben. Wie Sie das ja bei allen Figuren tun.
Hugo ist ein kleines, unscheinbares Kerlchen mit fettigem Haar und einer Zigarette, die zwischen seinen gelben Fingern festgewachsen zu sein scheint und die er nie in den Mund steckt.

Als unsere Heldin aus der Bar geht, wo sie sich mit Hugo getroffen hat, kommt gerade eine hochgewachsene Blondine im Designerkleidchen herein, die aussieht wie ein Filmstar. Sie küsst Hugo und setzt sich neben ihn an die Bar und fängt lebhaft an zu erzählen. Unsere Heldin ist verblüfft, aber die Sache geht sie nichts an und sie verlässt die Bar.

Die Frage steht im Raum: »Was hat dieser Kleinganove mit dieser Klassefrau zu schaffen?« Sie werden dem Leser die Frage nicht beantworten. Und Sie machen sofort mit der Handlung weiter und verschwenden kein Wort mehr und auch keinen weiteren Gedanken unserer Heldin an diese Begegnung.

Im Leser aber haben Sie mit dieser Frage eine neue Geschichte, sprich: eine neue Welt angedeutet. Sofort ist Ihr ganzer Roman weiter geworden. Er ist selbst ein Stück näher an eine unendliche Geschichte gekommen.

Was Hugo mit Sabrina verbindet, ist eine andere Geschichte und soll ein andermal erzählt werden.

[Danke, Kai, für die Idee mit dem Samen und dem Einwand mit der Erzählperspektive.]

Verpasst Clara das Flugzeug und ihre große Liebe?
Zur emotionalen Tiefe und Höhe von Hindernissen

Sie wissen: Wenn Sie Ihrer Heldin ein Hindernis in den Weg stellen und sie es unbedingt aus dem Weg räumen will, nein, muss, um ihr Ziel zu erreichen, dann entsteht die Energie, die jeden Roman antreibt: Konflikt.

Mit irgendeinem x-beliebigen Hindernis, das die Heldin aufhält, ist es nicht getan. Nicht, wenn Sie einen guten Roman schreiben wollen. Zu einem guten Roman gehören Hindernisse, die etwas bedeuten, die vor allem der Heldin etwas bedeuten oder eine Verbindung zu ihr haben. Diese kann direkt sein, etwa mit einem emotionalen Erlebnis aus ihrer Vergangenheit, oder auch indirekt, über Symbole.

Beispiel:

Clara will zum Flughafen, um ihren Flieger noch zu erwischen. Denn darin sitzt Emmett, die Liebe ihres Lebens. Sie hat ihm versprochen, da zu sein. »*Wenn ich nicht zum Boarding am Gate stehe und mit einem Ticket wedle, dann darfst du mich offiziell für die unzuverlässige Schlampe halten, mit der du mich anfangs so gerne verwechselt hast. Dann liege ich irgendwo in dieser Stadt mit irgendjemand anderem im Bett. Sorry.*«

Clara hat sich ein Taxi genommen, der Verkehr ist überschaubar, der Fahrer fährt zügig, alles kein Problem. Da rast aus einer Seitenstraße ein Motorrad und donnert ins Taxi hinein. Clara hört den Schrei des Taxifahrers, sie sieht den dunklen Schatten des Bikers, als er über den Wagen fliegt.

Für Clara ist der Unfall ein Hindernis (für den Motorradfahrer mehr als das), kostbare Zeit verstreicht. Sie als Autor könnten Clara jetzt aus dem Taxi springen lassen. Sie ruft den Notarzt und rennt, während der Taxifahrer sich um den gestürzten Motorradler kümmert, zur nächsten Ecke, zum nächsten Taxistand.

Aber das wäre erstens zu einfach und zweitens besäße der Unfall keinerlei Bedeutung, er wäre beliebig und beliebig heißt übersetzt »nicht gut genug« und »nicht befriedigend für den Leser«.
Also geben Sie dem Unfall Bedeutung. Für Clara. Was, wenn Sie mit Emmett noch scherzte, weil er Angst vorm Fliegen hat und ihm sagte, Autofahren sei viel gefährlicher? Wenn Sie jetzt an dieses Gespräch denkt? Wenn er ihr, im Spaß, empfahl, in dem Fall lieber mit der U-Bahn zum Flughafen zu fahren?

Kein besonders origineller und wichtiger Einfall, aber es gibt Ihnen einen Grund, zur Beziehung zwischen Clara und Emmett zu blenden und die beiden Charaktere zu vertiefen.

Was, wenn ein Autounfall eine wichtige Rolle in Claras Vergangenheit spielte? Als kleines Mädchen wurde sie zusammen mit ihrer besten Freundin von einer Nachbarin zur Schule gefahren. Bei einem Unfall starb ihre Freundin, Clara selbst ist seither auf dem rechten Ohr taub. Und der Motorradfahrer kam von rechts, sie hat ihn nicht gehört. Der Unfall ist ein Schock.

Okay? Okay. Aber das geht noch besser.

Was, wenn Clara vor ein paar Jahren ihren damaligen Ehemann Fred bei einem Autounfall verloren und seither Angst vorm Autofahren hat? Sie hat sich nur deshalb ein Taxi genommen, um keine Bahn zu verpassen und um auf jeden Fall pünktlich zu kommen. Und nicht nur vorm Autofahren hat Clara Angst. Tiefer sitzt die Furcht, einen geliebten Menschen zu verlieren – und ebenso tief verankert ist ein sich selbst gegebenes Versprechen, an das sie sich jetzt erinnert: sich nie mehr so sehr auf einen Mann einzulassen wie damals auf Fred. Sie wird, so ist Clara überzeugt, es nicht ertragen, wenn sie noch einmal einen geliebten Menschen verliert.
Diese ganze Geflecht aus Erinnerungen und Gefühlen kommt in ihr hoch. Vielleicht war der Unfall ein Symbol – dafür, wie Clara all ihre Beziehungen zu Schrott gefahren hat. Oder ein Zeichen. Vielleicht wollte Gott sie dazu bringen, die Maschine zu verpassen.

Sie sehen, der anfangs zwar schlimme, aber für den Roman unwichtige Unfall hat eine Menge an Bedeutung gewonnen. Doch es geht noch mehr und es geht auch anders.

Habe ich erwähnt, dass Clara Notärztin ist? Sie muss sich um den verletzten Motorradfahrer kümmern. Ihr Pflichtbewusstsein ist stärker, ein Menschenleben steht auf dem Spiel. Aber Clara weiß, dass Emmett ohne sie fliegen wird, wenn sie dem Mann hilft, der vor Schmerzen stöhnend auf der Straße vor ihr liegt. Könnte ihm nicht auch jemand anderes helfen? Vielleicht genügt es, ihn zu stabilisieren und dann auf die Kollegen von der Rettung zu vertrauen, die sicher gleich da sein werden.
Entscheidungen. Ein Dilemma. Mit hoher emotionaler Beteiligung der Heldin. Das ist es, was Sie zeigen wollen.

Wählen Sie die Hindernisse auf dem Weg Ihrer Heldin sorgfältig aus. Plündern Sie dazu die Vergangenheit Ihrer Heldin und die Dinge, die ihr wichtig sind.

Manche sagen, der Plot solle sich aus den Charakteren entwickeln. Hindernisse sind ein Teil des Plots. Deshalb sollten auch sie aus Ihren Helden kommen.

Es regnet immer zur ungünstigsten Zeit
Warum Hindernisse aufeinander aufbauen sollten

Im vorigen Kapitel empfehle ich Ihnen, Hindernisse, die Ihrem Protagonisten das Ziel verbauen, mit Bedeutung für diesen Charakter aufzuladen. Die Hindernisse sollten den Charakter emotional berühren.

Das ist kein Muss. Nicht jede kleine Hürde muss tief in der Vergangenheit einbetoniert sein. Aber Sie wollen ja einen Roman schreiben, der sich von den anderen abhebt, einen besonderen, hab ich Recht? Und deshalb sollten Sie auch Hindernisse mit Bedeutung und emotionaler Schlagkraft verwenden.

Eins der Hindernisse könnte sich beispielsweise auf ein anderes Hindernis beziehen und damit auch die emotionale Bedeutung des ersten miteinbeziehen – emotionale Bedeutung nicht nur für den Helden, sondern auch für den Leser! Denn der hat ja zum verbundenen Hindernis ebenfalls eine Beziehung aufgebaut, einfach dadurch, dass er darüber gelesen hat und zwar, Ihrer Schreibkunst sei dank, gefühlsmäßig hoch engagiert.

Beispiel:

Im Science-Fiction-Film »*Pitch Black – Planet der Finsternis*« (USA, Australien 2000; Regie: David Twohy, Drehbuch: Jim Wheat, Ken Wheat) legt ein Raumschiff eine Bruchlandung auf einem fremden Planeten hin. Der Planet ist öd, er scheint auch leer. Die Überlebenden suchen nach Wasser. Womit wir ein Hindernis (Gefahr des Verdurstens) auf dem Weg zu ihrem Ziel hätten: das Ziel, zu überleben.

Dieses Hindernis wird später aufgegriffen, auf eine gemeine Art, bei der man den Drehbuchschreiber vor sich sieht, wie er sich vor Schadenfreude die Hände reibt: Die wenig gastfreundlichen Bewohner des Planeten scheuen das Licht. Um, in einer endlos langen Sonnenfinsternis, mitten durch sie hindurch zum rettenden Raumschiff zu gelangen, entzünden die Absturzopfer Fackeln und halten so die, ja, Monster, auf Abstand.
Und dann fängt es an zu regnen. Der lang ersehnte Regen fällt.

Richtig freuen können sich die Schiffbrüchigen darüber nicht. Denn das Wasser löscht ihre Fackeln. Und auf dem Speiseplan der bösen Monster rücken sie jäh wieder an die erste Stelle – unter der Rubrik »Sofort verzehren«.
Was im Leben als Ironie des Schicksals durchginge, hat sich der Autor in seiner hundsgemeinsten Stunde ausgedacht. Gehen Sie in sich, suchen Sie das miese Schwein in Ihrem Innern. Ich kenne Sie zwar nicht, und ich will Ihnen nicht zu nahe treten, aber ich wette, Sie werden fündig. Die einen früher, die anderen später. Und dann quälen Sie Ihre Charaktere noch ein bisschen boshafter als sonst.
Je nach Art Ihres Textes können Sie damit auch wunderbar ironische und witzige Effekte erzielen.

Wie können Sie Hindernisse noch aufeinander beziehen?

Nehmen wir das Beispiel vom letzten Kapitel. Clara muss dringend zum Flughafen. Doch ein Motorradfahrer knallt in das Taxi, in dem sie sitzt. Sie ist Notärztin, sie muss ihn verarzten, selbst wenn das heißt, dass ihre große Liebe ohne sie davonfliegt.

Sie könnten auf dem Hindernis *Unfall* aufbauen: Was wäre, wenn endlich der Rettungswagen käme und Clara sich ein anderes Taxi sucht – und dieses Taxi kann die Ausfahrt zum Flughafen nicht nehmen, weil dort ein anderer Rettungswagen und ein Unfall die Straße versperren? Oder wenn sie rechtzeitig zum Flughafen kommt und Emmett, ihre große Liebe, nicht da ist? Weil er daheim die Treppe hinuntergefallen ist. Clara aber denkt, er hätte sie sitzen lassen.

Noch besser: Emmett hat erfahren, dass Clara einen Unfall hatte, und eilt vom Flughafen zum Unfallort. Eine Zeugin, eine Kellnerin in einem Straßencafé, erinnert sich noch genau an eine blutüberströmte Frau, auf die Claras Beschreibung passt. Was Emmett nicht weiß: das Blut war das des Motorradfahrers. Verzweifelt klappert er die Krankenhäuser ab. Und Clara steigt ins Flugzeug, allein mit ihrem gebrochenen Herzen. Ach ...

Sorgen Sie bei Hindernissen für Abwechslung: Art des Hindernisses, seine emotionale Intensität, Hindernisse, die außerhalb und solche, die innerhalb des Charakters liegen.

Es muss keinen schweren Unfall geben. Auch ein kleines Hindernis kann eine große Wirkung entfalten. So etwa könnte Clara am Flughafen jemanden sehen, der sie frappierend an ihren Ex-Mann erinnert. Es kommen sogleich viele unangenehme Gedanken hoch, und Clara ist auf einmal unentschlossen, ob sie wirklich zum Gate laufen soll, wo Emmett auf sie wartet.

Nein, so leicht kommen die beiden wohl nicht zusammen. Die beiden vielleicht nicht – aber dafür Sie und Ihre Leser.

Erzählen & Erzählperspektive

Buchtipp (Arbeitsbuch)

Schreibcamp – Die 28-Tage-Fitness für Ihren Roman

»Der Schreibratgeber für die einsame Insel«
(Gabi)
»Stephan Waldscheidt beginnt mit dem Versprechen: ›Dieses Buch wird Ihren Roman besser machen. Vom ersten Tag an.‹ Und dieses Versprechen hält er auch.«
(Kleine Eule)

E-Book
amzn.to/1bgWByL

Wie Sie Märchenonkel werden. Oder Märchentante.
So erzählen Sie souverän

»Wer erzählen kann, gewinnt Souveränität«, sagt der durch humorvolle Kurzgeschichten bekannt gewordene ehemalige Journalist Axel Hacke (*»Das war meine Rettung«*, ZEITmagazin Nr. 52 vom 16.12.2010). Das Gleiche gilt umgekehrt: Zum Erzählen gehört eine souveräne Erzählstimme. Es ist ein sich selbst verstärkender Prozess.

Nur ein souveräner Erzähler zieht den Leser in seine Erzählung. Erinnern Sie sich an die Märchenonkels und -tanten Ihrer Kindheit. Am liebsten hörte man denen zu, die selbstbewusst auftraten und ihre Geschichte überzeugend vortrugen. Sie mussten nicht einmal freundlich sein – waren sie unheimlich, strahlten sie etwas Düsteres aus, umso besser. Zuhören (oder Lesen) heißt auch, sich dem Erzähler anzuvertrauen. Ein zögerlicher, ein stotternder, ein unglaubwürdiger Erzähler – jeder von ihnen ist das Ende jeder noch so guten Geschichte.

Arbeiten Sie an Ihrer Erzählstimme, bis Sie in Ihrem Roman die Souveränität ausstrahlen, die man von einem Erzähler erwartet.

Was gehört dazu?

Ein sicheres, selbstbewusstes Auftreten. Beim Schreiben heißt das: Schreiben Sie aktiv. Und vielleicht verzichten Sie doch lieber auf solche Wörter, die den ganzen Text tendenziell eher verlangsamen oder ihn gewissermaßen ins Stolpern bringen.

Klingt das souverän? Nein? Wie wäre es hiermit:

Verzichten Sie auf Wörter, die den Text verlangsamen oder ihn zum Stolpern bringen.

Geht es noch souveräner? Ja:

Lassen Sie weg, was den Text bremst.

Was aber, wenn der Erzähler in Ihrer Geschichte oder die Figur, aus deren Perspektive Sie erzählen, ein schüchterner Mensch ist? Dann schreiben Sie auf souveräne Weise unsouverän. Indem Sie zu der Figur werden (die Sie übrigens, als ihr Schöpfer, sowieso schon sind), indem Sie die Dinge auf glaubhafte, mehr noch: auf überzeugende Weise mit den Augen der Figur sehen, mit ihrem Körper, ihrem Herzen fühlen und das alles dem Leser mitteilen.
Zeigen Sie dem Leser, dass er Ihnen vertrauen darf.

Vertrauen ist ein Gefühl, ein Wohlgefühl. Lassen Sie den Leser spüren, dass er bei Ihnen gut aufgehoben ist. Enttäuschen Sie ihn nicht.

Zu Anfang Ihres Romans machen Sie Versprechungen darüber, was den Leser erwartet. Erzeugen Sie auf den ersten Seiten eine düstere Atmosphäre voller unguter Vorahnungen, erwartet der Leser im Verlauf der Geschichte angenehm Schreckliches. Überraschen Sie ihn dann mit einer lockeren Schmonzette, fühlt er sich zurecht verraten.

Gelegenheit, Vertrauen aufzubauen, haben Sie während des ganzen Romans, mit jeder Seite, jedem Absatz, jedem Wort. Doch Vorsicht: Sie können dieses Vertrauen jederzeit verspielen.

Das Vertrauen Ihres Lesers zu Ihnen wird umso mehr wachsen, je häufiger Sie ihn durch überzeugende und emotional starke Momente hindurchführen: Da, denkt er, wieder eine Szene, die mich zum Heulen oder Zähneknirschen bringt, eine fiese Überraschung, eine unerwartete Wendung – und Sie als Erzähler bleiben in der Spur und behalten alle Zügel des Plots im Griff. Das schafft Vertrauen.

Erhalten Sie sich dieses Vertrauen: mit wissenswerten Informationen, klugen Bemerkungen und ironischen oder humorvollen Einsprengseln an den richtigen Stellen und im richtigen Maß.

Zu einem souveränen Erzähler gehört Authentizität.

Überzeugen Sie den Leser, dass die Geschichte aus Ihrem Inneren kommt und nicht bloß, sagen wir, für Geld und Ruhm geschrieben wurde – egal, was Ihre wahren Gründe sind.
Zur Authentizität gehört, dass der Leser bei Ihnen als Autor eine starke emotionale Beteiligung am Geschehen spürt – ohne dass diese Ihre Fähigkeiten als Erzähler trübt. Wenn Sie als Autor, allem Anschein nach, der eigene Text nicht interessiert, wie wollen Sie dieses Engagement dann von Ihrem Leser erwarten!
Souveränität ist auch eine Charakterfrage. Wenn Sie eher ein zurückhaltender Mensch sind, werden Ihre Texte das in einem gewissen Maße spiegeln. Kein Problem. Als Autorin sind Sie der Märchentante gegenüber im Vorteil: Sie können überarbeiten.

Achten Sie beim Überarbeiten gezielt auf die Souveränität Ihrer Erzählstimme – und ändern Sie die weniger souverän klingenden Stellen.

Da die Souveränität von Erzählerin und Erzähler – Märchentante, Märchenonkel – ein sich selbst verstärkender Prozess ist, gewinnen Sie durchs Schreiben auch persönlich an Souveränität.

Wenn das mal kein Ansporn ist.

Warum ist es im Haus so totenstill?
Die beiden Säulen mitreißenden Erzählens

Am Grund jedes Romans liegt eine mitreißende *Erzählung*. Und am Grund jeder mitreißenden Erzählung liegen die *Anekdote* (eine logische und nachvollziehbare Folge von Ereignissen) und die *Reflexion* (die der Anekdote ihre Bedeutung verleiht).

Beispiel:

Svenja erwachte. Das Haus war still. Sie setzte ihre Füße auf den kalten Boden und stand auf. Sie ging zur Tür. Die Stille, war sie nicht sonderbar? Ihre Finger tasteten nach dem Lichtschalter. Sie entschied sich dagegen, Licht zu machen. Leise ging sie zur Treppe und lauschte in das ungewöhnlich stille Haus. Sie setzte den Fuß auf die oberste Stufe, vorsichtig, denn sie knarrte.

Durch das Sequenzielle, nicht Unterbrochene gewinnt selbst eine zunächst wenig aufregende Anekdote an Momentum. Die Sequenz erzeugt Suspense: Was wird Svenja in dem Haus finden? Wieso ist es so still?

Eine Geschichte reißt uns genau dann mit, wenn, wie angedeutet, Fragen aufgeworfen werden. Und zwar ununterbrochen. Im ganzen Roman darf es nicht eine Stelle geben, an der der Leser sich keine Frage stellt, nicht mal einen einzigen Satz.

»Was geschieht als nächstes?« ist die grundlegendste der Fragen, doch sie allein reicht nicht aus, um den Spannungsbogen über Hunderte von Seiten zu halten. Der Leser geht davon aus (und das ist Teil des ungeschriebenen Vertrags zwischen ihm und Ihnen, dem Autor), dass jede Frage, die sich der Leser stellt (und die von Ihnen als Autor direkt oder indirekt aufgeworfen wurde), auch beantwortet wird. Darum ist es wichtig, dass Sie immer wieder Antworten geben – und zugleich neue Fragen stellen. Währenddessen schieben Sie die zentralen Antworten weiter vor der Handlung her oder, besser: Sie lassen sie von der Handlung weiterschieben.

Nebenbei: Ein guter Autor weiß, dass er den Vertrag mit dem Leser so ganz penibel nicht auslegen muss. Die ein oder andere Frage darf oder sollte ungeklärt bleiben. Wichtiger ist, dass Sie nie mehr Antworten geben, als Sie Fragen aufwerfen – womit wir nebenbei mal wieder bei einer der wichtigsten Schreibregeln wären: *Widerstehen Sie dem Drang zu erklären.* Heißt das doch nichts anderes, als Fragen zu beantworten, die noch gar nicht nach einer Antwort verlangen. Oder die sich womöglich nie stellen.

Zum anderen gehört zu einer mitreißenden Geschichte, dass über die Fragen reflektiert wird: ein Moment des Nachdenkens (ohne die Handlung zum Stillstand kommen zu lassen). Das Reflektieren kann ein Charakter erledigen oder der Erzähler selbst. Der Charakter kann das direkt tun – etwa durch inneren Monolog oder Dialog – oder indirekt, durch Handlung, durch seinen Versuch, Antworten zu finden.

Der Anekdote, der Handlung und den Fragen wird auf diese Weise Bedeutung gegeben. Reine Handlung ohne diese Bedeutung, ohne dieses »Warum sollen mich die Antworten interessieren?« ist tote Handlung. Sie läuft ins Leere.

Das Beispiel von oben, jetzt ohne Reflexion (Bedeutung verleihen auch Adverbien wie *ungewöhnlich* vor dem *still* oder das *vorsichtig*, das eine Reaktion auf das Bemerken der ungewöhnlichen Stille ist. Hätte Svenja nicht zuvor über die ungewöhnliche Stille nachgedacht, gäbe es keinen Grund für sie, das Licht nicht einzuschalten):

Svenja erwachte. Das Haus war still. Sie setzte ihre Füße auf den kalten Boden und stand auf. Sie ging zur Tür. Ihre Finger tasteten nach dem Lichtschalter. Sie machte Licht. Sie ging zur Treppe und lauschte in das stille Haus. Sie setzte den Fuß auf die oberste Stufe, die knarrte.

Ohne das Bemerken der Stille, ohne das Wundern darüber, wirkt die Szene als eine Abfolge von Handlungen ohne jeden Belang – langweilig.

Zum Schaffen von Bedeutung gehört es, die Fragen emotional aufzuladen – und damit die Charaktere. Das erreicht der Autor zum Beispiel dadurch, dass er seine Charaktere sympathisch oder faszinierend macht, dass man mit ihnen leidet oder mit ihnen ein Ziel verfolgt.

Wenn Sie beim nächsten Mal nicht weiterwissen und der Cursor ebenso unerbittlich wie unterbeschäftigt vor Ihnen blinkt, betrachten Sie sich die beiden Säulen des Erzählens an Ihrem Roman: Abfolge und Sinngebung. Es kann gut sein, dass eine davon wackelt oder fehlt. Haben Sie das Fehlen erst einmal bemerkt, ist es meist einfach, etwas dagegen zu tun.

[Meinen Dank an Ira Glass für die Idee zu diesem Artikel.]

Ist Ihr Roman gefährlich und schlimmer als Drogen?
So holen Sie mehr aus der Geschichte heraus

Das Gefährlichste aber, vor dem er auf das Schärfste warnen wollte, der einzige Faktor, der ganze Kompanien junger Seelen in den Nebel des Wahnsinns getrieben hatte, das war das Bücherlesen. Diese schlechte Angewohnheit war in der letzten Generation immer üblicher geworden, und Vater war ungemein dankbar, weil ich selbst bis jetzt derartige Tendenzen nicht gezeigt hatte. Das Irrenhaus war überfüllt mit Leuten, die zu viel gelesen hatten. Einmal waren sie wie du und ich gewesen, körperlich kräftig, ohne Ängste, zufrieden und im Gleichgewicht. Dann hatten sie angefangen zu lesen. Meist aus irgendeinem Zufall heraus. Eine Erkältung mit ein paar Tagen Bettruhe. Ein schöner Buchumschlag, der die Neugier weckte. Und plötzlich war die Unsitte geboren. Das erste Buch führte zum nächsten und wieder nächsten, Glieder einer Kette, die geradewegs in die ewige Nacht der Geisteskrankheit führte. Man konnte ganz einfach nicht aufhören. Das war schlimmer als Drogen.

So der Ich-Erzähler in Mikael Niemis wunderbarem Roman »*Populärmusik aus Vittula*« (btb 2002). Ich bin sicher, Sie lesen viel. Ich bin sicher, Sie könnten noch mehr lesen. In jedem Fall könnten Sie bessere Bücher lesen. Aber ausnahmsweise geht es mir hier mal nicht darum, einen besseren Menschen aus Ihnen zu machen. Das Beachten einiger Punkte aus obigem Text könnten jedoch den Anstoß dazu geben, einen besseren Autor, eine bessere Autorin aus Ihnen zu machen.

Ihr Roman hat Potenzial. Sie haben es jedoch nicht ausgeschöpft. Bei weitem nicht.

Bücherlesen wird von Niemis Erzähler als etwas Gefährliches beschrieben. Denken Sie mal nach: Wann haben Sie das letzte Mal ein Buch gelesen, dessen Inhalt Ihnen gefährlich oder verboten oder unerhört vorgekommen ist? Was war das für ein Buch, was war das für Gefühl? Rufen Sie dieses Gefühl noch einmal so exakt wie möglich ab. Fragen Sie sich: Könnte jemand auf die Idee kommen, den Roman, an dem Sie gerade arbeiten, als gefährlich einzustufen, als verboten, als etwas auf prickelnde Weise Neues?

Nein? Warum nicht? Was fehlt ihm dazu?

Machen Sie sich auf die Suche danach.
Es muss nicht viel sein. Vielleicht ein mutigerer Plot-Twist oder ein Held, der auf eine unwiderstehliche Weise anders tickt, als es mainstream ist. Womöglich eine These oder Prämisse, die von der herrschenden Meinung abweicht, die politisch unkorrekt ist. Oder ein Thema, das aus dieser Perspektive noch keiner betrachtet hat. Begnügen Sie sich nicht, fünf Minuten darüber nachzudenken. Nehmen Sie die Herausforderung ernst. Ob Sie hier fündig werden oder nicht kann einen großen Anteil daran haben, ob Ihr Roman ein Erfolg wird oder ob er in der Masse verschwindet.

(Einschub: eine Schweigezeile für all die Autoren, deren Verlage und Lektoren ihren Büchern das Mutige, Herausfordernde, Neue gestrichen haben.)

Der Erzähler schreibt von »*jungen Seelen*«. Spricht Ihr Roman junge und jung gebliebene Seelen an? Sprich: Stellt er Fragen, wie sie sich auch Menschen stellen, die noch nicht so festgefahren sind wie die meisten von uns mit über dreißig?

Und dann: »*Nebel des Wahnsinns*«. Finden sich in Ihrem Roman Ideen, die komplett irre sind, gaga wie die gleichnamige Lady, die sich ein Kleid aus Fleisch an den Körper hängt? Das können Kleinigkeiten sein, etwa ein sonderbares Hobby einer Nebenfigur – alles, was Ihren Roman aus dem Meer der Gleichförmigkeit, dem Mainstream, hebt.

Hatten Ihre Eltern was dagegen, dass Sie dauernd hinter Büchern steckten? Machte dieses Verbot oder wenigstens das Ablehnende das Lesen nicht viel wertvoller, abenteuerlicher?
Versuchen Sie sich an dieses Gefühl zu erinnern, es heraufzubeschwören, wenn Sie sich das nächste Mal an Ihren Text setzen. Können Sie etwas davon in Ihren Roman einfließen lassen?

Liefert Ihr Roman dem Leser einen Grund, ihn unter der Bettdecke zu lesen, ganz heimlich? Müsste ein Kind zumindest ein kleines bisschen Angst haben, mit Ihrem Buch von den Eltern erwischt zu werden?

Könnte Ihr Roman jemanden wahnsinnig machen? Womit? Was müssten Sie ändern oder hinzufügen? Lassen Sie Ihre Heldin doch mal etwas ganz und gar Verrücktes tun, etwas Überraschendes, etwas, das sie sich selbst nicht zugetraut hätte.

Welche Ängste ihrer Leser spricht Ihr Roman an? Finden Sie die Ängste, fügen Sie weitere hinzu, verstärken Sie den Effekt.
Kann Ihr Roman seine Leser so lange in den Sessel fesseln, bis seine Muskeln atrophieren? Wieso nicht? Was fehlt ihm? Vermutlich ist nicht jede Seite, nicht jeder Absatz, nicht jeder Satz wirklich spannend. Sorgen Sie dafür, dass zumindest jeder Absatz einen Mikro-Konflikt enthält. Besser: jeder Satz.
Streichen Sie den Rest.

Oft genügen dazu, wie der Name schon andeutet, Winzigkeiten, Nuancen. So deutet ein *aber* im Satz bereits einen Konflikt an.

Beispiel:

Sie war müde, aber sie musste raus aus den Federn. An diesem Morgen stand die Prüfung an. Das Schlimme: Professor Hilde Schmählich prüfte, und sie tat das mit der Schärfe einer Machete.

Jeder dieser Sätze enthält einen Konflikt:
1. aufstehen müssen, obwohl müde;
2. Prüfung!;
3. ausgerechnet Schmählich!

»*Die Sonne schien*« enthält keinen Konflikt. Sehr wohl aber der Satz: »*Die Sonne brannte.*« Oder »*Die Sonne schien, aber heute konnte er sie nicht genießen.*«

Schreiben Sie emotionaler, ohne kitschig und melodramatisch zu werden. Sorgen Sie dafür, dass die Leser Ihre Helden so ins Herz geschlossen haben, dass sie es nicht über sich bringen, die Helden auch nur eine Sekunde allein in der Höhle zu lassen, wo der Gott der Vampirfledermäuse sein Unwesen treibt.

Bringt Ihr Roman seine Leser aus dem Gleichgewicht? Vielleicht durch Meinungen, die der Leser bisher so noch nie zu denken wagte. Durch eine revolutionäre Idee. Durch …

Der Krimiautor James Ellroy etwa erzürnt die Kritiker damit, dass bei ihm politisch unkorrekte Einstellungen wie Rassismus nicht etwa einen Charakter als böse definieren. Bei Ellroy kann auch der ansonsten sympathische Held rassistische Meinungen äußern. Und vielleicht beim Leser geheime Zustimmung zutage fördern, die ihm ganz und gar nicht behagt. Die Methode ist nicht ohne Risiko, ein Balance-Akt. Aber beim Balance Halten bringt man Menschen leichter aus dem Gleichgewicht.
Besitzt Ihr Roman Suchtfaktor? Führt er dazu, dass die Leser auch den nächsten lesen werden? Lassen Sie sie mit einem Gefühl zurück, das über den Roman hinausreicht. Mit Fragen: Würde ich in dieser Extremsituation genauso reagieren wie der Held des Buchs?

Widerstehen Sie der Versuchung, alle Fäden zusammenzuführen. Ein paar offene Enden in einem weitgehend abgerundeten Roman wirken im Leser nach, beschäftigen ihn weiter, noch nachdem er das Buch fertig gelesen hat. Sie geben der Geschichte den Anschein von Realismus, vermitteln das Gefühl, sie wäre weit umfänglicher als die vierhundert Seiten zwischen zwei Buchdeckeln.

Dämonen an beiden Ufern
So bringen Sie das Feuer zurück in Ihren Roman

Ist das Feuer in Ihrem Roman gerade ein wenig heruntergebrannt? Keine Sorge. Solange noch Glut da ist (in Ihrer Geschichte und in Ihnen), bringen Sie die Flammen wieder zum Prasseln. Wie? Lesen Sie weiter.

Die Computerintelligenz Jane aus Orson Scott Cards »*Speaker for the Dead*« (Tor 1986 / eigene Übersetzung) weiß, wie man einen Roman spannender macht: Sie schürt die Glut ein wenig auf – indem sie zwei Gruppen von Kontrahenten der Helden einen gemeinsamen Feind verpasst:

So, dachte Jane, das sollte die Dinge ein bisschen aufmischen.

Möglichkeiten, Ihren Roman spannender zu machen, gibt es unzählige. Ich wette mit Ihnen, dass Sie keine einzige Szene Ihres Romans ausgereizt haben. Ja, genau: nicht eine einzige. Anders gesagt: Jede Szene Ihres Romans kann noch packender, aufwühlender, emotionaler, interessanter, sprich: *lesenswerter* werden.

Wird jedoch Arbeit machen.

Erstes Beispiel:
Ihr Held muss über einen Fluss schwimmen, weil ihm wasserscheue Dämonen auf den Fersen sind? Machen Sie den Fluss breiter, tiefer, setzen Sie Krokodile hinein, fesseln Sie dem Helden die Hände auf den Rücken, geben Sie den Dämonen ein Boot.

Das haben Sie schon alles getan? Mehr geht immer. Ich gewinne meine Wette.
Lassen Sie auch am anderen Ufer Dämonen warten.

Zweites Beispiel:
Ihre Heldin ist verzweifelt, weil ihr Freund auf einer Abtreibung besteht. Sie liebt ihn, aber sie liebt auch das ungeborene Kind. In einer Szene stellt sie ihn vor die Wahl, ein Bluff: Wir beide, das Kind und ich, oder keine. Geben Sie den beiden ungünstige Rhesusfaktoren. Fügen Sie ein Zeitlimit hinzu: Die Entscheidung muss sofort fallen, der Zug wartet nicht. Geben Sie dem Mann eine Ehefrau.
Das haben Sie schon alles getan? Mehr geht immer. Ich gewinne meine Wette.
Schicken Sie einen anderen Mann in die Szene, der behauptet, das Kind sei von ihm. Was eine Lüge ist, aber das weiß nur Ihre Heldin.

Die Spannung anzustacheln, muss noch nicht mal viel Arbeit machen. So man Ideen hat (und die haben Sie ja im Überfluss). Aufwändiger wird es, wenn Sie die neuen Aspekte lösen oder erklären und in den Roman integrieren müssen, etwa einen weiteren Charakter.

Wann ist es genug? Wenn Ihnen die (hervorragenden) Ideen ausgehen oder die Szene zu lange wird oder wenn ein Abgabetermin ansteht. Ein Roman ist immer ein Kompromiss.

Und was ist mit den ruhigeren Szenen? Ruhiger? Vermutlich, sorry, gehören sie gestrichen. Die wenigsten Romane leiden an einem Zuviel an Spannung. Und ich rede keineswegs nur von Thrillern. Das Genre spielt da keine Rolle: Irgendeine Art von Spannung gehört in jeden Roman. Natürlich braucht Ihre Heldin auch mal eine Verschnaufpause. Aber ein Verschnaufen nach einer Verfolgungsjagd oder einer emotional bewegenden Abschiedsszene heißt nicht, dass Sie die Handlung zum Stillstand bringen dürfen.

Betrachten Sie sich verschiedene Arten von Spannung: beispielsweise die Spannung in der Beziehung von Erika und Fred, dann die Spannung des Mordfalls, den die beiden Nebenberufsdetektive gemeinsam aufklären sollen und als drittes die Spannung, ob Erika trotz ihrer vielen Fehlzeiten und Unkonzentriertheit ihren Brotjob bei der Versicherung behalten kann. Den sie unbedingt braucht, um ihre beiden Kinder zu ernähren.

Idealerweise unterliegt jede Art Spannung (jeder Subplot) einem Rhythmus, sie schwingt wie eine Welle, wie ein Ton, auf und ab, mit Höhen und Tiefen: eine Sinuskurve. Wenn Sie mehrere dieser Spannungskurven übereinanderlegen, sollten diese nie deckungsgleich sein. Wenn eine absackt, muss die andere steigen, sodass die Punkte der Hochspannung nie weit auseinanderliegen. Und: Es gibt auf diese Weise auch mehr Spannungsspitzen.
Der Roman mit diesen Spannungskurven ist zugleich abwechslungsreich und doch zu jedem Zeitpunkt hoch spannend.

Macht alles Arbeit. Wenn Sie kneifen wollen, suchen Sie sich eben einen anständigen Job. Aber da Sie niemand sind, der kneift, fangen Sie gleich mal mit der Szene an, an der Sie gerade arbeiten. Und hauen Sie den Schürhaken kräftig in die Glut, schönen Gruß von mir an die Dämonen.

Halten Sie sich gefälligst da raus!
Einmischen oder hinter dem Text verschwinden

Wem gehört der Roman, an dem Sie gerade arbeiten? Ganz klar: Ihnen.
Falsche Antwort.
Wenn Sie ein guter Erzähler werden wollen (und wozu sonst läsen Sie dieses Buch?), sollten Sie diese Besitzansprüche aufgeben. Spätestens bei der Zusammenarbeit mit dem Verlag werden Sie feststellen, dass aus dem Roman plötzlich ein Projekt von vielen geworden ist. Ganz aus Ihrem Besitz gleitet das Buch, sobald es in die Hand von Lesern gerät.
Und das ist gut so.

Der Leser soll das Buch zu seinem Buch machen, die Geschichte zu seiner ganz eigenen. Anders als Kinobesucher oder Hörbuchhörer tut er schließlich eine Menge dafür.
Er liest.

Warum müht er sich so ab? Er könnte ins Kino gehen, ein Videogame spielen, den Fernseher einschalten. Er gibt sich die Mühe, weil er sich die Geschichte nur beim Lesen aneignen kann.
Je mehr Sinne bedient werden, desto passiver nehmen wir auf. Ergo: Je weniger Sinne, desto mehr müssen wir uns einbringen – und desto tiefer der Genuss.

Nicht nur der Genuss wird tief, auch die Beziehung zu einem Buch kann sehr tief gehen. Weil es letztlich die Beziehung des Lesers zu sich selbst ist.

Für Sie als Autor heißt das: Je weniger Sie sich in den Vordergrund drängen, desto leichter fällt es dem Leser, das Buch zu seinem Buch zu machen. Und umso größer wird die Chance, dass er auch das nächste Buch von Ihnen kauft.
Wie könnte er auch nicht? Schließlich ist das erste Buch, das er von Ihnen gelesen hat – siehe oben – ja bereits ein Teil von ihm selbst. Und den wird er wohl nicht in irgendeinem Buchladen herumliegen lassen.
Es gibt viele gute Bücher, in denen die Einmischung des Autors zum Konzept gehört und wo der Autor das Geschriebene nach Herzenslust kommentiert. In den Romanen des vorletzten Jahrhunderts war das eher die Regel.
Mir geht es hier jedoch um die moderne(re) und auch populärere Form des (erzählenden) Romans: Der Autor verschwindet hinter seiner Geschichte.

Höre ich da jemanden wettern: »Eskapismus! Typisch Unterhaltungsroman! Was ist mit der Literatur?«
Ich vermeide bewusst das Wort Unterhaltungsroman. Ein Roman, der nicht unterhält, mag Literatur sein, ein Roman ist er nicht. Punkt.

Nach dem Punkt kommt der Knackpunkt: Vielen Autoren ist nicht bewusst, dass sie sich einmischen und wo. Lesen Sie weiter.

Wenn der Roman nicht dem Autor gehört, dann gehören ihm auch nicht die Dialoge. Die gehören den Charakteren.
Wann immer der Autor aber ein anderes Verb als *sagen* benutzt, um den Sprecher zu benennen, reißt er den Dialog an sich:

»Oh, wie ich dich begehre«, säuselte sie zärtlich, »wie ich mich nach dir verzehre.«

Der Autor kennt zwar seinen Endreim, aber er kommentiert das Gesagte, und zwar gleich zwei Mal:

Sie säuselte. – Das ist Kommentar Nummer eins. Das Wort enthält, obwohl es ein Verb ist, auch eine Wertung. Der Autor tritt einen Schritt vom Dialog zurück und wirft einen Blick darauf. Und das Schlimme: Er zwingt dadurch den Leser dazu, ihm zu folgen.

Sie säuselte zärtlich. – Die Art, wie sie säuselte, das Zärtliche darin, ist Kommentar Nummer zwei. Adverbien sind fast immer Kommentare.

Es gibt Ausnahmen, wo solche Sprecherbenennungen nicht als Kommentar empfunden werden. Doch die sind bei den Verben schon selten und bei den Adverbien so gut wie nicht existent.

Schreiben und selbst Erzählen sind keine exakten Wissenschaften. Manches (aber weniger, als die meisten glauben) ist Geschmackssache.
Merken Sie sich als Richtschnur Folgendes: Je weiter die Sprecherbenennung sich von dem einfachen Verb *sagen* entfernt, desto mehr Aufmerksamkeit zieht sie auf sich – desto stärker wirkt sie kommentierend – und desto wahrscheinlicher gehört sie gestrichen.
Das Wort *sagen* hingegen ist (für die meisten Leser) so gut wie unsichtbar. *Flüstern* oder *schreien* ist in den Fällen in Ordnung, in denen nicht schon der Kontext alles erklärt. Gleiches gilt etwa für *fragen*, *erwidern* oder *entgegnen*.
Schlimmer sind Verben wie *radebrechen* oder *poltern*. Einen Bogen machen sollten Sie um die Verben, die gar nichts mehr mit *sagen* zu tun haben und nicht selten physikalische Unmöglichkeiten beschreiben:

»Ich komme wieder«, drohte er.
Oder:
»Du hast Recht«, nickte sie.

Für manche Leser sind solche Sprecheraktionen ebenso unsichtbar wie das Wort *sagte*. Doch unter der Oberfläche, behaupte ich jetzt mal aus Mangel an empirischen Beweisen, nimmt der Leser dennoch eine Bewertung oder Kommentierung wahr.

Nur, weil sich die Leser an etwas gewöhnt haben, heißt das noch nicht, dass etwas richtig, gut oder gar optimal ist.

Wann haben Sie das letzte Mal einen Satz genickt?

In den meisten Dialogfällen das Verb *sagen* zu benutzen, hat für Sie als Autor einen weiteren Vorteil: Sie erkennen besser, ob es im Dialog selbst hakt. Sprich: Käme der Dialog auch ohne die Kommentierung aus? Oder braucht er sie wie eine Krücke, weil er ohne nicht laufen kann? Bevor Sie Ihrem Dialog überflüssigerweise eine Gehhilfe verordnen, verschreiben Sie ihm lieber Krankengymnastik oder ein Sportprogramm. Sprich: Machen Sie ihn besser, klarer, aktiver.

Viele Autoren gehen leider den einfacheren Weg. Sie klatschen ein »*sagte sie zärtlich*« an das Gesagte, anstatt sich mit dem Gesagten selbst zu beschäftigen und es so umzuschreiben, dass der Tonfall deutlich wird. Mit Bequemlichkeit erschaffen Sie keinen guten Roman – zumindest nicht den besten, den Sie schreiben können.

Auch in Gedanken und innere Monologe sollten Sie als Autorin oder Autor sich nicht einmischen.
Wenn Ihr POV-Charakter nachdenkt, erklären Sie das nicht auch noch:
So spät, dachte er, und sie ist immer noch nicht da.

Schreiben Sie stattdessen einfach:
So spät, und sie ist immer noch nicht da.

Da Sie die ganze Geschichte oder Szene aus diesem POV erzählen, ist klar, dass die Gedanken die Ihres POV-Charakters sind. Je tiefer Sie mit Ihrer Erzählperspektive in der Figur stecken, desto eher kommen Sie ohne solche Krücken aus.

Gedanken *kursiv* zu setzen, ist aus dem gleichen Grund störend, ja, albern. Die Lesbarkeit erschwert der Kursivsatz bereits bei Passagen, die länger als eine Zeile sind. Zudem zieht ein häufiges Hin- und Herwechseln zwischen normal und kursiv gesetzten Textstellen die Aufmerksamkeit von der Geschichte ab und lenkt sie aufs Layout.*

Ziehen Sie die Grenze bei Lesbarkeit und Verständlichkeit. Schreiben Sie so, dass dem Leser sofort klar ist, wo die Gedanken aufhören und Handlung beginnt. Gerade in der sogenannten Literatur finden sich Manierismen, die es dem Leser (unnötig) schwer machen. Man könnte fast meinen, der Autor wolle die Tiefgründigkeit seines Textes und seine Unzugänglichkeit mehr über das Layout erreichen als über den Inhalt.

So schreibt Katharina Hacker in »*Die Habenichtse*« (Suhrkamp 2006):
– Wer bist du, dass du dich über andere erhebst? Ausgerechnet Albert sagte es. Mae war fünfundzwanzig geworden, Jim hatte ihren Geburtstag vergessen.

Es dauert einige Wörter, bevor man begreift, dass nach »*erhebst?*« der Dialog zu Ende ist und Handlung beginnt. Doch dies genügt schon, den Leser zu irritieren. Doch diese Art Irritation kann selbst ein Literat nicht wollen. Auch ihm oder ihr sollte daran gelegen sein, die Aufmerksamkeit des Lesers ganz auf Inhalte und Sprache zu lenken.

Wer keine Leser will, der sollte bitte nichts veröffentlichen, sondern das Feld lieber Autorinnen und Autoren überlassen, die ihre Leser verzaubern möchten. Vielen Dank.

»*Albert Einsteins vierundzwanzig Anzüge*«, lautet eine der Überschriften der kurzen Kapitel in Nicolas Dickners Roman »*Tarmac*«. Überschriften sind – wie die meisten formalen Sperenzien – eine Einmischung des Autors in seine Geschichte. Doch »*Tarmac*« ist ein skurriles und witziges Buch, und die Überschriften sind nur eine weitere Möglichkeit, den Text mit Humor anzureichern. Die Einmischung ist Teil des Konzepts. Wie etwa auch in Umberto Ecos »*Der Name der Rose*«.

Oft bauen humorvolle Bücher bewusst einen ironischen Abstand zwischen Leser und Geschichte oder Charaktere, sprich: Ein Eintauchen in den Text ist nicht gewollt oder weniger wichtig. Einmischungen stören weniger.

In den meisten Fällen jedoch reißen Überschriften aus dem Fluss der Geschichte. Eine Überschrift erinnert den Leser daran, dass er eben nur eine Geschichte liest und sie keineswegs erlebt. Da Überschriften häufig entweder eine spaßige (Dickner) oder eine altmodische (Eco) Wirkung haben, wirken sie schnell unfreiwillig komisch, etwa in einem Thriller: »*Kapitel 36: Kyle ist schwerverletzt und der Serienkiller noch immer auf freiem Fuß*«. Mal davon abgesehen, dass Überschriften das Lesen verlangsamen.

Um so wenig Aufmerksamkeit wie möglich auf Ihre Kapitelüberschriften zu lenken und damit von Ihrer eigentlichen Geschichte weg, überschreiben Sie Ihre Kapitel so, wie es schon die Araber taten: 1. (Kapitel); 2. (Kapitel); und so weiter.

Eine noch subtilere Einmischung als die durch eine Überschrift ist ebenfalls eine der Form.

Was denn? Sag schon! Genau: das Ausrufezeichen.
Mit dem Ausrufezeichen schreien Sie dem Leser Ihre Sätze ins Gesicht. Manchmal ist das genau die Wirkung, die Sie erzielen wollen. Doch häufig wird ein Ausrufezeichen vor allem so empfunden: »Seht her, ich Autor will euch die Dringlichkeit, die Leidenschaft zeigen, die ich mit meinem Text vermitteln möchte!«

Benutzen Sie Ausrufezeichen, wenn überhaupt, zielgerichtet und sparsam. Ihr Effekt nutzt sich schnell ab. Der Schriftsteller Elmore Leonard gibt als Regel und nur halb im Scherz vor: »*Dir sind nicht mehr als zwei oder drei [Ausrufezeichen] pro 100.000 Wörter erlaubt.*« Sich selbst gehorchend verzichtet seine Regel auf ein Ausrufezeichen am Ende.

Adverbien stören in Dialogen, siehe oben. Mehr als das: Sie stören im ganzen Text, denn auch über sie mischt sich der Autor in die Geschichte ein – Adverbien sind eine Interpretationshilfe, um die niemand gebeten hat.

Besonders penetrant mischt sich der Autor bei witzigen – oder sagen wir eher: witzig gemeinten – Büchern ein, wenn er über seine eigenen Witze lacht, oft schon beim Erzählen. Das ist im Leben unerträglich und zwischen zwei Buchdeckeln nicht angenehmer.

Überhaupt werden Einmischungen durch Sprache und Tonfall oft noch unangenehm hervorgehoben. Misstrauen Sie jeder Literatur, die wie Literatur klingt oder krampfhaft versucht, wie Literatur zu klingen. Um diese Falle zu vermeiden, lesen Sie sich Ihren Text laut vor.
Liest er sich natürlich und flüssig? Gut.
Stolpern Sie über zu lange Wörter oder Konstruktionen, insbesondere in Dialogen, die so kein Mensch in den Mund nehmen würde? (Wie etwa den letzten Satz.) Dann ran ans Überarbeiten.

Gefährlich wird es, wenn sich Stimme des Autors und Stimme des Erzählers vermischen und verwirren und der Leser bald nicht mehr weiß, aus wessen Perspektive da gerade erzählt wird.

Verführerisch leicht, ja, natürlich scheint die Erzählung aus der Ich-Perspektive. Doch hier vermischen sich, wenn Sie nicht ständig auf der Hut sind, fast automatisch persönliche Ansichten und die des Erzählers, der in den meisten Fällen nicht mit dem Autor identisch ist.

Grundsätzlich ist jeder Wechsel der Erzählperspektive eine kleine Einmischung, ein sichtbares Scharnier, an denen Ihr Roman hängt. Gestalten Sie diesen Wechsel so unmerklich, so unsichtbar wie möglich.

Beispiel: Sie beginnen eine Szene als Zoom-In, beschreiben etwa eine Stadt von oben, die Häuser, das Gewimmel auf den Straßen, ein paar Menschen. Dann fokussieren Sie auf einen Menschen in dieser Stadt: auf Ihre Heldin. Aus ihrer Sicht beschreiben Sie im Folgenden das Geschehen.

Sie haben die Perspektive gewechselt: von allwissend zu personal. Hätten Sie sofort die Stadt aus Sicht Ihrer Heldin beschrieben, wäre ein Perspektivwechsel nicht erforderlich gewesen – ein Scharnier, eine Einmischung weniger.
Das heißt nicht, dass Sie alles personal erzählen sollten. Ich rate Ihnen nur, sich der kleinen Risiken bewusst zu sein, die Sie bei jedem Perspektivwechsel eingehen.

Manche Scharniere sind beinahe unsichtbar, doch selbst sie können beim Lesen für Irritationen sorgen, die sich in der Summe bemerkbar machen.

Ein Beispiel aus »*Mystic River*« von Dennis Lehane (Ullstein 2003). Übrigens: Die Verfilmung von Clint Eastwood mit Sean Penn und Tim Robbins in den Hauptrollen ist einer der besten Thriller überhaupt.
Jimmy telefoniert mit Pete. Die Szene ist aus Jimmys Perspektive geschrieben.

Jimmy hörte ein Auto ununterbrochen hupen. »Und, Pete, mach dem Sohn von Yser um Himmels willen die Tür auf, ja? Der wartet nicht den ganzen Tag mit seinen Donuts.«
Jimmy legte auf ...

Je nachdem, wie nahe wir bei Jimmy sind oder wie nahe der Autor uns bei Jimmy haben möchte, kann »*hörte ein Auto hupen*« schon eine Einmischung des Autors bedeuten. Der Satz wird aus der Perspektive des Erzählers oder Autors geschildert, nicht aus Jimmys. Jimmy denkt ja nicht: »*Ich höre ein Auto hupen*«, sondern: »*Da hupt ein Auto.*« Die Beschreibung des Hupens am anderen Ende der Leitung hätte also einer nahen Erzählperspektive besser entsprochen: »*Bei Pete hupte ein Auto ununterbrochen.*«

Je tiefer Sie in eine Figur hineingehen, desto mehr sollten Sie als Autor verschwinden. Nur so optimieren Sie die Wirkung Ihrer Geschichte.

Auf eine besondere Form der Einmischung weise ich in einem spätere Kapitel hin und erkläre die Probleme ausführlich: Einstiegshürden wie Danksagungen, Widmungen, Erklärungen, Prologe. Gegenüber Einmischungen im Text haben Einstiegshürden den Vorteil, dass sie vor der eigentlichen Geschichte kommen und deren Genuss nicht schmälern.

Einstein hatte übrigens vierundzwanzig Anzüge in seinem Schrank hängen, vierundzwanzig Mal den gleichen. Damit er sein vielbeschäftigtes Hirn nicht mit solchen Details wie dem Auswählen von Kleidern belasten musste.
Vielleicht wäre das eine Idee für Autorinnen und Autoren, eine Idee für Sie? Aber ich will mich nicht auch noch in Ihre Kleidung einmischen. Dass Sie mir meine Einmischung in Ihre Romane gestatten, reicht vollkommen.

---

*) Hier im Buch benutze ich *Kursivsatz* meist dazu, Textstellen und Zitate kenntlich zu machen, um nicht dauernd mit zwei Ebenen von Anführungszeichen arbeiten zu müssen.

Dazu fällt mir noch folgende Geschichte ein ...
Informationsüberflutung des Lesers

Wir finden ihn am Anfang von Fantasy-Romanen, auch in historischen Romanen erwartet er schon die arglosen Leser. Science-Fiction-Freunde sind vor ihm ebenso wenig sicher wie die Leser anspruchsvoller Literatur – kurz: Er lauert überall, wo Papier zwischen zwei Buchdeckeln steckt oder E-Ink hinter einer Plexiglasscheibe.

Der Info-Dump.
Was auf Deutsch nichts anderes heißt als: eine ganze Kippe voll mit Informationsmüll. Manche Autoren schütten ihren Lesern einen Haufen davon vor die Füße, nach dem Motto: »Da, habt ihr, sucht euch raus, was ihr brauchen könnt. Und wenn ihr fertig seid, legen wir mit der Geschichte los.«

Statt in die Geschichte einzusteigen, wird erst einmal um den heißen Brei herumgeschlichen. Ach ja, da fällt mir noch das ein. Und geschlichen ... Und dann müsst ihr noch das wissen. Und geschlichen ... Und wenn es dann losgeht, ist der Brei kalt und der Leser vergrätzt. Und greift hungrig zur nächsten Schüssel. Der von einem besseren Koch.

In einigen Genres wird naturgemäß mehr Müll ausgekippt. Leser von Fantasy und SF, aber auch solche von historischen Romanen sind es gewöhnt, sich erst durch viele Seiten hindurchzuwühlen, bis es mit der Geschichte losgeht. »World building«, Weltenbau nennt man das so schön. Nicht wenige genießen dieses ganze Drumherum sogar, für sie sind die kleinen Anekdötchen am Rande, die wenig bis nichts mit der eigentlichen Handlung zu tun haben, nicht das Haar, sondern das Salz in der Suppe. Oder die Suppe selbst. Oder, um im Bild zu bleiben: der heiße Brei. Den sie gerne auch kalt genießen, denn bei dem ganzen Drumherumgeschwätz bleibt selbst der heißeste Brei nicht warm.

Zugegeben: Das Wort *Müll* ist in vielen Roman unangebracht. Oft sind die Informationen nett und lesenswert aufbereitet. Vielleicht ist gerade das das Problem. Wäre die Informationen tatsächlich Müll, würden die meisten Autoren und spätestens ihre Lektoren das merken und den Müll trennen vom Rest des Romans. Schöne und gelungene Stellen streicht man aber nicht so gerne. Oft geht es auch gar nicht ums Streichen. Sondern ums Verlagern der Information dorthin, wo sie notwendig ist oder ihre dramaturgisch größte Wirkung erzielt.

Schreiben ist eben nicht nur die richtigen Worte finden, sondern diese auch an den richtigen Stellen zu platzieren.

Wer hat den Prolog etwa von »*Der Herr der Ringe*« wirklich genossen? Und wer, um aktuell zu bleiben, braucht wirklich schon zu Anfang all die netten, kleinen Histörchen und Informationen über die phantastische Welt, die Andreas Gößling in seinem Fantasy-Roman »*Der Ruf der Schlange*« (Klett-Cotta 2010) zu Beginn vor dem Leser ausbreitet? Nach dem dramatischen Prolog wird erst einmal der Held beschrieben – und so ziemlich alles andere auch.

Das erste Kapitel beginnt so:

Auf dem Schindanger vor dem Schiffstor von Phora baute ein bakusischer Zirkus seine Zelte auf und damit begannen Samu Rabovs Probleme. Jedenfalls sollte er auch später noch hartnäckig an dieser Version festhalten.
In Wahrheit hatten seine – und keineswegs nur seine – Schwierigkeiten lange vorher angefangen. Jahre zuvor, an einem von Schlingpflanzen mit fleischigen Blättern und tiefgründigen Blüten (schorfroten, mitternachtsblauen) überwucherten Ort im zarketumesischen Nebelwald, dessen Name Rabov damals nicht einmal hätte buchstabieren können.
Naxoda. Gesprochen, unterwarteterweise: Nachkodá.
Es war ein Spätsommertag im Jahr 713 neuer Zeit. Die Einwohner von Phora, Hauptstadt des Vereinigten Dinubischen Königreichs, dämmerten oder delirierten in der drückenden Schwüle, je nach Herkunft und Temperament. Auch Samu Rabov hatte gerade erst seinen Frühstückstee geschlürft ...

Nach einem einzigen Absatz verlässt der Autor die Erzählgegenwart und nimmt den Leser, der noch nicht an dem neuen Ort, Phora, angekommen ist, gleich wieder mit in eine andere Zeit, an einen anderen Ort. Anschließend wird der Leser über die Magie vor Ort aufgeklärt und über Rabovs Arbeit als Ermittler. Danach berichtet der Autor über Rabovs Ex-Geliebte, anschließend über die gestrige Begegnung mit einer Hellseherin, um dann noch tiefer in die Vergangenheit zu gehen und über die Zeitenwende und das Klima zu berichten.

Rabov sitzt derweil noch immer beim Frühstück. Nach einigen weiteren Gedanken über Magie, seinen Laden und seine Ex-Geliebte steht Rabov auf und geht vor die Tür. Dort erinnert er sich sogleich an eine Begebenheit mit einem böswilligen Verwandlungsmagier, der ihm sein Ladenschild verändert hat. Dann ist das erste Kapitel zu Ende.

Passiert ist gar nichts.

Im zweiten Kapitel läuft Rabov durch die Stadt, erinnert sich an dies und an jenes, denkt nach über seine Nachbarn, über die Stadt, über seine Karriere. Am Ende des zweiten Kapitels trifft er oben erwähnten Verwandlungsmagier. Das ist das erste Ereignis in der Erzählgegenwart. Dann dauert es jedoch noch das komplette, mehrere Seiten lange dritte Kapitel, um eine einzige kleine Information rüberzubringen.

Das ist alles keineswegs schlecht und steckt voller liebenswerter Details. Der Trott wird manchem Leser gefallen, der gerne durch die Auslagen mit Beschreibungen und Anekdoten schlendert. Aber ist es gut genug, viele Leser für den Roman zu begeistern? Ist es gar optimal?

Ein Infodump verhindert, dass die Handlung in Gang kommt. Das allein schreckt viele Leser ab. Schlimmer sind die Folgen. Zu einem Helden, der nicht handelt, sondern nur nachdenkt, baut der Leser nur schwer eine emotionale Verbindung auf. Nicht minder schlimm: Informationen, die nicht in Handlung eingebunden und – mitschreiben! – nicht von der Handlung gefordert werden, interessieren weniger oder gar nicht.

Beispiel: Sie können Ihren Lesern erzählen, dass ein tasmanischer Teufel ein unberechenbares Biest mit scharfen Zähnen ist und verdammt viel Kraft im Kiefer ist. Oder Sie zeigen das Tier, wie es die Schwiegermutter des Helden erst in die Wade beißt und dann, als die Frau kreischend zu Boden fällt, sich über ihr Gesicht hermacht und der Held es nicht mehr von ihr herunterkriegt. Obwohl er seine Schwiegermutter mag. Ehrlich.

In Fantasy- und SF-Romanen wird das dadurch gravierender, dass sich fantastisch klingende Namen, Orte, Gegebenheiten schwieriger merken lassen. Überhaupt sorgt schon unser Gehirn dafür, dass ein Infodump nicht funktioniert: Zu viel Information auf einmal überfordert schlicht unser Gedächtnis.

Was hilft dem Gedächtnis? Richtig: Handlung und Dynamik. Information, die in Handlung eingebettet ist oder dynamisch geschildert wird, lässt sich leichter merken.
Schlimmstenfalls enthält der Infodump eben nicht nur Nettes, aber Belangloses, sondern Informationen, die der Leser später braucht, um der Handlung folgen oder den Roman ausgiebig genießen zu können.

Der Vorteil: In einem Infodump lassen sich Informationen bewusst verstecken.

Der Nachteil: Meistens wird alles Wichtige so tief begraben, als hätte es niemals das Licht der aufgeschlagenen Buchseite erblickt. Dann entgehen dem Leser die Punkte, an denen der Autor später anknüpft. Statt »Aha!« gibt es vom Leser bloß ein »Hä?«.

Gerade bei unerfahrenen Autoren führt das Bedürfnis, sich sklavisch an die Chronologie zu halten, eben zu Infodumps. Niemand zwingt Sie, die Handlung streng chronologisch zu erzählen. Es ist nicht die Chronologie, der Sie sich verpflichtet fühlen sollten, sondern die Dramaturgie.
Letztlich gilt für die Darstellung und Aufbereitung von (unverzichtbaren) Informationen das Gleiche wie für alle Bestandteile Ihres Romans: Auch Informationen sollten sich prägnant und spannend lesen.

[Meinen Dank an Kai, durch dessen wertvollen Kommentar im Blog ich diesen Artikel weiter vertiefen konnte.]

Die gefährlichste Versuchung des Romanautors
... und wie Sie ihr widerstehen

Die Frau, die mir die Tür öffnete, kam mir winzig vor. Ich schaute auf sie hinunter wie auf ein Kind. Sie legte den Kopf in den Nacken.
Sie trug ein schwarzes Kleid mit weißem Spitzenkragen. Und feste schwarze Schuhe.
Sie mochte Mitte fünfzig sein.
»Wer sind Sie?«, fragte sie.
»Wir haben telefoniert.«
»Sie sind Tabor Süden?«
»Glauben Sie mir nicht?«
»Zeigen Sie mal Ihren Ausweis.«
Ich gab ihr eine Visitenkarte.
»Was soll das denn?«, sagte die Frau, nachdem sie sich die kleine Karte dicht vor die Augen gehalten hatte.
Manchmal war ich übermütig.

So beginnt Friedrich Anis Krimi *»Süden und das Gelöbnis des gefallenen Engels«* (Knaur Tb 2001). Ein rasanter Anfang.
Fehlt ihm etwas? Durchaus. Doch das, was fehlt, vermisst kein Leser: überflüssige Erklärungen.
Überflüssige Erklärungen sind eins der augenfälligsten Kennzeichen, die den Amateurschreiber vom Profiautor unterscheiden. Sie sind auch einer der Hauptgründe, weshalb Manuskripte abgelehnt werden.
Das heißt: Hier geht's ums Eingemachte.

Warum geben Autorinnen und Autoren immer wieder und zu oft der Versuchung nach, Dinge zu erklären, die nicht erklärt werden müssen, nicht jetzt oder nicht hier?

Grund 1: Das Problem ist nicht bekannt.
Abhilfe: Dieses Kapitel lesen.

Grund 2: Mangelnde Einsicht in die Tragweite des Problems.
Abhilfe: Dieses Kapitel und Romane vor allem von Thriller-Profis lesen. Nachdenken.

Grund 3: Unterschätzen, mit wie wenig Erklärungen sich Leser zufriedengeben, ja, wie schädlich Erklärungen sein können.
Abhilfe: Sich selber beim Lesen beobachten und erfolgreiche Romane nach Erklärungen überprüfen. An wie vielen Stellen stocken Sie und sagen: »Das hätte ich jetzt bitteschön genau erklärt.« Dieses Kapitel lesen. Noch mehr nachdenken.

Grund 4: Überschätzen, wie unverzichtbar zum Verständnis und Genuss des eigenen Romans Erklärungen sind.

Abhilfe: Ausprobieren, mal gar nichts zu erklären. Erklärungen laufen oft auf ein Hervorkramen der Backstory heraus, also der Dinge, die vor Beginn des Romans geschehen sind und sich auf die Handlung und die Personen darin auswirken. Den unerklärten Text Testlesern vorlegen. Wann stocken sie? Wann stocken sie derart, dass sie nicht mehr weiterlesen, weil sie nichts mehr kapieren? Und: Dieses Kapitel lesen. Nachdenken nicht vergessen.

Ein Beispiel aus eigener Erfahrung:

Ich gab einer Testleserin zum zweiten Mal den, nunmehr überarbeiteten, Anfang eines Romans zu lesen. Sie fand, vieles sei jetzt klarer und verständlicher. Was hatte sich geändert? Unter anderem hatte ich Erklärungen weggelassen.

Noch mal: Ich hatte Erklärungen *weggelassen*.

Amerikanische Lektoren schreiben kaum etwas häufiger an den Rand von Manuskripten als diesen Satz: »*Resist the urge to explain*«.

Widerstehen Sie der Versuchung, zu erklären.

Drucken Sie sich diesen Satz in der Sprache Ihres Vertrauens in 100-Punkt-Schrift aus und hängen Sie ihn sich gut sichtbar hinter Ihren Monitor. Es ist einer der wichtigsten Sätze in Ihrer Karriere als Autor.

Das meine ich ernst.

Anis Roman-Anfang entfaltet seine intensive Wirkung nicht obwohl, sondern weil er auf Erklärungen verzichtet. Ani lässt den Leser keineswegs im Dunkeln tappen, sondern gibt ihm eine Menge Informationen. Nicht alle davon stehen in den Zeilen.
Der Leser erfährt:
Süden ist groß.
Er hat zuvor mit der Frau telefoniert.
Er ist vermutlich Polizist.
Er sieht nicht so aus, wie man sich einen typischen Polizisten vorstellt, eher gefährlich oder sogar wie ein Verbrecher.
Er hat Humor (*Manchmal bin ich übermütig.*).
Er ist kein Mann vieler Worte, eher ein karger Typ.
Er urteilt nicht vorschnell (Er beschreibt die Frau nüchtern, ohne zu werten.).

Mit diesem Anfang gibt Ani den Ton für den ganzen Roman vor. Ausufernde Erklärungen fehlen. Zugleich, und das ist entscheidend, erkennt der Leser, dass er sich dem Autor anvertrauen darf. Er ist neugierig, was Süden bei dieser Frau will. Er ist neugierig auf Süden. Die Knappheit und der aufblitzende Humor machen

Süden sympathisch und zugleich interessant. Der Charakter – und damit sein Autor – hat uns am Haken.

Backstory? Nicht ein Satz.

Erklärungen sind eben oft nicht nur unnötig, sondern kontraproduktiv. Sie verbauen dem Leser das Verständnis, weil sie verwirren oder an der falschen Stelle kommen oder weil sie Fragen beantworten, die der Leser nicht stellt.

Oft reißen Erklärungen aus dem Fluss der Handlung, weil sie nichts anderes sind als Rückblicke en miniature. (Beispiel: Ich ging in die Kneipe an der Ecke, so wie ich das die letzten drei Wochen jeden Mittwoch getan hatte.) Oder eben Vorgriffe auf ein Problem, das noch nicht akut ist.

Erklärungen, die zu früh kommen, töten Spannung und Suspense.

(Randnotiz: Es gibt viele Möglichkeiten, Spannung und Suspense zu definieren. Folgende erscheinen mir zweckdienlich.
Spannung = Ungewissheit darüber, wie ein Konflikt gelöst wird.
Suspense = Spannung + gespannte Erwartung + emotionales Interesse am Ausgang des Konflikts.)

Es gibt noch weitere gute Gründe, dem Bedürfnis zu erklären zu widerstehen. Welche sind das und wann ist der optimale Zeitpunkt für Erklärungen?
Beispiel:

Alles war wie damals, der Geruch nach Benzin und Blut, meine Hände: voller Blut, und Blut tränkte die Knie meiner Jeans. Er lag in meinen Armen, noch warm, und ich drückte ihn fester an mich, als könnte ich so die Wärme halten. In einer Pfütze spiegelte sich Blaulicht. Ich hätte nicht sagen können, ob die Pfütze vom letzten Regen stammte oder mit dem Blut meiner Erinnerung gefüllt war ... Tommy, kleiner Tommy. Er atmete nicht mehr. (S. 44)

Hier durchlebt die Heldin eines nicht existierenden Romans ein traumatisches Erlebnis aus ihrer Vergangenheit ein zweites Mal. Würde der Rückblick an der Stelle enden, gäbe das dem Leser einige spannende Fragen mit auf den Weg. Wer ist Tommy? Wer ist Tommy für die Heldin? Was ist mit ihm geschehen? Lebt er noch? Solche Fragen beleben einen Roman. Sie sich zu stellen und auf Antworten zu warten oder selbst welche zu suchen, sind Gründe, warum Leser lesen.

Es geht weiter:

Tommy, mein kleiner Bruder. Ich hatte auf ihn aufgepasst, seit ich denken kann. Er war in die falschen Kreise geraten und die Kreise bildeten einen Strudel, der ihn mit

in die Tiefe zog. Ich hätte ihn aufhalten müssen, ich hätte hartnäckiger sein, ihn zwingen müssen, damit aufzuhören.
Das große H stand für seinen Tod: H wie Heroin und H wie Helikopter-Landeplatz auf dem Dach der Uniklinik. Wenn es nur die Droge gewesen wäre, die ihn getötet hätte. Aber es war eine Kugel, keine Spritze, Tommy war ein Dealer, kein Junkie. Es war kein Trost, dass er auch als Junkie nicht älter geworden wäre. Sein Mörder? Die Justiz sucht nicht sehr intensiv nach dem Mörder eines Dealers.

Statt den Leser eine Weile im Unklaren zu lassen, ergeht der Autor sich sofort in langwierigen Erklärungen: Wer Tommy ist und dass sein Mörder nie gefunden wurde. Dass er ein Dealer war, kein Junkie und einiges mehr.

Jeder dieser Punkte hätte später kommen können. Warum den Leser nicht eine Weile auf die Spur führen, Tommy sei ein Junkie gewesen? Und erst dann aufklären, wenn es unbedingt sein muss: Nein, Tommy war ein Dealer.
Sogar den Absatz oben hätte der Autor noch stärker mit Suspense aufladen können, wenn er weggelassen hätte, dass Tommy nicht mehr atmete. Eine Frage mehr für den Leser – und für sein Lesevergnügen: Lebt Tommy noch?
Hinzu kommt, dass unser fiktiver Autor die Erklärungen auf Seite 84 wiederholt. Dort hätten sie ausgereicht, da sie früher eher nicht notwendig waren. Zudem hätten sie Leser vierzig Seiten im Unklaren gelassen. Damit ist nicht gesagt, dass sie auf Seite 84 optimal kommen. Womöglich hätte man sie noch weiter nach hinten ziehen können.

Viele Autoren verwechseln Erklärungen mit Vorausdeutungen. Die Grenzen sind nicht immer leicht zu ziehen, da direkte Vorausdeutungen durchaus erklärenden Charakter haben.

Eben auf Seite 84 betrachtet der Held, Sven, im Büro seiner Chefin Gudrun beim BKA ein Foto eines Mannes.

»Das ist Falk«, sagte sie. »Das war Falk.« Gudrun drehte den Rahmen so, dass Sven das Foto betrachten konnte.

Anschließend folgt eine Beschreibung des Fotos. Ganz offensichtlich liebte Gudrun diesen Mann. Da Sven ein bisschen in Gudrun verschossen ist, wäre das Foto hervorragend geeignet, in Sven Fragen aufzuwerfen oder ihn eifersüchtig zu machen.

Der Autor torpediert das – mit Erklärungen, denen er nicht widerstehen konnte.

Bereits die erste wegzulassen, hätte für mehr Suspense gesorgt: *»Das war Falk.«* Gut, der Satz lässt offen, ob Falk noch lebt oder sich bloß von Gudrun getrennt hat. Fehlte diese Erklärung, wüsste Sven nicht, ob Gudrun noch immer mit Falk zusammen ist. Direkt nachdem Sven das Foto betrachtet hat, setzt Gudrun zu einer langen Erklärung an: wer Falk ist, wie er gestorben ist und und und. Was Sven im Gegenzug selbst zu seiner Erklärung über Tommy ausholen lässt, seinen Bruder.

Beide Erklärungen, über Falk, über Tommy, sind unverzichtbar. Aber sie kommen an der falschen, oder, vorsichtiger gesagt: an einer suboptimalen Stelle. Die beiden Charaktere stehen in Gudruns Büro, während der Arbeitszeit. Wie viel wirkungsvoller hätte man sich das Ganze zu einem intimeren Zeitpunkt vorstellen können!

Wann ist nun der optimale Zeitpunkt für Erklärungen?

Erstens: Wenn die Erklärung unumgänglich ist.
Dies ist ein Knackpunkt, weil viele Autoren diesen Zeitpunkt als zu früh ansetzen. Das können Sie umgehen: Lassen Sie eine Erklärung probeweise weg. Testen Sie zunächst sich selbst, indem Sie innerlich einen Schritt von Ihrem Text zurücktreten. Muss der Leser an dieser Stelle wirklich wissen, dass die Remoulade in derselben Fabrik hergestellt wird wie das Halsband für den ermordeten Wellensittich? Geben Sie den Text jemandem zu lesen. Nur wenn der Leser völlig verloren ist, sollten Sie die Erklärung wieder einfügen.

Schieben Sie die Erklärung – probeweise – weiter nach hinten, sehr viel weiter nach hinten. Etwa dahin, wo das Problem mit der vergifteten Remoulade akut wird. Oder, wenn die Erklärung der Vorbereitung dient, nicht ganz so weit.
Sie werden erstaunt sein: Beim Verschieben ergibt sich häufig, dass die Erklärung herausfallen kann, ohne dem Text zu schaden. Nicht selten wird die Geschichte durch das Weglassen einer Erklärung sogar verständlicher. Siehe mein Erlebnis mit der Testleserin.

Zweitens: Wenn die Erklärung ihre emotional oder dramatisch intensivste Wirkung entfaltet.

In unserem fiktiven Thriller wäre das vielleicht eine Szene, in der Sven und Gudrun sich näherkommen. Oder wo sich ein Konflikt entspinnt: Gudrun macht sich an Sven heran, aber Sven, unsicher über Gudruns Beziehung zu Falk, weist sie zurück.
Erst nachdem der Konflikt eskaliert ist, rückt Gudrun damit heraus, wer Falk ist. Die kommt dann jedoch zu spät. Sie macht den Konflikt nicht mehr ungeschehen. Folge: Die Spannung steigt weiter.

Ob eine Erklärung notwendig ist, können letztlich nur Sie als Autor beantworten. Denn nur Sie wissen, was Sie mit der Erklärung bezwecken. In manchen Fällen mag es Ihrem Ziel entgegenkommen, etwas sehr früh zu erklären. In den meisten Fällen sind Sie besser beraten, mit der Erklärung zu warten.
Selbst kleinere Erklärungen, die nur für eine Szene oder einen Absatz – ja, nur für einen Satz – relevant sind, können Sie nach hinten schieben. Auf diese Weise sorgen Sie dafür, dass Ihr Roman an jeder Stelle spannend bleibt.

Ein Roman erfordert aber noch andere Arten von Erklärungen. Warum sollten Sie auch die umgehen? Und wie schaffen Sie das?

Tipp 1: Vermeiden Sie Infodump
Zu viele Romane fangen, statt mit Handlung, mit langwierigen Erklärungen an. Wer die Heldin ist, warum sie dort steht, wo sie gerade steht, wie sie dorthin gekommen ist, wer die Frau an ihrer Seite ist, was die beiden verbindet und wo sie diese echt scharfen Schuhe gekauft haben – ein klassischer Infodump, auf Deutsch: eine Ladung Informationsmüll.

Gerade Autoren, die Welten bauen, wie in Fantasy und Science Fiction üblich, meinen, ihren Lesern als erstes genau erklären zu müssen, wie die drei Geschlechter der Aliens von Beteigeuze 12 funktionieren oder wie es dazu gekommen ist, dass Oberbentagorien im Erbfolgekrieg mit Unterbentagorien liegt.

Sie irren. Selbst hier sind Anhäufungen von Erklärungen fast immer unnötig. Erläutern Sie nebenher, während Ihre Charaktere handeln, oder suchen Sie sich ein etwas stilleres Plätzchen zwischen zwei actiongeladenen Stellen, um dem Leser das nahe zu bringen, was er unbedingt wissen muss, damit er der Handlung folgen kann.

Der Anfang eines Romans ist der schlechteste Ort für Erklärungen.

Stellen Sie sich Ihren Leser als einen Besucher vor, der aus der Kälte zu Ihnen kommt. Den lassen Sie doch auch zuerst ins Haus, bevor Sie ihm erklären, was es zum Abendessen gibt und wie es Ihrer Stieftante Olga geht (»*Na ja, du weißt schon, mal so, mal so. Wenn da nicht die Hüfte wäre. Die macht ihr ja schon seit Jahren ... He, wieso bist du so blau um die Lippen? Ja, saukalt heute. Du bist aber auch dünn angezogen. Wo war ich? Ah, Olga. Also, Olgas Hüfte ...*«).

Tipp 2: Keine Erklärungen im Prolog

Eine besondere Form des Anfangs ist der Prolog. Es gibt Lektoren, die lesen grundsätzlich keine Prologe. Meist zurecht. Die Mehrzahl der Prologe zeigt Dinge, die außerhalb der eigentlichen Handlungszeit stattfinden, oft aus Sicht eines anderen, statt aus der des Protagonisten. Gerne verschieben Autoren die Erklärungen vom Anfang der eigentlichen Handlung dort hinein. Gewonnen haben sie damit nichts.
Ein klassischer Prolog zeigt den Serienkiller, wie er eins seiner Opfer abmurkst, häufig aus Sicht des Opfers erzählt. Meist kein guter Anfang, weil der Leser dazu neigt, die erste auftretende Figur für den Helden oder die Heldin zu halten.
Um bei dem Beispiel mit dem Besucher zu bleiben: Beim Prolog führen Sie Ihren frierenden Besucher erst noch in den Garten, um ihm zu zeigen, woher der Kohl stammt, den er nachher in der Suppe finden wird.
Vermeiden Sie den Prolog als Vehikel für mehr oder wenig verkappte Erklärungen. Überhaupt sollten Sie auch Prologe eher vermeiden. Falls das Voranstellen eines

Prologs Ihnen unabdingbar erscheint, stellen Sie die Ereignisse darin möglichst szenisch und dramatisch dar.
Den Prolog sollte Handlung beherrschen, nicht das Erzählen. Seien Sie sich über eins im Klaren: Die Romane von heute sind eher Dramen als Erzählungen, eher zu Papier gebrachte Filme – die Leser erwarten das. Zeigen Sie, was Wichtiges geschehen ist, anstatt es zu erklären. (Mehr über Vor- und Nachteile von Prologen später.)

Tipp 3: Erklären Sie bereits Gezeigtes nicht noch mal

Manche Erklärungen kommen nicht an der falschen Stelle, sondern sie sind komplett überflüssig. Am überflüssigsten (und leider am häufigsten anzutreffen): Bereits Gezeigtes wird zusätzlich erklärt.
Diese Dopplung verstößt nicht nur gegen die Erzählökonomie, sie deutet noch etwas Schlimmeres an: Der Autor scheint entweder den Leser für dumm zu halten. Oder er vertraut seiner eigenen Schreibe nicht.
Egal, was davon zutrifft, einen packenden Roman lässt das nicht erwarten. Zumindest keinen, der nicht noch packender werden könnte.

Beispiel (aus unserem fiktiven Thriller).

Ohne darüber nachzudenken sortierte Sven das Besteck nach Größe und richtete es danach sorgfältig senkrecht zum Rand des Platzgedecks aus. (S. 55)

Hier zeigt der Autor den Ordnungsfimmel seines Helden. Dass es wirklich ein Fimmel und keine einmalige Angelegenheit ist, belegt er mit weiteren Beispielen, etwa auf Seite 61:

Er schob den Ordner von sich, genau bis an die Kante der Tischplatte. Auch im Regal hatte jemand die Ordner nicht richtig zurückgestellt. Er stand auf, stellte sie gerade hin und weil er schon dabei war, stapelte er die Boxen mit altem Beweismaterial passgenau aufeinander.

Und noch einmal auf Seite 64:

Nachdem Gudrun fort war, rückte Sven die beiden Stühle zurück an ihre Plätze parallel zum Tisch.
Spätestens hier hat jeder Leser Svens Ordnungsfimmel verinnerlicht, der Autor hat ihn drei Mal gezeigt und in die Handlung integriert.
Leider hat der Autor bereits auf Seite 55 (an der der Fimmel das erste Mal gezeigt wurde) Folgendes erklärt:

Ordnen, Sortieren, Ausrichten – es tat ihm gut, wenn alles seine Ordnung hatte. Ja, dieses Penible war ein Fimmel von ihm, das hatte ihm schon seine Schwester erklärt, als er noch ein Teenager war.

Etwas in Handlung zu zeigen, ist eine wunderbare Möglichkeit, Erklärungen nicht nur zu umgehen, sondern sie auch bildlich und damit eindringlicher darzustellen. Die Maxime lautet dann auch »Show, don't tell!«. Und keineswegs »Show *and* tell!« Zeigen und Erklären sind zu viel des Guten.

(Randnotiz: Das hier ist ein Ratgeber. Daher zeige ich manches und erkläre es noch. So bleibt es Ihnen besser im Gedächtnis. Ein Roman ist kein Lehrbuch.)
Tipp 4: Keine zusätzliche Erklärung durch Adverbien

Auch Adverbien sind ein beliebtes Mittel, den Leser mit zu vielen Erklärungen zuzuschütten.

Beispiel:

»Ich frage mich manchmal, was der Sinn des Lebens ist«, sagte Daniel nachdenklich.

Dass Daniel nachdenklich ist, kommt durch das Gesagte zum Ausdruck. Die Wiederholung durch das Adverb ist eine überflüssige, sogar ärgerliche, Erklärung. Wer wird schon gerne für dumm gehalten? (Kleiner Hinweis: Ihre Leser vermutlich nicht.)

Fazit.

Erklärungen lauern in Ihrem Roman an jeder Ecke wie Prostituierte auf Freier – sie warten nur darauf, dass Sie schwach werden. Widerstehen Sie der Versuchung. Es ist zum Besten Ihres Romans.

Und jetzt lassen Sie endlich Ihren frierenden Besucher ins Haus.

Hilfe, der Tiger ist los!
Mehr Dramatik durch Wechsel der Erzählperspektive

Die Erzählperspektive wird, wenn man so manchem Ratgeber glauben darf, vom Autor zu Anfang seiner Geschichte in Stein gemeißelt. Einmal gewählt, sollte sie tunlichst nicht mehr verändert werden, um den armen und, ach, so schreckhaften Leser nicht zu verwirren und ihn um Himmels Willen nicht aus seinem fiktionalen Traum zu reißen (den ich lieber Erzähltraum nennen will, weil »fiktionaler Traum« ja bloß eine armselige, wortwörtliche Übersetzung aus dem Englischen ist).

An anderer Stelle habe ich das mit der Erzählperspektive bereits dargestellt. Hier will ich es präzisieren:

Ein Wechsel des POV (point of view = Erzählperspektive) in einer Szene ist dann problematisch
1a. wenn es nicht der einzige Wechsel bleibt (»head hopping«) oder
1b. der Leser ihn nicht rechtzeitig mitbekommt
und wenn
2. die Erzählstimme eine personale ist und keine auktoriale.

Dennoch scheint der Wechsel viele Leser eben nicht zu stören. Belegt wird das von manchen Bestsellern, die sich lesen, als hätte der Autor einer Kröte eine Kamera auf die Stirn getackert und ließe sie wahllos von einem Kopf zum nächsten hüpfen.
Warum das die vielen Leser nicht stört, ist mir rätselhaft. Mich macht es wahnsinnig (Merke: Wahnsinn ist nicht Suspense*.), wenn ich nicht mal mehr weiß, welcher der sieben Leute in dem Raum denkt, dass Heribert heute hübsch aussieht und in wessen Hose die Magnum sich langsam, aber unweigerlich durch das große Loch in der Tasche Richtung Loafers frisst.

Der Grund für dieses Herumgehüpfe ist fast immer ein ganz banaler: Der Autor hat sich keine Gedanken über die Erzählperspektive gemacht. Er schreibt aus der Perspektive, die ihm, sorry, gerade in den Kopf kommt.
Es gibt Genies, die tun das, und am Ende steht da ein fantastischer Roman. Es sind deren wenige. Die meisten scheitern. (Nicht unbedingt bei den Verkaufszahlen, aber daran, einen guten Roman geschrieben zu haben. Nein, ich möchte jetzt nicht darüber diskutieren, ob der Erfolg ihnen Recht gibt.)
Wir Nicht-Genies und (noch) nicht von der Bestseller-Glücksfee Begünstigte lernen daraus, dass es eine gute Idee ist, zu wissen, was man tut. Auch beim Schreiben.

Gerade beim Schreiben.

Gertrud Fussenegger wusste das. Etwa, als sie den historischen Roman »*Zeit der Raben, Zeit der Taube*« (Deutsche Verlagsanstalt 1960, dtv 2005) schrieb. An einer

Stelle entscheidet sie sich bewusst für einen Wechsel der Perspektive und erzielt dadurch eine enorme dramatische Wirkung.
Der kleine Léon will in den Zirkus und ein kleines Mädchen mitnehmen. Sein Problem: Er braucht Geld. Vielleicht von *Maman*?

Also versuchte Léon sein Glück bei der Mutter. Sie aber zeigte sich ängstlich: »Allein zum Zirkus – ihr Kinder – niemals, niemals. Denk, wenn ein Tiger freikommt oder wenn eine Schlange aus dem Gefängnis flieht, das ist schon oft geschehen, und dann fallen sie an, was ihnen in den Weg kommt, sie sind wild von der langen Gefangenschaft, wilder noch als in der freien Natur; es ist ja wohl überhaupt eine Sünde, die Tiere in Käfige zu sperren, nur, damit man sie herzeigen und anschauen kann.«

Léon bekommt sein Geld nicht, und er muss die kleine Véronique, der er den Besuch doch versprochen hat, vertrösten und anlügen. Dann bleibt ihm nur eins:

Am Abend dieses Tages stahl Léon seinem Vater zwei Sous aus der Rocktasche.

Am nächsten Tag zeigt Léon Véronique das Geld.

Véronique beugte sich vor, als wollte sie ihren Augen nicht trauen. Sie tippte mit dem Zeigefinger auf die beiden Sous, dann stellte sie das Körbchen nieder mit dem irdenen Krug und dem Brot des Vaters, sie stellte es einfach an den Wegrand hin und sagte: »Gut, dann gehen wir.« Und sie folgte Léon, als habe er sie mit dem Geld gekauft.

Niemand wusste nachher zu sagen, wie es geschehen war und woran es eigentlich gelegen hatte, denn die Leute, die zu der Zeit im Zelt gewesen und der letzten Fütterung beigewohnt hatten, zerstreuten sich rasch, vielleicht, weil sie sich schämten, dass sie sich durch ein Nichts so sehr hatten erschrecken lassen, vielleicht auch, weil sie sich fürchteten, zur Verantwortung gezogen zu werden. Denn, obgleich man das Kind erst später fand, musste sich vermutlich doch in den meisten die Empfindung festgehakt haben, dass während der plötzlichen Panik in dem rasenden Gedränge irgendein Unglück geschehen sei. [...] Das kleine Mädchen fand man erst später unter einer umgestürzten Bank, platt am Boden liegend, regungslos.

Es ist Nacht geworden in Périgeux, und die Straßen sind fremd und die Häuser sind fremd, alles ist fremd für das Kind, das herumirrt und nicht weiß, wohin.
Irgendwo ist Fenestrau, sind Vater, Mutter und die gute Tante Eugenie, irgendwo ist das weiße und weiche Bett im Winkel, die kleinen Brüder, Wärme, Sattheit und Schlaf. Hier ist Nichts, schreckliches Nichts, leere, grausig leere finstere Gassen. Die Häuser stehen hinter den verriegelten Läden stumm und feindlich wie versiegelt.

Die bisherige Erzählperspektive, eine personale in der dritten Person bei Léon, wird aufgebrochen. Das eigentliche Ereignis im Zirkus wird dann in einem unpersonalen, nüchternen Ton berichtet, der an eine Reportage erinnert. Statt aber nüchtern zu wirken, sorgen die im Vorfeld aufgebaute Erwartung und die Neugier des Lesers dafür, dass die Reportage noch eindringlicher, ja, brutaler wirkt, als es eine personale Erzählung aus Sicht von Léon geschafft hätte – und: Die in solchen Szenen stets lauernde Melodramatik wird von vornherein umgangen.

Spannend ist die Reportage obendrein. Erstens durch die im Vorfeld gezeigten Ängste der Mutter. Und zweitens dadurch, dass die Autorin auf diese Weise vermeiden kann, sofort zu berichten, was geschehen ist. Wäre sie in der Erzählperspektive des kleinen Léon geblieben, hätte ein solches Aufschieben und Verschweigen unnatürlich, gezwungen, gewollt gewirkt statt überzeugend kindlich.

Auch der Wechsel zurück in die personale Erzählperspektive entfaltet seine Wirkung um ein Vielfaches verstärkt: Die eindringlichen Emotionen, die dort gezeigt werden, auch Léons Schuld, kontrastieren mit der Nüchternheit des vorangegangenen Berichts.

Suchen Sie in Ihrem Roman nach einer Szene, deren dramatische Wirkung Sie durch Perspektivwechsel verstärken können. Wenn Sie das so geschickt anstellen wie Gertrud Fussenegger hier, wird der Leser sich nicht aus seinem Erzähltraum gerissen fühlen, sondern im Gegenteil noch tiefer in Ihre Geschichte versinken.

---

*) Es gibt viele Möglichkeiten, Spannung und Suspense zu definieren.
Folgende erscheinen mir zweckdienlich:
Spannung = Ungewissheit darüber, wie ein Konflikt gelöst wird.
Suspense = Spannung + gespannte Erwartung + emotionales Interesse am Ausgang des Konflikts.

Die zwei Gefahren der Ich-Form
... und was Sie dagegen tun können

Viele Erstlingswerke werden aus der ersten Person Einzahl erzählt, der Ich-Perspektive. In vielen Fällen, insbesondere autobiografisch eingefärbten Romanen, scheint diese Perspektive die natürliche Wahl.

Wenn Sie einen Roman aus der Ich-Perspektive schreiben, birgt das zwei Gefahren. Die kleinere ist die, dass die Leser Sie mit Ihrem Ich-Erzähler verwechseln. Die weit größere: Wenn Sie selbst sich mit dem Ich-Erzähler verwechseln.

Problematisch wird das, wenn Sie nicht mit dem Ich-Erzähler identisch sind oder sein wollen, also ein Dritter den Roman erzählt und dabei »ich« benutzt.

Warum ist es problematisch? Vor allem deshalb, weil Sie zu leicht Ihre eigenen Ansichten und Gefühle, Ihre Sprech- und Denkweisen, Ihre Handlungsmuster auf die des Ich-Erzählers übertragen. Selbst wenn Sie am Anfang noch das Ego des nicht mit Ihnen identischen Ich-Erzählers im Griff zu haben glauben, schleicht sich Ihr eigenes Ich immer wieder in den Text ein. Je weniger kontrolliert, sprich: je stärker aus dem Bauch heraus Sie schreiben, desto eher geschieht das.
Auch im Schreibflow wächst die Gefahr: Zu leicht gleitet man als Autor aus dem Charakter und zurück in die eigene Person.

Schuld daran ist nur dieses eine Wort: ich. Wann immer Sie es schreiben, neigen Sie dazu, auch ich zu meinen: sich selbst.

Obwohl die Ich-Perspektive stärker als alle aus dem Bauch zu kommen scheint, bedarf sie doch der größten Kontrolle. Wie ein Hund, dem Sie nicht zu viel Leine lassen dürfen. Sonst ist er auf und davon.

Und statt über einen erfundenen Charakter, einen von Ihnen erschaffenen Menschen, haben Sie doch nur wieder über sich selbst geschrieben.

Stellen Sie sich vor, Gott spräche in der Bibel ausschließlich über sich selbst.
Ob das Buch dann die Grundlage der erfolgreichsten Religion der Welt gebildet hätte?

Ich weiß etwas, was du nicht weißt
Informationsvorsprung von Leser oder POV-Charakter

Als er wieder draußen ist, pfeift er vergnügt: Jetzt liegt der Fall klar. Er fährt im Geist mit dem Finger darüber, und es gibt einen klaren Ton, wie ein gut gefülltes Glas Wein.

Dieser Ausschnitt aus dem extrem abgefahrenen SF-Roman »Quantum« von Hannu Rajaniemi (Piper Fantasy 2011) zeigt einen Charakter, Isidore, der gerade von einem Treffen mit einer Verdächtigen kommt und offenbar mehr weiß als der Leser. Wer hat den Chocolatier ermordet, wie und warum? Genauer: Isidore weiß mehr, als der Autor den Leser wissen lassen möchte. Das ist ein klassisches Mittel, um Spannung zu erzeugen.

Diese Methode bietet mehrere Vorteile: Zunächst muss der Leser anerkennen, dass der POV-Charakter, meist Heldin oder Held, ziemlich clever ist – cleverer als er. Ein Grund für den Leser, den Helden zu mögen oder ihn zumindest zu bewundern.

Und: Der Leser rätselt. Zu rätseln gehört zu den Lieblingsbeschäftigungen von Lesern. Im weiteren Verlauf der Geschichte kann der Autor den POV-Charakter Dinge tun lassen, die, wenn der Leser sie nicht gleich versteht, er mutmaßlich diesem noch nicht gelösten Rätsel zuschreibt. Sprich: Er wird das Buch nicht gleich frustriert in die Ecke schmeißen.

Diesen Wissensvorsprung seines Charakters können Sie nahezu beliebig in die Länge und durch den Roman ziehen. Was zugleich die Schwierigkeit und die Gefahr ist: nicht zu erkennen, wann der späteste (und damit optimale) Moment gekommen ist, das Rätsel zu lösen.

Es bleibt nicht die einzige Gefahr. Stellen Sie als Autorin das falsch an, fühlt der Leser sich hingehalten. Vor allem dann, wenn das Geheimhalten künstlich wirkt. Ob es das tut, steht und fällt damit, wie konsistent Sie in der gewählten Perspektive erzählen.

Beispiel:

Gerade in der Ich-Perspektive wirkt es unglaubwürdig, wenn die Erzählerin ein wichtiges Geheimnis, das ihr bekannt ist, anspricht, es aber nicht verrät.
So habe ich den Roman »*Sister*« von Rosamund Lupton (Piatkus 2010 / eigene Übersetzung / dt. »*Liebste Tess*«) auch wegen einer solchen, für mich sehr gewollt und künstlich wirkenden Konstruktion beiseitegelegt.

Die Erzählerin schreibt an ihre tote Schwester und über den Mord, dem sie zum Opfer gefallen ist. Den Mörder und die Umstände kennt sie, aber sie verrät sie dem Leser nicht – mit einer an den Haaren herbeigezogenen Begründung:

Und es geht darum, dir zu sagen, warum du ermordet wurdest. Ich könnte am Ende beginnen, dir die Antwort geben, die letzte Seite, aber du würdest eine Frage stellen, die ein paar Seiten weiter zurück führt, dann noch eine, den ganzen Weg dahin zurück, wo wir jetzt sind. Also werde ich dich einen Schritt nach dem anderen führen, so, wie ich selbst dahinterkam, ohne mit meinem Wissen vorzugreifen.

Allein dass die Autorin hier den Bedarf hat, das Geheimhalten zu begründen, zeigt schon, wie fadenscheinig diese Konstruktion ist.
Das können Sie auch auf alle anderen Erzähltechniken anwenden: Immer, wenn Sie etwas ausführlich begründen oder erklären, liegt etwas im Argen. Erklärungen des Autors lösen keine Probleme, sie machen lediglich darauf aufmerksam.
Suchen Sie den Fehler und beheben Sie ihn – erzählerisch.

Ich jedenfalls werde das Rätsel, wer den Chocolatier ermordet hat, hier nicht aufdecken, so künstlich Ihnen diese Geheimniskrämerei auch vorkommen mag.

In der Regel erlauben die Leser dem POV-Charakter einen Wissensvorsprung und sind gerne bereit, sich dafür sehr weit an der Nase herumführen zu lassen. Wie weit, das ist leider von Leser zu Leser verschieden.

Anders stellt sich die Sache bei auktorialer Erzählperspektive dar. Der Erzähler dort ist kein Charakter des Romans. Stattdessen wird er als externer Erzähler wahrgenommen und akzeptiert. Der Leser verzeiht ihm jedwede Finte und Finesse, mehr noch: Der Leser erwartet, von ihm möglichst wirkungsvoll genasführt zu werden.
Wenn im auktorialen POV eine Romanfigur mehr weiß als der Leser, wird dies als erzählerisches Mittel erkannt und nicht als etwas, was den Charakter seine Glaubwürdigkeit kostet.

Der andere Fall eines Wissensvorsprungs: Der Leser weiß mehr als der POV-Charakter. Das klassische Beispiel: Im Keller sitzt das mit einem Samowar bewaffnete Monster Edeltrud, bereit, jedem Teenager, der zufällig die knarrenden Stufen hinabsteigt, gnadenlos eine Tasse selbst zubereiteten Kamillentees einzuflößen. Wir Leser schreien den Teenagern mental zu: »Tu's nicht! Da unten sitzt Edeltrud!« Und wollen natürlich, dass die Teenager dennoch hinunter gehen, obwohl sie den Kamillentee ja schon auf der Treppe riechen können.

Die Spannung hier resultiert daraus, dass der Leser Gefahren früher erkennt als der Held und hilflos mit ansehen muss, wie der von uns geliebte Charakter in die Gefahr hineinläuft. Diese Hilflosigkeit ist ein gewaltiger Reiz, den wir im Leben außerhalb eines Buchs tunlichst vermeiden. Beim Lesen aber setzen wir uns ihm gerne aus, weil er dort nur simuliert wird.

Die Technik bietet unendlich viele Ausgestaltungsmöglichkeiten, etwa bei Geschichten, die nicht chronologisch erzählt werden oder wo der Leser das Ende schon am Anfang erfährt.

Die Gefahr: Der POV-Charakter – man denke an den Teenager, der nicht weiß, dass Kamillentee Gefahr bedeutet – erscheint dem Leser wenn nicht als dumm, so doch als nicht an den Grenzen seiner Möglichkeiten agierend. Das sollten Sie ausgleichen.

Beispiel: Sie legen vorher an, dass besagter Teenager Heuschnupfen und eine verstopfte Nase hat und so den Tee nicht riechen kann.

Bestseller-Autorin Patricia Cornwell gönnt den Lesern in »*Bastard*« (Hoffmann und Campe 2011) einen Wissensvorsprung gegenüber ihrer Ich-Erzählerin Ray Scarpetta. Cornwell sagt dazu: »*Es ging mir darum, den Fall eines jungen Mannes, der mit einer sehr ungewöhnlichen Waffe ermordet wird, aus Kays Sicht zu schildern. Der Leser mag dabei oft in seinen eigenen Erkenntnissen ein Stückchen weiter sein als Kay. Ich habe diesen dramatischen Trick ja schon mehrmals in meinen Büchern angewandt und benutze ihn immer gerne, wenn Kay privat stark involviert ist.*«
(aus: *Bücher* 1, 2012, S. 51).

In der Variante des allwissenden Erzählers fühlt der Leser sich vom Erzähler ins Vertrauen gezogen, ja, als sein Verbündeter: Der Leser und der Erzähler wissen gemeinsam etwas, was der Charakter im Roman nicht weiß, das gemeinsame (Mehr-)Wissen schweißt sie zusammen.

Spätestens bei der Überarbeitung sollten Sie solche Wissensvorsprünge auf ihre Glaubwürdigkeit hin untersuchen. Und wissen, ob Sie den Leser an der Nase herumführen oder ihn zu ihrem Verbündeten machen möchten.

Vom Zehnmeterturm! Für Lore – und nicht für den Führer!
Die Vorteile von Froschperspektive und Understatement

Die Helden Ihres Romans leben in ihrer eigenen, begrenzten Welt. Vergessen Sie das nicht – insbesondere auch dann nicht, wenn Sie über große und bedeutende und welterschütternde Ereignisse schreiben. Mit einer wunderbaren Lakonie zeigt Oliver Storz diese Sicht in seinem Roman »*Die Freibadclique*« (SchirmerGraf 2008) über eine Jugend in Schwaben 1944 bis 1946:

Die Westalliierten kamen schnell voran. Die Russen zielten auf Warschau. Bubu und ich sprangen vom Zehnmeterturm. Für Lore. Die war schon neunzehn und schaute uns trotzdem zu.

Zwar wissen die Jungen um das Weltgeschehen, aber ihr Leben leben sie in ihrer kleinen Welt. Die großen Ereignisse sehen sie, wie wir alle sie sehen, eben auch als Leser: aus der Froschperspektive.

Wenn Sie sich in einem Abschnitt für eine Erzählperspektive entschieden haben, verlassen Sie sie nicht automatisch wieder, sobald es um Politik oder Gesellschaft geht. Gerade in historischen Romanen oder solchen mit politischem Hintergrund oder gar einer Botschaft erhebt sich der Autor allzu leicht vom engen Leben seiner Figuren – und auch in Fantasy- und Science-Fiction-Romanen passiert das leicht, wenn eine fremde Welt beschrieben und erklärt wird.

Das Ausbrechen mag gewollt und sinnvoll sein und manches lässt sich kaum aus der persönlichen Perspektive eines Einzelnen erzählen. Wollen Sie jedoch, dass Ihre Leser in jedem Moment Ihres Romans so nah wie möglich bei Ihren Charakteren bleiben, ist das Beharren in der engen, personalen Erzählperspektive die bessere Wahl.

Vorsicht geboten ist bei der Perspektive des allwissenden oder auktorialen Erzählers. Sie verführt dazu, Propaganda, Belehrung und eigene Kommentare in die Geschichte eindringen zu lassen. Falls Sie das nicht möchten, bewegen Sie sich auf einem schmalen Grad. Achten Sie auf jeden Ihrer Schritte.

Ein anderes Problem kann sich offenbaren, wenn der allwissende Erzähler ganz auf Agitation verzichtet und, im Gegenteil, sehr objektiv berichtet: In längeren Abschnitten mit dieser Erzählstimme besteht dann die Gefahr, dass nur über das berichtet wird, was passiert – Handlung pur –, Reaktion und Reflexion aber fehlen – und dadurch auch Emotion.

Gravierender: Von der Einstellung der Charaktere zu den geschilderten (Groß-)Ereignissen erfährt der Leser nichts und verpasst damit ausgerechnet das, was ihn am meisten interessiert und an die Geschichte fesselt.

Beispiel – Objektive Sicht eines allwissenden Erzählers:

Der Imperator beherrschte Wquofig schon seit siebenunddreißig Dekaden.

Beispiel – Subjektive Sicht eines personalen Erzählers:

Wann krepiert der Kaiser endlich? Schon mein Großvater musste sich vor ihm beugen und wurde trotz harter Arbeit als Fischer arm bei dem Versuch, seine blutsaugerischen Steuern zu zahlen. Und wofür? Für noch einen Palast, für eine noch größere Armee, für Nachttöpfe aus Gold, in die der Imperator nur ein einziges Mal seine goldenen Eier legt.

Neben dem lakonischen Ton wirkt der eingangs zitierte Abschnitt aus Storz' Roman auch wegen des Kontrasts so gut: Der furchtbaren Endphase eines furchtbaren Krieges wird das pubertäre Protzgehabe von Vierzehnjährigen gegenübergestellt. Kontrast ist eins der mächtigsten Stilmittel überhaupt.

Ein anderes ist Understatement.
Statt für die scheußlichen Geschehnisse nach adäquat scheußlichen Wörtern zu suchen, erzielen Sie mit Untertreibung oft die besseren Ergebnisse. Sie umgehen die Gefahr von Melodramatik und rufen im Leser dennoch starke Emotionen hervor.
Besonders deutlich erkennen lässt sich das im Film. Ein filmisches Pendant zum Understatement ist die getragene Chormusik plus Zeitlupe bei blutigen Schlachtenszenen. Heruntergespielt werden das Tempo und die Wucht der Klänge von Schwertern, von Kanonen, von Todesschreien.
Herausgestellt werden die Gefühle: das Elend, das Leid, die Trauer. Mit anderen Worten: Durch das Understatement treten die Gefühle eindringlicher zutage – das Wichtigste beim Schreiben.
An diesem filmischen Instrument sehen Sie, was Understatement noch zu einer solch starken erzählerischen Waffe macht. Es geht darum, das weniger Wichtige herunterzuspielen, damit das Eigentliche deutlicher erkennbar wird.
Die Kehrseite: Mittlerweile ist das Mittel der Chöre, die statt des Kampflärms über blutigen Schlachten liegen, leider zum Klischee geworden. Statt echter Gefühle liefert es bloß klebrige Melodramatik.
Understatement bietet, bei gezieltem und Klischees meidenden Einsatz, einen weiteren Vorteil: Es nutzt sich langsamer ab als Übersteigerung und Übertreibung. Wenn Sie es dazu mit Lakonie oder einer Art gelassenem, jüdischen Humor paaren, besteht kaum die Gefahr der Abnutzung.
Ähnlich arbeitet Imre Kertész in seinem Holocaust-Drama »*Roman eines Schicksallosen*«, wo ein KZ-Insasse Verständnis mit den Tätern und ihren unmenschlichen Taten aufbringt. Das Grauen über Hunderte von Seiten auf eine angemessen grausige Weise darzustellen, wäre als Roman unerträglich und unlesbar.
Wenn man dem Leser die fette Butter nur dünn aufs Brot schmiert, wird sie ihm nicht so schnell über.

Brief an meine ermordete Schwester
Die Risiken ungewöhnlicher Erzählperspektiven

Die heute am weitesten verbreitete Erzählperspektive in Romanen, die nahe dritte Person, ist auch deshalb so beliebt, weil sie die geringsten Risiken für den Autor birgt. Gerade Anfänger unterschätzen die Herausforderungen der ersten Person, der Ich-Perspektive. Rasch wirken manche Konstruktionen gestellt und nicht mehr glaubwürdig. So wie in dem Debüt-Roman der Engländerin Rosamund Lupton, »*Sister*« (Piatkus 2010 / eigene Übersetzung / dt. »*Liebste Tess*«), über den ich oben bereits geschrieben habe und den ich hier aus einem anderen Blickwinkel betrachte.

Der Roman, eine Art Krimi mit literarischem Anspruch, wird als Brief einer Frau an ihre jüngere Schwester erzählt, in der ersten Person. Schon nach wenigen Seiten stört die allzu auffällige Exposition, die sich in Sätzen wie »*Aber wie du weißt ...*« zu erkennen gibt und darin gipfelt, dass die Erzählerin ihrer jüngeren Schwester ihren Namen sagt, nachdem sie hört, wie er von vor dem Haus wartenden Journalisten ausgesprochen wird: »*... mein eigener Name springt mich an: ‚Arabella Beatrice Hemming'*« und, nur wenige Zeilen später, wiederholt sie ihren Namen: »*... es dauert einen Moment, bevor mir klar wird, dass ich, Arabella Beatrice Hemming, der Grund dafür bin.*«
Kein Mensch würde solche Dinge in den Brief an die eigene Schwester schreiben. Gehen Sie daher in Ihrem Roman bedacht mit der Exposition um und klopfen Sie sie auf nicht authentische Inhalte ab.

Die Erzählung aus der ersten Person heraus bietet noch weitere Schwierigkeiten. Ein großes Problem bei einem Ich-Erzähler ergibt sich etwa dann, wenn er, in der Vergangenheitsform, von einem Verbrechen erzählt und den Täter nicht nennt. Obwohl er – in Luptons Roman sie – zur Zeit der Erzählung ja sehr wohl weiß, wer der Täter ist und welches Motiv er für sein Verbrechen hatte. Er muss also einen überzeugenden Grund anführen, warum er mit der Sache hinter dem Berg hält.

Die gute Nachricht: Hier sind die Leser sehr leicht zu überzeugen, denn schließlich wollen sie auf die Folter gespannt werden.

Lupton behilft sich mit folgender Konstruktion, in der sie der Schwester – tatsächlich dem Leser – erklärt, wieso sie das Geheimnis bis zum Ende für sich behält. Das Beispiel bringe ich deshalb erneut, weil man Verschiedenes daraus lernen kann.

Und es geht darum, dir zu sagen, warum du ermordet wurdest. Ich könnte am Ende beginnen, dir die Antwort geben, die letzte Seite, aber du würdest eine Frage stellen, die ein paar Seiten weiter zurück führt, dann noch eine, den ganzen Weg dahin zurück, wo wir jetzt sind. Also werde ich dich einen Schritt nach dem anderen führen, so, wie ich selbst dahinterkam, ohne mit meinem Wissen vorzugreifen.

Überzeugt Sie das? Mich nicht. Gar nicht davon zu reden, dass neben dieser doch sehr bemühten Konstruktion das Schreiben eines Briefs an die tote Schwester recht weit hergeholt ist.

Paradoxerweise lassen sich die Leser oftmals eher zum Ablegen ihres Unglaubens (dem berühmten »suspension of disbelief«* bewegen, wenn Sie auf vergleichbar abenteuerliche oder weit hergeholte Konstruktionen verzichten – und einfach Ihre Geschichte erzählen.

Den letzten Anstoß, Luptons Buch wegzulegen, hat mir ein Cliffhanger gegeben, der einzig auf den Effekt zugeschnitten wirkt. Die Erzählerin kommt in die Wohnung der Schwester zurück. Dann:

Jemand war in deinem Schlafzimmer. Die Trauer hatte alle anderen Gefühle erstickt und ich fühlte keine Angst, als ich die Tür öffnete. Ein Mann war im Zimmer und wühlte in deinen Sachen. Wut schnitt durch die Angst.
»Was machen Sie da?«
In dem neuen Geisteszustand der Tiefseetrauer erkannte ich meine eigenen Wörter nicht mehr. Der Mann drehte sich um.

Die Identität des Mannes wird so rasch nicht enthüllt. In einer anderen Erzählperspektive wäre der Cliffhanger nicht mal schlimm, womöglich gelungen. Hier aber empfand ich ihn als konstruiert.

Was eine weitere Gefahr aufzeigt: Hat der Leser Ihre ungewöhnliche Konstruktion oder Erzählweise erst einmal bemerkt, wird sie ihm auch im Folgenden eher auffallen und er wird sensibler reagieren, sprich: leichter aus seinem Erzähltraum zu reißen sein. Jede ungewöhnliche Erzählweise ist eine Einmischung des Autors und mit Risiken behaftet.
Ein Literat sorgt dafür, dass seine Leser seine literarischen Konstruktionen erkennen, um sie würdigen zu können. Ein Erzähler hält sie unterhalb der Wahrnehmungsschwelle.
Das heißt nicht, dass Sie – als Erzähler – nur immer weiter die ausgetretenen Pfade des Erzählens laufen sollen. Aber Sie sollten sich der Risiken bewusst sein, die links und rechts davon lauern. Im Zweifelsfall ist es die bessere Variante, erst das Laufen richtig zu beherrschen, bevor man sich durchs dichte Unterholz schlägt.

Auf der Suche nach dem Schatz: dem Platz in der Bestsellerliste.

---

*) Fällt Ihnen ein gefälligerer deutscher Begriff dafür ein als das bei Wikipedia aufgeführte »willentliche Aussetzung der Ungläubigkeit«? Bitte an blog@schriftzeit.de

Der perfekte Einstieg

Schreibtipps

schriftzeit.de – 600+ Artikel zum Schreiben

»*Ich bin restlos begeistert*«
(Melanie J.)
»*Schriftzeit – ein Highlight im Dickicht der Literaturseiten*«
(H. Moneta)«

schriftzeit.de/archiv-romane-schreiben

Wer gewinnt den Starr-Wettkampf?
Wie Sie Ihren Roman in Gang bringen

Sie starren das weiße Blatt Papier an. Das weiße Blatt Papier starrt zurück. Sie starren weiter, das Papier starrt zurück. Ein Duell entbrennt. Sie verlieren. Papier ist, wie Sie wissen, geduldig.

Falls Sie Schwierigkeiten mit starrendem Papier oder glotzenden Bildschirmen haben, sprich: falls es Ihnen nicht gelingen will, Ihren Roman in Gang zu bringen und den Anfang zu schreiben, so hilft in manchen Fällen ein kleiner Trick.
Das ist er:
Schreiben Sie den Anfang aus Sicht Ihres Helden oder Ihrer Heldin, und zwar in der ersten Person Einzahl: ich. Aus welcher Perspektive Sie den Roman oder das erste Kapitel letztlich erzählen wollen, spielt keine Rolle. Die Ich-Perspektive fließt erfahrungsgemäß am einfachsten, und Sie lernen beim Schreiben zugleich Ihren Helden besser kennen. Nicht selten ist Unklarheit über die Hauptfigur, über ihren Charakter und ihre Ziele ein Grund für die Blockade am Anfang.

Ein Beispiel, einfach mal losgeschrieben:
So grün hatte ich das Gras noch nie gesehen, es sah aus wie die Essenz von Grünheit. Maries roter Hut wirkte dagegen, ich kann es nicht anders sagen, als die Essenz von allem, was Marie war. Sie saß auf der Picknickdecke, ihre Augen blinzelten trotz des Huts gegen die Sonne und sie sagte: »Pfirsiche oder zuerst den Fisch?« Ich hatte nie etwas Schöneres gehört.

Eine mögliche spätere Fassung, nachdem sich dann doch Marie als Heldin herauskristallisiert hat, könnte wie folgt lauten: (Aber ohne den Anfang aus der Sicht von Thomas wäre der Autor vielleicht nie zu Marie gekommen.)
Gras kitzelte den blauen Himmel, im Grün lag eine karierte Picknickdecke, darauf saß eine junge Frau in einem weißen Sommerkleid und arrangierte Teller und Gläser, Wiesenblumen. Die schönste davon würde sie Thomas ins Knopfloch stecken. Falls er nicht schon wieder eins seiner kindischen T-Shirts trug. Noch ein Projekt auf Ihrer Liste: Thomas behutsam zu Stil und Geschmack heranführen. Schritte ratschten durchs Gras. Wenn das mal nicht ihr ungeduldiger junger Hund war. Sie schob sich den Hut aus der Stirn, ein Geschenk von Alfons, lange, lange her.
»Pfirsiche oder zuerst den Fisch?«

Gehen Sie davon aus, dass Sie das spontan herausgekleckste Kapitel umschreiben müssen. Das sollte Sie nicht stören, zumal Sie kein Kapitel häufiger überarbeiten werden als den Romananfang. Hauptsache, Sie kommen erst einmal in den Roman hinein.

Der Rest findet sich, versprochen.

Gut gegen den Mordswind der weißen ersten Seite
Wie Sie den perfekten Einstieg finden

Viele Autoren setzen sich selbst zu sehr unter Druck mit dem Anfang einer Szene, eines Kapitels oder gar des Romans. Sollten Sie das nicht? Richtig, der Anfang ist der wichtigste Teil eines Romans. In der Textprobe kommt ihm die Aufgabe zu, einem Agenten oder einer Lektorin Ihr Manuskript zu verkaufen. Im Buchladen muss der Anfang die Leser überzeugen, das Buch zu kaufen.
(Habe ich den Druck jetzt noch erhöht? Sollten Sie übrigens auch immer, den Druck auf Ihre Charaktere erhöhen, aber das ist ein anderes Thema.)

Doch wie man nicht oft genug betonen kann: Schreiben ist vor allem – Umschreiben. Sie können – und Sie sollten – in Ihren Roman-Anfang sehr viel Mühe und Know-how und Zeit investieren, bevor Sie ihn einer Agentin oder einem Lektor anbieten.
Sie haben nur diese eine Chance. Kein Lektor liest einen Text, den er schon mal abgelehnt hat, nach drei Monaten erneut, der mit dem Vermerk »So, jetzt habe ich die Textprobe überarbeitet und sie ist jetzt wirklich klasse« zu ihm zurückkehrt.
Das heißt nicht, dass Sie beim Schreiben der ersten Fassung mit dem perfekten Anfang loslegen müssen, weil Sie sonst den Roman nie hinbekommen.

Eine Möglichkeit, dem Druck zu entkommen: Sie schreiben zuerst das Ende. Haben Sie einen guten, befriedigenden Schluss gefunden, sehen Sie den (bisherigen) Anfang in neuem Licht.
Was, wenn das Ende eine sich schließende Klammer bildet? Könnte der Beginn des Romans die Klammer öffnen? Finden beide am selben Schauplatz statt? Der aber hat sich, wie der Charakter, gewandelt? Was hat sich sichtbar, fühlbar geändert? Was müssen Sie in Ihren Anfang einbauen, damit das Ende emotional noch stärker wird?
Probieren Sie es aus.

Wir lieben Geschichten, die unsere Helden verändern. Denn Veränderungen sind ein Kennzeichen für eine starke Geschichte. Nur wer mächtige Gefühle durchlebt, wer Erschütterndes durchgemacht hat, wird sich ändern.
Genau das sollte Ihr Roman zeigen: wie sich der Held und die Welt um ihn verändern.

(Randnotiz: Nicht jeder Romanheld muss eine Veränderung durchlaufen. Aber etwas im Roman sollte sich verändern – Menschen, Umstände, die Welt –, damit der Leser das Gefühl hat, in der Geschichte passiert etwas. Selbst wenn am Ende alles wieder so ist wie am Anfang, kann ein Auf und Ab während des Romans dennoch für ein befriedigendes Lese-Erlebnis sorgen.)

Wenn Sie von einem bestimmten Ende ausgehen, so fragen Sie sich, welcher Anfang möglichst stark von diesem Ende abweicht.

Beispiel:

Ist Ihre Heldin am Ende eine müde, eine verletzte, aber selbstbewusste und siegreiche Frau, die durch die Hölle gehen musste, um dieses Selbstbewusstsein zu erwerben? Ach ja: und um den Helden zu erobern. Dann schildern Sie sie am Anfang als Mauerblümchen.

Sie finden den Einstieg weder am Anfang noch am Ende?
Auch Ihnen kann geholfen werden. Fangen Sie mit dem Erzählen eben mittendrin in Ihrer Geschichte an! Wenn es Ihnen leichter fällt, schreiben Sie eine Szene, die für Sie irgendwo in der ersten Hälfte des Romans liegt. Womöglich entdecken Sie dabei, dass diese Szene gar keine Zwischendrin-Szene ist, sondern tatsächlich der perfekte Beginn. Denn wieso sonst kommt die Szene Ihnen sofort als erstes in den Sinn? Weil sie so mitreißend und intensiv ist?
Klingt für mich nach einer super Anfangsszene.
Was nicht heißt, diese neue erste Szene braucht eine Menge Rückblenden. Womöglich gehört all das, was sich davor abspielt, gar nicht in Ihren Roman hinein.

Die meisten Erstlingswerke fangen lange vor der eigentlichen Geschichte an. Und ich meine lange, ich meine nicht eine halbe Seite oder drei, sondern oft zwanzig, dreißig und mehr Seiten.
Das hat mehrere Ursachen.
Oft weiß ein Autor einfach nicht, wo sein Roman beginnt. Aus Betriebsblindheit oder mangelnder Erfahrung. Oder die Autorin glaubt, sie müsste dem Leser erst die ganzen Umstände erklären, bevor sie so richtig loslegen kann. Sie hat sich eine solche Menge wichtiger Hintergrundinformationen ausgedacht, die alle unbedingt in den Roman hinein müssen. Schließlich muss man den vieldeutigen Blick erklären, den Alain seiner Romy über ihr neues Fahrrad hinweg zuwirft: Denn Alain erinnert sich in dem Moment daran, wie seine Lehrerin ihm einst das Radfahren beibrachte, eine Frau, in die er als Sechsjähriger wahnsinnig verliebt war.
Und es ist absolut unverzichtbar, den Leser darüber aufzuklären, wie Alains Mutter damals Romys Vater küsste, in dem kleinen Ferienhaus in Wales, kurz nach der Renovierung.

Oder kann man die Lehrerin einfach weglassen? Und den Kuss auch?
In den meisten Fällen kann man das tatsächlich. Den Roman mit zu viel Hintergrundinformationen zu beschweren, ist einer der verbreitetsten und größten Fehler beim Romanschreiben. Und das, was den Amateur vom Profi unterscheidet.
Der Profi erklärt am Anfang – überhaupt nichts. Nada.
Nicht mal, wer die Person ist, die da ihren Mann erschießt? Nein. Nicht mal, dass der Roman im Jahr 2901 auf dem Planeten Awuhweifwbfe spielt? Nicht mal das. Aber, aber, aber ich muss doch meinen Helden vorstellen, damit die Leser ihn kennen und mit ihm mitfühlen.
Sorry, nein.

Fangen Sie mit der Geschichte an. Schreiben Sie einfach, was passiert. Handlung und Dialog sind gute Romananfänge. Backstory sollten Sie dann einflechten, wenn es unbedingt nötig ist oder wenn es den Plot verkompliziert und den Konflikt verschärft. Die Leser haben ein weit besseres Vorstellungsvermögen und eine weit größere Geduld, als das viele Autoren glauben wollen.

Eine Voraussetzung jedoch müssen Sie erfüllen, um sich die Geduld der Leser zu verdienen:
Sie müssen ihnen eine Geschichte erzählen. Vom ersten Satz an.
Keine Abhandlung über die Schusswaffen des siebzehnten Jahrhunderts. Keine Expertise darüber, unter welchen Umständen Röhrenfernseher explodieren. Keinen Reiseführer über den Schauplatz und kein medizinisches Gutachten über den Charakter.
Erzählen Sie. Lassen Sie Menschen etwas tun. Lassen Sie sie reden.
Die Umstände erklären Sie den Lesern zwischendurch.

Sie glauben mir nicht?
Nehmen Sie einen x-beliebigen zeitgenössischen Bestseller aus Ihrem Regal und lesen Sie die erste Seite. Was wird dort erklärt? Welche Figuren werden dort erst umständlich eingeführt, bevor die Handlung losgeht? Manche Erklärungen sind wichtig, wichtig ist, dass uns die Figuren kümmern, ein Gefühl für den Schauplatz mag wichtig sein – aber all das können Sie unterwegs einbringen.

Ein Beispiel:

Daniel Glattauers wunderbarer E-Mail-Roman »*Gut gegen Nordwind*« (Deuticke, Wien 2006). Er beginnt so:

15. Jänner
Betreff: Abbestellung
Ich möchte bitte mein Abonnement kündigen. Geht das auf diesem Wege? Freundliche Grüße, E. Rothner.

Danach entspinnt sich eine hin- und mitreißende Konversation zwischen einem Mann und einer Frau. Per Mail. Es wird nichts erklärt. Die Charaktere gewinnen erst nach und nach Konturen, erst nach und nach erfährt man etwas, ein wenig, über ihre Hintergründe.

In dem Roman fehlt nichts. Das Buch wurde ein Bestseller. Es verkaufte sich so gut, dass Glattauer eine vorher nicht geplante Fortsetzung schrieb – so sehr bedrängten ihn die Leser, oder besser gesagt: Fans. Keine Fans von ihm, wohlgemerkt, sondern von seinen beiden Charakteren Emmi und Leo. Glattauer hat Emmi und Leo lebendig werden lassen. Ohne Beschreibungen, ohne Backstory, nur mit Dialogen.

Sie sehen, es geht. Wieso sollten Sie das nicht auch schaffen?

Wyoming brennt nicht für jeden gleich
Wie Sie sich vom Schauplatz inspirieren lassen

Für die amerikanische Autorin Annie Proulx (»*Schiffsmeldungen*« und »*Wyoming Stories*« – lesen!) steht, so sagt sie selbst, am Anfang ihrer Geschichten immer der Schauplatz. Aus ihm entwickelt sie alles Weitere: die Charaktere, die Handlung, die Stimme. Wer in eine der überwältigenden Wyoming Storys (drei Bücher mit Kurzgeschichten) eintaucht, schmeckt das Land und seine Menschen.

Anders Lorrie Moore, eine wie Proulx in Wyoming lebende Schriftstellerin (sie schrieb unter anderem »*A gate at the stairs*«). Bei ihr kommt, wie sie selber sagt, der Schauplatz, das Setting, erst an zweiter Stelle: »*nicht unbedingt nur als nachträglichen Einfall, aber auch nicht als brennende Inspiration*« (so Moore in einem Interview mit »*The Paris Review*« / eigene Übersetzung).

Wovon lassen Sie sich beim Schreiben in die Geschichte ziehen, was inspiriert Sie? Bei den meisten Autoren steht entweder ein Charakter am Anfang oder die Idee für eine Geschichte. Interessanterweise scheinen Frauen eher die Charakter-Typen zu sein, Männer eher auf Geschichten und Plot fixiert.

Werden Sie sich bewusst, was Sie am schnellsten und intensivsten in den eigenen Roman hineinzieht. Der Anblick des weißen Blattes oder der des blinkenden Cursors auf einer leeren Seite muss Sie so nicht mehr schrecken.

Ein zweischneidiges Schwert sind Gewohnheiten beim Schreiben. Zum einen hilft die Routine, Disziplin zu wahren und mehr Text in die Tasten zu hacken. Zum anderen ist Routine gefährlich, zu leicht fallen Sie in bestimmte Muster, trampeln sich einen Pfad, der zunächst wunderbar leicht erscheint, bequeme Abkürzung und Richtungsgeber in einem. Mit der Zeit aber trampeln Sie den Pfad zu einem Hohlweg und sehen bald nicht mehr, was links und rechts davon auf Sie und Ihre Geschichten wartet. Dementsprechend droht auch den Impulsen für eine Geschichte und ihren Anfang Gefahr durch (zu viel) Routine.

Gleiches gilt für Szenen. Auch hier neigen Sie womöglich dazu, immer auf die gleiche Weise einzusteigen, etwa mit einer Beschreibung des Schauplatzes.

Die Abwechslung hier bringt zwei Vorteile mit sich: Sie treten der Routine entgegen, und Ihr Roman wirkt vielschichtiger, ja, welthaltiger, und er liest sich besser und schneller. Weniger Routine und mehr Inspiration erreichen Sie über zwei einfache Schritte:

Schritt 1: Sie finden heraus, ob es Charaktere, Geschichten oder Orte sind, die Sie zum Losschreiben inspirieren (oder was es sonst noch so gibt – Gefühle zum Beispiel, Bilder von Situationen usw.).

Schritt 2: Sie fangen anders an als gewohnt, wagen sich damit heraus aus Ihrer Komfortzone. Statt einer Geschichte etwa suchen Sie zuerst einen Charakter, statt mit Beschreibung beginnen Sie mit Dialog.

Das Inspirierende daran: Sie werden Aspekte Ihres Romans entdecken, die Sie bislang übersehen hatten, finden neue Seiten Ihrer Heldin oder Details des Schauplatzes, die Ihre Phantasie befeuern.

Ganz wichtig: Lassen Sie nicht nur Ihren Kopf entscheiden, im Gegenteil: Hören Sie genau hin, mit welchem Einstieg sich Ihr Bauch (oder wo auch immer bei Ihnen die Gefühle sitzen) am wohlsten fühlt. Mehr noch: Achten Sie darauf, woran sich Ihre Leidenschaft am heißesten entzündet.

Wenn Sie am Anfang eines Romans oder auch einer Szene feststecken oder nicht zufrieden sind, probieren Sie eine der anderen Einstiege aus. Sie gewinnen in jedem Fall. Denn selbst wenn Sie sich nachher für den ursprünglichen Fokus zu Beginn entscheiden sollten, werden Sie neue Impulse und Ideen für den Roman oder die Szene als Ganzes gewonnen haben.

Ein gar nicht mal so kleiner, positiver Nebeneffekt: Sie schaffen auf diese Weise, siehe oben, auch mehr Abwechslung für Ihre Leser und für sich selbst.

Es kommt nicht darauf an, womit Sie sich in Brand setzen — Hauptsache, Sie brennen.

Blitz für NAW
Der Anfang Ihres Romans als stimmiges Gesamtkonzept

Die Leitstelle meldete sich um 02:47, gerade als Max fand, dass es Zeit für einen Kaffee wäre. »*Blitz für NAW 4305 von Florian Berlin, bitte kommen!*« *Die Funkleitung knackte und rauschte.* »*NAW 4305, meldet euch!*« *Ella hatte das Fenster heruntergekurbelt, um die frische Nachtluft in den Wagen zu lassen. Jetzt drückte sie die Sprechtaste und sagte:* »*Hier NAW 4305.*«
»*Wo seid ihr gerade?*«
»*Luisenstraße, auf Höhe der S-Bahn-Überführung. Was gibt's?*«
»*Starke Blutung in Kreuzberg*«, *sagte der Disponent in der Feuerwache durch das knisternde Rauschen.* »*Vielleicht Schock. Ihr seid am nächsten dran.*«
»*Adresse?*«, *fragte Ella.*
»*Benno-Ohnesorg-Straße 7, Ecke Möckernstraße, oberster Stock. Eine Frau.*«
Auf dem Navidisplay am Armaturenbrett erschien die Route vom Standort des Rettungswagens zum Ziel.
»*Weitere Angaben?*«, *fragte Ella, und auf einmal brauchte sie keinen Kaffee mehr.*
»*Keine weiteren Angaben.*«
»*Ist jemand bei der Frau?*«
»*Unbekannt.*«
»*Wer hat uns gerufen?*«
»*Ein Mann. Anonym. Er hat nur gesagt, gegenüber stirbt eine Frau. Mehr war nicht, dann hat er aufgelegt.*«

So rasant beginnt der Thriller »*Erlösung*« (Blessing 2011). Nein, das ist nicht der von Jussi Adler-Olsen, sondern der des deutschen Autors C. C. Fischer. Wie lief das wohl mit dem Titelschutz?

Ein Einstieg in medias res – zu deutsch: eine Arschbombe dort hinein, wo du das Wasser des Beckens vor Menschen nicht mehr sehen kannst – hat den Vorteil, den Leser direkt ins Geschehen zu ziehen oder, wenn man genug Verve mitbringt, ihn hineinzureißen.

Fischer verzichtet weitgehend auf direkte Beschreibung, dennoch nimmt er den Leser allein durch die Handlung mit hinein in sein Setting. Er schafft das durch Dialog – auch Dialog ist Handlung! – und im Dialog durch einen berufsspezifischen Jargon, hier den der Rettungssanitäter. Es spielt für das Verständnis keine Rolle, ob der Leser weiß, dass NAW Notarztwagen heißt. Ich bin sogar geneigt zu sagen: im Gegenteil. Das eine oder andere dem Laien unverständliche Wort erhöht für viele Leser die Glaubwürdigkeit noch.

Für die Mehrheit der Leser ist es wichtiger, ob ein Text authentisch wirkt, als dass er authentisch ist, aber eben nicht so wirkt. Fischers Anfang ist, einer Leserin meines

Blogs zufolge, weder außergewöhnlich aufregend noch authentisch. Weil sie sich selbst mit solchen Einsätzen gut auskennt.

Aber das ist nicht der Punkt. Es kommt eben nicht primär darauf an, ob etwas für Charaktere der Geschichte aufregend ist, sondern ob es auf den Leser aufregend wirkt. Der Routineeinsatz einer Seenotrettung von einer brennenden Bohrplattform mag für die Rettungskräfte nichts Ausgefallenes sein – und damit ebenso wenig für Leser, die mit solchen Einsätzen vertraut sind. Für die Mehrheit der Leser aber bleibt die Szene dramatisch.

Für eine andere Kommentatorin meines Blogs war es gerade das Routinierte des Dialogs, das zur raschen Orientierung in der Szene und in der Welt dieses Romans beigetragen hat. Das scheinbar Überflüssige für die eine Leserin war für die andere genau das richtige Maß, um sich vollständig in die Stimmung des Romans zu versenken.

Ob die Fakten stimmen oder nicht und ob und wie weit sie stimmen müssen, ist ein anderes Problem. Meiner Meinung nach ist ein Roman ein Roman, also Fiktion, und wer tief genug bohrt, wird immer etwas finden, was nicht »stimmt«, also nicht der Realität entspricht.

Warum beispielsweise soll es erlaubt sein, Menschen zu erfinden, aber nicht, ein Café in einer Straße in einem Haus, das es in der realen Welt dort nicht gibt? Wo sind die Grenzen? Und wer legt sie fest?

Dass man alles bis ins Letzte recherchieren solle, ist keine realistische Vorgabe. Irgendwelche Lücken wird man lassen müssen, bei manchem wird man glauben, man wüsste genug und wird von Lesern eines Besseren belehrt.

Ich empfehle bei der Recherche Pragmatismus – was öfters heißen kann: Mut zur Lücke. Die Geschichte sollte im Vordergrund stehen. Und nicht selten wird das eben auch bedeuten, dass Sie Fakten verbiegen, verfälschen oder schlicht ignorieren. Die Wahrheit von Literatur ist größer als die Wirklichkeit. Falls Sie damit ein Problem haben, schreiben Sie lieber ein Sachbuch.

Letztlich muss jeder Autor selbst festlegen, wie genau er jedes Krümelchen recherchiert. Ob seine Recherche gut genug war, werden die Leser entscheiden.

Zurück zu »*Erlösung*«. Durch die knappen Dialoge, die gegen Ende auf die Sprecherzuordnung verzichten, gewinnt der Einstieg nicht nur an Dynamik und Dringlichkeit. Das Tempo des Dialogs spiegelt das Tempo des Notarztwagens wider. Außerdem gibt bereits der Einsatz eines NAW dem Leser ein deutliches Signal: Hier ist gerade etwas Schreckliches passiert. Seine Neugier ist angestachelt. Er hängt am Haken.

Achten Sie bei Ihren Einstiegen aber nicht bloß darauf, Ihre Leser an den erzählerischen Haken zu nehmen. Sondern liefern Sie, wie das C. C. Fischer tut, ein stimmiges Gesamtpaket ab aus Setting, Dialog, Handlung und, vor allem, Einführung der Heldin.

Die Heldin Ella wird, ohne sie explizit zu beschreiben, allein durch ihren Beruf als Notärztin und ihre konzentrierte, knappe Art, in einer Notsituation zu sprechen, dem Leser deutlich vor Augen geführt. Sie wirkt sofort sympathisch. Vor allem aber wirkt sie wie eine Frau, die als Heldin den lebensbedrohlichen Anforderungen eines Thriller-Plots gewachsen sein könnte. Obwohl wir als Leser ahnen, dass sie weit Extremeres durchmachen wird als einen an sich schon fordernden Einsatz am Unfallort, der hier natürlich der Schauplatz eines Verbrechens ist.

Seien Sie sich bewusst, dass Sie am Anfang Ihres Romans auf der ersten Seite schon Ton und zu einem gewissen Maß auch das Tempo vorgeben, die der Leser dann auch im Rest des Romans zu finden erwartet. Bei C. C. Fischers Roman »*Erlösung*« erwarten wir nichts weniger als einen schnellen, packenden Thriller.

Der Einstieg über langwierige Beschreibungen und Info-Dumps ist auch unter diesem Aspekt problematisch: Beides lässt den Leser ähnliche Langatmigkeit für den Rest des Romans erwarten. Ob zu Recht oder zu Unrecht, spielt keine Rolle, denn bis es eine Rolle spielen könnte, hat der Leser den Roman womöglich schon zur Seite gelegt.

Ich empfehle Ihnen daher, selbst wenn Ihr Roman eher eine ruhigere Geschichte erzählt, nicht allzu behäbig anzufangen, sondern zumindest anzudeuten, das auch Ihre ruhige Geschichte durchaus Spannendes, ja, Aufregendes zu bieten hat.

Wie bei einem gelungenen Menü sollte bereits der Gruß aus der Küche erahnen lassen, welche Gaumenfreuden auf den Gast zukommen. Und wie der Gruß aus der Küche ein eigenes Gericht ist, sollten Sie auch den Anfang Ihres Romans als eigene Geschichte auffassen, durchaus mit Spannungs- und Chrakterbogen (was übrigens auch für jede Ihrer dramatischen Szenen gilt).

Wenn Sie sehen, welche Bedeutung der Anfang für Ihr Buch haben wird, ergibt das Sinn: In Leseproben, vielleicht auf Lesungen, womöglich in Vorabdrucken, ganz sicher bei Agenten und Verlagen und in der Hand des Lesers im Buchladen wird diesem Anfang die Aufgabe zukommen, Ihren Roman zu verkaufen – nicht dem tollen siebzehnten Kapitel und auch nicht der herzergreifenden Sterbeszene am Ende des zweiten Akts, nein Ihrem Romananfang. Dementsprechend werden Sie auch keinen anderen Teil Ihres Romans so oft überarbeiten. Und das ist gut so. Was hieß noch gleich NAW? Richtig: Nehmen Sie den Anfang wichtig!

[Meinen Dank an Henny, Jasmin und Sabine, durch deren wertvolle Kommentare im Blog ich diesen Artikel weiter vertiefen konnte.]

Reinkommen, hinsetzen, genießen
Warum Sie den Lesern den Einstieg möglichst einfach machen sollten

In einem anderen Kapitel benutzte ich das Bild des vor Ihrer Tür frierenden Besuchers, um Ihnen zu zeigen, warum Sie Erklärungen mindestens bis zur Vorspeise aufheben sollten. Heute steht schon der nächste Besucher da draußen und will zu Ihnen herein. »Guten Abend«, sagt er. »Ich bin Ihr Leser.« Und er schaut Sie mit erwartungsvollem Blick an. Er will rein, und das schnell, und er hofft, er fühlt sich wohl bei Ihnen und es schmeckt ihm.

So einfach aber machen Sie es ihm nicht. Erst einmal soll er die Fassade Ihres Hauses – den Umschlag mit dem Buchcover – ausgiebig bewundern. Hat er schon getan. Vielleicht war das ja ein Grund, wieso er überhaupt geklingelt hat.
Anschließend muss er sich durch verschiedene dicke Vorhänge kämpfen, von der Sorte, wie sie früher im Eingang von Kneipen hingen: bei Büchern mit Schutzumschlag die U2 (innere vordere, zweite Seite des Umschlages, auf Englisch das »inside front cover« oder IFC), dann im Buchblock zunächst den Schmutztitel, auf dem nichts anderes steht als Autor und Titel – in der Paginierung die Seite 1.

Die Rückseite, die Frontispiz- oder Vakatseite, bleibt meist leer. Es folgt das Titelblatt, auf dem neben Autor und Titel etwa noch Übersetzer und Verlag genannt werden. Auf deren Rückseite findet sich die Impressumsseite. Manchmal steht das Impressum aber erst am Ende des Buchs, wie etwa in Titeln der DVA. Auf der Impressumsseite findet sich in dem Buch »*Die Glasfresser*« von Giorgio Vasta (DVA 2011) zusätzlich eine Anmerkung des Autors, wo er etwas zur Chronologie und Ungenauigkeiten im Dienst der Geschichte sagt.
Dann kann eine Seite folgen, auf der nichts weiter als eine Widmung des Autors steht oder, wie bei Vasta, eine Art von Prolog. Diese Seiten haben keine Paginierung. Endlich, frühestens auf Seite 5 des Buchblocks, bei Vasta auf Seite 7, beginnt der Roman. In diesem Fall kein leichter Einstieg, werden doch zunächst verkrüppelte Katzen gequält, kranke, widerliche Biester, vom Erzähler, einem elfjährigen Jungen, der Rost und Lack von einem Eisengitter leckt und seine Mutter als »*Schnur*« bezeichnet.
Ihr Besucher ist schon erschöpft. Für vieles davon ist der Autor nicht verantwortlich, sondern der Verlag und die Tradition. Einiges ist ja sogar angenehm, und das Öffnen eines schön gebundenen Buchs ähnelt dem Auspacken eines Geschenks.

Manches davon ist die Schuld des Autors. Sie haben es in der Hand, Ihrem Leser das Hereinkommen so kurz und einfach wie möglich zu machen. In der Hand? Nein, Sie haben die Pflicht. Aber das ist bloß meine Meinung. Na ja, und die von ein paar Millionen potenziellen Lesern Ihres Romans.

Sie können Ihren Besucher natürlich noch länger im Flur herumführen. Wie wäre es dazu mit einer Widmung oder Danksagung? Nett für die drei Töchter der Autorin, der unser (fiktives) Buch gewidmet ist. Blöd für die dreißigtausend Leserinnen, die nicht wissen wollen, dass Hanna, Anna und Susanna der Autorin stets mit Früchtetee »Wellnesszauber des Orients«, selbstgebackenen Kokoskeksen und aufmunternden Umarmungen zur Seite standen, sondern die lieber die Geschichte lesen wollen, für die sie 18 Euro 90 bezahlt haben. »Mit Umarmungen zur Seite standen«? Soll man dieses Buch wirklich lesen?

Nach der Widmung müssen Sie den Gast noch lange nicht ins Esszimmer führen. Der Roman wird schon nicht kalt. Wie wäre es mit einem Abstecher in die Bibliothek? Erzählen Sie dem Leser doch noch in einem Vorwort etwas über die Entstehung des Buchs, etwa, was Fakt ist und was Fiktion, ja, und vergessen Sie bloß nicht diese köstliche Anekdote mit dem schwedischen Bibliothekar und den Tauben.

Anschließend muss Ihr Besucher natürlich noch die Speisekammer sehen. Dort zeigen Sie ihm, was ihn vielleicht erwartet oder auch nicht: in einem Prolog.
Und jetzt – *tata!* – darf der Gast endlich ins Esszimmer an die festlich gedeckte Tafel. Wie wunderschön Sie alles hergerichtet haben. Sie wissen, es wird Ihrem Besucher schmecken. Nur, er hat plötzlich gar keinen Hunger mehr. Und dann fällt ihm ja noch ein, dass er vergessen hat, die Katze reinzulassen. Bei dieser Kälte! Das arme Tier. Und schon ist er weg.

Wenn Sie glauben, die oben aufgeführten Barrieren vor Ihren Roman bauen zu müssen, sollten Sie sich folgende Fragen stellen und diese ehrlich beantworten:

* Kann es sein, dass mein Roman solche Erläuterungen braucht, weil etwas mit ihm nicht stimmt?
* Will ich vielleicht gar nicht, dass mein Leser meinen ersten Satz liest, weil ich Angst habe, der Satz könnte nicht gut genug sein?
* Ist mir mein Ego wichtiger als meine Geschichte oder warum sonst muss ich den Leser mit Danksagungen und Widmungen quälen, die ihn nicht interessieren?

Wenn Sie etwas reparieren müssen, dann sollten Sie das in Ihrem Roman tun. (Oder, wenn die Widmung Ihre Ehe retten soll, in Ihrer Beziehung.) Der Roman soll für sich allein fahren können, ganz ohne Stützräder.

Und es stimmt (das müssen Sie zugeben), der Anfang könnte, nein, er müsste noch besser sein. Er ist erst dann gut genug – für Sie –, wenn Sie es nicht erwarten können, dass Ihre Leser diesen ersten Satz, den ersten Absatz, die erste Seite lesen. Also los, überarbeiten. Wem Sie danken wollen, können Sie noch entscheiden, nachdem Ihr Roman einen Verlag gefunden hat.

PS: Widmungen und Danksagungen machen sich am Schluss sowieso besser. Wenn dem Leser das Buch gefallen hat, wird er sich stärker für seine Autorin oder seinen Autor interessieren. Und sogar für Hannas, Annas und Susannas Kokoskekse.

Besuchen Sie Clarice Starling nicht auf dem Schießstand
Der beste Zeitpunkt für den Einstieg in Ihren Roman

Einer der häufigsten Fehler von unerfahrenen Autoren: Sie steigen zu früh in die Geschichte ein.

Thomas Harris beginnt seinen Thriller »*Das Schweigen der Lämmer*« damit, dass die Heldin Clarice Starling von ihrem Chef Crawford vom Schießstand direkt in sein Büro beordert wird. Harris hätte den Roman auch auf dem FBI-Schießstand beginnen lassen können – eine verführerische Möglichkeit, denn wird dem Autor nicht immer geraten, er solle den Roman mit Action starten, in medias res, sprich: mitten im Geschehen?
Harris hat sich dagegen entschieden. Aus gutem Grund. Die Geschichte, die er erzählen will, beginnt erst in Crawfords Büro. Starling bekommt den Auftrag, Serienmörder Hannibal Lecter zur Mitarbeit bei einer psychologischen Datenbank zu bewegen.

Warum aber hat Harris seinen Roman nicht erst mit der Szene begonnen, als Starling im Gefängnis vor Lecter steht? Ich kenne Harris' Motive nicht. Ich spekuliere mal: Er zeigte Starling auf dem Schießstand, weil das Herumgeballere dort zu ihrem Alltag gehört. Das Gespräch mit ihrem Chef stört diesen Alltag – und setzt damit den Roman in Gang. Warum aber lässt Harris den Leser so lange darauf warten, bis er Lecter auftreten lässt? Dieses Mal bin ich mir fast sicher, dass ich mit meiner Spekulation ins Schwarze treffe: Harris baut die einzigartige Figur des Kannibalen Hannibal langsam auf, eine Steigerung randvoll mit ängstlicher Erwartung: Suspense.
Wenn Hannibal endlich erscheint, hat der Leser ihn schon so prall mit eigenen Erwartungen und Ängsten gefüllt, dass er sofort lebensgroß und schrecklich wirkt.

(Randnotiz: Auch im Film gelingt das wunderbar, nicht zuletzt dank der gänsehautigen Präsenz des Schauspielers Anthony Hopkins. Hieran können Sie sehr schön erkennen, warum viele Verfilmungen guter Romane scheitern: Regisseur oder Schauspieler sind meist nicht in der Lage, solche langsam aufgebauten, intensiven inneren Bilder im Leser auf die Leinwand zu übertragen.)

Hätte es nicht auch andere Möglichkeiten gegeben, den Roman »*Das Schweigen der Lämmer*« zu beginnen? Doch, unzählige. Und darunter viele gute und mehr als ein paar hervorragende. Romane schreiben ist keine exakte Wissenschaft. Aber manche Erzählkniffe funktionieren besser als andere. Scheuen Sie sich nicht, mehrere auszuprobieren. Die Mehrarbeit lohnt sich.

Für Ihre Leser – und damit auch für Sie.

Untote kommen übrigens auch noch vor
Der Prolog im Roman – und was für ihn spricht

Ein Vorwort zum besseren Verständnis.

Ursprünglich wurde der Prolog (was ja übersetzt nichts anderes heißt als Vorwort oder auch Vorrede) im Theater eingesetzt, um etwa den Sinn des Stücks zu erklären. Mit der Zeit hat er nicht nur Eingang in die Literatur und den Roman gefunden, sondern wird auch in Filmen oder sogar in Sitcoms verwendet.

Eine kleine Umfrage.

Sabine Kulenkampff schreibt: »*Ich liebe Prologe schon, weil sie selten sind, weil sich einer Mühe macht, weil ich Metaebenen schätze und Fußnoten, Anmerkungen.*« Schreibwut ist ebenso grundsätzlich wie augenzwinkernd pro Prolog. Julie M. Nights wird von den meisten Prologen einfach nur verwirrt und rätselt die ersten Kapitel hindurch, was der Prolog zu bedeuten hatte.

Alice Grünfelder fasst das Wesentliche der Contra-Fraktion zusammen: »*Ich lese weder Widmungen, Prologe und auch keine Vorworte; ja sie stören mich im Zugang zum eigentlichen Text, den ich unvoreingenommen und ohne Fingerzeig des Autors lesen möchte. Oder meint der womöglich, man deute seinen Text dann nicht richtig? Nun, dann muss er ihn eben so schreiben, dass ihn die Leser so verstehen, wie er den Text verstanden haben möchte.*«

Was spricht für den Prolog im Roman?

Bei manchen epischen Werken scheint ein Prolog einfach dazuzugehören – je dicker, desto Prolog. Einen besonderen Zweck muss der Prolog in diesem Fall nicht erfüllen, sein Sinn liegt eher auf der Ebene des Gefühls als auf der des Verstands.

Auch in vielen Fantasy-Romanen gehört ein Prolog gefühlsmäßig dazu. Er verleiht dem Werk etwas aus der Welt Gefallenes, etwas Altmodisches, Romantisches – Stimmungen, die viele Fantasy-Autoren heraufbeschwören wollen. Auch hier ist weniger der Inhalt entscheidend als die Form.

Seinen mitreißenden Romanzyklus »*Lied von Eis und Feuer*« (»*A Song of Ice and Fire*«) beginnt George R. R. Martin im ersten Band »A Game of Thrones«* mit einem Prolog, der die Fantasy-Elemente der Saga herausstellt. Da es im Roman selbst sehr, sehr, sehr lange dauert, bis fantastische Elemente ins Spiel kommen, wollen Martin und sein Verlag damit vielleicht eins erreichen: Dem Fantasy-Leser soll gezeigt werden, dass es sich bei dem Buch um einen waschechten Sword-&-Sorcery-Roman einschließlich wandelnder Toter handelt und nicht bloß um eine Rittergeschichte in einer anderen Welt.

In die Kategorie des Altmodischen fällt der Prolog, der in einen historischen Roman einführt. Dort sieht man ihn auch häufiger in Verbindung mit einer ebenfalls altmodischen » und somit erwünschten « inhaltlichen Komponente verknüpft: Der Prolog bildet – zusammen mit dem Epilog – einen Rahmen um den Text.

Das wohl bekannteste Beispiel sind Prolog und Epilog in Umberto Ecos »*Der Name der Rose*«. Darin berichtet ein alter Mönch von einem Ereignis in seiner Jugend, das den eigentlichen Roman bildet.

Komplizierter macht es Wolfram Fleischhauer den Lesern mit seinen Prologen und Epilogen. Sie bilden nur teilweise einen Rahmen, da sich die Erzählebene des Prologs auch mit dem eigentlichen Romantext verzahnt. So beginnt er »*Die Frau mit den Regenhänden*« mit einem Brief einer Frau, endet aber im Epilog auf eine andere Weise und kehrt erst in den letzten Sätzen dort zu der Erzählung der Frau zurück.

Anders in »*Schule der Lügen*« (In einer Neuauflage wurde der Titel in »*Die Inderin*« geändert.). Dort stellt der Prolog ein in sich geschlossenes Kapitel dar. Stünde nicht Prolog davor, würde man jenen Phil für den Protagonisten des Romans halten. Viele Leser werden es dennoch tun. Der Roman selbst aber beginnt mit einem Daniel und einem Edgar. Letzterer ist der eigentliche Held des Romans. Unser Phil aus dem Prolog taucht erst 25 Seiten in den Roman hinein wieder auf.
Fleischhauers Prologe leben vor allem von der Stimmung, in den sie den Leser versetzen. Sie geben eine Ahnung von dem, was kommt, ohne irgendetwas zu verraten. Die meisten Autoren beherrschen die Kunst des Prologs leider weit weniger gut.
Der wesentliche inhaltliche Vorzug eines Prologs ist: Er bietet dem Autor die Möglichkeit, ein wichtiges Ereignis darzustellen, das sich vor der Erzählgegenwart der eigentlichen Handlung abgespielt hat.
Das klassische Beispiel: ein traumatisches Ereignis in der Vergangenheit der Heldin, das auf die Handlung im Jetzt von Anfang an so stark ausstrahlt, dass die Autorin es voranstellen musste. Der Schlüssel ist hier »von Anfang an«. Andernfalls, wenn das Ereignis erst später seine Wirkung auf den Plot ausübt, würde man es sinnvoller als Rückblende innerhalb des eigentlichen Romans erzählen.
Mit einem Prolog lassen sich noch weitere Effekte erzielen, seien sie dramaturgischer oder formaler Art. So könnte ein Prolog eine Stimmung hervorrufen, die dann wie ein Sehnsuchtsthema über dem Roman schwebt. Siehe Fleischhauer.

[Danke an die Twitterianer, die auf meine kleine Umfrage zum Prolog geantwortet haben.]

---

*) Ein kleiner Hinweis für die, die George R. R. Martin in der deutschen Übersetzung lesen (und nicht nur die TV-Serie sehen) möchten. Die Originalbände werden für die deutschen Ausgaben zum Teil aufgeteilt. Auch sind bereits zwei Ausgaben erschienen mit zum Teil unterschiedlichen Titeln. Wer wissen will, was er in welcher Reihenfolge lesen soll, besuche die deutsche Wikipedia-Seite zum Autor.

Das Baby, tot in den Armen seiner Mutter
Der Prolog im Roman – und was gegen ihn spricht

Manche Prologe sind überflüssig, weil der Autor mit ihnen doppelt moppelt, sprich: Er sagt etwas, was er später im eigentlichen Roman noch einmal sagt.

Beispiel: Don Winslows Thriller »*The Power of the Dog*« (William Heinemann Ltd 2005 / Zitate: eigene Übersetzung).

Der Prolog zeigt eine erschütternd grausige Szene: Ein Drogenfahnder betrachtet eine von einem Drogenboss hingerichtete Familie. Unter den Leichen findet sich sogar ein Säugling. Dieselbe Szene taucht später im Roman abermals auf.

Wieso hat Winslow sie als Prolog vorangestellt? Weil die Szene spannender oder blutrünstiger ist als die erste des Romans? Vielleicht. Vielleicht auch, um den Leser auf die Brutalität einzustimmen, die in dem Roman auf ihn wartet: Wer schon den Prolog nicht verkraftet, der wird den Roman nicht überstehen. Oder um mit dieser Grausamkeit Werbung für seinen Roman zu machen. Thriller mit drastischen, detailliert dargestellten Gewaltszenen verkaufen sich gut.

Der erste Satz des Prologs, »*Das Baby ist tot in den Armen seiner Mutter.*«, steht meiner Meinung nach zurück hinter dem Anfang der ersten Szene nach dem Prolog: »*Der Mohn brennt. Rote Blüten, rote Flammen.*« Auch dieser Beginn deutet sowohl das Thema Rauschgift als auch das viele Blut an, das auf den folgenden Seiten vergossen wird – und macht auch aus dem Grund den Prolog überflüssig.

Am Beispiel Winslow wird noch ein zweiter Nachteil deutlich:

Jeder Buchanfang verlangt dem Leser einiges ab. Er muss sich auf die Geschichte einlassen und dazu seinen Unglauben vor der Tür lassen (er weiß ja, dass es nur eine Geschichte ist, die ihn erwartet – in amerikanischen Schreibratgebern läuft dieses willentliche Ablegen des Unglaubens unter dem Begriff »suspension of disbelief«). Und er muss eine Beziehung zu den Charakteren aufbauen.
Durch die Hinzunahme eines Prologs verlangen Sie all das zwei Mal von Ihren Lesern. Bei Wolfram Fleischhauers »*Die Inderin*« etwa muss der Leser gleich zu Anfang schon eine Menge Beziehungsarbeit leisten.
Sie als Autor machen es damit nicht nur dem Leser schwer, sondern auch sich selbst. Der Einstieg ist vermutlich der schwierigste, aber ganz sicher der sensibelste Teil eines Romans. Trifft man hier den falschen Ton, genauer: trifft man hier den richtigen Ton nicht und kann man den Leser nicht überzeugen, dass der Roman lesenswert ist, so verliert man den Leser noch bevor man ihn gewonnen hat.

Mit einem Prolog verdoppeln Sie das Risiko, dass Ihnen eben das passiert.

Noch mal: Im Prolog und danach in der ersten Szene jeweils andere Personen kennenzulernen, sorgt beim Leser für Verwirrung: Wer, fragt er sich, ist die Hauptfigur, die Protagonistin?

Erzählen funktioniert so, dass wir Leser die erste Person, von der wir erfahren, automatisch zur Hauptperson der Geschichte machen. Durch einen vorgeschalteten Prolog muss der Leser unter Umständen mehrmals umdenken. Das heißt zugleich: Der Autor erschwert es für Leser und Leserin, im fiktionalen Traum zu bleiben. Alles, was von der Geschichte ablenkt, reißt ihn und sie dort heraus.

Die Verwirrung kann noch weiter gehen – wie die Aussage einer Leserin zeigt, die ich zum Prolog befragt habe: Sie sucht nach einem Prolog oft nach dem Sinn eben dieses Prologs. Das mag sich der Autor bis zu einem gewissen Grad als Suspense schönreden. Aber er verwechselt damit die gespannte Erwartung über Ereignisse in der Geschichte (eben Suspense) mit einer Erwartung über das Formale. Und auch hier reißt der Prolog den Leser aus seinem fiktionalen Traum. Denn ums Formale sollten Ihre Leser sich nun wirklich keine Gedanken machen. Das ist allein Ihr Job als Autorin oder Autor.

Der Prolog stellt, genau wie Vorworte oder Danksagungen, eine Zutrittsbarriere für den Roman dar.

So fände »*Der Herr der Ringe*« von J. R. R. Tolkien noch mehr Leser, wenn man sich nicht zu Anfang durch einen langen und öden Prolog kämpfen müsste – der Schlimmes ahnen lässt, da er so beginnt:
Das Buch handelt weitgehend von Hobbits, und aus seinen Seiten kann ein Leser viel über ihren Charakter und ein wenig über ihre Geschichte erfahren.*

Klassische Backstory also, die sich weit organischer in den Roman hätte integrieren lassen – oder auf die nicht wenige Leser gerne auch ganz verzichtet hätten. Und die hier, im Prolog, möglichst öde beschrieben wird, statt sie wenigstens dramatisch zu inszenieren.

Warum nur, Herr Tolkien? Sie können's doch, wie Sie am Anfang des Romans so prächtig belegen:

Als Herr Bilbo Beutlin von Beutelsend ankündigte, dass er demnächst zur Feier seines einundelfzigsten Geburtstages ein besonders prächtiges Fest geben wolle, war des Geredes und der Aufregungen in Hobbingen kein Ende.*

Zur Verteidigung dieses Vorgehens von Tolkien zwei Dinge: Zum einen erschien das Buch zu einer Zeit, als die Leser noch weit geduldiger waren und nicht die Aufmerksamkeitsspanne einer Fruchtfliege mit ADHS besaßen (1954 / 1955 bei Geo. Allen &). Zum anderen waren zu dieser Zeit die Leser noch keine phantastischen Welten gewöhnt – eine solche, wie sie Tolkien erschuf, war damals ohne Beispiel. Er zog es vor, die Leser behutsam heranzuführen, um den Kulturschock abzumildern.

Dass man komplexe phantastische Welten, die der Tolkiens in nichts nachstehen, auch ohne Prolog erbauen kann, zeigt etwa Frank Herbert in seinen Romanen um den Wüstenplaneten.

Kein Wunder, dass Prologe sich bei vielen Lektoren einen schlechten Ruf erworben haben. Zu häufig sind sie bloß überflüssiger Anbau, ein Zimmer, das kein Mensch freiwillig betritt. Sie tragen nichts zur Vertiefung der Charaktere oder zu ihrem Verständnis bei. Sie treiben die Handlung nicht voran.

Schlimmer: Viele Prologe gerade von Anfängern sind effekthascherisch und versuchen, mit mysteriösen Geschehnissen um ominöse Figuren Spannung zu erzeugen. Der Klassiker: Die Tat des Serienkillers wird aus Sicht des Opfers dargestellt. Der Leser lässt sich so auf Richard Feldbusch ein, wird dann aber enttäuscht, als Feldbusch hinterrücks mit einer Flasche Haarwuchsmittel erschlagen wird, und muss ein paar Seiten weiter feststellen, dass die Hauptfigur Kommissarin Köhler ist. Der eigentliche Anfang des Romans bleibt dagegen blass (anders als etwa bei Don Winslow, siehe oben). Der Prolog dient als Ausrede des Autors, dem keine spannende Eingangssequenz für seine Heldin Köhler einfallen wollte. Dabei vergisst er, dass es für einen ersten Eindruck keine zweite Chance gibt: KHK Köhler wird fortan gegen diesen uninteressanten Ersteindruck ankämpfen und den Leser – im besten Fall – nur sehr zögerlich für sich erwärmen.

Woran mancher Romanschreiber nicht denkt: Prologe bedingen einen Epilog. Für Sie als Autor heißt das: Sie müssen nicht nur ein befriedigendes Ende schreiben, sondern zwei. Selbst wenn Ihnen das gelingt, mag es sein, dass zwei Enden weniger lange nachhallen als ein einziges. Zwei Enden kannibalisieren einander, indem sie dem anderen die Kraft seiner Emotionen rauben. Wenn ich schon auf Seite 456 geheult habe, werde ich das nach dem Prolog fünf Seiten weiter nicht noch einmal tun.

Gegen Prologe spricht nicht zuletzt ein Verkaufsargument – für das Manuskript, nicht für das Buch: Viele Lektoren und Agenten mögen keine Prologe, manche lesen sie nicht einmal. Wenn Sie auf Ihrem Prolog beharren, stellen Sie sich schon mal auf eine Diskussion mit Ihrer Lektorin ein. Im Zweifel hat sie die besseren Argumente. Und für Sie heißt das: Was ist Ihnen wichtiger, Ihr Ego oder ein faszinierender Roman?

Der amerikanische Thriller-Autor und Schreibguru James Scott Bell bietet für das Problem Prolog eine ganz pragmatische Lösung an: »*Schreiben Sie einen Prolog nur, wenn Sie einen ganz klaren Grund dafür haben. Und dann nennen Sie den Abschnitt einfach nicht Prolog. Problem gelöst.*«

---
*) Quelle: »*Der Herr der Ringe*«, Klett-Cotta, Stuttgart 1991.

Ach du Schande, eine alte Handschrift!

Der Prolog im Roman – so schreiben Sie ihn und so lassen Sie ihn weg

Wenn Sie oder Ihre Lektorin der Meinung sind, Ihr Roman brauche einen Prolog, bedenken Sie erst Folgendes:

* Könnte der Prolog nicht einfach »1. Kapitel« heißen? (Und der Epilog entsprechend »X. Kapitel«?) Siehe James Scott Bells pragmatischen Vorschlag oben.

* Leistet Ihr Prolog etwas, das eine Szene oder ein Kapitel, eine Rückblende, ein Dialog oder innerer Monolog während des Romans nicht leisten kann? Wenn der Prolog das nur genauso gut tut, ist es nicht gut genug. Um seine Existenz zu rechtfertigen, sollte er es besser können.

* Überwiegen die Vorteile die Nachteile (siehe oben)?

* Können Sie einen Anfang schaffen, der den Leser in den Roman hineinzieht und mit dem Protagonisten emotional verbindet? Wenn Sie einen Prolog schreiben, müssen Sie das gleich zwei Mal schaffen.

* Gelingt Ihnen ein Ende, das den Leser befriedigt aus Ihrem Roman entlässt, ein Ende, das nachhallt? Wenn Sie einen Prolog verfassen, müssen Sie die Klammer mit einem Epilog schließen – und zwei solcher Enden schreiben.

* Prolog ist meist Backstory. Es gibt viele schöne Arten, diese in die Handlung zu integrieren. Sehen Sie es so: Wenn Sie dieses wichtige Teil Backstory schon im Prolog verbrauchen, fehlt es Ihnen womöglich später an einer Stelle, an der es wirkungsvoller wäre. Weil es dort dramatischer wirkt. Oder überraschender. Oder ...

* Lassen Sie Ihren Prolog einfach mal probeweise weg. Nehmen Sie sich den Roman wieder vor, wenn Sie Abstand gewonnen haben, und stellen Sie sich die Frage: Fehlt diesem Roman der Prolog? Würde man ihn vermissen, wenn man nicht wüsste, dass es da mal einen Prolog gab? Fragen Sie Testleser, die nichts von dem Prolog wissen, der vorher da stand.
* Wenn schon Prolog, dann sollte der eine besondere Funktion erfüllen, entweder inhaltlich oder formal.

Beispiel für die inhaltliche Funktion: Der Prolog beschreibt ein aus der Erzählgegenwart gerissenes Ereignis, das der Leser vor Eintritt in den eigentlichen Roman kennen muss, um den Roman möglichst intensiv zu erleben und möglichst gut zu verstehen. Etwa ein traumatisches Erlebnis in der Kindheit. Oder er schickt der Handlung, wie früher in Romanen häufiger geschehen, einen Kommentar voraus, der die Aufnahme des Romans durch den Leser beeinflusst. So etwa Hermann Hesse in seinem fiktiven »*Vorwort des Herausgebers*« in »*Der Steppenwolf*«.

Ein Beispiel für die formale Funktion liefert der Prolog des Films »*Star Wars*«. Inhaltlich ist das Gezeigte – eine historische Einführung – alles Backstory und hätte im Film selbst besser gezeigt werden können. Das Formale aber macht diesen Prolog so besonders. In einer bis dahin nie gesehenen Weise wird über eine vor mit Sternen gesprenkeltem Himmel laufende, dreidimensional anmutende Schrift die Vorgeschichte des galaktischen Kriegs erzählt.

* Dramatisieren Sie Ihren Prolog. Zeigen Sie, wenn möglich, bereits die Heldin Ihres Romans. In Aktion.

* Alternativ verleihen Sie Ihrem Prolog etwas aus dem eigentlichen Romangeschehen Herausgehobenes, etwa durch eine andere Sprache, eine andere Atmosphäre. Oder Sie lassen im Prolog durch Ihren Erzählton bereits anklingen, auf welcher Note der übrige Roman schwingt.

* Werfen Sie Fragen auf, aber bleiben Sie konkret. Verlieren Sie sich nicht in mysteriösen Szenen, wo eine unbekannte Person »Sie« einer anderen unbekannten Person »Er« Unbekanntes (aber meist Grausliges) antut.

Beispiel:

John Hart führt in seinem Roman »*The Last Child*« (dt. »*Das letzte Kind*«) den jugendlichen Helden in einem Prolog ein und beschreibt ein konkretes Erlebnis aus seiner Vergangenheit. Was den Namen des Jungen betrifft, bleibt er jedoch vage, sodass der Leser nach dem Romananfang nicht sofort weiß, mit wem man es hier zu tun hat. Durch seine Sprache und die Dramatik gewinnt der Prolog dennoch eine Atmosphäre und Intensität, die gut zum Roman passt. Aber ist der Prolog unbedingt nötig? Eher nicht. Und der Epilog könnte ebenso gut »X. Kapitel« heißen.

* Fassen Sie sich kurz im Prolog. Grund: Hat der Leser sich erst einmal in der Erzählebene des Prologs und in der Erzählperspektive der Person dort eingelassen, reißt ihn der Übergang zum Anfang des Romans womöglich aus dem fiktionalen Traum. Mit dem Wort Prolog beugen Sie dieser Gefahr nur teilweise vor.

* Widerstehen Sie der Versuchung, nach einem spannenden, dramatischen Prolog den eigentlichen Roman langweilig zu beginnen oder gar Ihre Heldin als wenig interessant einzuführen. Seien Sie ehrlich zu sich: Schreiben Sie den Prolog vor allem deshalb, weil Sie entweder Angst vor dem Einstieg in den Roman haben oder weil Ihnen keiner einfällt, der Ihnen gut genug erscheint? Kein Grund zur Sorge. Schreiben Sie lieber einen schwachen Anfang als gar keinen. Überarbeiten und nachbessern können Sie immer noch.

* Wer mag, kann versuchen, seinen Verlag auszutricksen. [Aber verraten Sie nicht, dass Sie das von mir haben.] Schicken Sie Ihre Textprobe oder das Manuskript ohne Prolog ein. Wenn Sie den Buchvertrag haben, können Sie ja versuchen, den Prolog noch unterzubringen. Womöglich werden Sie dann aber längst festgestellt haben, dass Sie den Prolog gar nicht brauchen. Und haben sich am Ende – zu Ihrem Besten – selbst ausgetrickst.

Ungeachtet all der Nachteile des Prologs verwenden ihn Autorinnen und Autoren noch immer gerne und häufig. Manche Bücher mit Prolog werden zum Welterfolg – aber wohl weniger wegen, sondern trotz des Prologs.

Dan Browns Prolog zu »*The Da Vinci Code*« (dt. »*Sakrileg*«) ist immerhin eine hochdramatische Szene. Den schleppenden Anfang des eigentlichen Romans hat er damit vermutlich gerettet. In der ersten Szene erwacht der Protagonist in einem Hotelzimmer – ein solcher Anfang wird in jedem Schreibratgeber zurecht verurteilt. Der zähe, endlos scheinende Prolog von Tolkiens »*Der Herr der Ringe*« hat schon so manchen Leser vorzeitig aufgeben lassen. Und sicher auch so manchen Käufer dazu gebracht, den Laden mit leichter Handtasche wieder zu verlassen.

Ein extremes Beispiel für Eintrittsbarrieren liefert Umberto Eco mit »*Der Name der Rose*«. Er beginnt mit einer Vorbemerkung von sechs Seiten (»*Natürlich, eine alte Handschrift*«). Danach folgt ein Dramatis Personae, das auf einer Seite die wichtigsten Charaktere vorstellt. Anschließend informiert Eco uns auf einer Seite über das Leben im Kloster und führt die einzelnen Gebete im Tagesablauf der Mönche auf. Dann, endlich, möchte man fast sagen, kommt – der Prolog. Auf zehneinhalb Seiten wird die Rahmenhandlung dargestellt. Der eigentliche Roman beginnt auf Seite 33 – mit dem Wetterbericht.

Warum aber wurden diese Bücher dennoch zu solchen Megasellern? Sie wurden es nicht wegen Lesern, die im Laden zufällig das Buch in die Hand nahmen. Sie wurden es auch nicht über Nacht. Aber ab einem bestimmten Bekanntheitsgrad eines Buchs kommt es nicht mehr darauf an, ob der Anfang den Leser überzeugt. Das Gleiche gilt für den Bekanntheitsgrad eines Autors. Man weiß ja, dass das Buch hervorragend sein muss. Weil man so viel davon gehört und gelesen hat, weil es einem die beste Freundin empfahl. Vielleicht mit den Worten: Den Prolog kannst du überspringen, aber dann, dann wird es richtig gut.

Da Ihr (erster) Roman von oben genannten Vorteilen der Weltbestseller nicht profitieren kann, sollten Sie sich für einen schnellen und mitreißenden Einstieg entscheiden. Sicherheitshalber. Ja, und auch spaßeshalber. Sie sollten es selbst nicht erwarten können, dass Ihr Roman endlich anfängt. Wenn der Roman nicht mal Sie als Autorin oder Autor in seinen Bann schlägt, wie soll er das bei anderen schaffen? Macht nichts: Überarbeiten.

Übrigens: Überarbeiten ist sexy.

Lebendige Charaktere schaffen

Ratgeber mit weiteren Schreibtipps zu Romancharakteren

Schneller Bestseller – Bessere! Romane! Schreiben! 3

»Stephan Waldscheidt hat einen Ratgeber geschrieben, wie er sein soll: Witzig, provozierend, unterhaltend, die Inhalte exakt und ohne Umschweife auf den Punkt gebracht und mit vielen Beispielen anschaulich belegt.«
(Laudatio — Indie-Autor-Peis der Leipziger Buchmesse & neobooks)

Paperback
amzn.to/IrQlxK

Warum erschoss Jan K. elf Menschen?
Was Romanfiguren antreibt

Blumen und Kerzen lehnen sich an einen Stahlzaun. Inmitten von Farben und Licht steckt ein Pappschild, von Kinderhand mit dickem Filzstift beschrieben: »WHY?« Dieser Ort könnte vor einer Schule liegen, an der ein Schüler Amok lief und Menschen tötete.

Warum (sic!) steht auf diesem Schild nicht ein Wunsch nach Rache (»Fahr zur Hölle, Killer!«) oder ein Zeichen von Liebe und Trauer (»Miss U 4ever«)?

Die Gründe für eine Tat zu erfahren, ist essenziell für uns Menschen. Mit den Gründen ordnen wir das Chaos, mehr noch, wir hoffen, dass uns die Kenntnis der Gründe die zerstörte Ordnung zurückbringt – eine Illusion, die von einer ersten Illusion ausgeht: der Illusion, vor der Tat wäre die Welt geordneter gewesen. Manchmal war sie das vielleicht sogar.

Aber darum, ob es diese Ordnung vor der Tat gab, braucht es Ihnen als Autor nicht zu gehen. Achten Sie vor allem auf das, was die Menschen bei der Suche nach Gründen empfinden. Die Illusion von Ordnung übernimmt für sie die Rolle der Ordnung selbst. Nach einem Grund zu fragen, fühlt sich schon fast so an wie den Grund zu kennen. Am Ende ist ein Grund so gut wie der andere. Die Menschen fühlen sich besser, sobald sie eine Antwort bekommen haben. Irgendeine.

Das älteste Ordnungsinstrument des Menschen ist nicht, wie Sie vielleicht meinen, das BILLY-Regal von IKEA.

Es sind Geschichten.

Geschichten greifen sich aus dem irrwitzigen Chaos, dem wir den rührend einfachen Namen »Leben« gegeben haben, einige Teile heraus und formen sie zu einer nachvollziehbaren Abfolge von Ereignissen, Charakteren, Ideen, Gefühlen.

Geschichten bedienen sich in ihrer Ordnungsfunktion verschiedener Instrumente.

Ein sehr wichtiges davon ist die Motivation des Helden.

Warum begibt sich Odysseus auf seine Fahrt? Er will nachhause, zu seiner Penelope. Warum mordet Hannibal Lecter auf so bestialische Art und Weise? Weil er eine schreckliche Kindheit hatte (nein, das letzte Buch der Reihe, Hannibal, lesen Sie besser nicht). Warum lässt sich Clarice Starling auf den Deal mit Lecter ein – Information über den anderen Serienmörder, Buffalo Bill, gegen die Wahrheit über ihre Kindheit? Weil sie will, dass die Lämmer in ihrem Kopf endlich schweigen.

Die Motive der Helden und Schurken strukturieren den Roman.

Gründe zu kennen, macht Handlungen nachvollziehbar – oder, bei den Untaten eines Serienmörders, zumindest ein bisschen nachvollziehbarer.

Warum aber wollen wir in einem Roman die Handlungen eines Helden oder Schurken nachvollziehen? Weil wir uns dann eher in ihn oder sie hineinversetzen können. Weil er oder sie uns damit näher kommt. Weil wir tiefer in die Handlung eintauchen, uns, im Idealfall, sogar identifizieren. Weil in Romanen unsere Stellvertreter die Schlachten für uns schlagen, die wir gerne schlagen würden. Weil sie für uns erlöst werden. (Auch darum funktioniert die Geschichte von Jesus Christus so gut.)

Sorgen Sie in Ihrem Roman dafür, dass das Handeln Ihrer Charaktere gut begründet ist, womöglich nachvollziehbar. Nur so kommen die Leser ihnen näher, nur so schaffen Sie ein emotional starkes Erlebnis.

Der Schrei »Warum?« inmitten von Blumen und schrecklichen Erinnerungen ist ein Hilferuf nach Ordnung. Wir wollen, dass uns jemand an der Hand nimmt und uns eine Geschichte erzählt. Von dem misshandelten Jungen und seiner trüben Kindheit vor Spielkonsolen. Von dem offenen Waffenschrank seines Vaters. Von seinen eigenen Hilferufen im Internet, die niemand beachtete. Warum hat er das getan, warum hat er die Menschen erschossen?

Vielleicht sollte das Morden der Weg sein, die Ordnung in seinem Leben herzustellen. Ein guter Grund, oder? Sicher, aber auch dieses Kapitel ist nur eine weitere Geschichte.

Was steht ganz oben auf der Playlist Ihrer Heldin?
Nur interessierte Charaktere schaffen Interesse beim Leser

»*Ihr Vater*«, so heißt es in Justin Cronins Roman »*Der Übergang*«, »*war kein Mann vieler Worte; er verständigte sich nur mit den sparsamsten Phrasen und vermittelte seine Zuneigung auf die gleiche Art, ließ da eine Hand auf einer Schulter ruhen oder runzelte die Stirn im passenden Moment oder ließ, in Augenblicken der Zustimmung, ein knappes Nicken des Kinns das Reden für ihn erledigen.*«*

So weit, so uninteressant. Romane gerade von Anfängern sind voll von vergleichbaren Charakteren: in sich verschlossen, auf seltsame Weise enthoben, geradezu autistisch. Manch ein Autor meint, damit Tiefe zu vermitteln. Die meisten aber sind sich ihres Fehlers nicht einmal bewusst. Was auf Studentenpartys funktionieren mag – der geheimnisvolle Schweiger, der allein in seiner Ecke steht und die schnatternde Menge mit einem wissenden Schmunzeln betrachtet, ist ein Anziehungspunkt für Generationen von jungen Frauen –, wirkt im Roman schnell schal. So wie auch der Schweiger sich nicht selten als hohle Nuss entpuppt, die einfach deshalb schweigt, weil sie nichts zu sagen hat.

Was fehlt diesen Leuten, diesen Charakteren, die sie für die Leser einnehmen? Ein Interesse an anderen und Leidenschaft für eine Sache oder eine Beziehung.

Vielleicht interessieren wir uns aus evolutionärer Prägung heraus mehr für die Menschen, die selbst an anderen interessiert sind. Möglicherweise bringen wir deshalb eher Leidenschaft auf, wenn man uns Leidenschaft vorführt.
Charaktere, die diese Neugier und Leidenschaft mitbringen, sind es, die uns an Büchern fesseln.

Andersherum: Wie können Sie als Autorin erwarten, dass Ihre Leser sich von Ihrem Krimi in den Bann schlagen lassen, wenn nicht einmal Ihr Ermittler sonderliches Interesse an den Morden zeigt?

Damit, sagen Sie, haben Sie kein Problem. Sie sind beim Schreiben leidenschaftlich bei Ihren Figuren. Das ist schön. Leider reicht es nicht. Manchmal verstellt uns die eigene Versunkenheit in unsere Geschichte sogar einen objektiveren Blick auf das, was der Leser selbst herausliest.

Um diese Leidenschaft beim Leser zu wecken, müssen Sie ihn in die Geschichte einbeziehen – indem Sie dafür sorgen, dass er eine Beziehung zu Ihren Charakteren aufbaut. Zeigen Sie, wofür sich Ihre Heldin wirklich interessiert, wofür sie sich einsetzt, was sie genießt und ihre Augen zum Funkeln bringt. Was auf ihrer Playlist ganz oben steht und was passiert, wenn sie diese Musik hört. Lassen Sie den Leser daran teilhaben, wenn Ihr Held verrückt nach etwas ist.

Nach Rock 'n' Roll zum Beispiel. Sehen wir mal, was der jugendliche Protagonist in Mikael Niemis wunderbarem Roman »*Populärmusik aus Vittula*« (btb, München 2004) erlebt, als er zum ersten Mal die Beatles hört, genau: »Rock 'n' Roll Music«:

Ein Lärm! Das Gewitter brach los. Ein Pulverfass explodierte und sprengte das Zimmer. Der Sauerstoff ging zur Neige, wir wurden gegen die Wände geschleudert, waren an die Tapete gepresst, während sich die Kammer in rasender Fahrt drehte. Wir klebten wie die Briefmarken fest, das Blut wurde uns ins Herz gepresst, sammelte sich in einem darmroten Klumpen, bevor alles kehrt machte und in die andere Richtung sprang, bis in die Finger und Zehenspitzen, rote Speerspuren von Blut im ganzen Körper, bis wir wie die Fische nach Luft schnappten.

Wenn das mal keine Begeisterung ist.

(Die Brigitte besprach den Roman übrigens so: »*Das großartigste Buch des Jahres – und auch noch des letzten und des kommenden Jahres dazu.*« Klingt begeistert. Und weil auch diese Art von Begeisterung uns anzieht, glauben wir solchen Kritiken lieber als einer durch und durch sachlichen.)

Auch Justin Cronin weiß, wie man emotional beschreibt. Er tut dies zurückhaltender als Mikael Niemis, doch ebenso effektiv. Die zu Beginn des Kapitels begonnene Beschreibung seiner Nebenfigur geht folgendermaßen weiter:

Aber die Geschichten der Langen Ritte brachten die Stimme in ihm zum Vorschein. Wenn du am Rand des Ozeans stehst, sagte sein Vater, fühlst du die Größe der Welt, wie ruhig und leer sie war, wie allein, mit keinem Mann und keiner Frau, sie zu betrachten oder ihren Namen zu sagen, all die Jahre.*
Merken Sie, wie Ihnen der Vater sofort näher rückt? Mit seiner leidenschaftlich erlebten und erzählten Geschichte, zum ersten Mal im Leben das Meer zu sehen, öffnet er uns ein Stück seiner Welt – und unser Herz.

Um dieses Herz des Lesers müssen Sie sich kümmern. Ein guter Romanautor ist immer auch Kardiologe.
Bringen Sie die Stimme in Ihren Charakteren zum Vorschein, durch die ihre Leidenschaft oder ihre Sorge für andere spricht, ihr Interesse an der Welt und ihren Wundern, ihre Verliebtheit in ein einziges Detail.
Füllen Sie die Herzen Ihrer Charaktere mit der ganzen Welt. Ihre Leser werden es spüren – und Ihren Roman ein großes Stück mehr lieben.

Und wenn Sie Glück haben und weiter große Romane schreiben, dann fällt auf für Sie ein Stück dieser Liebe ab.

---

*) eigene Übersetzung aus: Justin Cronin, »*The Passage*«, Ballantine 2010.

Ein Tsunami aus Mitgefühl

Lektionen aus Clint Eastwoods Film »*Hereafter*«

1. Wie Sie Charaktere unwiderstehlich machen

Clint Eastwoods Film »*Hereafter – Das Leben danach*« (USA 2010; Regie: Clint Eastwood; Drehbuch: Peter Morgan) ist ein wunderbarer Film, altmodisch erzählt, mit starken Bildern und großen Emotionen. Und er kann uns einiges übers Schreiben von Romanen lehren.
Falls Sie sich den Film noch ansehen möchten, sollten Sie dieses Kapitel womöglich erst danach lesen. Oder noch besser: Sie lesen ihn sofort und entdecken auf DVD dann die Dinge eher, die Ihnen bei der Arbeit an Ihren Geschichten weiterhelfen. Keine Sorge, den Schluss verrate ich nicht.

»*Hereafter*« erzählt von drei Charakteren und ihrem Verhältnis zum Tod und zu den Toten. In drei Erzählsträngen verbindet er sie miteinander: das ehemalige professionelle Medium George Lonnegan, die französische Journalistin Marie Lelay und einen englischen Jungen, Marcus.

Eastwood lässt sich Zeit, diese Stränge und ihre Charaktere zu entwickeln.

Viel Zeit.

Zeit ist ein wichtiger Faktor, der im Film schon länger eine Rolle spielt, aber auch bei Büchern, im negativen Sinn, wichtiger wird. Viele Verlage gönnen den Büchern nicht mehr die Zeit, sprich: die Seitenzahl, die Romane brauchen, um Charaktere und komplexere Plots zu entwickeln. In vielen Fällen entscheiden die Verlage richtig. Nicht wenige Bücher sind geschwätzig, ihnen tut radikales Kürzen gut.
Blindes Kürzen, um bestimmte Seitenzahlen nicht zu überschreiten und die Herstellkosten in einem vorgegebenen Rahmen zu halten, kann jedoch das emotionale Rückgrat eines Romans brechen.

Unabhängig vom Inhalt macht es einen großen Unterschied, ob wir zweihundert Seiten mit einem Charakter verbringen oder vierhundert. Nach vierhundert Seiten ist uns der Charakter – vorausgesetzt, der Roman ist packend erzählt – näher als nach zweihundert.
Menschen funktionieren so. Vertrautheit braucht Zeit, um sich zu entwickeln. Das ist übrigens auch das Geheimnis des Erfolgs vieler Fernsehserien. Nach einer Weile sind uns deren Charaktere so vertraut, dass sie, für unser Unterbewusstsein, mit zu unserem Freundeskreis gehören oder sogar zur Familie.

»*Hereafter*« nutzt seine Zeit, uns die Charaktere emotional nahe zu bringen. Bevor er sie dann leiden lässt – und uns mit ihnen.

Wir lernen den vielleicht zehnjährigen Marcus und seinen Zwillingsbruder Jason kennen. Beide ziehen sich beinahe alleine groß, ihre drogenabhängige Mutter kann sich kaum noch um sie kümmern. Als bei ihnen daheim Leute vom Jugendamt aufkreuzen, sorgen Jason und Marcus mit einer raffinierten Show dafür, dass ihre Mutter als Bilderbuch-Mom erscheint.

Mit zwei Mechanismen packt Eastwood den Zuschauer direkt an seinem Hippocampus (dem Teil jeder Hirnhemisphäre, in dem Emotionen verarbeitet werden, einem evolutionär sehr alten Teil unseres Gehirns, sprich: von unserem Bewusstsein im Großhirn kaum zu steuern):

Erstens weckt er unser Mitgefühl für die beiden Jungen. Empathie ist das Schlüsselgefühl beim Erzählen: Dass der Zuschauer oder der Leser sich in die Figuren einfühlen kann, bestimmt, ob eine Geschichte gelingt.

Um bei Ihren Lesern Mitgefühl zu erzeugen, zeigen Sie den Charakter, leidend, in einer nachvollziehbaren Notlage. Die Leser sollten die Reaktion der Charaktere darauf verstehen – und sich zumindest teilweise in die Charaktere hineinversetzen können.
In Eastwoods Film gelingt das. Weil wir Zuschauer das Gefühl kennen, das sie antreibt: Sorge um die Mutter, um den Bruder und die Liebe, die wir für unsere Familie empfinden.

Zweitens zeigt Eastwood uns, wie liebevoll und tüchtig die beiden Jungen sind. Wenn Menschen, denen Schlimmes widerfährt, Menschlichkeit zeigen, berührt das den Leser so tief wie kaum etwas anderes.
Auf ähnliche Weise schaffen auch Sie Interesse für das Schicksal Ihrer Romanfiguren: Packen Sie Ihre Leser emotional, etwa indem Sie Ihrem Helden etwas Schlimmes widerfahren lassen, indem er ungerecht behandelt wird usw. Oder zeigen Sie ihre Heldin, wie sie sich für andere einsetzt, was für Fähigkeiten sie besitzt usw.
Eine andere Möglichkeit, den Zuschauern einen Charakter nahe zu bringen, zeigt Eastwood bei der Journalistin Marie Lelay.

Marie wird, in der sonnigen Umgebung eines Hotels am Meer, als lächelnde, freundliche Frau eingeführt, voller Energie und Leben.
Schon ist der erste Schritt getan: Wir fühlen gerne mit sympathischen, lebenslustigen Menschen mit.
Der zweite Schritt folgt sogleich: Marie erklärt sich bereit, für ihren unausgeschlafenen Liebhaber die Geschenke für seine Kinder zu besorgen.
Ein Charakter, der etwas uneigennützig für andere tut, kommt uns ebenfalls rasch näher.

Auf der Einkaufsstraße sehen wir als nächstes die uns schon sympathische Marie. An einem Marktstand kauft sie eine Kette. Zur Verkäuferin und deren Tochter ist sie freundlich, zeigt keine Spur von Touristen-Arroganz.

Der größte Pluspunkt, der uns endgültig für Marie einnimmt, folgt keine Minute später: Ein Tsunami bricht über die Küste und überflutet die Einkaufsstraße. Auch Marie wird mitgerissen. Obwohl sie um ihr Leben kämpft, versucht sie, das Mädchen vom Marktstand aus dem Chaos zu retten.

Übrigens: Empathie wirkt besser als Sympathie. Denn ein Schurke kann uns faszinieren, ohne dass wir ihn sympathisch finden müssen. Es genügt, wenn wir uns in ihn einfühlen.

2. Wie Sie ein Leben zerstören und Ihre Leser mitleiden lassen

Ein Romanheld muss in Schwierigkeiten geraten. Nur dann gibt es Konflikte, Drama, Veränderung – einen Roman. Wie aber bringen Sie Ihre Romanhelden Schlag auf Schlag immer tiefer in die Bredouille? Auch auf diese Frage gibt Clint Eastwood uns in »*Hereafter*« Auskunft.

Marie Lelay, die mutige Journalistin, lebt ein nahezu perfektes Leben. Doch kaum ist sie dem Zuschauer vertraut geworden, fegt ein Tsunami sie davon – mitsamt ihrem perfekten Leben. Sie kämpft (in einer tricktechnisch atemberaubenden Szene) gegen das Ertrinken.

Sie verliert.
Sie stirbt.
Sie wird wiederbelebt. Doch nicht ohne zuvor einen kurzen Blick ins Jenseits zu werfen. Hier endet für Marie der erste Akt – mit einem Wendepunkt, wie er eindringlicher nicht sein könnte. Danach macht sie weiter wie bisher. Zunächst hat es den Anschein, als gelänge ihr das – sehr schön symbolisiert durch die Plakatwerbung für BlackBerry® mit ihrem Gesicht, die überall in Paris hängt. Sie tastet sich in ihr altes Leben zurück.

Zurück vor der Fernsehkamera, versagt Marie (der erste Schlag). Ihr Chef und Liebhaber rät ihr zu einer Auszeit. Sie solle ein Buch schreiben. Sie begeistert einen Verlag für eine Buchidee, ein kritisches Werk über den ehemaligen Präsidenten François Mitterrand. Die Ereignisse während des Tsunamis aber lassen sie nicht los. Statt über Mitterrand zu forschen, recherchiert sie Nahtoderfahrungen. Der Verleger ist nicht erfreut, als Marie ihm statt des Mitterrand-Manuskripts eins über Nahtoderfahrungen und den Umgang der Öffentlichkeit damit präsentiert. Der zweite Schlag: Kein Vertrag, kein Buch. Ihre Glaubwürdigkeit als politische Journalistin, der dritte Schlag, ist dahin. Zwischendurch muss sie erleben, wie eine neue und viel jüngere Fernsehjournalistin ihren Platz einnimmt, erst auf den Plakaten (der vierte Schlag), in der Sendung (der fünfte Schlag) und schließlich im Bett ihres Liebhabers (der sechste Schlag).
Maries nahezu perfektes Leben liegt in Trümmern. Als wäre ein Tsunami darüber gefegt.
Jeder dieser Schläge trifft auch uns Zuschauer, da wir uns zuvor mit Marie identifiziert haben, eben durch den Anfang, der uns – siehe oben – emotional für die Journalistin einnahm.

Noch härter als Marie trifft es Marcus, einen der beiden Jungen aus London. Auch ihm erspart der Regisseur nichts: Marcus wird von der Mutter getrennt, entkommt nur knapp einem Bombenattentat, rennt von seinen Pflegeeltern weg, muss sie bestehlen, um das Medium zu finden, das ihm hilft, Kontakt zu seinem Bruder aufzunehmen.

Ja, Jason, Marcus' Bruder, lebt nicht mehr. Am Ende des ersten Akts hat Marcus seinen Zwillingsbruder verloren. Dass ausgerechnet Jason sterben muss! War er doch die treibende Kraft in dem Zwillingsgespann, war er der Anführer und Entscheider.

Jason musste sterben. Weil sich über den scheinbar stilleren, den scheinbar schwächeren Marcus die bessere Geschichte erzählen lässt. Weil Marcus härter kämpfen muss, als es Jason an seiner Stelle müsste. Weil es für Marcus ungleich schwieriger ist, ohne seinen Bruder auszukommen. Er muss nicht nur gewaltige Hindernisse überwinden, sondern auch sich selbst.
Machen Sie in Ihrem Roman immer den Charakter zur Hauptfigur, der am meisten zu verlieren hat, der am tiefsten von den Ereignissen getroffen wird. Denn dieser Charakter wird am verbissensten kämpfen. Nur so holen Sie das Maximum aus Ihrer Geschichte heraus – und bescheren Ihren Lesern das Maximum an emotionaler Erfahrung, das in Ihrer Geschichte steckt.

Wenn Sie schon ein Leben ruinieren, sollte es das richtige sein.

Wer hat meinen Roman ermordet?
So tötet ein passiver Held Ihren Roman – und so beleben Sie ihn wieder

Sie kennen Tolkiens Roman »*Der Herr der Ringe*«. Stellen Sie sich vor, Frodo hätte nicht laut (und sinngemäß) »Ich mache es!« gerufen, als es denjenigen zu finden galt, der den Ring nach Mordor zum Schicksalsberg bringt. Jeder andere aus der Bruderschaft des Rings hätte bei dem Versuch versagt, den einen Ring zu vernichten.

Ohne einen aktiven Frodo gäbe es keinen Herr der Ringe.

Stellen Sie sich vor, Tom Builder hätte lieber die Hände in den Schoß gelegt, statt seine Kathedrale zu bauen.

Ken Folletts »*Die Säulen der Erde*« wäre nie entstanden.

Stellen Sie sich vor, Harry Potter hätte lieber Zauberstäbe verkauft, statt sich gegen Lord Voldemort zu stellen. Wären Millionen Leser in die Buchläden gestürmt, um ihr Exemplar von »*Die Weasleys bringen den dunklen Lord zum Lachen*« zu ergattern? Wohl kaum.

Und J. K. Rowling wäre heute nicht die reichste Frau Englands.

Fast jeder Roman eines unerfahrenen Autors, den ich begutachte, krankt an einer Sache – und scheitert daran: Der Held oder die Heldin ist zu passiv. Ein passiver Held aber ist der Tod fast jeden Romans. (Und das »fast« dürfen Sie streichen, wenn es um Unterhaltungsromane geht.)

Ein passiver Held trägt keine Geschichte (»tragen« ist ein aktives Verb). Weder eignet er sich als Identifikationsfigur noch als Reibungsfläche. Ein passiver Held wirkt unsympathischer als ein aktiver.

Ein passiver Held geht nicht gegen diese Hindernisse an. Deshalb ergeben sich keine Konflikte. Ohne Konflikte aber ergibt sich keine Dramatik, ohne Dramatik ergibt sich kein Roman.

Warum erscheinen Helden als zu passiv?
Entweder, weil der Autor ihnen keinen Antrieb gibt, der so mächtig ist, dass sie deswegen aus ihrem Leben ausbrechen. Weil er ihnen kein Ziel gibt, das sie unwiderstehlich lockt und wofür sie jedes Hindernis zu überwinden suchen, das der Autor ihm in den Weg stellt. Im einfachsten Fall sind sie einfach zufrieden mit ihrem Leben und nichts geschieht, was diese Zufriedenheit infrage stellt. Frodo im Auenland wäre so ein Fall, Frodo ohne Gandalfs Besuch und ohne die dunkle Vorgeschichte von Frodos Onkel Bilbo.

Oder die Helden wurden zwar mit Motiven und Zielen ausgestattet, doch der Autor lässt sie nicht danach handeln.

Ein passiver Held wirkt an seinem eigenen Leben und an der misslichen Lage, in der er sich befindet, nicht sonderlich interessiert. Sonst würde er zumindest versuchen, etwas dagegen zu unternehmen. Wie aber kann man vom Leser erwarten, dass er sich für die Lage des Helden interessiert, wenn er das offenbar nicht einmal selbst tut?

Ein passiver Held ist keiner.

Geben Sie Ihren Helden und Heldinnen, ihren Protagonisten und Schurken ein mächtiges Ziel, das sie unbedingt erreichen wollen. Statten Sie sie mit einem drängenden Motiv aus, das sie dieses Ziel so bedingungslos anstreben lässt. Und dann stellen Sie sich Ihnen nicht in den Weg. Sondern lassen Sie sie entsprechend ihrer Motive und Ziele handeln. Dann und nur dann werden Ihre Charaktere angesichts aller Schwierigkeiten und Gefahren den Hintern vom Sofa kriegen. Um ein Held zu werden. Ob der strahlend ist oder tragisch, steht auf einem anderen Blatt. Hauptsache, es steht irgendwo.

Ein echter Held kann alle Hindernisse überwinden. An einem Autor, der ihn nicht handeln lässt, muss auch er scheitern.

Der Teufel steckt im Detail (und manchmal auch im Fahrstuhl)
Was ein typischer Hollywood-Film über Charakterisierung lehrt

Gestern Abend habe ich mir den Film »*Devil*« (USA 2010; Regie: John Erick Dowdle; Drehbuch: Brian Nelson, M. Night Shyamalan) angesehen, einen eher altmodischen Gruselfilm, der zwar nicht ohne Blut, aber fast ganz ohne explizite Gewalt auskommt.

Fünf Menschen bleiben in einem Aufzug stecken – und einer von ihnen ist der Teufel. Was für ein schöner Pitch! Wenn Sie Ihren Roman auf einen so knappen und doch aufregenden Satz bringen können, dürfen Sie sich gratulieren. Vermutlich spricht das mehr für die (kommerzielle) Qualität Ihres Romans als für Ihr Talent beim Pitchen.

»*Devil*« ist spannend, er hat seine überraschenden Wendungen, das Niveau der Dialoge liegt über dem in den üblichen Schlitzerfilmen. Als Unterhaltung ist der Film gelungen. Was ihm fehlt, um ihn zu etwas Größerem zu machen, ist eine tiefere Ebene.

Liegt es an diesem reinen Unterhaltungswert, dass sich die Handlung so wunderbar in einem Satz zusammenfassen lässt? Das bezweifle ich. Im Pitch geht es um das »Was?« Die Tiefe, die Sie dem Roman darüber hinaus geben, hat damit nichts zu tun.

Wieso hat »*Devil*« wenig Tiefe?

Den Menschen im Aufzug fehlt zu Anfang etwas Augenfälliges: Weder haben sie eine Geschichte noch drängende Gründe, aus dem Aufzug herauszukommen. (Später sind diese Gründe simpel und offensichtlich: »Nur raus hier! Ich will weiterleben!«) Den mit eingeschlossenen Sicherheitsangestellten quält ein wenig Platzangst, ein anderer muss zu einem Vorstellungsgespräch. Es zu verpassen, scheint ihm jedoch keine Sorgen zu bereiten. Welche Gründe die anderen Personen antreiben, das findet der ermittelnde Detective, so will es das Drehbuch, erst gegen Ende heraus.
Das Problem: Gründe, die der Leser oder Zuschauer nicht kennt, existieren für ihn nicht. Sie lassen das Drängende nicht spüren, verhindern Einfühlung in den Charakter (»Ich kann nicht nachvollziehen, warum er das jetzt macht.«).
Die Gründe nachzuliefern, ist ein Twist, aber kein für den Leser spürbares Motiv. Das bekannteste Beispiel für Letzteres ist der Film »*The Sixth Sense*« von M. Night Shyamalan aus dem Jahr 1999 – vor allem sein sensationeller Twist am Ende verstellt den Blick auf das Fehlen jeder erzählerischen Substanz, insbesondere von Motiven. Shyamalan schrieb übrigens nicht nur am Drehbuch zu »*Devil*« mit, er produzierte den Film.

Die Folge fehlender Gründe: Der Leser ist gespannt, aber er fiebert nicht mit den Charakteren mit.

Überhaupt dieser Detective. Auch von ihm weiß man nur eins: Seine Frau und sein Sohn wurden bei einem Unfall mit Fahrerflucht getötet. Dass dieser einzige bekannte Umstand eine Rolle spielen muss, ist damit von vornherein klar. Nachdem man erfahren hat, dass jeder im Aufzug Dreck am Stecken hat, oder, um es in der Sprache der Teufelsgläubigen zu sagen, ein Sünder ist, muss der Fünfte im Aufzug entweder der leibhaftige Teufel sein – oder eben jener flüchtende Unfallfahrer. Womöglich beides?

Halt, das klingt ein wenig zu simpel. Einen Film an den Kriterien eines Romans zu messen, wirft ein Problem auf: Im Buch findet der Leser, wann immer er will, die Muße, den Kopf von den Seiten zu heben und nachzudenken. Manches erkennt er, weil er schlicht mehr Zeit zum Grübeln hat. Im schnelleren Medium Film wird dem Leser die Zeit zum Nachdenken vorgegeben – und oft wird sie ihm vorenthalten. Dinge, die dem Leser im Buch auffallen, rauschen beim Betrachten des Films unbemerkt an ihm vorbei.

Viele Zuschauern werden gar nicht auf den Gedanken kommen, dass der Unfallflüchtige wahrscheinlich mit im Fahrstuhl steckt – der Film lässt ihnen die Zeit nicht, sich das herzuleiten. Sprich: Eine Überraschung, die im Roman nicht funktioniert hätte, funktioniert im Film durchaus. Die Karriere so manchen Drehbuchautors baut auf diesem Umstand auf.

Eindimensionale Charaktere erkennt der Zuschauer im Film ebenso wie im Buch. Die Charaktere in »*Devik*« sind deutlich nicht mehr als Figuren in der Hand von Plot und Regisseur. Doch das stört nicht. Sein Ziel, schaurige Unterhaltung auf der anderen Seite der Popcorntüte zu bieten, erreicht der Film dennoch.

Die ihm zur Verfügung stehende Zeit füllt er mit Handlung und den gerade zu ihrem Verständnis notwendigen Informationen. Jedem der Aufzuginsassen hätte man ein dringenderes Motiv geben können, aus dem Aufzug heraus zu wollen. Dem Polizisten hätte ein wenig mehr Persönlichkeit nicht geschadet. Dem ganzen Film wäre eine zweite, tiefere Ebene zugutegekommen. Aber das alles kostet Zeit. Und in der Kosten-Nutzen-Rechnung der Produzenten, des Studios und der Verleihfirma hat man beschlossen, dass sich dieses Mehr an Zeit und damit an Kosten nicht rechnet. Der Film funktioniert, soweit er funktionieren soll.

Als Romanautor brauchen Sie sich dieses extreme Kostendenken zum Glück nicht anzueignen. Um den besten Roman zu schreiben, den Sie schreiben können, sollten Sie sich dennoch auf das Wichtige beschränken. Zu viel Ballast verhindert den Blick auf Ihre so gelungene Geschichte.

Das heißt nicht, dass Sie nur noch Skelette abliefern sollten, statt gut durchbluteter Romane voller Fleisch und Leben. Aber Sie sollten sich, auf der Ebene des Romans als Ganzem, auf das beschränken, was Sie mit Ihrem Text zeigen wollen – etwa wenn es um das Beweisen einer Prämisse geht oder um ein Thema, das den Kern Ihres Romans bildet.

Auf der Ebene einzelner Szenen oder Sätze sollten Sie dem Leser alles nur ein Mal zeigen, anstatt ihn mit Wiederholungen vollzumüllen. Sie geben ihm sonst das Gefühl, Sie hielten ihn für zu unintelligent, das Gesagte beim ersten Mal zu verstehen.

Ein Beispiel:

Sabine war wütend auf ihn. »Du bist echt das Letzte«, schrie sie ihn an.

Hier wiederholt sich die Autorin. Dass Sabine wütend ist, zeigt sie im Dialog. Es dem Leser auch noch zu erzählen, beleidigt seine Intelligenz. Und es bläht Ihren Text unnötig auf. Ein Verzicht auf solche Stellen verschlankt Ihren Text spürbar.

Was ist nun das Nötigste?

Häufig wird dies vom Genre definiert.
Verfilmen Sie einen »*Tatort*«, kennen Sie die exakte Zeitvorgabe von 90 Minuten.

Doch auch bei Büchern haben die Verlage nicht selten seitengenaue Vorstellungen. Und das keineswegs nur bei Heftromanen (deren Autoren zumeist respektable Schreiber sind, von deren Können und Disziplin sich so mancher Möchtegern-Literat eine Scheibe abschneiden darf).
Viele Jugendbücher oder bestimmte Krimi-Reihen sind, was die Länge betrifft, genau festgelegt. Dann besteht Ihr Können darin, einen formidablen Text in eben dieser Menge an Seiten unterzubringen.
Selbst bei Mainstream-Romanen (»Belletristik«) gibt die Lektorin schon mal genaue Anweisungen: »Wegen der Bindung muss Ihr Roman siebzehn Seiten kürzer werden, sonst steigen die Herstellungskosten usw. Und wegen des Umbruchs sollten Sie diesen oder jenen Satz kürzen oder länger machen. Damit sich keine Schusterjungen und Hurenkinder in Ihr Buch einschmuggeln.« Und wenn Sie es mit einer gehässigen Lektorin zu tun haben, von denen es zum Glück nur wenige gibt, ergänzt sie womöglich: »Wenn Sie Kunst machen wollen, malen Sie ein Bild.«

Betrachten Sie Ihren idealen Roman als gut durchtrainierten Körper, mit Muskeln, ja, aber ohne ein Gramm Fett zu viel. Und wenn Sie doch vom Ideal abweichen möchten, dann sollten Sie es ebenfalls halten wie beim Umgang mit Ihrem Körper: Lieber ein paar Pfund zu viel als einige zu wenig. Das ist gesünder. Auch für Ihren Roman. Denn über eine spannende Szene oder eine mitreißende Stelle zu viel hat sich noch kein Leser beschwert. Das machen höchstens die Lektoren.

Bloß übertreiben dürfen Sie es nicht.
Sonst holt Sie am Ende doch noch der Teufel.

Wo liegt das Böse?
In den Motiven oder in den Taten?

Der seinen Schnurrbart zwirbelnde Schurke mit dem Mu-ha-ha-Lachen – andauernd bekommen Autoren in Schreibratgebern eingetrichtert, einen solchen, einfach gestrickten Klischeebösewicht auf keinen Fall als Antagonisten zu besetzen.
Mal ehrlich: Hatten Sie je vor, einen so platten Charakter zum Oberschurken Ihres Romans zu machen?
Dachte ich mir.

Die Ratgeber-Schreiber machen es sich zu leicht. Kein halbwegs erwachsener Autor bringt noch solche Scherenschnittfiguren zu Papier. Stattdessen liegen die Probleme bei den Schurken meist ähnlich wie bei den Helden: Ihre Ziele sind zu schwach, ihre Leidenschaften kochen nicht hoch genug, ihre Aktionen sind nicht glaubhaft, und, klar, vieles ist zu stereotyp. Daher ein paar unsortierte Gedanken zu Schurken.

Die Sprecher für die Toten hatten nur eine Doktrin: Gut oder Böse existiert zur Gänze in den Motiven der Menschen und nicht im Handeln.*

Betrachten Sie sich mit diesem Gedanken aus Cards Roman mal den Schurken Ihres Romans. Was macht ihn zum Schurken? Das, was er tut? Oder das Motiv, was ihn dazu antreibt?
Oder versuchen Sie, aus dieser Idee Cards einen Schurken zu entwickeln, egal ob Sie mit ihr übereinstimmen. Bevor Sie sich überlegen, was Ihr Schurke Böses tun kann, denken Sie über seine Motive nach.
Was wäre ein »böses« Motiv? Wie wäre es mit Rache? Eifersucht? Hass?

Sie können bei den Motiven anfangen und daraus die Untaten entwickeln. Diese Vorgehensweise erscheint mir organischer und zwingender. Doch sie ist kein Muss. Wenn Ihnen eine gute böse Tat (sic!) eingefallen ist, können Sie sich auch fragen, weshalb Ihr Schurke das getan hat.
Dennoch: Erstere Vorgehensweise ist deshalb meist erfolgversprechender, weil Sie auf diese Weise mehr Ideen generieren. Demgegenüber bleibt die Zahl der Motive für eine ganz bestimmte Tat begrenzter.
Oben bin ich von Schurken und Bösewichtern ausgegangen. Doch in einem Roman muss der Gegenspieler des Protagonisten kein Finsterling sein. Oft wird ein Gegenspieler dann am interessantesten, wenn er ganz und gar kein böser Mensch ist.
Nehmen Sie ein Scheidungsdrama, in dem keine der Seiten nur gut oder nur böse sein muss, sondern jeder sowohl gute als auch böse Dinge tun, gute als auch böse Motive haben kann.
Bleiben wir bei obiger Definition von Card, dass die Motive den Bösewicht machen, und sehen wir uns eine Gegenspielerin unseres Helden an, die kein Bösewicht ist – eben weil sie zwar eine schlechte Tat begeht, ihre Motive aber moralisch gut sind.

Beispiel:
Eine Krankenschwester erschießt in einer afrikanischen Seuchenstation eine Mutter, die vor Kummer über ihr Kind aus der Station ausbrechen will und dadurch das Leben von Hunderten Menschen gefährden würde. Die Krankenschwester opfert bewusst einen Menschen, um das Leben vieler zu schützen.
Die Heldin Ihres Romans ist die Tochter der erschossenen Frau. Sie will die Mörderin ihrer Mutter vor Gericht bringen. Ihre Motive: Liebe und ein Sinn für Gerechtigkeit. Oder ist auch Rache dabei?
Wer ist hier eigentlich der Bösewicht und wer die Heldin?
Sobald Sie mit den Motiven zu spielen beginnen und sie hinterfragen, ergeben sich interessantere Konflikte, als wenn Sie sich allein auf die Taten Ihrer Charaktere konzentrierten.

Kein menschliches Wesen ist wertlos, wenn du verstehst, was es begehrt. Niemandes Leben ist nichts. Sogar die bösesten Männer und Frauen haben, falls du ihre Herzen verstehst, eine generöse Tat vorzuweisen, die sie, zumindest ein wenig, von ihren Sünden losspricht. *

Cards Erzähler geht hier noch weiter als oben: Er verteidigt die Bösewichte, gesteht ihnen eine teilweise Erlösung von ihren Sünden zu.
In Ihrem Roman sollten Sie das Gleiche tun: Verdammen Sie Ihre Schurken nicht, lieben Sie sie wie Eltern das böseste ihrer Kinder und versuchen Sie, in die Herzen selbst der schlimmsten Schurken zu sehen – und nach dem Licht darin zu suchen. Lassen Sie den Leser daran teilhaben, indem sie etwas Gutes an Ihrem Schurken zeigen.

Beispiel:
Ihr Schurke mag ein Serienkiller sein, aber er hat eine Schwäche für Hunde. Die behandelt er besser als jeden Menschen. Hunde sind die einzigen Wesen, die in seiner Kindheit je gut zu ihm waren. – Sofort gewinnt Ihr Schurke eine weitere Dimension. Er bleibt böse, aber der Leser kann ihn nicht mehr ganz verdammen. Vielleicht empfindet der Leser sogar Mitleid.
Als Autor müssen Sie weiter gehen als nur bis zum Mitleid – Sie brauchen Empathie, müssen sich einfühlen in jeden Ihrer Charaktere. Das sind Sie der Geschichte und den Lesern und nicht zuletzt Ihren Charakteren schuldig. Vielleicht sich selbst, denn woher kommen diese Charaktere, wenn nicht aus Ihrem Innern?
Damit auch der Leser sich in Ihren Schurken einfühlen kann, müssen Sie ihm den Schurken zuallererst als menschliches Wesen präsentieren. Denn dann können Sie ihn nicht mehr hassen. Meint auch der Erzähler in Cards Roman, der das letzte Wort haben soll:

»*Aber wenn es um Menschen geht, ist die einzige Art von Zweck, die zählt, der finale Zweck, die Absicht. Was eine Person denkt. Verstehst du erst, was die Leute wirklich wollen, kannst du sie nicht mehr hassen. Du kannst sie fürchten, aber du kannst sie nicht hassen, weil du den gleichen drängenden Wunsch in deinem eigenen Herzen findest.*«
(Orson Scott Card, »*Speaker for the Dead*«, Tor 1986, 1991; eigene Übersetzung)

Der Serienmörder als Duckmäuser und Gott
Das wichtigste von allen Rollenspielen

Leiden die Figuren Ihres Romans an Scheiblettismus? Anders gefragt: Sind Ihre Figuren so flach wie eine Scheibe Käse?
Ja?
Keine Sorge. Mit einem einfachen Mittel verleihen Sie Ihren Romancharakteren mehr Tiefe: Setzen Sie sie in ein anderes Umfeld.

Menschen passen ihr Verhalten dem Umfeld an. Jeder von uns spielt eine ganze Reihe von Rollen, die teilweise so unterschiedlich ausfallen, als wären wir viele verschiedene Personen.

Nehmen Sie Ihr Verhalten Ihrem Lebenspartner gegenüber und vergleichen Sie es mit dem Verhalten gegenüber Ihren Eltern. Oder mit dem am Arbeitsplatz. Im Sportverein. Und am Schluss vergleichen Sie diese Persönlichkeiten mit dem Bild, das Sie von sich haben.

Wer davon bin ich? Und wenn ja, wie viele?

Natürlich können Sie nicht objektiv urteilen. Aber aus dem Augenwinkel gelingt Ihnen vielleicht doch mal ein unvoreingenommener Blick auf sich und Ihre Rollen. Oder beobachten Sie Ihren Partner mal ganz genau und seine oder ihre unterschiedlichen Persönlichkeiten.
Wenn Sie Ihren Protagonisten in verschiedenen Rollen zeigen (einmal mit seiner Frau, ein andermal mit seiner Chefin), achten Sie darauf, dass er oder sie sich tatsächlich anders verhält. Die Unterschiede sind oft nur subtil, aber sie werden dennoch beim Leser als mehr Lebensnähe ankommen und in ihm ein besseres Verständnis für Ihren Protagonisten wecken.

Beispiel:

Die Frau fragt ihren Mann, wie er sich nach der Grippe fühle. »Na ja, geht so«, antwortet er in etwas weinerlichem Ton. Die Chefin stellt ihm dieselbe Frage. Dieses Mal antwortet er: »Das Fieber hat den Kalk rausgeblasen. Während ich im Bett lag, hatte ich eine fantastische Idee, wie wir in Süd 3 unsere Vertriebsmannschaft effektiver einsetzen.«

Diese Methode ist noch hilfreicher, wenn Sie sie bei Ihrem Antagonisten anwenden, zumal dann, wenn er ein richtig übler Bösewicht ist, ein Serienkiller vielleicht. So kann er sich seinen Opfern gegenüber als gottgleich aufspielen, bevor er sie tötet. Auf seinem Arbeitsplatz im Hochregallager von Amazon ist er hingegen der Duckmäuser und Speichellecker, der dem Lagerleiter die Aktentasche nachträgt.

In jedem Fall eröffnet sich dem Leser eine neue Seite des Charakters, die diesen interessanter und insgesamt glaubwürdiger macht.

Und auch für Ihren Romanplot tun sich neue Möglichkeiten auf: Kommt dem Killer ein Kollege auf die Schliche, weil der einen kurzen Blick in seinen Spind werfen konnte und dort das Buch »*Serienmorden für Dummies*« sah?

Einen Rollentausch sollten Sie als Autor immer wieder selbst vollziehen: Vom Schreiber über den Leser zum Kritiker. Und zurück zum Schreiber. Versuchen Sie aber nicht, alle Rollen gleichzeitig zu spielen, sondern wechseln sie von einer in die andere. Für Ihren Roman ist dies das wichtigste von allen Rollenspielen.

Wenn Engel und Teufel um eine Seele streiten
Auslagern von Persönlichkeitsmerkmalen

Ihr Roman lässt sich vertiefen, indem Sie mit Subplots das Thema aus einer anderen Sicht beleuchten oder die Prämisse auf eine andere Art beweisen oder widerlegen. Bei Ihren Charakteren können Sie alternative Aspekte der Heldin mittels Nebenfiguren zeigen und – das ist besonders hilfreich – auch agieren lassen.

In Ihrem Roman »*Die Wand*« (Mohn Verlag 1963) lagert die Autorin Marlen Haushofer Facetten, Eigenschaften ihrer Heldin auf andere Figuren aus. In dieser Endzeitvision aus den 1960ern wird die Protagonistin in einem Gebiet der Alpen eingeschlossen – von einer unsichtbaren, unüberwindlichen Wand. Alles menschliche und tierische Leben jenseits davon scheint erloschen. Die namenlose Heldin will weiterleben. Sie arrangiert sich mit ihrer Lage. Das Weiterleben gelingt ihr nur mit Hilfe einiger Tiere, die sie auf ihrer Seite der Wand findet: des Hundes Luchs, der Kuh Bella und mehrerer Katzen.

Nicht von ungefähr gab Marlen Haushofer den Roman ihrem ersten Leser mit folgenden Worten zu lesen: »*Hier ein Katzenroman.*« Das ist mehr als bloßes Understatement.

Diese Auslagerung der Persönlichkeit findet sich, besonders bildhaft, in den Romanen der Reihe »*His Dark Materials*« von Philip Pullman (ab 1995 / der erste Band als Film: »*Der goldene Kompass*«, USA, Großbritannien 2007; Regie & Drehbuch: Chris Weitz). Dort hat jeder Mensch seine Seele in ein Tier ausgelagert, das ihn ständig begleitet.

Ein andres schönes Bild ist uns aus zahllosen Filmen und Cartoons vertraut: Auf der Schulter des Helden sitzend streiten sich ein Engelchen und ein Teufelchen miteinander. In der Wirklichkeit findet sich Vergleichbares: bei den Totems der Indianer, die als eine Art Schutzgeist, Krafttier, Urahn betrachtet werden. Und nicht zuletzt bei dem Klischee, dass ein Hund seinem Besitzer mit der Zeit immer ähnlicher wird.

An folgenden Stellen aus »*Die Wand*« wird deutlich, dass Marlen Haushofer die Tiere als Symbole oder Aspekte ihrer selbst verwendet (bewusst oder unbewusst):

Luchs, schöner, braver Hund, wahrscheinlich macht nur mein armer Kopf das Geräusch deiner Tritte, den Schimmer deines Fells. Solange es mich gibt, wirst du meine Spur verfolgen, hungrig und sehnsüchtig, wie ich selbst hungrig und sehnsüchtig unsichtbare Spuren verfolge. Wir werden beide unser Wild nie stellen.
(...)
Wenn ich »Winter« denke, sehe ich immer den weißbereiften Fuchs am verschneiten Bach stehen. Ein einsames, erwachsenes Tier, das seinen vorgezeichneten Weg geht. Es ist mir dann, als bedeute dieses Bild etwas Wichtiges für mich, als stehe es nur als Zeichen für etwas anderes, aber ich kann seinen Sinn nicht erkennen.

(...)
Luchs war immer selig, als ich ihn streichelte. Freilich, er konnte gar nicht anders, aber ich vermisse ihn deshalb nicht weniger. Er war mein sechster Sinn. Seit er tot ist, fühle ich mich wie ein Amputierter.
(...)
Im Traum bringe ich Kinder zur Welt, und es sind nicht nur Menschenkinder, es gibt unter ihnen Katzen, Hunde, Kälber, Bären und ganz fremdartige pelzige Geschöpfe.

Als Symbol für die Erzählerin selbst, in ihrer Gänze, steht (neben dem weißen Fuchs) eine weiße Krähe, die entsprechend im letzten Satz des Romans eine Rolle spielt. Die anderen Tiere – die im Roman und die aus dem oben zitierten Traum – stellen Facetten der Protagonistin dar, die mal mehr, mal weniger offensichtlich sind.

Indem Sie Teile der Persönlichkeit eines Charakters auslagern, können Sie in Ihrem Roman Aspekte Ihrer Hauptfigur nicht nur agieren, sondern sogar miteinander in Konflikt treten lassen.

Beispiel: In Ihrer Heldin streiten sich Ordnungsliebe und Chaos miteinander. Sie zeigen einen Streit zwischen Berta, der Tochter Ihrer Heldin, die für die Ordnungsliebe steht, mit dem Sohn der Heldin, Max, der für das Chaos antritt.
Sie können noch weiter gehen und wiederum aus den Handlungen der Kinder Rückkopplungen zur Mutter einflechten: Wie reagiert sie auf den Streit? Welche Seite nimmt sie ein? Was sind ihre Argumente dafür?
Das alles wird, sofern es sich um wesentliche und für den Roman wichtige Facetten der Persönlichkeit Ihrer Heldin handelt, Ihren Roman vertiefen. Zugleich bietet Sie dem Leser damit eine spannendere Alternative zu inneren Monologen.

Auch symbolische Wirkungen können Sie auf diese Weise verstärken.

Beispiel: In einem Unternehmen macht der neue Mitarbeiter dem alten Hasen seine Position streitig. Der schon stereotype Satz des alten Hasen dazu: »Du erinnerst mich an mich.« Der Aufsteiger symbolisiert, er versinnbildlicht den Hasen, wie er in seiner eigenen Jugend war. Interessant (weil konfliktreich) wird es dann, wenn der Junge einen anderen Weg einschlägt als der Alte damals und den Alten, gerade dadurch, schlägt. So etwa in dem Filmklassiker »*Wall Street*« mit Michael Douglas und Charlie Sheen (USA 1987; Regie: Oliver Stone; Drehbuch: Stanley Weiser, Oliver Stone).

[Meinen Dank an Solveig, durch deren hilfreichen Kommentar im Blog ich diesen Artikel um einen Aspekt erweitern konnte.]

Warum kaputte Rasenmäher besser sind als Zigaretten
So erschaffen Sie interessante Nebenfiguren

Im Gruselthriller »*Devil*« (USA 2010; Regie: John Erick Dowdle; Drehbuch: Brian Nelson, M. Night Shyamalan) fiel mir eine Szene besonders auf. Jemand kommt aus dem Gebäude, in dem Beunruhigendes vor sich geht, um einen Polizisten zu suchen, der in der Nähe in einem vermeintlich anderen Fall ermittelt. Man sieht den Polizisten zusammen mit ein paar Leuten herumstehen, er lacht mit einer Frau, als habe er ihr etwas Witziges erzählt. Das Personal dieser Szene wirkt wie eben zum Leben erweckt. Es ist, als hinge noch das »Und bitte!« (oder »Action!«) des Regisseurs in der Luft.

Bei Texten von weniger erfahrenen Autoren findet sich häufig Ähnliches. Die Szenen besitzen spürbar weder Vorher noch Nachher, sie wirken wie in den Roman hineingeklebt, so dass man die unsauber ausgeschnittenen Ränder sieht.

Woran liegt das? Den Nebenfiguren fehlt ein eigenes Leben. Ein Beispiel ist die mit oben erwähntem Polizisten flirtende Frau von der Spusi (für Nicht-Krimiautoren: Spurensicherung).
Den Fehler, den Autoren machen: Sie geben einem Charakter eine Aufgabe und lassen ihn die innerhalb der Szene brav erfüllen. Ist er damit fertig, tritt er ebenso brav von der Bühne ab (und zündet sich draußen vorm Personaleingang zum Roman eine Zigarette an).

So weit so gut? Eher nicht.
Wie so oft beim Schreiben eines Romans (vom Leben gar nicht gesprochen) werden Autoren von einem nachvollziehbaren Motiv geleitet: Bequemlichkeit. In der Hoffnung, das merke schon keiner, lassen sie Lücken, um sich Arbeit zu ersparen.

Der Leser merkt es. Und wie so oft ein Agent oder eine Lektorin als erstes. Was für den Autor heißt: Zurück auf Start.

Wie aber vermeiden Sie es, Statisten in Ihren Roman zu schreiben, die so lebendig wirken wie die Pappkameraden auf dem Schießstand?
Indem Sie zunächst Ihre Faulheit überwinden – und sich ein paar Gedanken über Ihre Nebenfiguren machen. Und anschließend das Vor- und das Nachleben der Nebenfiguren (ihre Backstory) anklingen lassen.

Das heißt konkret: Geben Sie den Leuten etwas zu tun, bevor der Held in ihr Leben und die Szene tritt. Geben Sie selbst weniger wichtigen Nebenfiguren ein kurzfristiges Ziel.
Damit betten Sie die Szene organischer in den Roman ein. Und nutzen einen weiteren Vorteil: Nebenfiguren, die vor Szenenbeginn etwas anderes taten und die ein eigenes Ziel haben, sind in der Szene selbst aktiver – und inspirierender. Für den Helden. Und für den Autor.

Beispiel:

Rudi will gerade seinen Rasen, na ja, die Wiese mähen. An diesem Abend findet eine kleine Grillparty bei ihm statt, auch seine neue Chefin kommt. Da Rudi den Job dieses Mal unbedingt behalten will, soll alles perfekt sein, auch der Bürstenschnitt der Grashalme.
Da rattert er über das Kabel, blitzschnell wickelt es sich um den Rotor, und der Mäher verstummt. Das Kabel ist im Eimer. Rudi will rasch ein neues Stück zwischen Stecker und Mäher pfriemeln. Aber bis alles verbunden und neu abisoliert ist, das dauert.
Gerade als er ein Stück Kabel absäbelt, klingelt eine unbekannte Frau. In Rudis Leben und in die Szene tritt unsere adrette Kriminalhauptkommissarin Köhler, Heldin unseres Romans und allein schon deshalb im Stress: der kranke Kater, der Ärger mit ihrer Mutter, dieser ganze beschissene Fall, mit dem sie feststeckt. Hätte nicht Bender wenigstens diese Zeugenbefragung vornehmen können?
Die gestresste KHK Köhler trifft auf einen genervten Rudi, der sie schnell loswerden will. Nicht nur das. Seit man seiner Schwester wegen eines harmlosen Steuerbetrugs eine Bewährungsstrafe verpasste, hegt er eine Mordswut auf alles, was Recht und Ordnung vertritt und die Gesetze hütet.
Köhler fragt. Rudi repariert indessen den Mäher, antwortet einsilbig, will die Frau loswerden. Da kommt auch noch ein Nachbar dazu und gibt hinterm Gartenzaun gute Tipps zur Bedeutung des Vertikutierens für einen gesunden Wuchs. In Wahrheit interessiert sich der Möpp vor allem für die hübsche Fremde, die da bei Rudi steht.

Sofort ergibt sich eine weit dynamischere Szene mit zahllosen Möglichkeiten.
Rudi könnte KHK Köhler spontan zur Party einladen. Vor allem, um es seinem Nachbarn zu zeigen. Köhler nimmt an – nicht zuletzt ist die Einladung eine gute Möglichkeit, mal ihrer Mutter zu entkommen – und trifft auf der Party jemanden, der den Verdächtigen kennt!

Schon das Schreiben solcher Szenen macht viel mehr Spaß. Und leichter und schneller schreiben lassen sie sich auch, denn die Charaktere haben tatsächlich etwas zu tun.

Hätte Rudi KHK Köhler bloß ins Wohnzimmer eingeladen, hätte er vermutlich rauchen und Köhler wahrscheinlich Kaffee trinken müssen und danach hätten sie sich nie mehr gesehen. Wozu auch?

Liebe Autoren, verschont eure Leser mit Szenen, in denen das einzig Dynamische der sich kräuselnde Rauch einer Zigarette ist und die nach nichts anderem schmecken als dem sauren Kaffee, den es auf allen Polizeirevieren der Welt zu trinken gibt. Die Alternativen machen mehr Spaß – und Ihren Roman um einiges besser.

Aus bestimmten Blickwinkeln stark und resolut
Einen Charakter mittels Verneinungen beschreiben

Hanna war klein, knapp einssechzig, sehr knapp und trug wie fast jeden Tag enge Jeans und eine weiße Bluse, die eine zu eng, die andere zu weit, die eine zeigte zu viel von ihrer Problemzone, die andere zeigte zu wenig von ihren wohlgeratenen Brüsten.

Mit einer dieser gleichförmigen Beschreibungen bei der Einführung eines Charakters – Größe, Kleidung, herausstechendes Merkmal – mögen Sie beim Leser durchkommen. Er ist sie gewöhnt. Sie stören meist nicht weiter und enthüllen bestenfalls eine echte Besonderheit, sofern der Autor sich von Klischees fernhält und die Besonderheit eine Rolle für die Geschichte spielt.

Geht es nicht besser? Es geht. Es gibt viele Möglichkeiten, vom Schema abzuweichen und Ihre Beschreibungen wirkungsvoller zu gestalten. Eine davon zeigt uns Peter Abrahams in seinem Roman »*Their Wildest Dreams*«.

Mackie wurde von Kevin geschieden. Als er sie nach längerem besucht, bemerkt sie, dass er keinen neuen Wagen hat und dass in seinem alten BMW Cabrio keine Absolventin von Yale sitzt und mit ihrem sonnengebräunten Fuß wippt. Diese nicht vorhandene Dame war, Sie ahnen es, der Scheidungsgrund. Kevins Augen sind für Mackie wie die ihrer gemeinsamen Tochter Lianne, bloß weniger intelligent.
Für mich der Höhepunkt von Kevins Beschreibung:

Aus bestimmten Blickwinkeln, wie etwa diesem, wirkte er sogar stark und resolut.
(aus: Peter Abrahams, »*Their Wildest Dreams*«, Ballantine 2003 / keine deutsche Ausgabe / eigene Übersetzung)

Wunderbar, wie Abrahams aus dem Blickwinkel seiner Heldin Mackie zeigt, dass Kevin eben alles andere als stark und resolut ist. Seine Beschreibung in Verneinungen passt zudem perfekt zur Situation von Mackie als geschiedener Frau – sie ist geschieden, sprich: nicht mehr verheiratet und lebt damit selbst im Status einer Verneinung.

Nicht nur die Beschreibungen an sich funktionieren. Abrahams baut sie auch geschickt ein, so dass sie in der Szene neben der Handlung mitlaufen. Statt sie dem Leser hinzuklatschen wie einen Haufen Spaghetti Bolognese in der Werkskantine.

Der Held an Ihrer Weihnachtstafel
Wie Sie Ihren Helden am tiefsten verletzen

Hoffentlich haben Sie es an Weihnachten nicht zu spüren bekommen: im trauten Kreis der Familie aufs Tiefste beleidigt oder verletzt zu werden. Denn das können die Menschen, die einem besonders nahe stehen, leider am besten. Warum? Weil sie einen so gut kennen, weil sie genau wissen, wo sie die Schwachpunkte finden.

In vielen Romanen erfährt der Held eine tiefe Verletzung. Sie treibt ihn an oder führt ihn ins Verderben. Um ihn, als Autorin oder Autor, im Kern zu treffen, müssen Sie eben diesen Kern seiner Persönlichkeit genau kennen. Je genauer, desto exakter und detaillierter können Sie die Verletzung beschreiben – und umso lebendiger, authentischer wirkt die Geschichte.

Kann es etwas Schlimmeres für den Helden geben, als tief in seinem Inneren verletzt zu werden?

Ja: Wenn diese Verletzung ihm von einem Menschen zugefügt wird, die der Held besonders liebt, oder, allgemeiner: Wenn ihn die Person verletzt, die ihn am meisten verletzen kann.

Der Antagonist in Orson Scott Cards Science-Fiction-Roman »*Ender's Game*«, Peter, zeigt Ihnen beispielhaft, wie es geht:

Er schlug sie nie. Aber er quälte sie dennoch. Fand heraus, wofür sie sich am meisten schämten und erzählte dem Menschen davon, dessen Respekt sie sich am meisten wünschten.
(aus: Orson Scott Card, »*Ender's Game*«, Tor Books 1994 / eigene Übersetzung)

Man nehme die größte Peinlichkeit, die Musterfrau zugestoßen ist und verrate sie einem anderen – das wäre Stufe 1, schon ziemlich schlimm. In Stufe 2 aber wird diese Peinlichkeit nicht irgendjemandem verraten, sondern dem, dessen Respekt Musterfrau am meisten bedeutet.

Lernen Sie Ihren Helden so gut kennen, dass Sie wissen, was das Schlimmste für ihn ist. Suchen Sie in seinem Inneren nach solchen Gegensatzpaaren wie Peinlichkeit – Respekt oder Liebe – Hass und konfrontieren Sie den Helden damit.

Setzen Sie ihn in Gedanken mit an Ihre Weihnachtstafel. Und dann lassen Sie Ihre Verwandten auf ihn einhacken. Ein schmerzlicher Volltreffer ist sicher dabei.

Evelyns Schönheitssalon und der Mann ihrer Träume
Warum Sie sich von Ihren Romanfiguren mal so richtig ärgern lassen sollten

Manchmal langweilt uns einer unserer Charaktere. Die Heldin wirkt zu blass, sie handelt erwartbar, stereotyp.
Spätestens, wenn sie sich eine Zigarette anzündet, weil sie sonst nichts mehr zu tun weiß, sollte Ihnen klar werden: Diese Frau wird keinen Leser fesseln. Sie braucht mehr Tiefe (eine mehr rationale Komponente). Vor allem aber braucht sie Leben (eine stärker emotionale Komponente).

Es gibt zahlreiche Möglichkeit, ihr (mehr) Leben einzuhauchen. Aber wie erkennen Sie, ob Ihre Maßnahme wie beabsichtigt wirkt? Schließlich können Sie nicht mit jeder Kleinigkeit zu Ihrer Lektorin, Ihrem Agenten oder Ihrem geschätzten Testleser rennen.

Ein Hinweis, dass Sie auf dem richtigen Weg sind: wenn Ihre Heldin etwas tut, was Sie als Autorin ärgert und gegen diese Figur aufbringt. Warum ist das besser als dieses berühmte »da hat meine Romanfigur mich aber überrascht?«

Weil Ärger neben der Überraschung auch ein starkes Gefühl beinhaltet – und reichlich Energie.

Fragen Sie sich: Was müsste Ihre Heldin tun, damit Sie sich über sie ärgern?

Beispiel:

Mit Evelyn haben Sie die Figur einer geschiedenen Frau geschaffen, die ihr Leben als Mutter und Inhaberin einer Kette von Nagelstudios gerade wieder auf die Beine stellt. Evelyn ist Ihnen, wie Sie finden, gut gelungen. Manchmal führen Sie Unterhaltungen mit ihr (wenn niemand dabei ist, versteht sich).
Jetzt wollen Sie Evelyn einen neuen Mann verschaffen und lassen einen gut aussehenden Fremden mit perfekt manikürten Nägeln bei ihr im Studio auftauchen. Er lädt sie zu einem Date ein. Evelyn sagt zu.

Sie fragen sich: Was müsste Evelyn in dieser Situation tun, um Sie selbst zu ärgern?
Etwa das:
Im letzten Moment ändert Evelyn ihre Meinung. Statt ins Restaurant zu gehen, steigt sie ins nächste Taxi und lässt sich zu ihrem Ex-Mann fahren, der sie betrogen hat und ihre Arbeit verächtlich machte. Sie war so kurz davor, von ihm loszukommen! Die blöde Kuh, die blöde!

Natürlich war das Ihre Idee als Autor. Aber diese Idee hat Sie von Ihrem ursprünglichen Plan weggeführt, Evelyn eine Nacht mit diesem Fremden zu gönnen. Evelyn hat etwas Unerwartetes, Unlogisches getan. Und ist plötzlich ein Stück spannender geworden.

Und mit Evelyn ist Ihr Roman spannender geworden.

Sogar für den Plot an sich eröffnen sich neue Möglichkeiten. Lassen Sie die Ideen kommen, halten Sie nichts zurück, stürmen Sie Ihr Hirn: Was, wenn Evelyn zu ihrem Ex gefahren ist, um sich mit ihm zu versöhnen? Daraus wird nichts. Es kommt zum Streit. Und Evelyn haut dem Ex seinen Wanderpokal »Zecher des Monats« um die Ohren und bringt ihn damit um. Was jetzt? Sie könnte den gut aussehenden Fremden um ein Alibi bitten. Doch das hat, wie alles im Leben, seinen Preis. Den zu zahlen Evelyn noch sehr, sehr leidtun wird ...

Achten Sie bei diesen Ausbrüchen aus dem Erwartbaren darauf, dass Ihre Charaktere innerhalb ihrer Handlungsspielräume agieren und glaubwürdig bleiben. Wenn Evelyn, statt zu ihrem Ex zu fahren, zum Bundeskanzleramt gelaufen wäre, Pförtner und Polizisten niedergeschossen und den Bau in die Luft gesprengt hätte, hätten Sie ein kleines Problem mit der Glaubwürdigkeit.

Es sei denn, Evelyn war schon immer so drauf.

Fazit: Freuen Sie sich, wenn Sie sich mal wieder über eine Ihrer Romanfiguren ärgern. So unbekömmlich Ärger für gewöhnlich ist – Ihrem Roman wird er guttun.

Der Dorftrottel oder George Clooney im Ehebett
Attraktive Ziele – für die Romanfigur und für den Leser

Helden brauchen ein Ziel. Auf das sie hinarbeiten. Für das sie alles geben, vielleicht sogar ihr Leben: Die Welt vor den Invasoren retten. Den süßesten Mann der Welt erobern. Von den coolen Mädchen der Klasse akzeptiert werden.

Manche Ziele kann ein Leser nachvollziehen. Andere weniger. Manche findet er interessant, aufregend, spannend genug, Zeit und Geld in Ihr Buch zu investieren.

Wie schaffen Sie ein Ziel, das möglichst vielen Lesern gefällt?
Mein erster Impuls: Mir selbst zu widersprechen und zu schreiben »Vergessen Sie die Leser!«

Ein Widerspruch?
Nein.

Eins nach dem anderen: Greifen Sie beim Schreiben der ersten Fassung, der Rohfassung auf die Quellen in sich selbst zurück, die Flüsse aus Gefühlen, Ideen, Erinnerungen, Wünschen, Träumen. Der Leser sollte Sie bei diesem unkontrollierten und oft unbewussten Prozess zunächst nicht kümmern, schon gar nicht stören. Die einzigen Wünsche, die Sie interessieren sollten, sind die Ihrer Figuren.

Der Begriff Rohfassung hierfür gefällt mir, weil er veranschaulicht, was ich meine: Sehen Sie diese erste Version Ihrer Geschichte als ein rohes, blutiges Stück Fleisch – oder, falls Sie Vegetarier sind, als eine rohe, blutige Karotte –, das erst noch geklopft, gewürzt, gegart und mit der passenden Soße und den richtigen Beilagen angerichtet werden muss, bevor Sie es Ihren Gästen vorsetzen.

Gedanken an den Leser dürfen Sie sich gerne im Anschluss daran machen, beim Überarbeiten: »Was würde mein idealer Leser hierzu sagen?«, bei der Suche nach einem Agenten oder Verlag und bei der Vermarktung, etwa zur Vorbereitung von Lesungen.
Ein paar Gedanken an den Leser sollten Sie sich auch schon vor dem Schreiben machen – etwa wenn Sie sich entscheiden, welche der 347 Romanideen auf Ihrem Schreibtisch Sie als nächstes realisieren.
Was ist nun ein »für den Leser attraktives« Ziel?

Ein Ziel, das der Leser
– aus der Romanfigur heraus verstehen und nachvollziehen kann und
– das Ihre Romanfigur so stark motiviert, dass sie zu seiner Erreichung gegen jedes noch so hohe Hindernis anrennt. Wenn es sein muss, immer und immer wieder. Wenn es unbedingt sein muss, bis zum Tod.

Ohne Nachvollziehbarkeit und starke Motivation wird selbst das hübscheste Ziel – was immer das auch sein soll. Weltfrieden schaffen? Die schönste Frau der Stadt zum Altar führen? – den Leser nicht anziehen. Bei den Zielen von Romanfiguren kommt es vor allem auf die inneren Werte an.

Ein von sich aus attraktiveres Ziel mag den Verkauf Ihres Manuskripts an Agenten oder Verlage und den des Buches an Leser erleichtern. In der Filmsprache wäre das Teil eines sogenannten »High Concepts«: eine gewaltige Story von weltweiten Verschwörungen oder Alien-Invasionen, das Gegenteil eines intimen Kammerspiels. Aus High-Concept-Drehbüchern entstehen die Blockbuster mit Riesenbudgets und vielen Spezialeffekten.

Ein Beispiel:

Der Protagonist Ihres Romans will um jeden Preis eine Invasion von Aliens auf der Erde vermeiden und dadurch die Menschheit retten.

Ein Ziel, das Buchkäufer wie Verlage eher interessieren dürfte, als wenn der Held lediglich verhindern wollte, dass ihm die Aliens nach der Landung in seinem Garten den Endiviensalat kaputttrampeln.

So ganz kommt es wohl doch nicht nur auf die inneren Werte an.

Bleiben wir beim Schreiben. Sorgen Sie als erstes für die starke Motivation Ihrer Hauptfigur: Angelika will den armen, hässlichen Dorftrottel heiraten (= Ziel), und zwar, weil sie eine Wette verloren hat (= Motivation).

Dann fragen Sie, ob der Leser das Ziel nachvollziehen kann – was nicht heißt, dass er oder sie das gleiche Ziel wie der von Ihnen erdachte Charakter haben muss. Der Leser sollte Ihrer Romanfigur dieses Ziel aber abnehmen.
Würden wir Angelika abnehmen, das sie alles daransetzt, den Dorftrottel zu erobern? Ohne sie näher zu kennen sicher nicht. Aber wenn die steinreiche Mutter Angelikas über alles geliebten Schimmel Ebenholz zum Abdecker schickt, sollte sie nicht heute in einem Jahr Frau Angelika Dorftrottel sein? Dann schon eher.

Und wie finden Sie nun ein bestimmtes Ziel?

Einfache Antwort: Fragen Sie Ihre Heldin. Nur die kann es Ihnen sagen. Falls sie es nicht getan hat, haben Sie noch nicht die richtigen Fragen gestellt. Bohren Sie nach und lernen Sie Ihre Heldin besser kennen, bis sie Ihnen ihr Ziel verrät.

Und wenn sie den Mann wirklich will, sieht er für sie aus wie George Clooney.

King Kong und die weiße Frau beim Pauschalurlaub auf Malle
Das Individuelle an einer Beziehung

»Mich interessiert das Individuelle an jeder Beziehung, das, was nur diese beiden Menschen zusammen sein können«, sagte Roger Willemsen im Interview dem Magazin *Bücher* (1/2011). Genau das sollte sie als Autor interessieren: Was ist das Besondere an den Beziehungen zwischen Ihren Figuren, was gibt es nur dort?

Das klassische Beispiel einer sehr individuellen Beziehung ist die zwischen einer wunderschönen Frau und einem scheußlichen Mann oder, nun ja, Wesen. Denken Sie an Victor Hugos »*Der Glöckner von Notre Dame*«, an »*Das Phantom der Oper*«, an »*Die Schöne und das Biest*« – oder gar an »*King Kong und die weiße Frau*«.

Individuell und auch daher erfolgreich: der Film »*Harold und Maude*« – die Liebesbeziehung eines sehr jungen, außerordentlich morbiden Mannes und einer sehr alten, außerordentlich lebenslustigen Frau. Die besten Liebesdramen feiern genau das Individuelle an Beziehungen – und werden dadurch zu Klassikern. Wie etwa die Komödie »*Harry und Sally*«, wo zum ersten Mal die Frage in Spielfilmlänge ergründet wird, ob Männer und Frauen (einfach nur) Freunde sein können. (Wie es aussieht, können Sie es nicht.)

Die Bedeutung des Individuellen gilt für Beziehungen in jedem Sinn: für Freundschaften, für die Beziehung einer Tochter zu ihrem Vater ebenso wie für die Beziehung eines Arztes zu seiner Patientin oder der eines kleinen Jungen zu seinem Hund.
Individuelles trägt wesentlich mit dazu bei, dass Ihre Figuren auf der Seite lebendig werden. Je einzigartiger die Beziehungen Ihrer Charaktere zueinander sind, desto besser erinnert sich der Leser an Ihr Buch. Und es fällt ihm leichter, eine gefühlsstarke Verbindung zu den Personen aufzubauen.
Ihre Aufgabe als Autor ist es, in Ihrem Roman das Individuelle in den Beziehungen zwischen den Charakteren zu zeigen und zugleich das Allgemeingültige darin aufscheinen zu lassen. Jeder kann sich mit dem Glöckner von Notre Dame identifizieren, weil wir alle das Gefühl kennen, von einer Gruppe ausgeschlossen oder weniger wert zu sein als andere.
Je eigenständiger Sie die Charaktere gestalten, desto eher wird die Beziehung zwischen ihnen von ganz allein etwas Besonderes. (Oder drehen Sie das um 180 Grad: Warum sollten nicht zwei ungewöhnliche Menschen eine gewöhnliche Beziehung haben? Daraus ließen sich wiederum ungewöhnliche Geschichten machen: Stellen Sie sich nur mal King Kong und die weiße Frau beim Pauschalurlaub auf Malle vor.)
Das Individuelle in einer Beziehung zu zeigen, ist nur einer der Fälle, wo das Eingehen auf spezifische Details eine lebendigere Geschichte ergibt. So wie bei Beschreibungen oder Charakterisierungen. Das Individuelle darzustellen heißt auch, Klischees zu vermeiden: Die tragische Liebe Quasimodos zu der Zigeunerin La Esme-

ralda räumt nebenbei mit dem Klischee der Liebe zwischen einer bezaubernden Prinzessin und einem nicht weniger bezaubernden Prinzen auf. Wenn die Schöne das Biest dann sogar wiederliebt, wird das Klischee auf den Kopf gestellt. Dem armen Quasimodo war das nicht vergönnt.

Wie schaffen Sie nun dieses Einzigartige?
So, wie Sie alles andere im Roman auch schaffen: über Handlung, Dialoge, innere Monologe, Beschreibungen, Erzählungen. Machen Sie sich auf die Suche nach einer Besonderheit in jedem dieser Instrumente des Romanciers.

Beispiel:
Was ist das Besondere, wenn Harry und Sally miteinander reden? Ihre Dialoge sind überlebensgroß, und das dadurch, dass sie Screwball-Charakter haben: Jede Zeile Text hat Kraft und Witz und Gefühl. Wenn die beiden sich unterhalten, dann sind das eher Rede-Duelle als Gespräche. Gespickt mit Harrys Humor, mit Sallys Eigenheiten. Einzigartig.

Das Vorgehen ist simpel:
1. Nehmen Sie zwei Charaktere und setzen Sie sie zueinander in Beziehung.
2. Suchen Sie das heraus, was beim jeweils anderen zum heftigsten Widerspruch führt.
3. Lassen Sie die Widersprüche aufeinanderprallen.
Sie hat den neuen Job als Barfrau in der angesagtesten Cocktail-Lounge der Stadt bekommen und ist Feuer und Flamme. Er wird von seinem Chef in der Agentur beauftragt, eine Image-Kampagne gegen Alkohol zu entwerfen. Nur wenn er den Job besser als gut macht, hat er Chancen auf die seit langem angestrebte Beförderung.

Ein herrlicher Konflikt.
Aber einzigartig?
Das wird er durch das Einzigartige in den beiden Charakteren. Ihre Aufgabe ist es, das aufzudecken und dem Leser zu präsentieren. Einzigartige Beziehungen ergeben sich bei einzigartigen Charakteren wie von selbst. Sie müssen nur noch mitschreiben.

Okay, das ist ein klein wenig übertrieben. Aber nur ein klein wenig.
Je gewöhnlicher aber Ihre Charaktere sind, desto härter müssen Sie sich als Autor einbringen. Einen Mehrwert. Ein magisches Additiv. Das kann Ihr Sinn für Humor sein, eine unverwechselbare Art, ihre Charaktere zum Sprechen zu bringen, Ihr Sinn für komische, tragische, irrwitzige Situationen und und und.

Ihre Stimme. Als Autor. Als Erzähler.
Sie können wählen: Sollen Ihre Charaktere für das Besondere sorgen – oder sorgen Sie mit Ihrer Stimme schon dafür? Oh, wenn erst beides zusammenkäme, was gäbe das für einen Roman.
Schreiben Sie ihn.

Wie Süß! Wie heißt der Kleine denn? Voldemort? Oh.
So finden Sie den richtigen Namen für Ihre Romanfiguren

Ken Follett gab seinem Helden in »*Die Säulen der Erde*« den sprechenden Namen Tom Builder. Was blieb dem Mann anderes übrig, als eine Kathedrale zu bauen? Tolkien hat aus seinen Erfindungen an Sprachen und Namen sogar eine Wissenschaft gemacht – was den Lesegenuss am »*Herr der Ringe*« nicht schmälert, im Gegenteil. Die Namen Bilbo und Frodo und Pippin passen zu gemütlichen und frechen Auenlandbewohnern, Aragorn ist ein Heldenname und Sauron ganz klar der eines Schurken. Und passen Namen wie Harry, Hermine und Ron nicht hervorragend zu J. K. Rowlings Helden? Hermine, ja, da kommt die oberschlaue Musterschülerin durch. Ron ist der Kumpel und Harry der sympathische Durchschnittstyp, die perfekte Identifikationsfigur für Millionen von Lesern.

Wenn Charaktere den passenden Namen haben, erleichtert das den Lesern den Einstieg in den Text. Sie identifizieren sich leichter mit der Heldin oder ordnen eine Nebenfigur rascher ein: Ist sie eine Nette, eine Arrogante, ein Luder? Im Idealfall wird ein Name sogar über den Roman hinaus bekannt – man nehme das kulturelle Phänomen Harry Potter.

Um den passenden Namen zu finden, sollten Sie folgendes berücksichtigen:
War der Name zum Zeitpunkt der Geburt meiner Romanfigur aktuell?
Eine Heldin, die Anfang der Siebziger in Norddeutschland geboren wurde, wird kaum Emma oder Maria heißen, sondern eher Stefanie.
Passt der Name zum Milieu, in das der Charakter hineingeboren wurde?
Im Hamburger Großbürgertum sind Kevins oder Jessicas selten anzutreffen.
Manche Namen sind typisch für einen Kulturkreis, ein Land, eine Region, Stadt oder sogar für ein Dorf. Ein Grantlhuber auf Föhr? Höchstens als Pensionsgast. Am schnellsten finden Sie typische Namen im örtlichen Telefonbuch.

Großen Wert sollten Sie auf den Klang des Namens legen. Sprechen Sie ihn laut aus. Wie fühlt er sich auf der Zunge an? Wie klingt er? Wird Ihre Protagonistin sich umdrehen, wenn Sie ihr diesen Namen hinterherrufen?
Romane sind ordentlicher als die Welt. Da kann man durchaus den Namen einer Romanfigur auch nach deren Wesen auswählen. Wollen Sie die schüchterne Blondine wirklich Carlotta Carmen nennen? Oder passt Ralf zu Ihrem vergeistigten C4-Professor für Philosophie?
Nur übertreiben Sie es nicht. Wenn Sie dann und wann jemanden gegen seinen Charakter benamen, macht das Ihren Roman realistischer.
Taufen Sie Ihre Charaktere so, dass Verwechslungen und Irritationen vermieden werden. Wenn Karl mit Karlo, Carlotta und Carmen in einer WG wohnt und jede der Figuren häufige Auftritte hat, verwirren Sie Ihre Leser und reißen sie schlimmstenfalls aus der Geschichte.

Planen Sie, mehr als einen Roman zu schreiben, empfehle ich, zumindest die wichtigsten Charaktere einzigartig zu benamen. War Karl in ihrem letzten Roman der fußballverrückte Dackelbesitzer und ist er jetzt ein gebildeter Serienkiller (zugegeben, das eine schließt das andere nicht aus), kommen Sie selbst schon mal mit den Eigenheiten der Figuren durcheinander. Oder, Moment mal, der Serienkiller, ist das nicht Karlos?

Apropos Serie. Wenn Sie etwa eine Krimiserie schreiben, achten Sie darauf, dass sich Namen nicht wiederholen, zumindest nicht die von wichtigeren Figuren. Seien Sie sich bewusst, dass komplizierte Namen oder sehr der Mode unterworfene Ihnen selbst beim Schreiben nach dem dritten Buch auf den Wecker gehen könnten. Dem Leser natürlich auch.

Denken Sie daran: Ihre Charaktere sollten so unverwechselbar sein wie reale Menschen. Beugen Sie gegen Verwechselbarkeit vor – mit Vor- und Zunamen, und auch mit Spitznamen, Namenskürzeln, Kosenamen. Siehe dazu unten noch mehr.

Sie dürfen auch bei der Namensfindung banal praktisch denken. Heißt der Held Ihres Fünfhundertseiters etwa August-Wilhelm Lodenkötter-Fingerfort, so haben Sie eine Menge mehr zu tippen als bei einer Su Zan. Und die Leser eine Menge zu lesen. Wenn Sie nicht von dem Namen lassen wollen – wie wäre es dann mit einem Kniff? Die Gattin des Helden nennt ihn liebevoll Auweh, bei seinen Mitarbeitern im Hifi-Laden ist er schlicht Herr Lofi.
Wenn Sie einem Charakter Ihres Romans einen Namen geben, dann sollte sich der von den Lesern auch laut aussprechen lassen. Ein Westeuropäer bricht sich bei Namen wie Krwlčzk die Zunge. Die meisten Leser »sprechen« die Wörter beim Lesen im Geiste aus.
Sich selbst tun Sie damit auch einen Gefallen. Denken Sie an Lesungen. Es gibt wenig Peinlicheres, als beim Vorlesen dauernd über den Namen der eigenen Protagonistin zu stolpern.
Denken Sie über das Schreiben und Lesen des Romans hinaus. Ein ungewöhnlicher oder einprägsamer Name hat bessere Chancen, von Lesern erinnert und beim Weiterempfehlen Ihres Buches erwähnt zu werden (noch ein Grund, aussprechbare Namen zu wählen). Das Gleiche gilt für Besprechungen in Zeitungen oder im Web: »Also, da ist diese Krankenschwester, sie heißt Nimmersatt, dabei ist sie ein ganz zierliches Persönchen ...«
Apropos Nimmersatt. Sprechende Namen können viel zum Lesegenuss beitragen, insbesondere bei humorvollen Romanen. Sprechend heißt dabei meistens: Die Namen bezeichnen etwas Konkretes – Nimmersatt. Gehen Sie ruhig einen Schritt weiter und wagen Sie sprechende Namen, die weniger offensichtlich sind oder sogar surreale Qualität aufweisen und dennoch eine Ahnung vom Wesen der so benamten Person geben. Wie wäre es mit Heddi Windschliff oder Arnold Grobhorst?
Wenn Sie einen humorvollen Roman schreiben, dürfen Sie gerne darüber nachdenken, stabreimende Namen zu verwenden, wie man es früher gerne in Kolportagetexten oder Comics machte: Donald Duck mit Freundin Daisy Duck, Clark Kent

alias Superman mit Freundin Lois Lane, Peter Parker alias Spiderman. (Aber Achtung vor der Klischeefalle! So etwas wurde schon oft gemacht.) Ansonsten verbreiten, gerade in Kinderbüchern (aber nicht nur dort), Namen wie Oberwachtmeister Dimpflmoser oder Räuber Hotzenplotz eine lustige Atmosphäre. Achten Sie darauf, dass die Namen zur Art Ihres Humors und zur Art der Geschichte passen.

Eher flüsternde als sprechende Namen sind solche, in denen Sie Symbole verstecken. Dem gewöhnlichen Leser fallen diese nicht auf. Doch wer konzentriert liest und sich auskennt, entdeckt vielleicht, dass Melanie »die Schwarze« heißt, was durchaus zur Farbe ihrer Netzstrümpfe und ihrer verdorbenen Seele passt. Und welcher Leser freut sich nicht, wenn er solche Dinge entdeckt, sofern sie nicht zu offensichtlich daherkommen?

In Genres wie Fantasy oder Science Fiction kann der Autor selbst mit erfundenen Namen sehr viel aussagen. Zur ätherischen Prinzessin mit dem Hang zu Ohnmachtsanfällen passt Iseldrina besser als Mumumbu. Und Zork-17 lebt wohl in einer Gesellschaft, in der Individualität eher kleingeschrieben wird.

Behalten Sie bei der Namensfindung Ihre Geschichte, das Setting, das Genre im Blick. Die Namen der Charaktere sollen sich organisch einfügen und nicht herausstechen wie ein Zork-17 aus einer mittelalterlichen Liebesromanze in Rothenburg ob der Tauber.

Denken Sie daran, für wen Sie schreiben. Namen in Kinderbüchern etwa sollten dem Lesealter angemessen sein. Verkaufen Sie Kinder aber nicht für dumm. Alliterationen wie Eddy Entlein und Robby Robbe klingen womöglich ein wenig von oben herab. Manche Lektoren dürften solche Namen als abgeschmackt und verniedlichend empfinden. Bleiben Sie bei der Benennung lieber einfach und authentisch. Nennen Sie eine Robbe simpel »Robbe« oder geben Sie dem Tier einen gewöhnlichen menschlichen Namen. Oder schlagen Sie, wenn Sie mutig sind, weit über die Stränge. Wie wäre es mit einem Rob Zob Robelhob und einer Edda Adde Echtnichgut?

Ann Whitford Paul findet, Namen sollten »Wortbilder« des Charakters sein. Sofern das auf ihren Namen zutrifft, würde ich Frau Paul gerne kennen lernen. Ob sie wohl so versnobt ist, wie ihr Name klingt?

Wie immer beim Schreiben gilt auch bei der Namensgebung: Hüten Sie sich vor Klischees. Ja, ein vergeistigter Hochschulprofessor darf ruhig Jo Bock heißen anstatt Heimito von Herrlichshausen. Dann aber wäre es vermutlich keine schlechte Idee, diesen unpassenden Namen als ungewöhnlich zu bemerken:
Jo Bock? Ungläubig blickte sie von der Visitenkarte zu dem weißhaarigen Greis im leichenschick schwarzen Anzug.

Hüten sollten Sie sich vor Namen, die in der öffentlichen Wahrnehmung belegt sind. Wenn Ihre Heldin Angela Merkl und ihr Gegenspieler Helmut Kool heißt, führt das mindestens zu Irritationen beim Leser, vor allem, wenn beide Figuren Mitglied der SPD sind und in einem Dorf in Niedersachsen gemeinsam die Schulbank gedrückt haben.

Schlimmer wird es, wenn Sie mit dem Namen Persönlichkeitsrechte (oder Markenrechte) verletzen. Das ist ein komplexes und, für Nichtjuristen, kaum zu durchschauendes Thema. Grundsätzlich sollten Sie Ihr Personal, selbst wenn Sie als Vorbilder reale Menschen verwenden, mit neuen, unvorbelasteten Namen ausstatten. Es sei denn, die Vorbelastung liegt genau in Ihrer Absicht.
Bei der Namensfindung hilft es, wenn Sie Ihre Romanfigur gut kennen. Umso schneller und umso leichter finden Sie den passenden Namen. Es ist keine Schande, Namen von Charakteren im Lauf des Schreibens zu ändern, ja, oft werden Sie erst beim Schreiben oder Überarbeiten feststellen, dass der Name hakt. Vielleicht hatte Ihre Heldin die ganze Zeit über den falschen Namen? Womöglich kommt sogar Ihre letzte »Schreibblockade« daher! Geben Sie Ihrer Heldin den Namen, nach dem sie verlangt. Sie werden sehen, die Wörter fließen sofort flüssiger.

Der Name beeinflusst seinerseits den Charakter. Ihr Schurke Brutus wird im Verlauf des Schreibens auf einmal brutaler, als Sie ihn ursprünglich gedacht hatten. Oder die toughe Geschäftsfrau Cindy entwickelt unerwartet mütterliche Gefühle für ein Straßenkätzchen. Vertrauen Sie in solchen Dingen ihrem Bauchgefühl, anstatt einen Charakter oder seinen Namen gnadenlos Ihren Plänen anzupassen. Lassen Sie stets ein wenig Spiel.

Namen geben uns auch eine Vorstellung, was für eine Art Menschen die Eltern sind, von dem das Kind seinen Namen hat – sowohl was den Vornamen, als auch was den Nachnamen betrifft. Es macht einen großen Unterschied, ob Klaus und Franzi Schmitzke ihren Sohn Friedrich-Maximilian nennen oder schlicht, wie den Nachbarsbengel, Tom. (Dass sich bei der Namensfindung Konflikte zwischen den Eltern ergeben mögen, die wunderbare Szenen liefern, sei hier nur in Klammern erwähnt.)

Spitznamen sind ein gutes Mittel der Charakterisierung. Was sagt es über Ihre Heldin Sofie aus, wenn die hübschen Mädchen von der letzten Reihe sie in der Schule Blindschleiche nennen? Zu zeigen, wie Sofie zu dem Spitznamen gekommen ist und wie sie damit umgeht, sind weitere Gelegenheiten, die Person zu charakterisieren: Hat Sofie sich beim Blindekuh-Spielen dumm angestellt und angefangen zu weinen? Zuckt sie jedes Mal zusammen, wenn jemand nur das Wort Blindschleiche benutzt, selbst wenn es nichts mit ihr zu tun hat? Oder stellt sie sich anderen selbstbewusst so vor: »*Hallo, ich bin die Blindschleiche. Und Blindschleichen sind keine Schlangen.*«? Mit dem passenden Spitznamen sagen Sie mehr über den Charakter aus als mit drei Seiten Beschreibung.
Machen Sie bei Spitznamen nicht halt. Menschen können im Laufe ihres Lebens viele Namen haben: Was sagt das über eine Frau aus, die als Gabi Hupf auf die Welt kam und nun, nach der Heirat, goldgeränderte Visitenkarten verteilt, auf denen der Name Gabriele von Zussmannshausen prangt? Wie beeinflusst der Familienname

ihren Charakter? Ist Gabi tatsächlich mondän und weltgewandt geworden, strahlt sie Selbstvertrauen aus? Oder schämt sie sich ein bisschen für den Namen und fühlt sich ihren alten Freunden gegenüber wie eine Hochstaplerin?
Was ist mit dem Trapezartisten, der sich den Künstlernamen Todessucher gibt? Was verrät es uns über Herrn August-Wilhelm Lodenkötter-Fingerfort (und über seine Kollegen), wenn ihn auf der Arbeit jeder bloß Lofi nennt? Wie werden Namen ausgesprochen? Barsch, freundlich, spöttisch?

Was erfahren wir über eine Romanfigur namens Evi, die sich in ihren Tagträumen Carmen Carlotta nennen lässt (und dort zweifellos auf einem feurigen Rappen reitet)? Evi mag sich mit ihrem Namen so unwohl fühlen wie ein Transsexueller in seinem / ihrem Körper.
Apropos: Kann man aus dem Namen Ihrer Hauptfigur erkennen, welches Geschlecht sie hat? Und wenn nicht: Hat das einen Grund, der mit der Geschichte zu tun hat? Ergibt sich daraus eine prägende Verletzung? Ein innerer Konflikt?
Was, wenn Evi eine Namensänderung erwägt und sich erkundigt, ob man auch den Vornamen ändern lassen kann? Was, wenn sie ihren Nachnamen Vögele so peinlich findet, dass sie allein deshalb ihren Freund Antonio Caballo heiratet, obwohl sie ihn nicht liebt?

Vergessen Sie nie, dass es beim Schreiben eines Romans auf die Gefühle Ihrer Leser ankommt. Diese können Sie durch eine entsprechende Namenswahl beeinflussen, vielleicht sogar lenken. Wenn Sie wollen, dass Ihre Leser Ihren Schurken hasst, könnte ein unangenehm klingender Name seinen Teil dazu beitragen: Boris Zorrner klingt nicht sehr nett (Sorry, Boris, ist nicht persönlich gemeint.).

Wo finden Sie Namen? Überall. Nehmen Sie (das richtige!) Telefonbuch zur Hand, benutzen Sie Vornamenslisten in Büchern und im Web. Sie können sich von Landkarten inspirieren lassen oder Silben neu zusammensetzen. Sie finden Namen überall dort, wo Ihre Fantasie und die Buchstaben hinkommen.

Ob der Name passt, überprüfen Sie, wie oben gesagt, beim Schreiben. Oder besser schon im Vorfeld, etwa im Voice Journal (wo Sie den Charakter ohne Schranken von sich erzählen lassen) oder im gezielten Charakter-Interview. Wundern Sie sich nicht, wenn Heinz sagt, dass er seinen Namen bescheuert findet – er sei definitiv eher ein Robert.

Sie können den Namen mit einem Foto Ihrer Romanheldin abgleichen. Manche Autoren verwenden Fotos – etwa aus Katalogen, Zeitschriften, dem Web – um sich beim Schreiben ein Bild Ihrer Figur zu machen. Passen Name und Foto zusammen? Wenn nicht, könnten Sie beim Schreiben Probleme mit den Namen oder mit dem Charakter bekommen, die Ihren Schreibfluss ausbremsen und schlimmstenfalls komplett blockieren.

Benutzen Sie Ihre Phantasie. Sie sind schließlich Autor – und nicht zu vergessen: auch stolzer Taufpate.

Von Kaffeetrinkern und unfreundlichen Wörtern
Wie Sie auch sprachlich Ihren Romanfiguren nahe kommen

In der Kinder-ZEIT, einer Rubrik der Wochenzeitung DIE ZEIT, gibt es eine Kolumne, die sich Fragebogen nennt. Dort beantworten Kinder – nach dem Vorbild der tiefgründigen Fragenkataloge anderer Zeitungen und Zeitschriften – Fragen nach ihrem Alltag. In der Ausgabe vom 8. April 2010 schrieb Elena, 9 Jahre, aus Wien unter anderem zwei Dinge, die mir gefielen:

Was ist typisch für Erwachsene? – «Sie trinken oft Kaffee.«

Erstaunlich, oder? Aus all den tausend Dingen, die für uns ausgewachsene Volljährige typisch sein könnten, fand Elena das Kaffeetrinken am typischsten.
Wenn Sie aus der Sicht eines Kindes geschrieben hätten, was wäre Ihnen an Elenas Stelle als besonders typisch für Erwachsene aufgefallen?

Aus wessen Sicht auch immer Sie eine Szene Ihres Romans schreiben, geben Sie sich Mühe, tiefer in diese Person einzutauchen, die nicht Sie ist. Das ist oft schwieriger, als es zunächst scheint – und nicht einmal bei Charakteren, die uns selbst besonders fern sind, sondern oft bei solchen, die uns ähneln, aber eben doch anders sein sollten. Die Mühe belohnt Sie und Ihre Leser mit einer authentischeren Stimme, mit mehr Glaubwürdigkeit, mit mehr Leben.

Was Sie für normal und nicht weiter erwähnenswert halten, mag für andere bemerkenswert sein. Finden Sie diese Dinge, indem Sie mit Menschen sprechen, indem Sie Ihr Brain stormen, indem Sie Neues entdecken in Büchern oder Filmen. Oft genügt schon ein einziges kleines Detail und Ihr Text hebt sich aus dem breiten Schlamm der Gewöhnlichkeit und beginnt zu funkeln.

Ein kleiner Tipp: Misstrauen Sie der Idee, die Ihnen als erstes einfällt. Optimieren Sie die Idee, die ihnen als nächstes kommt. Oft erweist sich erst die dritte Idee als die beste. In wichtigen Fällen, etwa wenn es um Ihre Heldin geht, dürfen es ruhig noch mehr Ideen sein, aus denen Sie die beste wählen.

Sehen Sie nicht die Mühe, die das Entdecken von drei, vier, zehn Ideen macht. Suhlen Sie sich im Luxus der Auswahl und in der Gewissheit, eine bessere Wahl als Ihre ursprüngliche getroffen zu haben.

Wir können noch mehr über und von Elena lernen. Dass sie, so steht es im Fragebogen, die Oper dort liebt? Mein Gott, ein neunjähriges Mädchen? Liegt das den Wienern im Wiener Blut? Mag sein. Was Elena gar nicht mag, sind »*unfreundliche Wörter*«. Vielleicht meint sie Schimpfwörter damit oder allgemein zu laut gesagte Wörter, die die Harmonie stören.

Denken wir noch ein Stück weiter. Gibt es so etwas wie vom Wesen her freundliche und unfreundliche Wörter?

Ich bin überzeugt davon. Manche Wörter klingen sympathisch, schon ihr Schriftbild wirkt einnehmend, womöglich beschwören sie angenehme Bilder herauf. Spontan fällt mir das Wort »Hasenpfote« ein. Oder »schummrig«. Ganz und gar unfreundlich kommt hingegen »Karteikarte« daher. Oder »prasseln« – schön und treffend, ja, aber nicht freundlich.

Ein Beispiel:

Sanft schob die Brise die Gardinen zur Seite. Sonnenlicht fiel ins Zimmer. Sie lag noch im Bett und wartete auf den Kaffeeduft aus der Küche. Frühstück mit ihm. Wie lange hatte sie darauf gehofft! Der Hahn krähte. – Und aus ist der Traum. Das Krähen mag ein freundliches Geräusch sein, der Kräher ein freundliches Tier. Aber das Wort krähen in diesem rundlichen Polstertext zerreißt die Stimmung.

Achten Sie beim Schreiben darauf, ob Ihnen nicht unfreundliche Wörter eine freundliche Stelle in Ihrer Geschichte verhageln – oder ein allzu freundliches Wort die Thrillerszene im Folterkeller. Manchmal sind es genau solche Nuancen, die den Leser an einem Text stören. Selbst wenn alles andere stimmen sollte, kommt ein unfreundliches Wort daher und macht alles kaputt. Wie ein Panzernashorn. Ein ausgesprochen unfreundliches Tier – und Wort.

So fesseln Sie Ihre Leser (an die Heldin Ihres Romans)
Wie Sie Ihre Charaktere den Lesern näherbringen

Kinofilme des Hollywood-Mainstreams eignen sich wegen ihrer übersichtlichen und klaren Struktur gut zum Studieren klassischer Plot-Formen. Kinder- und Jugendbücher sind meist vergleichsweise einfach (wenngleich nicht notwendig simpel) gestrickt. Auch an ihnen lässt sich gut zeigen, worauf es beim Erzählen ankommt.

Beispielhaft ist, wie Christoph Marzi in seinem Roman »*Grimm*« (Heyne 2010) die jugendliche Heldin Vesper einführt. Nach wenigen Seiten hat er den Lesern all das geliefert, was sie brauchen, um die Figur zu mögen, sich für sie zu interessieren und ihr beizustehen durch dick und dünn.

Marzi arbeitet mit bewährten Eigenschaften. In einem Erwachsenen-Roman (Randnotiz: Was stellen Sie sich unter einem erwachsenen Roman vor? Was muss ein Roman haben, um erwachsen genannt zu werden?) wirken diese womöglich ein wenig flach, banal oder stereotyp. Man sollte aber nicht vergessen, dass das Zielpublikum noch nicht so viele Klischees und Stereotype eingesammelt hat wie Erwachsene – der 28-Jährigen ihr alter Hut ist dem 8-Jährigen seine Offenbarung.

Welche Eigenschaften machen Vesper zu einem Menschen, den wir mögen, wertschätzen, ja, vielleicht als Heldin anhimmeln, falls wir noch etwas jünger sind?
Vesper ist stark. Die klassisches Heldeneigenschaft. Wir mögen starke Charaktere.
Vesper ist ehrlich. Das war, bei Erscheinen von Marzis Buch, nicht mehr bloß eine Sekundärtugend. In unsicheren Zeiten mit einer sehr ungewissen Zukunft, in der Betrügen zur Normalität zu werden scheint, dürften solche Eigenschaften wie Ehrlichkeit neue Bedeutung gerade bei Kindern und Jugendlichen gewinnen.
Vesper ist unabhängig. Während Stärke allein etwas bieder und langweilig wirken mag, ist Unabhängigkeit gerade bei einer Frau oder einem Mädchen etwas Aufregendes für jugendliche Leserinnen. Einen Helden zeichnet seine Unabhängigkeit aus, was auch heißt: Individualität. Ein Held ist keiner, der in einer Gruppe zum Sieg rennt. (Die Helden von Bern, die 1954 das Fußballwunder von Bern vollbrachten, mögen mir das verzeihen.)
In dieselbe Kerbe haut auch das Rebellische in Vesper (Sorry, das Rebellische haut in die Kerbe? Frühmorgenmetapher ...). Sie ist nicht zufrieden mit den Zuständen, und, noch wichtiger: Sie ist nicht bereit, sich mit diesen Zuständen abzufinden. Sie tut etwas dagegen.

Womit eine essenzielle Eigenschaft einer Heldin präsent wäre: Eine Heldin wird aktiv, sie reagiert nicht, sie agiert. In Autorensprache übersetzt: Sie bringt einen Roman voran, sie wirft sich gegen die Hindernisse, die ihr auf dem Weg zu ihrem Ziel im Weg stehen. Man kann es nicht oft genug sagen: Passive Helden sind der sichere Tod jedes Romans.

Vesper ist eigen. Sie hat etwas an sich, was andere nicht haben. Sie denkt ihre eigenen Gedanken, zieht ihre eigenen Schlussfolgerungen. Das hat viel mit Unabhängigkeit zu tun, beschreibt jedoch mehr die Unabhängigkeit im Denken.
Eigen sein heißt oft auch, originell zu sein. Wir lieben originelle Helden: Sie überraschen uns mit ihren Ideen, mit witzigen Dialogen, sie lösen die Probleme des Plots auf ihre, eben ganz eigene Art.
Eigentlich (sic!) ist ein eigener Charakter denkbar weit vom Klischee entfernt. Doch wenn alle Charaktere eigen sind, wird auch diese Eigenschaft (sic! schon wieder) zum Klischee. Jüngere Leser wird das nicht stören – und es stört auch die meisten älteren nicht. Denn was wäre die Alternative? Ein Held, der nicht eigen ist, also genau wie alle anderen? Darüber will keiner etwas lesen.

Diese positiven Eigenschaften beleuchten jedoch nur eine Seite der Heldin. Sie muss uns auch einen Grund geben, weswegen wir uns emotional an sie binden, uns in sie einfühlen. Und das tut Vesper, tut ihr Schöpfer Marzi:
Vesper ist neu in der Schule, die Umgebung, die Leute sind ihr fremd. Sie kann wenig mit diesen seltsamen Modepüppchen anfangen, die sie zu ihrer Freundin machen wollen, nicht ihr zuliebe, sondern weil ein angesagter Junge auf Vesper steht. Dieses Gefühl, neu und fremd zu sein, kennt jeder. Wir fühlen mit Vesper mit, identifizieren uns bestenfalls mit ihr.
Vesper wird von ihren Eltern vernachlässigt (versteht sich aber gut mit ihnen, wenn sie denn mal da sind). Auch hier fühlen wir mit, eine starke Emotion. Dass Vesper sich dennoch nicht mit ihren wenig elterlichen Eltern fetzt, rechnen wir dem Mädchen unbewusst hoch an. Und mögen sie ein Stück mehr dafür.
Noch stärker aber dürfte diese Emotion sein: das Gefühl starker Ungerechtigkeit, weil Vesper in ihrer letzten Schule von ihrem Lehrer begrabscht wurde – und sie, nicht der Lehrer von der Schule flog.
Auch Vespers Taten nehmen die Leser für sie ein: Sie kümmert sich um die kleine Tochter einer Freundin, ganz offenbar uneigennützig.

Ohne das Rad des Erzählens neu zu erfinden, nimmt Marzi die Leser für seine Heldin ein. Auch Sie dürfen sich dabei an Bewährtes halten und sich auf seine Wirkung verlassen. Was wir an Menschen schätzen und was sie tun müssen, damit wir sie mögen können und ihnen näherkommen möchten, ist keiner Mode unterworfen. Die meisten dieser Handlungen und Eigenschaften sind heute so wirkungsvoll wie vor dreißig Jahren und werden es in dreißig und mehr Jahren auch noch sein.

Das Wichtigste: Achten Sie in Ihrem Roman darauf, dass der Leser schnell eine Heldin, einen Helden hat, mit dem er sich emotional verbinden kann. Denn egal, wie aufregend und originell das Kommende an Plot sein mag, ohne dieses emotionale Interesse an Ihrer Hauptfigur werden Sie Ihre Leser nicht bei der Stange halten.
Und noch einmal, zum Mitschreiben: Ohne emotionale Bindung an Ihre Hauptfigur(en) wird der Roman für die Leser nicht funktionieren. Keine Ausnahmen. Nein, selbst bei Ihrem wirklich sehr originellen Plot nicht, tut mir leid.

Gerade wenn sie einen vermeintlich einzigartigen Plot oder eine raffinierte Erzählkonstruktion verwenden, setzen manche Autoren dem Irrtum auf, sie könnten dadurch Mängel ihrer Charaktere wettmachen.

Sie werden hoffentlich sehr schnell selbst bemerken, dass Ihr Roman nicht funktioniert. Und nicht erst einen Agenten oder eine Lektorin brauchen, die es Ihnen sagt. Dann nämlich ist es meist schon zu spät. Auf kaum etwas wird in Verlagen und Agenturen so genau geachtet wie darauf, ob der Leser rasch eine emotionale Bindung zum Held oder zur Heldin aufbauen kann.

Der stille Charme der Versicherungssachbearbeiterinnen
Leser lesen gerne über Menschen bei der Arbeit

Womit verbringt der Durchschnittserwachsene die meiste Zeit? Leider mit Arbeiten. Worüber schweigen sich die meisten Romanautoren von heute aus? Leider über die Arbeit.

(Randnotiz: Aber kommen Sie mir jetzt nicht damit, dass die wenigsten Autoren übers Schlafen schreiben. Das hat schließlich seine Gründe: Schlaf leidet an Handlungsarmut, Dialogarmut, bietet keine Konflikte und keine Emotionen. Schlaflosigkeit hingegen ...)

Dabei lieben es die Menschen, über Arbeit zu lesen, sie wollen Menschen bei ihrer Arbeit erleben, weil die Arbeit sie selber die längste Zeit des Tages beschäftigt. Das sagte schon Stephen King.
Jemand, der einige hundert Millionen Bücher verkauft hat, sollte es wissen.

Die amerikanische Autorin Kaui Hart Hemmings, deren Debütroman »*Mit deinen Augen*« (Diana 2009) als »*The Descendants*« (USA 2011) mit George Clooney verfilmt wurde, sagt zum gleichen Thema: »*Ich mag es sehr, in Fiktionen über Arbeit zu reden, über Arbeit und Beziehungen und Geld. Das sind alles Teile des gelebten Lebens. Es fühlt sich immer sehr seltsam an, wenn in Romanen nicht gearbeitet wird. Geld verändert Beziehungen zwischen Menschen.*« (Quelle: *Bücher* 2, 2012, S. 23)

In deutschen Romanen der Gegenwart aber kommt Arbeit vor allem als Ermittlungsarbeit von Kriminalbeamten vor, gelegentlich flankiert vom coolen Art Director einer hippen Werbeagentur, menschenverachtenden Bankern und Großindustriellen sowie von Schattenwirtschaftlern und Mafiosi. Nicht zu vergessen: die ausgestorbenen Berufe von Küfern und Färbern in historischen Romanen – mehr über diese alten Berufe zu erfahren, zieht viele Leser zu diesem Genre.

Viele Schriftsteller gehen gerade bei der Beschreibung von Berufen nach der Maxime vor: »Schreib über das, was du kennst«. Und so gibt es in Romanen eben mehr Werbetexter und Journalisten als Automechaniker und Verkäuferinnen. Kaum etwas aber liest man über zeitgenössische Metzger, Fließbandarbeiter, Uhrmacher, Versicherungssachbearbeiterinnen, Hausfrauen oder gar Hausmänner und Friseure, was über die rasche Etikettierung und Vorführung eines Typs hinausginge. Wenn solche Menschen eine Rolle spielen, dann vorzugsweise als eins: als Mordopfer.
Warum dürfen sie nicht mal Helden sein?

Mit Menschen, die etwas arbeiten, in deren Leben der Beruf eine wichtige Rolle spielt, kann der Leser sich besser identifizieren. Er tut dies auch bereitwilliger, spielt doch die Arbeit in seinem Leben eine wichtige, wenn nicht die wichtigste, Rolle.

Menschen bei der Arbeit zu zeigen, bringt auch dem Autor eine Menge Vorteile: Da ist zum einen das weite Feld literarisch unter- oder gar nicht repräsentierter Berufe – bekannte wie Verkäufer oder weniger bekannte wie Geodät. Da tauchen, zum anderen, Szenen von ganz allein auf, in denen der Held oder die Heldin etwas Greifbares tun und nicht bloß daheim im Wohnzimmer sitzt oder im Café und die Fragen von Kommissar oder Liebhaber beantworten, während alle an ihrem Tee nippen. (Randbemerkung für Freunde englischer Literatur: Achten Sie einmal darauf, wie häufig in Büchern, die von Engländern geschrieben wurden und in England spielen, der Teekessel aufgesetzt wird.)

Nebenfiguren ergeben sich oftmals von selbst, einfach, weil sich diese leicht aus dem Kollegenkreis der Heldin rekrutieren lassen. Das Gleiche gilt für Hindernisse: Beispielsweise verliert die Heldin ihre Stelle als Angestellte im Gartenbauamt (die sie liebt!), wenn sie wegen der privaten Ermittlungen im Mord Ihres Vaters mal wieder nicht zur Arbeit erscheint.

Das Spannende am Autorenberuf ist aber doch gerade, dass Sie über alles schreiben dürfen (mit mehr oder weniger nachvollziehbaren Einschränkungen, auch im vermeintlich so freien und toleranten Deutschland). Und dass Sie in viele Gebiete hineinschnuppern können, die den meisten anderen Menschen verschlossen bleiben. Sie haben die Gelegenheit, sich durch Recherche Wissen über vieles anzueignen, eben auch über Berufe. Ein Langweiler, der sich mit dem begnügt, was er kennt.

Richtig, nur ein Arzt mit langer Berufserfahrung kennt die Höhen und Tiefen seines Berufs, er weiß vieles, was man sich mit Recherche nicht aneignen kann – aber nicht so viel, das ein neugieriger Autor nicht das Spannendste davon herausfinden könnte. Richtig ist nämlich auch, dass Sie als Nichtmediziner ganz andere Dinge in dem Beruf entdecken, wenn Sie sich wenigstens ein bisschen damit befassen. Und das ist mindestens ebenso wichtig wie das Vertrautsein mit seiner Arbeit.
Vor allem: *Den* Menschen oder Charakter gibt es nicht. Wenn Sie über einen Arzt schreiben, werden Sie in den meisten Fällen gerade nicht über den typischen Arzt schreiben, sondern über jemanden ganz Spezielles. Der dann womöglich einiges ganz anders sieht als die Mehrheit der realen Ärzte.

Sich zu gut in einem Job auszukennen und so manches damit zu verbinden, birgt eine große Gefahr: Sie als Autor werden vieles zu stark emotional gefärbt betrachten, die objektivere Außensicht fehlt. Nutzen Sie Ihre Subjektivität, wenn es um Gefühle und Leidenschaft geht, aber seien Sie auf der Hut vor ihr, wo objektivere Ansichten gefordert sind.

In ihrem Kriminalroman »*Letzte Schicht*« (Argument Verlag 2011) schreibt die französische Schriftstellerin Dominique Manotti über Arbeit, genauer: über Menschen in einer lothringischen Fabrik und über deren Chefs. Nicht von ungefähr. Manotti war lange eine führende Gewerkschaftsfunktionärin.

Das aber ist nicht immer positiv für den Roman. Manotti neigt zu einer Art Sozialkitsch, einem von unten, nicht von oben, ihre Figuren erscheinen hin und wieder mehr als Typen denn als echte, atmende Individuen.
Andererseits macht ihr fundiertes Wissen über die Verhältnisse und über die Menschen, die in einer solchen Fabrik arbeiten, den Roman dennoch lesenswert. Mit anderen Worten: Was den Roman rettet, ist, die Arbeit und die Verhältnisse kenntnisreich zu beschreiben.

Bei der Arbeit der Polizisten haben die unzähligen Krimiautoren doch auch keine Berührungs-, sprich: Rechercheängste. Meist ist es nämlich gar nicht die Angst, die Autoren von der Recherche abhält. Sondern Faulheit. Ich weiß, wovon ich schreibe. Viele Menschen freuen sich, wenn sich jemand für sie – und gerade für ihre Arbeit! – interessiert. Wie viele Männer und Frauen würde gerne ihren Ehepartnern mehr darüber erzählen, ernten jedoch oft bloß gelangweilte Mienen. Als neugierige Autorin rennen Sie offene Türen ein.

Schreiben Sie über die Berufe, die Sie selbst am meisten interessieren, faszinieren. Die Ihre Geschichte am wirkungsvollsten machen. Und verlassen Sie sich darauf, dass Sie beim Stöbern nach passenden Berufen oft Wunderbares entdecken, das Ihren Roman weit über das Thema Arbeit hinaus bereichern wird.

Überhaupt werden Sie beim Recherchieren Unmengen von Details abseits des eigentlichen Gebietes entdecken, die Ihnen beim Schreiben weiterhelfen. Nicht selten werden Sie auf Informationen stoßen, die Sie zwar nicht gesucht haben, die aber für den Roman (gerade deshalb) Wunder bewirken.

Ich bin ein Anhänger einer möglichst unaufwändigen Recherchemethode: Ich recherchiere so viel, wie ich wissen muss, um loszuschreiben. Den Rest suche ich mir dann zusammen, wenn ich ihn brauche. So vermeide ich, dass ich erst Unmengen an Material ansammle und irgendwann vor lauter Gras die Wiese nicht mehr sehe. Doch selbst wenn Sie möglichst gezielt recherchieren, sollten Sie sich nicht blind und taub stellen für die Details am Rechercherand.

Mein Fazit: Schreiben Sie über Arbeit, Ihre Leser interessiert das. Wie viel lieber würde ich mal über den Alltag einer Friseurin, eines Konditors oder einer Chefin eines kleinen Handwerksbetriebs lesen als schon wieder über einen coolen, aber durch seinen Job zynisch gewordenen Journalisten oder Polizisten! Warum lassen Sie nicht mal einen Pharmavertreter und eine Kindergärtnerin zusammen die Welt retten?

Er war kein Held, bloß ein Mensch, der Heldenhaftes tat
Zeigen Sie Ihren Lesern Menschen – und vor allem sich selbst

Eine Stelle aus Orscon Scott Cards Roman »*Children of the Mind*« (Tor 1996, dt. »*Enders Kinder*« / eigene Übersetzung) um seinen Charakter Ender gefällt mir besonders:

»*Wir gingen ein Stück des Wegs mit Ender Wiggin. Er zeigte uns Dinge, die wir sonst wohl nicht gesehen hätten. Aber die Straße führt jetzt weiter ohne ihn. Am Ende war er nicht mehr als jeder andere. Aber auch nicht weniger.*«

So die Sprecherin, die Enders Tod spricht.

Stellen Sie sich Ihren Roman aus Lesersicht vor: Leserin und Leser möchten mit dem Helden Ihres Romans (und mit den anderen Charakteren) ein Stück die Straße entlangwandern – ein Bild, das mir besser gefällt als das vielstrapazierte des Romans als Reise, weil es persönlicher ist. Die Leser möchten Dinge sehen, fühlen, erkennen, erfahren, die sie ohne Ihren Roman, ohne Ihren Helden, nicht bemerkt und erfahren hätten. Klischees finden die Leser an jeder schmutzigen Ecke, in Fast-Food-Läden, in ihrem Coffee-to-go. Verschonen Sie sie damit.

Machen Sie sich auf die Suche nach spezifischen Details und, das ist entscheidend, nach Ihrer ganz eigenen Sichtweise der Dinge. Denn genau das ist es, was nur Sie den Lesern bieten können: Lassen Sie Ihre Einzigartigkeit in Ihrem Roman durchscheinen, lassen Sie sie einfließen in Ihre Charaktere und in das, was sie erleben und was sie wahrnehmen.
Der Griff nach der erstbesten Idee und Lösung ist meist der falsche. Verfolgen Sie viele Ideen, und verfolgen Sie sie bis zum Ursprung tief in Ihrem Innern.

Ihre Figuren brauchen, wie Ender Wiggin, am Ende nicht mehr zu sein als jeder andere Mensch. Aber sie sollten auch nicht weniger sein. Sprich: Superhelden sind nicht notwendig. Doch Ihre Charaktere sollten das, was sie haben, was sie können, ausreizen – und zwar bis zum Äußersten.

Der Leser will einen Charakter sehen, der sich wandelt. Und Menschen, träge Couchpotatos (ja, die Mehrzahl des Wortes hat im Deutschen (sic!) kein e zwischen o und s), die wir sind, ändern sich nur, wenn es unbedingt sein muss.
Sorgen Sie dafür, dass es in Ihrem Roman unbedingt sein muss: Führen Sie Ihre Charaktere bis an die Grenzen. Davon sollte Ihr Roman handeln: von einer Grenzerfahrung. Geben Sie sich nicht mit weniger zufrieden.

Ender Wiggin musste mehr als einmal bis an seine Grenzen gehen – und diese Grenzen verschieben.

(Kleiner Gruß vom Besserwisser: Der Begriff »über seine Grenzen gehen« ist falsch, weil nur verkürzend für »über seine bisherigen Grenzen gehen«. Niemand kann, per Definition, über seine Grenzen gehen, sondern sie höchstens verschieben.)

Ender war noch ein Kind im Vorschulalter, als seine Ausbildung zum Elite-Soldaten begann. Er löschte eine ganze Rasse aus, gegen seinen Willen. Er wurde ein anderer. Er wurde ein Held, ohne ein Held zu sein.

Darum geht es: Zeigen Sie Ihren Lesern nicht Helden, die heldenhafte Dinge tun, wie James Bond oder Old Shatterhand. Zeigen Sie Ihnen Menschen, die heldenhafte Dinge tun, um Mensch zu sein und Mensch zu bleiben. Und lassen Sie Ihre Leser daran teilhaben – sie können es kaum erwarten. Denn sie lieben Menschen.

Oder warum sonst sollte man lesen?

Spendabel wie ein Schotte?
Wie Sie von Vorurteilen Ihrer Leser profitieren

Schotten sind geizig? Herrlich. Rothaarige Frauen sind feurige Liebhaberinnen? Toll. Alle Golf-Fahrer sind Spießer? Klasse. Sie haben Vorurteile? Oh, ich auch, eine Menge. Aber ... das ist doch kein Grund, sich zu freuen.

Nicht für normale Menschen. Wohl aber für Autorinnen und Autoren: Freuen Sie sich über die Vorurteile Ihrer Leser.
Warum? Weil sie Ihnen Ihre Arbeit erleichtern.

Werfen Sie Ihren Lesern ein paar gut abgehangene, vorurteilsbeladene Typen oder Situationen vor, und schon läuft bei ihnen das ganze Programm an Vorurteilen ab. Das spart Arbeit. Aber darum sollte es Ihnen nicht primär gehen. Wichtiger: Sie können Vorurteile nutzen, um die Wahrnehmung Ihrer Leser so zu steuern, wie es Ihrer Erzählabsicht am besten entspricht.

Ein ganz einfaches und offensichtliches Beispiel aus Joshua Ferris, »*The Unnamed*« (Reagan Arthur 2010 / eigene Übersetzung / dt. »*Ins Freie*«). In diesem Roman zerstört sein unerklärlicher, zu den ungünstigsten Zeiten ausbrechender Wandertrieb Leben und Familie eines erfolgreichen Rechtsanwalts in New York.

»*Klopf, klopf*«, *sagte er* [Tim, der Protagonist] *an Peters Tür.*
»*He, he*«, *sagte Peter.*
Er betrat das Büro und setzte sich. Peter war der Senior Associate im Fall R. H. Hobbes. Tim hielt nicht viel von ihm.

Tim hält nicht viel von Peter. Damit hat Ferris auf einfachste Weise erreicht, dass der Leser, ganz gleich, was Peter im Folgenden anstellt, zunächst das Negative an Peters Tat sehen wird. Der Leser weiß: Der Mann hat nicht viel drauf.

Mit dieser Einschätzung geht der Leser gleich in zwei Fallen. Zunächst in die des Autors, der will, dass der Leser nicht viel von Peter hält. Zum zweiten in Tims. Denn dass Tim nicht viel von Peter hält, muss ja noch nicht heißen, dass Peter ein übler oder unfähiger Kerl ist. Aber da wir als Leser uns in der nahen Erzählperspektive Tims befinden – in Tims Haut –, nehmen wir nicht nur Tims Wahrnehmung als unsere eigene an, sondern auch seine Vorurteile. Weil wir ihm vertrauen. Zumindest so lange, bis er uns einen Grund für Misstrauen gegeben hat.

Sie können bewusst mit Vorurteilen spielen. Passen Sie aber auf, dass Sie nicht in die Klischeefalle tappen. Dass der abgerissene Typ mit dem Trenchcoat, der Zigarre, dem Basset und dem alten Citroën ein genialer Detektiv / Wissenschaftler / Mathematiker ist, kann sich der Leser bald denken. Das Gleiche gilt für hochbehackte, kurzberockte, dickverschminkte Frauen – die sich in Romanen oder Filmen dann doch völlig unerwartet (nun ja) als sensible Astronautinnen mit mehr Doktortiteln als Brüsten entpuppen.

Doch jenseits der Klischees gibt es reichlich Raum, Vorurteile für sich arbeiten zu lassen: indem Sie sie zunächst zu bestätigen scheinen oder sie zumindest nicht widerlegen. Irgendwann entpuppt sich dann der Charakter oder die Situation doch als etwas ganz anderes: die Frau als Alien, die Nervenheilanstalt als Rauschgiftumschlagplatz.
Vorurteile sind ja häufig nichts anderes als die Erwartung eines Klischees. Auch in Dialogen lässt sich damit wunderbar spielen und so manch schöne Pointe erzielen.

»Wolltest du mir nicht noch was sagen, Liebes, bevor ich für drei Jahre ins All fliege? Ich jedenfalls liebe dich und schwöre dir, dich in der Raumkapsel allein mit Günter und Tom nicht zu betrügen.« Die Sonne malt ein paar kitschige Farben in die Gesichter der Eheleute, aus einem einsamen iPod klingt von fern ein Meer aus Streichern.
»Ich liebe dich auch, mein Liebster, und ich schwöre dir, dich in den einsamen 1.095 Tagen nicht zu betrügen. Für die einsamen Nächte kann ich jedoch nicht garantieren.«

Männer, Hände hoch, wer sich da eine hochbehackte, kurzberockte, dickverschminkte Frau vorstellt. Alles Vorurteile. Babs ist klein und dick, trägt alte Jeans und Birkenstocks. Sorry. Übrigens: Klischees, die sich in Ihren Texten finden, lassen manchmal auch Rückschlüsse über Sie als Autor zu. Noch ein Grund, die Klischees besonders genau zu überprüfen. Schlimm genug, wenn Ihr Held als Macho mit überkommenem Frauenbild entlarvt wird. Viel schlimmer, wenn Sie den Menschen im Autor bloßstellen.

Prüfen Sie Ihre Klischees!

Als meine Frau heimkam, saß die Königin an ihrem Platz

Von »*The King's Speech*« und der Figur Lionel Logue lernen

Der Film »*The King's Speech*« (Großbritannien, USA 2011; Regie: Tom Hooper; Drehbuch: David Seidler / deutscher Verleihtitel, nun, »*The King's Speech*«) lebt von seinen Charakteren. Obwohl Colin Firth fantastisch spielt, Helena Bonham-Carter eine überzeugend pfiffige, junge Queen Mum in spe gibt, hat mich der Sprachtrainer des Königs, Lionel Logue am meisten fasziniert. Geoffrey Rush – man kennt ihn bei uns leider vor allem als Pirat in der Reihe »*Fluch der Karibik*« – verkörpert ihn grandios.

Was aber macht diesen Charakter so besonders? Manches davon ist Schauspielkunst, ja, aber einiges kann auch der Roman-Autor von Drehbuchautor David Seidler lernen.

Lionel Logue gab es wirklich und er hieß tatsächlich so, obwohl die Verbindung Logue wie Logos und Logos wie Wort für einen Sprachtrainer wie erfunden wirkt. Bei seiner ersten Szene hört man ihn auf dem Klo. Durch die geschlossene Tür spricht er mit der nächsten Kundin seiner Sprechschule. Da ist nichts dabei – wäre die Frau da draußen in seinem Flur nicht die Frau von Herzog Albert und Schwiegertochter des Königs.

Diese Unbekümmertheit, und das ist das erste Bemerkenswerte an ihm, verliert Logue selbst dann nicht, als er erfährt, mit wem er es zu tun hat. Logues Verhalten überrascht den Zuschauer. Er lässt ihn denken, dieser Mann müsse ein außergewöhnlicher Charakter sein, wenn er sich um Rangordnung nicht schert.
Selbst als er später Herzog Albert als Schüler hat, beharrt Logue darauf, ihn mit »*Bertie*« anzusprechen – und er behält diese respektlose Anrede auch noch bei, nachdem man Herzog Albert zu König George gekrönt hat.

Seine persönliche Rangfolge offenbart Logue in einer herrlichen Szene. Während Bertie bei ihm im Wohnzimmer ist und dessen Frau, die Königin, draußen im Esszimmer alleine Tee trinkt – Logue musste seinem adeligen Schüler versprechen, dass er niemandem verrät, wem er da Sprechunterricht gibt –, kommt, völlig arglos, Logues Frau nach Hause. Und findet an ihrem Esstisch niemand anderen als ihre Königin. Für Logues Frau eine hochpeinliche Situation. Logue weiß, er hätte seiner Frau den Besuch ankündigen müssen, und er weiß auch, dass ihn ein Donnerwetter erwartet, sobald er und seine Frau allein sind. Was tut er? Er versteckt sich wie ein kleiner Junge hinter der Tür.

Bereits sein Äußeres macht Logue bemerkenswert. Rush ist ein sehr speziell aussehender Mann, mit einem Gesicht, das man nicht mehr vergisst. Eben eins dieser Gesichter, die es einem Autor schwer machen, ihm in seiner Beschreibung gerecht zu werden.

Begehen Sie als Autor aber nicht den Fehler, bei der ersten Begegnung darüber zu viel zu schreiben, sondern beschränken Sie sich auf das Augenfällige und das, was den Charakter ausmacht und beeinflusst. Ein Holzbein dürfen Sie gerne beschreiben, das ist augenfällig und wird die Figur in ihrem Leben stark beeinflussen. Auch die Backstory – und das zeigt nicht nur dieser Film – darf erst viel später kommen, nämlich dann, wenn sie ihre größte Wirkung entfaltet. Wer dieser Logue eigentlich ist, erfährt der Zuschauer erst sehr viel später im Film.

Ein anderes Vorgehen bei der Beschreibung birgt ebenfalls Nachteile: Beschreiben Sie Ihren Charakter nicht erst, wenn er zum zweiten, dritten, vierten Mal auftaucht. Der Leser hat sich längst ein Bild gemacht, das im Zweifel nicht dem entspricht, das Sie nachträglich zeichnen.

Logue sieht nicht nur speziell aus, er hat auch spezielle Ansichten. Außerdem spricht er, der Australier, im Original mit australischem Akzent und äußert sich hier und da respektlos patriotisch. Eine weitere kleine Macke tut ihm gut, sie macht ihn menschlicher und liebenswerter: Logue liebt das Theater mit aller Leidenschaft. Er ist selbst Schauspieler oder wäre zumindest gerne einer. Denn obwohl er seinen Shakespeare in- und auswendig kennt, spielt er miserabel. Diese Stärke, die zugleich eine Schwäche ist, macht ihn menschlich. Dass er dennoch immer wieder versucht, als Schauspieler zu reüssieren und das mit einer sympathischen Beharrlichkeit, macht ihn liebenswert.

Es genügen wenige Szenen und Charakteristika, um uns Leser oder Zuschauer für Logue einzunehmen. Autor und Regisseur geben ihm zudem die Chance, seine Charakterstärke unter Beweis zu stellen. Was seine Unterrichtsmethoden anbelangt, beharrt Logue auf seinem Standpunkt, mag der König selbst auch noch so viel dagegen einwenden. Logues Unterricht ist, wie er, höchst unkonventionell. Und: Er hat Humor.

Bei seiner Familie zeigt er sich als liebevoller Vater und Ehemann – und dem König gegenüber erweist er sich als treuer Freund.

Ganz wichtig: Logue hat ein Ziel, eins, das tiefer geht, als den König vom Stottern zu befreien, eins, das ihn ebenfalls vertieft unser Mitgefühl erreicht: Logue mag den Menschen, den er im König findet, und er möchte der Freund des Königs werden. Um das zu erreichen, beharrt er darauf, dass der König ihn mit dem Vornamen anspricht – während der König gerne mit Seine Majestät angesprochen würde, wie es sich gehört. Logue jedoch bleibt stur bei seinem »*Bertie*«.

Im vielleicht rührendsten Moment des Films, nach der erfolgreichen Rede des Königs, die sein Volk auf die dunklen Jahre des kommenden Kriegs gegen Deutschland vorbereitet, nennt der König Logue das erste Mal bei seinem Vornamen: »*Danke, Lionel.*« Und Logue dankt es ihm mit: »*Majestät.*«

Szenen & Übergänge

Schreibtipps & Autorentipps

Waldscheidt auf facebook

Vernetzen Sie sich mit Stephan Waldscheidt
und erfahren Sie Neuigkeiten über das Schreibhandwerk und den Buchmarkt

facebook.com/Waldscheidt

Spät rein, früh raus
So steigen Sie richtig in Szenen ein und richtig wieder aus

Wie steigen Sie möglichst sinn- und wirkungsvoll in eine Szene Ihres Romans ein? Da zum Zeitpunkt, in dem ich das hier schreibe, gerade mal wieder Germany's Next Topmodel läuft, will ich die einzelnen Punkte als Hommage an die professionelle Besserwisserin Heidi Klum wie folgt nennen:

Challenge 1: Zum richtigen Zeitpunkt in eine Szene einsteigen.
Der klassische Fehler: Die Autorin lässt ihre Szene zu früh beginnen.

Ein Beispiel aus »*Purpurdrache*« von Sven Koch (Knaur 2010):

Marcus stand am Fenster, als Alex das Büro betrat, und ließ den Blick über das Panorama seiner Stadt schweifen. Die Aussicht hier von der »Kaserne«, wie sie die Polizeibehörde der Einfachheit halber nannten, war atemberaubend.
Im Folgenden beschreibt der Autor die Aussicht über acht Zeilen und schließt:
Ein Ort, in dem ein brutaler Mord nicht passte. Ein Erdbeben, dessen Auswirkungen noch nicht abzusehen waren.
Alex hatte nicht angeklopft.

Die Absicht Kochs ist klar. Er kontrastiert die schöne Aussicht mit dem brutalen Mord – und rechtfertigt damit seine Beschreibung. Kann man machen, man läuft aber Gefahr, in die Klischeefalle zu tappen. Viele Autoren lassen es jedoch schon bei der Beschreibung bewenden.
Die eigentliche Szene beginnt frühestens bei dem Satz »*Alex hatte nicht angeklopft.*« Der Satz eignet sich deshalb gut als Einstieg in die Szene, weil er einen Mikro-Konflikt beinhaltet, eine winzige Übertretung der Norm – einen Konfliktkeim, aus dem sich in der Szene ein richtig großer Konflikt entwickeln kann.
Steigen Sie möglichst dann ein, wenn sich bereits ein Konflikt zumindest abzeichnet. Beschreibungen flechten Sie in die laufende Handlung ein. Aus verschiedenen Gründen kann es jedoch sinnvoller sein, mit Beschreibung zu beginnen. Etwa wenn Sie erst ein Gefühl für den Ort etablieren oder einen Ortswechsel zeigen möchten. Oder schlicht und gar nicht so unwichtig, um etwas Abwechslung in Ihre Szenenanfänge zu bringen.

Challenge 2: Zum richtigen Zeitpunkt aus der Szene aussteigen.
Der klassische Fehler: Die Autorin lässt ihre Szene zu spät enden. Dieser Fehler kommt vermutlich noch häufiger vor als der zu frühe Einstieg. Das liegt meist daran, dass man als Autor das Gefühl hat, die Szene »richtig« abschließen zu müssen. Das Problem: Die Szene endet nicht auf der spannendsten Note, sondern fällt ab: Die Autorin gestattet dem Leser, durchzuatmen. Oder der Heldin, wie ein Szenen-Ende aus »*Grimm*« von Christoph Marzi (Heyne 2010) zeigt:

Vesper hörte die Türen zuschlagen, noch ganz benommen, und während die Geräusche vom Strand verschwanden, ließ sie sich in den Sitz sinken, der weich und bequem war. Sie lauschte den leise und ruhig schnurrenden Lauten des Motors und der Stimme Leanders, der noch immer redete. Es roch nach warmem Leder und Sauberkeit und einem Geheimnis, das im Augenblick noch geheim bleiben wollte. Und als sie den Elbstrand verließen, fand sie endlich die Kraft, wieder ruhig zu atmen.

Was ist der Höhepunkt dieses Absatzes?
Das Wort »*Geheimnis*«.
Dahinter könnte die Szene besonders wirkungsvoll enden:
»*Es roch nach warmem Leder und Sauberkeit und einem Geheimnis.*« (Unter dem Vorbehalt, dass nicht ein Stimmungswechsel, ein Verschnaufen gewollt ist. In den meisten Fällen rate ich von so etwas ab.)

Tatsächlich könnte die Szene noch früher aufhören. Gehen wir ein Stück weiter in der Szene zurück:

Und ohne eine weitere Antwort abzuwarten, feuerte er [der Fremde] *auf den ersten Wolfsschemen ab, der noch in derselben Sekunde den Menschenkörper verließ.*
»*Bereit zum Tanz, meine Liebe?*«, *fragte der Fremde die übrigen Wolfsschemen.*
Vesper starrte ihn nur an.
Dann spürte sie eine Hand auf ihrer Schulter.
»*Lass uns verschwinden*«, *schlug Leander vor.*
Sie zögerte einen Moment, dann nickte sie.
Gemeinsam kletterten sie die Steinwand empor. Der Range Rover stand noch immer da, pechschwarz und elegant. Leander schob Vesper ins Innere des Wagens und nahm auf dem Fahrersitz Platz. [Ab hier geht es weiter mit dem Abschnitt oben.]
Der Höhepunkt dieses Abschnitts ist »*Lass uns verschwinden*«, *schlug Leander vor.* Alles, was danach kommt, ist Dénouement, ein Absacker, der auch die Leser innerlich absacken lässt. Kann man machen, aber man sollte die Risiken kennen: nachlassende Spannung.

Wenn Sie sich das richtige Ende für Ihre Szene ausgesucht haben, dann feilen Sie noch am letzten Satz. »*Lass uns verschwinden*«, *schlug Leander vor*, ist kein Knallersatz, der eine Szene packend zu Ende bringt. Der Nebensatz am Ende ist wiederum ein Absacker. Besser wäre bereits: *Leander packte sie an der Schulter.* »*Lass uns verschwinden.*«

Challenge 3: Einstieg in eine Szene mit Dialog
Der klassische Fehler: Der Autor lässt die Leser zu lange im Unklaren darüber, wer spricht oder wo und wann der Dialog stattfindet.

»*Kannst du mir sagen, was in dich gefahren ist?*«, *fragte Dany mit der ungeduldigen, zornigen Stimme, die sie an ihm nicht mochte.* »*Warum hast du das Gespräch auf einmal abgebrochen? Nur wegen deiner Freundin?*«
»*Nicht nur wegen Anni.*«

Sie standen über der Spree auf dem Bahnsteig des S-Bahnhofs Jannowitzbrücke, und hier war der Wind noch stärker als auf dem Boot.

So steigt C. C. Fischer in eine Szene seines Thrillers »*Erlösung*« (Blessing 2011) ein. Schon der erste Satz reißt den Leser mitten hinein in einen äußeren Konflikt. Erst als der Leser schon im Konflikt gefangen ist, gibt sich Fischer mit Beschreibung ab.
Ganz wichtig hier: Das Gefühl für den Ort der Handlung darf nicht zu spät kommen. Ansonsten verwandelt sich der Konflikt für den Leser in einen Faustkampf im luftleeren All.
Wann ist »zu spät«? Das hängt auch von der Szene davor ab. Wenn der Leser annehmen darf, dass die Szene am selben Ort mit denselben Personen weitergeht, können Sie dem Dialog eine Weile Raum lassen. Spielt die Szene jedoch an einem anderen Ort, zu einer anderen Zeit oder mit anderen Personen als die vorhergehende, sollten Basisinformationen des Settings früh kommen.
Fischer lässt sich hier gerade mal einen einzigen Austausch Rede – Gegenrede Zeit. Mehr als zwei Wortwechsel dürften schon problematisch werden. Um das richtige Maß zu finden, vertrauen Sie Ihrem Bauchgefühl. Laut lesen hilft.
Einen klaren Vorteil hat der Einstieg mit Dialog: Die Szene wirkt sofort lebendig und dynamisch. Falls Sie, wie bei Fischer, einen Konflikt zumindest anklingen lassen.
Anders bei diesem Szenenbeginn:

»*Guten Tag.*«
»*Guten Tag.*«
»*Wie geht es Ihnen?*«
»*Man lebt.*«

Keine Spur von Dynamik oder Konflikt, obwohl es ein Dialog ist. Sicher kein geeigneter Einstieg für eine Szene.

Der Nachteil des Einstiegs mit Dialog: Sie könnten die Leser verwirren, siehe oben.

Beachten Sie stets auch das Ziel, das Sie mit dieser Szene im Laufe des Plots verfolgen. Wenn Sie beispielsweise erst eine besondere Stimmung etablieren möchten, sind Dialoge weniger geeignet.

Dennoch können sie sogar mittels eines Dialogs das Setting beschreiben. Etwa so:

»*Hörst du das?*«
»*Deine blöden Gummistiefel sind zu laut. Meinst du das Tropfen?*«
»*Dahinter, dieses Schnarchen. Hört sich an wie …*«
»*Wie ein Bär. Scheiße. Warum lasse ich mich von dir bloß immer wieder in diese beschissenen Höhlen mitschleifen?*«

Kein Meisterdialog, aber ich denke, Sie wissen, was ich meine.

Challenge 4: Einstieg in eine Szene mit Beschreibung
Der klassische Fehler: Die Beschreibung zieht sich zu lange und zu statisch, senkt dadurch das Tempo und macht es schwieriger, den Roman wieder in Fahrt zu bringen.

Die Scheinwerfer des Mercedes erfassten die halb zerfallene Steinmauer des Friedhofs und ein Eisenkreuz und dahinter die Kapelle auf dem Hügel am Ende des morastigen Feldwegs. Die Mauern der Kapelle wirkten frisch geweißelt, die Fenster waren durch dunkelrote Läden gesichert. Kein Lichtschein fiel aus dem Innern, niemand zeigte sich in der Pforte oder hinter den Fensterläden. Die Schieferschindeln des Dachs schimmerten matt, als hätte es hier vor Kurzem noch geregnet. Auch das rostige Kreuz glänzte nass. Weißdorn wucherte über die grob behauenen Steine der Mauer, und zwei irisierende Punkte im Geäst einer Mooreiche entpuppten sich als die Augen eines gefiederten Käuzchens.
Diese Beschreibung (wieder aus C. C. Fischer, »*Erlösung*«, Blessing 2011) ist zugleich Handlung, zumindest zu Beginn – so sollten die meisten Ihrer Beschreibungen aussehen: dynamisch statt statisch. Halten Sie die Dinge in Bewegung. Stellen Sie sich vor, sie wären ein Jongleur und jeder Ball wäre ein zu beschreibender Gegenstand. Lassen Sie keinen davon ruhen, sonst fallen ihnen alle herunter.

Der große Vorteil des Szeneneinstiegs mit Beschreibung – und vermutlich wird sie deshalb auch am häufigsten dafür benutzt: Der Leser erhält sofort ein Gefühl des Schauplatzes. Das ist vor allem dann wichtig, wenn der Schauplatz mit der Szene wechselt oder eine besondere Rolle spielt. Auch zur Etablierung einer Stimmung eignet sich die Beschreibung zum Szenenbeginn.

Der Nachteil: Statische Beschreibungen wirken behäbig. Statt den Leser an den Erzählhaken zu nehmen, bitten sie ihn höflich in die Szene herein. Das können Sie zur Erzeugung von Kontrast mal tun oder um das Tempo bewusst herauszunehmen, aber nicht bevor Sie die Leser sicher am Haken haben.

Abwechslung aber bringen Sie nicht dadurch in Ihren Roman, dass Sie spannende und langweilige Stellen abwechseln. Das gelingt ihnen, indem Sie Situationen schaffen, die *auf unterschiedliche Weise spannend* sind.

Beschreibungen können zum Beispiel dadurch spannend werden, dass sie eine Frage aufwerfen. Was ist das für ein seltsamer Ort? Oder: Warum spielt die Handlung jetzt ausgerechnet dort? Oder: Was hat die Heldin um diese Zeit in diesem Viertel verloren?
Manche Orte sind schon von sich aus interessant: Im Beispiel aus C. C. Fischers Roman ein Friedhof bei Nacht.

Mal ganz von der dort lauernden Klischeegefahr abgesehen, sollten Sie sich nicht damit begnügen, einen aufregenden Ort zu beschreiben. Beschreiben Sie einen spannenden Ort auf spannende Art und Weise – und machen Sie ihn dadurch noch spannender. Das geht besser über *dynamische* Beschreibungen.

So ist Fischer *nicht* eingestiegen:

Es war Nacht. Die Steinmauer des Friedhofs war halb zerfallen. Ein Eisenkreuz stand da und dahinter die Kapelle auf dem Hügel am Ende des morastigen Feldwegs.
Das wäre die statische Variante. Die langweilige Variante. Die in Ihrem Roman nicht vorkommt, nirgends.

Fischers dynamische Variante lässt sich noch dynamischer gestalten – mittels starker Verben. Und unter Beachtung der, bei Beschreibungen essenziellen richtigen räumlichen Abfolge.
Denken Sie daran, dass Ihre Leser aus Ihren Wörtern Bilder konstruieren. Diese Bilder können nicht lebendig werden, wenn Sie das, etwa durch wildes Kreuz- und Querbeschreiben, torpedieren.

Original:
Die Scheinwerfer des Mercedes erfassten die halb zerfallene Steinmauer des Friedhofs und ein Eisenkreuz und dahinter die Kapelle auf dem Hügel am Ende des morastigen Feldwegs.

Mit geordnetem Raum:
Die Scheinwerfer des Mercedes erfassten die halb zerfallene Steinmauer des Friedhofs und ein Eisenkreuz und dahinter, auf dem Hügel am Ende des morastigen Feldwegs, die Kapelle.

Die Scheinwerfer zeigen, umgesetzt in die Realität, erst den Weg und den Hügel und erst dann die Kapelle. Sicher kann man das auch zu weit treiben und hier etwa fragen, ob zuerst der Hügel oder das Ende des morastigen Feldwegs in den Blick kommt. Erst am Ende aber steht die Kapelle. Das ergibt sich aus der Perspektive des Mercedes und aus der Steigerung zu einem Höhepunkt auch innerhalb einzelner Sätze.

Doch Vorsicht: Bei manchen Konstruktionen geht diese logische räumliche Abfolge innerhalb eines Satzes auf Kosten des Klangs. Auch nicht gut ist es, wenn jeder Satz gleich konstruiert wäre. Aber wann immer es möglich ist, sollten Sie der räumlichen Logik der Bilder mit Ihren Wörtern entsprechen.

Abstrakte Sätze folgen einer anderen Logik.

Womöglich ist für viele Leser und offenbar auch Autoren im Deutschen die logische Reihenfolge der Bilder im Satz nicht so wichtig. Kann sein, dass wir uns durch die Stellung des Verbs oft ganz hinten im Satz daran gewöhnt haben, Sätze grundsätzlich als Einheit zu sehen, bei der die Reihenfolge der Wörter eine bestenfalls untergeordnete Rolle spielt. Andererseits ermöglicht aber gerade Deutsch das Erzielen so unterschiedlicher Effekte allein durch eine Umstellung von Wörtern im Satz, wie es beispielsweise im Englischen nicht möglich ist.

Beispiel: Marie haben Sie heute in der Bar nicht gesehen. Haben Sie heute Marie in der Bar nicht gesehen? Heute in der Bar haben Sie Marie nicht gesehen. Gesehen haben Sie Marie heute in der Bar nicht? In der Bar haben Sie Marie heute nicht gesehen? Usw.

Zurück zu dem Beispielsatz aus Fischers Roman und einem Nachteil dieser Version: Das Verb *erfassen* muss den ganzen Satz allein bewegen. Und gerät gegen Ende etwas außer Puste. Sie könnten ihm noch ein oder zwei Gesellen zur Seite stellen.

Mit starken Verben sähe der Satz dann so aus:
Die Scheinwerfer des Mercedes erfassten die halb zerfallene Steinmauer des Friedhofs, rissen ein Eisenkreuz aus dem Dunkel und fanden dahinter, auf dem Hügel am Ende des morastigen Feldwegs, die Kapelle.

Challenge 5: Einstieg in eine Szene mit Handlung
Der klassische Fehler: Die Handlung wirkt zu verwirrend, weil unklar ist, wer handelt, oder weil das Setting nicht ausreichend deutlich ist.

Zwei junge Frauen verließen Arm in Arm den Pub; als sie sich vorbeugten und davoneilen wollten, um dem Regen zu entfliehen, kamen sie mit ihren hohen Absätzen auf dem rutschigen Kopfsteinpflaster kaum zurecht. Sie erreichten den dunklen Wagen, blieben kurz stehen, um Atem zu schöpfen oder sich festzuhalten – was von beidem, konnte Henry nicht erkennen –, drückten ihre Brüste flach gegen die Scheiben und streckten ihre Arme über dem Dach aus. Sie feierten ihre Flucht.

So steigt David Abbot in seinem Roman »*Die späte Ernte des Henry Cage*« (dtv 2011) in eine seiner Szenen ein. Der Einstieg mit Handlung hat den Vorteil, dass sofort etwas geschieht, dass die Bilder im Kopf des Lesers unverzüglich loslaufen. Nachteilig kann sein, dass die Bilder nicht klar genug sind, sofern der Autor den Leser über das Setting im Ungewissen lässt.
Sie vermeiden das, indem Sie das Setting bereits in der vorhergehenden Szene etablieren – sofern die Szenen am gleichen Schauplatz spielen. Oder indem Sie, wie hier Abbott, die Beschreibung in die Handlung einfließen lassen.
Letzteres ist grundsätzlich eine gute Idee: Machen Sie Beschreibungen dynamisch.

Vorsicht bei zu viel Action direkt am Szenenanfang. Das kann die Leser, wenn sie noch nicht richtig in der Szene angekommen sind, überfordern und verwirren. Auch hier aber gilt: Die Leser sind bei so etwas meistens auf weniger ausführliche Erläuterungen angewiesen, als es der Autor glaubt.

Challenge 6: Einstieg in eine Szene über eine Erzählung
Der klassische Fehler: Erzähltes gerät leicht zu abstrakt oder zu statisch.

Im Laufe des nächsten Jahres wurde es immer schlimmer. Ma war bösartig, das Geld war knapp, und niemand, nicht einmal Benjamin, schien ihr etwas recht machen zu können. Sie arbeitete nicht mehr für Mrs White, und wenn Mrs White an ihrem Marktstand auftauchte, dann sorgte Ma dafür, dass jemand anders sie bediente, und tat so, als würde sie sie nicht sehen.

Wenn Sie – wie hier Joanne Harris in ihrem Roman »*Blaue Augen*« (List 2011) – erzählend einsteigen, können Sie sofort die Erzählstimme herausheben. Das ist insbesondere bei Romanen, die von einem starken Erzähler leben, sinnvoll. Schon der Ton allein zieht den Leser in die Szene hinein.
Der Unterschied wird deutlich im Vergleich mit einem ganz anderen Erzähler, einem ganz anderen Ton, nochmals David Abbott und »*Die späte Ernte des Henry Cage*«:

Im Dorf gelten Tom und Jane als Teilzeithändler. Ist es im Sommer warm, schließen sie die Buchhandlung gegen Mittag und radeln an den Strand. Im Winter warten sie ungeduldig auf den eisigen Nordwind, der die Menschen von der Straße fernhält. Dann sperren sie zu und ziehen sich guten Gewissens nach oben zurück. Sie liegen in ihrem Bett aus Schmiedeeisen und Messing (das ihnen ein Bücher liebender Hufschmied von einem nahegelegenen Anwesen preiswert eingerichtet hat) und schauen zu, wie die schwarzen Wolken von der Nordsee hereinrollen.

Auch hier deutlich zu sehen: Die Untermischung von Beschreibung – jedoch nicht in Handlung, sondern in Erzählung.

Dieser Einstieg bietet sich an, wenn der Abschnitt (im engeren Sinn handelt es sich hier gar nicht um eine Szene) einen längeren Zeitraum überbrücken oder, zu Anfang schon, den Ton, die Stimmung festlegen soll. Auch als Kontrast zu atemlosen Szeneneinstiegen etwa über Dialoge eignet sich dieser Einstieg.
Ein möglicher Nachteil: Die Szene wirkt behäbig(er). Außerdem laden erzählende Abschnitte dazu ein, für den Roman Überflüssiges zu schildern.

Challenge 7: Einstieg in eine Szene mit innerem Monolog
Der klassische Fehler: Geschwätzigkeit.

Fließend sind die Grenzen zwischen dem Einstieg mit Erzählung und dem per innerem Monolog. Nämlich dann, wenn der POV-Charakter zugleich der Erzähler ist, also etwa bei Romanen in der Ich-Form:
Nein, ganz so war es nicht. Aber es ist auch nicht weit von der Wahrheit entfernt. Die Wahrheit ist ein kleines, bösartiges Tier, das sich mit Zähnen und Klauen ans Licht vorarbeitet. Es weiß, wenn es auf die Welt kommen will, muss etwas oder jemand dafür sterben.

Joanne Harris lässt ihren Erzähler in »*Blaue Augen*« so mit innerem Monolog in eine Szene einsteigen. Und mit einem Widerspruch, einem Minikonflikt sofort im ersten Satz: *Nein, ganz so war es nicht.* Was den Leser sofort reizt.

Tatsächlich beginnt diese Szene anders, sie hat, durch ihre ungewöhnliche Form, zwei Anfänge. Oben steht der zweite, und so lautet der erste:

Ihr lest das Blog von blauauge.
Eingestellt am Freitag, den 1. Februar um 1:37 Uhr
Zugang: eingeschränkt
Gefühlslage: melancholisch
Höre gerade: Voltaire: »Born Bad«

Womit wir hier angelangt wären:
Challenge 8: **Formal ungewöhnliche Einstiege.** Der Klassiker ist wohl der, mit einem Ort und / oder einer Uhrzeit anzufangen: »*Hong Kong, 10:17 Uhr*«.
Der klassische Fehler: Die Form überlagert den Inhalt oder lenkt von ihm ab.

Der Vorteil solcher Einstiege ist in jedem Fall der, durch ihre Auffälligkeit beim Leser für Interesse und Neugier zu sorgen. Ein Nachteil kann sein, dass solche Anfänge den Leser aus seinem fiktionalen Traum, dem Erzähltraum reißen, weil es ihm so bewusst gemacht wird, dass er nur eine Geschichte liest.
Die Meta-Challenge:

Wichtig bei allen Einstiegen: Wechseln Sie ab. Beginnen Sie Szene 9 mit einer Beschreibung, Szene 10 mit Handlung, Szene 11 mit Beschreibung, Szene 12 mit Dialog usw. Betrachten Sie spätestens beim Überarbeiten die Szenen vor und nach der, an der Sie aktuell arbeiten. Konflikt im Roman heißt nicht nur Konflikt innerhalb der Handlung in den Szenen – sondern auch dazwischen. Sorgen Sie für Kontrast zwischen dem Ende der Szene 13 und dem Beginn der Szene 14.

Wenn eine Szene glatt in die andere übergeht, sollten Sie darüber nachdenken, ob Sie an der Stelle überhaupt einen Szenenwechsel (angezeigt durch Leerzeile oder leere Seite) einfügen wollen. Oder ob Sie vielleicht zu früh ein- oder zu spät ausgestiegen sind.

PS: Was genau ist eigentlich der Unterschied zwischen Handlung und Erzählung? [Meinen Dank an Blog-Leser Tim für diese Frage.]
Für meine Betrachtung habe ich Handlung und Erzählung wie folgt voneinander abgegrenzt (die Grenzen sind fließend, was aber für die Praktiker unter Ihnen – also für alle Autorinnen und Autoren – ein rein akademisches Problem darstellt, das aufs Schreiben keinen Einfluss haben sollte):

Unter einer Handlung verstehe ich hier eine szenische Handlung (in der Erzählgegenwart der Geschichte, oft mit Dialog), die an einem bestimmten Schauplatz zu einer bestimmten Zeit stattfindet.
Unter einer Erzählung verstehe ich hier eine nicht-szenische Handlung, die auch an mehreren Orten und zu verschiedenen Zeiten spielen kann. Und oft auf Dialog verzichtet.

Beispiel:
Eine Szene: Eine Frau betritt ein Wohnzimmer und streitet sich dort mit ihrer Schwester.

Beispiel:
Ein Erzähler gibt einen kurzen Überblick darüber, wie sich das Verhältnis der beiden Schwestern zueinander entwickelt hat und berichtet darüber, wie der Streit ablief.
Eine Handlung ist:
Elsa trat ins Zimmer.

Eine Beschreibung ist:
Das Zimmer war sehr stylisch eingerichtet.

Handlung kann natürlich sowohl in einer Szene und auch in einer Erzählung stattfinden. Der Unterschied ist die größere Unmittelbarkeit der szenischen Handlung. Der Leser »steckt mittendrin«. Bei einer Erzählung beobachtet der Erzähler die Handlung eher. Was aber auch noch von der jeweiligen Erzählperspektive, dem *point of view* abhängt.

Eine schöne Abgrenzung gibt das bekannte Zitat als Aufforderung an Roman-Autoren: »*Show, don't tell!*«.
Eine szenische Handlung zeigt ein Ereignis, eine Erzählung berichtet nur darüber.

Erzählung eignet sich gut zum Überbrücken von Zeiträumen und ist natürlich auch innerhalb einer Szene möglich.

Beispiel:

»*Hast du heute Abend Zeit?*«, *fragte Eva und sah Herbert dabei zu, wie er in seinem Skizzenblock kritzelte. Statt einer Antwort brummte Herbert nur.*
Eine halbe Stunde schwigen sie, Eva blätterte in einer Wohnzeitschrift, die sie nicht interessierte, und Herbert war in seine Skizzen vertieft.
»*Wie soll es mit uns weitergehen?*«, *fragte Eva, als sie es nicht mehr länger aushielt.*

Hier mischt sich direktes szenisches Schreiben (der Dialog) mit Narration (»*Eine halbe Stunde schwigen sie ...*«).

Beides, Zeigen wie Erzählen, hat seine Vor- und seine Nachteile. Für Roman-Autoren, die sich an ein Publikum wenden, das mit Filmen aufgewachsen ist, bietet die szenische Handlung (SHOW) eine direktere Möglichkeit, die Leser anzusprechen und zu berühren. Erzählen (TELL) ist meist distanzierter (was aber etwa durch eine besonders starke Erzählstimme wettgemacht werden kann).

Los, spring! Es ist doch nur eine Leerzeile
Harte Schnitte

Ich drehe mich auf die Seite und reibe meine Wange am Kissen. Mir ist nach Weinen. Ich weine nicht.
Dann halte ich inne, schlafe ein.

Als ich wach werde, ist es noch dunkel.

Dieser Ausschnitt aus »*Die Glasfresser*« von Giorgio Vasta (DVA 2011) ist vermutlich die klassischste und grundlegendste Form eines Übergangs im Roman: einschlafen, aufwachen, dazwischen die Leerzeile wie eine Schwarzblende im Film, schwarz wie der Schlaf selbst.

Gute Übergänge von einer spannenden Szene zur nächsten zu schreiben, ist eine Kunst für sich. Zu leicht merkt man den Übergängen ihre überleitende Funktion an, zu schnell vergisst der Autor, dass auch Übergänge sich ihre Existenz im Roman verdienen müssen: indem sie spannend sind, die Handlung voranbringen, Charaktere oder Thema vertiefen, ihren Beitrag zum Beweis der Prämisse leisten.

Thriller-Autoren lassen Übergänge häufig ganz weg, Szene folgt auf Szene. Für einen atemlosen Thriller mag das ein gutes Rezept sein. Unsere Erziehung zu immer schnellerer Aufnahme von Eindrücken und das zunehmende Tempo von Filmen bezahlen wir mit immer kürzeren Aufmerksamkeitsspannen. Dem Rechnung tragend, benutzen längst Autoren aus allen Genres und dem Mainstream den übergangslosen Übergang: den Schnitt.

Nicht nur, um ein hohes Tempo vorzulegen und etwa eine langweilige Autofahrt vom Tatort zum Polizeiposten zu vermeiden, bietet sich dieses Vorgehen an. Auch wenn die Erzählperspektive wechselt, sind Autorin und Autor mit einem klaren Schnitt meist besser bedient.

Fügen Sie lediglich eine Absatzmarke ein, entsteht leicht Verwirrung, wenn oder bis der Leser merkt, dass er nun die Handlung durch andere Augen wahrnimmt.
Die Folge: Der Erzählfaden reißt, der Leser wird unsanft aus Ihrer Geschichte geholt. Harte Übergänge bieten einen weiteren Vorteil: Sie erlauben dem Autor einen pfiffigen Satz, ein Bonmot, einen Cliffhanger zum Abschluss einer Szene und einen neugierig machenden Einstieg in die nächste. Manch einer mag das weniger als Vorteil sehen, sondern als lästige Pflicht. Verständlich: Jedem Satz vor und jedem Satz nach einem Übergang kommt allein durch seine Stellung eine besondere Bedeutung zu. Ein Abschluss und ein Anfang erfordern das ganze Können des Autors. Ein wenig aufregender Satz, der sonst zwischen anderen Sätzen untergegangen wäre, genügt hier nicht: Seine Blässe wird grell beleuchtet.

Insofern machen harte Schnitte mehr Arbeit, als man zunächst denkt. Einem drögen Absatz, dem man seine einzige Funktion anmerkt – die des Überleitens zur nächsten Szene – stehlen sie dennoch locker die Schau.

David Mitchell reizt die vielfältigen Möglichkeiten der Schnitttechnik in »*The Thousand Autumns Of Jacob De Zoet*« (Random House 2010 / eigene Übersetzung) vielfältig aus. So beginnen in einer längeren Szene des Romans – ein paar der Charaktere spielen Karten und erzählen sich Anekdoten – die einzelnen Sequenzen mit immer dem gleichen Bild: dem Blick auf die Rumvorräte.

Neun Krüge mit Rum stehen noch auf dem Regal aus Plankenböden. (...) Fünf Krüge mit Rum stehen noch auf dem Regal aus Plankenböden. (...) Zwei Krüge mit Rum stehen noch auf dem Regal aus Plankenböden. (...) Nicht ein Tropfen Rum ist übrig.

Die Leser sind den übergangslosen Übergang gewöhnt – wir Autoren und Filmemacher haben ihnen harte Schnitte antrainiert. Bei Übergängen ist es ähnlich wie bei Erklärungen: Der Leser füllt sich die Leerstellen selbst, ein Zuviel stört eher, als dass es nützt.

[Ein hartes Ende wie das dieses Artikels ist nur ein Sonderfall des harten Schnitts.]

Eheprobleme, französisch und mexikanisch
Überleitungen, Überbrückungen

Übergänge können dazu dienen, längere Zeitspannen zu überbrücken, indem der Autor sie kurz Revue passieren lässt oder ein entscheidendes Ereignis aus der Zeit des Übergangs aufgreift. Sie erlauben dramaturgische Möglichkeiten, die harte Schnitte nicht bieten.
Auch ins Textganze sollte sich der Übergang fügen. So sind zackige Thriller, die sich innerhalb eines Tages abspielen, eher für Schnitte geeignet als etwa eine Familiengeschichte, die sich über drei Generationen zieht.
Abwechslungsreicher wird Ihr Roman, wenn Sie zwischen harten Schnitten weiche Übergänge verwenden. Auf diese Weise lassen sich Tempo und Erzählrhythmus variieren.

Wenn Sie mit einem Übergang eine längere Zeitspanne überbrücken, seien Sie vor einem Überangebot an Informationen auf der Hut. Wie bei Erklärungen im Allgemeinen sollten Sie sich auch hier fragen, ob der Leser all das wissen muss, was Sie in den Übergang packen – und ob er es jetzt wissen muss. Womöglich gibt es einen geeigneteren Zeitpunkt, an dem Ihre Information dramaturgisch stärker wirkt.

Wägen Sie die Passage der Überleitung gegen den harten Schnitt ab: Könnten Sie die Auflösung von Tessas Verlobung mit Martin – während Hinrichs Zeit in der Fremdenlegion –, nicht viel effektiver erst später bekannt geben?

In ihrem historischem Roman über Marie Curie und Leon Bloy, »*Zeit des Raben, Zeit der Taube*« (Deutsche Verlagsanstalt 1960, dtv 2005), überbrückt Gertrud Fusseneggers drei Jahre:

Während wir so über die Wassertiefe hinglitten – Pierre führte die Ruder, aber er tat es lässig und ließ sie oft ruhen, berührte mich zum ersten Mal der Gedanke: Wir schweigen wie Liebende.

Wir schwiegen, wie Liebende miteinander schweigen.
Später redeten wir, wie Liebende miteinander reden.
Noch später lebten wir miteinander.
Alles, was zwischen uns war, damals lag es noch in weiter Ferne.
Andere nennen es Ehe; manche auch Sakrament. Uns hieß es anders.
Alles ist eine Sache der Symmetrie, eine Sache der Achse, um die das Rad schwingt, um die das Gefüge kreist: Wo es sich öffnet, leuchtet es auf, es, das Strahlende.

Drei Jahre später: Der lange Sonnentag war zu Ende.

Dieser Übergang ist weit mehr als eine einfache Überleitung von A nach B. Es ist eine eigene Geschichte, die dem Roman auf elegante Weise Resonanz und Raum verleiht.

Die Details, was genau damals zwischen die Eheleute geriet, spart die Autorin hier noch aus. Erst viel später geht sie genauer darauf ein – und zwar an der dramaturgisch perfekten Stelle dafür: Als die Probleme zwischen Marie und Pierre Curie sich verschärfen.

Überleitungen können, wie jede andere Szene auch, Andeutungen machen, die Spannung und Suspense erzeugen: Da ist doch was vorgefallen auf der Fahrt von KOK Moninger und KHK Wolf vom Tatort zum Präsidium. Aber was genau, zeigen Sie erst später.

Durch ihre Herausgehobenheit aus der Abfolge von Szenen erlauben Übergänge einen eleganten Perspektivwechsel, etwa von der in Ihren Szenen vorherrschenden nahen dritten Person zu einem allwissenden Erzähler, der während der Überleitung kommentiert oder die Saat zu weiteren Verwicklungen legt oder andeutet.

Manche Autoren versuchen, in den Übergängen den Kontrast zu schaffen, den Raum zum Atemholen, der dem Tempo und Rhythmus ihres Romans besser entspricht. Und vielleicht lässt sich auf dem Weg vom Tatort zum Polizeiposten ja etwas unterbringen: ein versteckter Hinweis, ein wenig Exposition, eine Enthüllung?

Gute Autoren erkennen in einem Übergang die Chance, etwas Besonderes zu schaffen. Etwas, was dem Roman Tiefe verleiht, eine besondere Stimmung, ein ganz eigenes Gefühl wie oben in Gertrud Fusseneggers Roman.
Oder Sie verbinden den nur scheinbar scharfen Schnitt, machen den Übergang weniger hart und füllen ihn zugleich mit Resonanz.

So wie das Heidi Julavits in »*The Mineral Palace*« (Putnam 2000 / eigene Übersetzung / dt. »*Der Mineralpalast*«) so atemberaubend gut gelingt. Zum besseren Verständnis habe ich meiner Übertragung ins Deutsche das englische Original beigestellt.

She still would have had the stinging patch of rubbed-off skin along the middle of her spine that she hid from her friends, because you weren't supposed to give yourself away to your fiancé before you'dearned that second, plainer ring, even if they all secretly did. There was a brass band. A brass band and a choir of Mexican boys in red waistcoats and torn huaraches, the leather strips so stretched that Bena could see the toes peeking through. *

[Sie hätte noch immer den stechenden Flecken weggeriebener Haut in der Mitte ihrer Wirbelsäule, den sie vor ihren Freunden versteckte, denn du hattest dich deinem Verlobten noch nicht hinzugeben bevor du dir nicht den zweiten, einfacheren Ring verdient hättest, auch wenn sie alle das heimlich taten.
Da war eine Blaskapelle. Eine Blaskapelle und ein Chor mexikanischer Jungen in roten Westen und zerrissenen Huaraches, die Lederstreifen so ausgeleiert, dass Bena die Zehen herausspitzen sah.]

Das Motiv des Rings verbindet die beiden scheinbar getrennten Szenen. In der ersten wird von einem zweiten, einfacheren Ring gesprochen – dem Hochzeitstring, der traditionsgemäß einfacher ist als der zur Verlobung. Die zweite Szene beginnt mit einer Kapelle von Blechbläsern, *brass band*. *Wedding band* ist aber zugleich auch der Hochzeitsring. Doch *brass band*, womit hier eindeutig eine Blaskapelle gemeint ist, könnte auch einen Hochzeitsring beschreiben, einen billigen aus Blech.

Nicht nur schafft Heidi Julavits einen gelungenen Übergang – durch das geschickt gewählte doppeldeutige Bild verleiht sie der Ehe der Heldin zugleich einen gewissen billigen, womöglich gefährdeten Status. Und die Kapelle besteht aus recht abgerissenen Gestalten, zudem Mexikanern – eine mexikanische Blaskapelle hatte zur Zeit der Handlung des Romans in den USA noch etwas Romantisches, spielte womöglich auch auf der ein oder anderen Hochzeit. Womit die Autorin erneut das Thema Ehe und Liebe und den Zerfall von beidem aufgreift. Dass sie *brass band* gleich im nächsten Satz wiederholt, betont das Bild und seine Zweideutigkeit. Selbst die im Rücken der Heldin abgeschubberte Haut findet sich im Leder der Schuhe der Band wieder, die ebenfalls in Mitleidenschaft gezogen sind.

Von solcher Meisterschaft sollten Sie sich nicht verunsichern, sondern anspornen lassen. Sie zeigt, was ein Übergang leisten kann.

Übergänge sind weit mehr als nur ein weiteres beliebiges Mittel der Form. Der geschickte Autor nutzt auch ihre Möglichkeiten aus, um seinen Roman besser oder spannender oder tiefer zu machen. Nicht immer ist ein harter Schnitt die bessere Lösung.

---

*) © 2000 Heidi Julavits.

Dackel hängt drei Stunden an Sylter Klippe (mit den Zähnen)
So beenden Sie Ihre Szenen subtiler

Wenn Sie am Ende jeder Szene jemanden in Todesgefahr zurücklassen, gehen Ihnen spätestens nach der Hälfte des Romans die Klippen aus. Die Leser sind schon vorher, nun ja, abgesprungen.

Einige subtilere und zugleich eindringliche Methoden, eine Szene hoch spannend und interessant zu beenden, zeigt uns Stefan Kiesbye in seinem faszinierenden und wunderbar geschriebenen Heimatgrusler »*Hemmersmoor*« (Tropen 2011).

1. Schließen mit einfachem Subtext. Subtext ist das Ungesagte. Der Teil des Eisbergs unter der Wasseroberfläche.

»Erzähl deiner Mutter nur nichts von der Frau Madelung. Das wird sie nur aufregen.« [So wird Ich-Erzählerin Linde von ihrem Vater, dem Gärtner, ermahnt. Der, obwohl verheiratet, ein Auge auf Frau Madelung geworfen hat, die ihm bei der Arbeit am Gutshof hilft.]
Ich nickte.
»Sie versteht nichts von meiner Arbeit, wie gut es ist, jemanden zu haben, der achtgibt, fleißig und zuverlässig ist. Sie denkt manchmal die schlimmsten Sachen, aber wir wissen es besser, nicht wahr?«, fragte er.
Ich nickte noch einmal.
»Und sei nett zu Friedrich. Vielleicht könnt ihr doch noch Freunde werden«, sagte er langsam. »Spielst du noch mit deiner Eisenbahn?«

Der Subtext unter der Ermahnung, Linde möge nett zu Friedrich sein: Der Vater erhofft sich wohl, seine Frau zu verlassen und mit seiner Tochter und Frau Madelung und deren Sohn eine neue Familie zu gründen. Oder doch zumindest, dass die beiden Kinder miteinander auskommen. Wenn er in Zukunft vielleicht häufiger und länger bei Frau Madelung sein wird.

Subtext hat Konflikt eingebaut: den Konflikt zwischen dem Gesagten und dem Gemeinten. Die Spannung entsteht dadurch, dass der Leser den Subtext zumindest erahnt und sich, bewusst oder unbewusst, fragt, wie sich dieser Konflikt auflösen wird.
Subtext kann noch mehr. Und er kann vielschichtiger sein. Wie Sie gleich sehen werden.

2. Schließen mit vielschichtigem Subtext

Friedrich antwortete nicht. Inge stellte sich hinter ihm auf, als ob sie ihn beschützen müsste, oder vielleicht brauchte sie Friedrichs Schutz. Sie schien ganz klein, und ihre Stimme war kaum zu hören.
»Vielen Dank, Herr von Kamphoff«, sagte sie. »Aber Sie haben genug getan.«

»Papperlapapp«, sagte er und schritt langsam zur Tür. »Sie sind eine vorbildliche Mutter«, sagte er. »Das sind keine leeren Worte. Nächste Woche werden wir Ihnen eine neue Stube einrichten.« Er schwieg einen Augenblick und sah sie dann ernst an. Langsam schüttelte er seinen Kopf. »Dieses Wetter, dieses Wetter.« Bevor er die Stube verließ, tätschelte er Inges Wange. »Die Natur ist doch seltsam.«

Vordergründig bezieht sich der letzte Satz über die Natur auf das davor angesprochene Wetter. Aber der Leser weiß, und Inge ahnt wahrscheinlich, dass der Gutsbesitzer von Kamphoff damit auf seine eigene Natur anspielt. Er ist zwar alt, aber er ist allein, und da ist diese junge Frau, die er mit ihrem Sohn auf seinem Anwesen bei sich aufgenommen hat. Ein mehr als väterliches Interesse ist in ihm erwacht.

Das ist nicht alles. Auf Grund der sonderbaren Vorkommnisse in Hemmersmoor meint der Satz über die Personen hinausgehend noch mehr: Er bezieht die Natur des Menschen, die ihn manchmal zu schrecklichen Dingen treibt, mit ein. Die Natur, die gerade in und um Hemmersmoor anderes erlaubt als irgendwo sonst ...
Diese Vielschichtige und Ominöse teilt sich dem Leser mit und berührt ihn tief in seinem Innern. Gespannt liest er weiter.

3. Schließen mit einer Frage

Es war ein Unfall. Ein törichter Fehler. So sagten alle im Dorf. Und doch, war es nicht seltsam, dass meine Mutter, die sich nichts mehr gewünscht hatte, als (...)*, die Nachricht ihres Todes so schwer nahm? War es nicht seltsam, dass sie leichenblass nach Hause ging und den ganzen Nachmittag mit ihrem Gesicht in den Händen vergraben in der Stube saß und bitterlich weinte?

Eine Frage ist ein direkter Weg, eine Szene spannend zu beenden. Die oberste Schicht Subtext wird an die Oberfläche geholt und ausgesprochen. Hätte Kiesbye hier Subtext verwendet, hätte er die Mutter einfach weinend in der Küche gezeigt. Die Frage hätte sich der Leser dann selbst gestellt.
In Fragen wie in den hier aufgeführten schwingt wiederum Subtext mit. Sie sind immer ein wenig suggestiv. Oder rhetorisch.
Die Romanfigur Linde reicht ihre Fragen an den Leser weiter. Der Autor sorgt durch die Art der Frage dafür, dass der Leser sich genauer damit auseinandersetzt. Dass er eben nicht nur nach der Antwort sucht, sondern den Inhalt der Frage näher betrachtet. Das bliebe aus, hätte der Leser sich die Frage lediglich selbst gestellt. Seine eigene Frage, die er ja nicht vor sich auf dem Papier sähe, würde er nicht analysieren.
Manchmal ist eine Frage eben mehr als eine Frage.
Und, richtig angewandt, eine verdammt raffinierte und wirkungsvolle Art, eine Szene abzuschließen.

---
*) Das habe ich weggelassen, um nicht zu viel zu verraten. Aber ich wette, Sie haben schon so eine Ahnung ...

Mitreißend schreiben

Buchtipp zum Vertiefen

Schreibcamp: Emotionen: Die 29-Tage-Fitness für Ihren Roman

»Bringt einem mehr über das Thema ›Emotionen in Romanen‹ bei als andere Schreibratgeber in hundert Jahren«
(BleK)
»Jeder einzelne Tag ist ein Zugewinn für die Arbeit an meinem Buch«
(Mohnblumenmädchen)

E-Book
j.mp/1kSsTKh

Wie Ihr Roman Silvester wird
Überlebensgröße und reichlich Mikrospannung

Sie schminken sich, wenn überhaupt, eher dezent, stimmts? Und so kleiden Sie sich auch. Sie fahren keinen signalgelben Sportwagen, ja, das würden Sie selbst dann nicht tun, wenn Sie ihn sich – ohne Zucken mit der Wimper, allein mit Zücken Ihrer Brieftasche – leisten könnten. Sie verabscheuen es, Zeuge von Gewalt zu werden, haben schon mal, in einigen dunkleren Ecken einer fremden Stadt, ein bisschen Angst vor einem Überfall gehabt. Sie lachen gerne, aber, he, das Leben ist kein Waschsalon und was es sonst noch so alles nicht ist, und den ganzen Tag kann man ja auch nicht fröhlich sein. Sie sind, kurz gesagt, keine Anhängerin oder kein Freund von Extremen. In der Mitte der Herde, das wussten schon die Antilopen Millionen Jahre vor uns, lebt es sich am sichersten.
Die meisten von Ihnen schreiben leider auch so.
Sie gehören nicht zu denen? Sind Sie sicher? Sicher, dass Sie den Druck auf den Helden nicht noch verstärken könnten? Ja, genau in der Szene und an der Stelle, die Sie gerade geschrieben und stolz noch einmal durchgelesen haben.
Sind Sie sicher, dass sich der Schauplatz von einem muffigen Büro nicht wirkungsvoller auf das Dach eines Hochhauses verlegen ließe?
Würde es Ihrem Roman nicht auch guttun, wenn die Heldin ein gutes Stück klüger wäre und auch mal einen pfiffigen Kommentar abgäbe, wenn der blöde Kollege sie wieder dumm anlabert? Wieso nur klüger? Wieso sollte Sie keinen Doktortitel in Molekularbiologie haben und dazu den schwarzen Gürtel in Judo? Unrealistisch? He, Sie sollten Frauen etwas mehr zutrauen. Wieso hat sie keinen Vater, der sie nicht bloß angeschrien hat, sondern sie auf die Gleise legte und fesselte und dann eine Viertelstunde mit ihr auf den nächsten Zug wartete? Der natürlich nie kam, denn die Linie war stillgelegt, aber das wusste Ihre Heldin damals, mit acht Jahren, nicht. Wieso wird nur die kleine Sara Jane von dem Irren mit einer Pistole bedroht? Wieso nicht die ganze Stadt? Mit einer Bombe?
Auf Seite 117, da ginge es noch ein bisschen spannender. Auf 118 auch. Und auf 24, 37, 111, 209. Eigentlich auf allen Seiten. Wetten, dass?

Viele Autoren und noch mehr Autorinnen fürchten sich vor Übertreibungen. Aber was im echten Leben (also Ihrem Leben) groß wirkt, wirkt zwischen Buchdeckeln merklich kleiner. Die Leser suchen große Geschichten, keine Anekdötchen von nebenan – die erleben sie selbst jeden Tag. Sie müssen nicht zu dick auftragen, aber man muss den Aufstrich mit jedem Bissen schmecken, ihn zwischen den Zähnen fühlen, ihn schon riechen, wenn man das Brot zum Munde führt und sich nachher noch lange an seinen unvergleichlichen Geschmack erinnern.

Der amerikanische Literaturagent Donald Maass beklagt sich, dass die meisten Manuskripte, die er erhält, von absolut durchschnittlichen Charakteren handeln, von Langweilern – und vor allem deswegen abgelehnt werden. Auch Sie dürfen über Durch-

schnittstypen schreiben, aber Sie sollten sie Überdurchschnittliches leisten lassen. Gerade in Deutschland wird überdurchschnittlich leider oft mit unrealistisch verwechselt. Sie sollten, in Ihren realistischen Geschichten, realistisch bleiben. Aber dennoch nicht nur zeigen, was normal ist. Sondern die Grenzen des Möglichen ausloten.
Normal ist Dienstag. Ihr Roman ist Sonntag? Zu wenig. Lassen Sie ihn Silvester sein. Mit Springflut und Feuersbrunst. Lassen Sie es krachen.

Beispiele:

Dr. Richard Kimble in »*Auf der Flucht*« (erst eine erfolgreiche Fernsehserie, später ein Blockbuster mit Harrison Ford). Ein gewöhnlicher Arzt, der Außergewöhnliches leistet. Nach einem realen Fall.

Scarlett in Margaret Mitchells »*Vom Winde verweht*«. Einer der Bestseller überhaupt. Wegen seiner Heldin. Sie ist nicht unrealistisch, tut nichts Unrealistisches. Aber Sie ist was ganz Besonderes: aufregend, stur, stark.

Grenouille in »*Das Parfüm*« von Patrick Süskind. Ein Protagonist und ein Plot an der Grenze zum Phantastischen. Einzigartig. Dem Erfolg des Romans hat das nicht geschadet.
Was sind die Ereignisse, an die Sie sich zurückerinnern? An den Tag, als Sie, dezent geschminkt in Ihrem dezenten Golf ganz dezent zur Arbeit fuhren, dort das Gleiche taten wie immer und abends, nach einem dezenten Einkauf bei Aldi, in Ihr dezent, aber geschmackvoll eingerichtetes Heim zurückkehrten, zu Ihrem Mann, einem Durchschnittstypen, aber verlässlich, und ihren beiden Kindern, Rabauken ab und an, ja, aber keine Chaoten, und sich eine dezente Folge von, he, nicht über die Stränge schlagen, Dr. House ansahen?

Wann war das noch gleich? Letzten Dienstag? Ja. Oder der davor? Ja. Oder ein Mittwoch? Ja.
Oder erinnern Sie sich an den Tag, als die überbordende Mosel die Hochzeit Ihrer Schwester in Cochem buchstäblich ins Wasser fallen ließ? Der Pastor hat die Brautleute in einem Boot der Feuerwehr getraut! Und Sie haben trotzdem oder gerade deswegen heulen müssen, als wäre nicht schon genug Wasser überall. Und später, in der Notunterkunft in der Turnhalle im Nachbarort, feierten tausend fremde Menschen mit und schufen dem Brautpaar aus Decken und Kleidern und mehreren wo auch immer aufgetriebenen Matratzen und hundert Kerzen eine wunderbare Hochzeitssuite. Wenn auch nicht ganz schalldicht, nun ja.
Klingt ein bisschen übertrieben, finden Sie. Sicher, das war kein gewöhnlicher Tag. Und Ihre teuren neuen Sandalen von Balenciaga wurden auch ruiniert. Aber Sie würden ihn um nichts in der Welt missen wollen und Sie werden sich den Rest Ihres Lebens daran erinnern.

Denken Sie daran: Silvester!

Der Mörder in Ihrem Innern
Wo Sie Gefühle am besten recherchieren

In einer Bibliothek in Saragossa stöbern und staubige Folianten aufschlagen, eine Kurzreise nach Venedig unternehmen, um in weniger bekannten Gassen das Geisterhaus zu entdecken, in dem der Roman spielen soll, eine alte Frau interviewen, die Che Guevara während der Revolution mal eine Suppe kochte – viele Autoren lieben die Recherche. Andere bleiben lieber daheim, nutzen die Weiten des Web für ihre Nachforschungen und freuen sich über neue Entdeckungen, die weder Google noch Wikipedia kennen.

All das tun wir nicht nur, um Fakten zu überprüfen und unser Wissen zu erweitern. Sinn von Recherchen ist es auch, unsere Geschichten lebensnäher zu gestalten und Dinge aufzuspüren, auf die wir selbst nicht oder zumindest so nicht gekommen wären.

Für den wichtigsten Teil im Roman aber müssen Sie nicht vor die Tür gehen. Sie brauchen dazu weder einen Computer noch ein Buch, nicht einmal einen anderen Menschen. Romane sollen ihren Leser ein intensives emotionales Erlebnis bescheren. Romanautoren müssen Spezialisten für Gefühle werden. Wie man darüber schreibt und wie man sie gezielt hervorruft.

Wessen Gefühle kennen wir am besten? Unsere eigenen.

Wer ist ein nie versiegender Quell von Emotionen? Wir selbst.

Wenn Ihre Heldin trauert, dann können Sie ihre Gefühle beschreiben, weil auch Sie schon einen Verlust erlebt haben. Wenn Ihr Schurke von Rache angetrieben wird, dann suchen Sie zunächst in sich nach diesem Gefühl und den damit verbundenen Erinnerungen. Als Autoren müssen Sie das, worüber Sie schreiben, nicht selbst erlebt haben. Die Gefühle dazu finden sich in Ihrem Innern.

Sie haben noch nie einen Menschen zu Tode gequält, wie das ihr Killer auf Seite 117 gerade tut. Woher sollen Sie wissen, wie sich das anfühlt? Keine Chance.

Moment. Erinnern Sie sich an diesen Sommer, wo Sie Ihre kleine Schwester an den Kirschbaum gefesselt haben und sie schreien ließen, während Sie sich in den Ästen über ihr ein gewaltiges Bauchweh anfutterten? Womöglich haben Sie eine Ahnung des Gefühls verspürt, das auch der Serienkiller bei seinen Taten hatte. Was genau haben Sie empfunden, als Sie Ihre Schwester piesackten? War es eine Mischung aus Macht, Euphorie, schlechtem Gewissen und Scham?

Könnte nicht auch Ihr Killer bei seinen Untaten dieselbe Kombination aus Gefühlen empfinden? Durchaus.

Über Analogien und Steigerungen versetzen Sie sich selbst in einen so widerlichen Menschen hinein. Und wenn Ihr Killer dann beim Töten stets den Geschmack von Schattenmorellen im Mund hat, umso gruseliger, umso lebendiger, umso besser.

Klingt schwierig? Einfach ist es nicht.

Aber es gibt kein Gefühl, dem Sie sich über diese Methode nicht schriftstellerisch nähern können. Bei manchen Gefühlen unmöglich? Nein. Wenn Ihre Heldin das fühlt, was Sie ihr andichten – solange es sich plausibel und stimmig liest, wird Ihnen niemand widersprechen. Es ist schließlich Ihre Heldin, es ist Ihr Roman. Sie entscheiden, ob der Killer beim Morden den Geschmack von Kirschen im Mund hat. Oder den Radetzky-Marsch pfeift.

Vernachlässigen Sie bei Ihren Recherchen nicht den Reichtum, der in Ihnen selbst liegt. Sorgen Sie dafür, dass Ihr Gefühlsleben nie austrocknet und hören Sie nie auf, zu wachsen, zu lernen, Neues zu entdecken. Auf diese Weise halten Sie Ihre wichtigste Recherchequelle beständig am Sprudeln.

Wie fühlen Sie sich nach diesem Kapitel?

Das Wundervolle am Tod
Wie Sie aus dem Klischee ausbrechen und Ihre Leser verändern

In Schreibratgebern lesen Sie immer wieder, der Autor möge bitteschön aus dem Klischee ausbrechen. Klingt gut. Klingt sinnvoll. Klingt richtig. Und all das ist es auch. Aber wie genau brechen Sie aus?

In ihrem Roman »*The Gathering*« (Random House 2007 / eigene Übersetzung / dt. »*Das Familientreffen*«), der den Man Booker Prize gewann, den wichtigsten Preis für englischsprachige Belletristik, lässt die Autorin Anne Enright ihre Ich-Erzählerin Veronica folgendes denken:
Daddy ist im Westen aufgewachsen – er tat immer das Richtige. Er hatte schöne Umgangsformen. Was, wenn Sie mich fragen, vor allem eine Frage davon war, nichts zu sagen, zu niemandem, niemals. »*Hallo, geht es Ihnen gut*«, »*Auf Wiedersehen, passen Sie auf sich auf*«, *alles Geschäftliche musste ritualisiert werden.* »*Bitte entschuldigen Sie die Unannehmlichkeiten*«, »*Steck das Geld gleich weg*«, »*Das ist ein feines Stück Schinken*«, »*Das ist sehr großzügig von Ihnen*«. *Es langweilte mich zu Tränen, wirklich: all diese Kontrolle.*

Diese Selbstkontrolle macht Veronica verrückt, die Klischees, die ihr Vater andauernd loslässt, langweilen sie zu Tode.

Lesern geht das ebenso, wenn Sie Ihnen keine Figuren bieten, die aus den Klischees ausbrechen. Die mal nicht sagen, was in dem Augenblick jeder sagen würde, die etwas ganz anderes tun, als die Welt im Buch und die Leser außerhalb von ihnen erwarten.
Veronicas Vater tat immer genau das Richtige?
Lassen Sie Ihre Figuren etwas ganz Falsches, etwas katastrophal Falsches tun. Etwas, das Konsequenzen hat. Das für Aufregung und Spannung sorgt.
Klischeefiguren fehlt die Fähigkeit, zu überraschen.
Veronica stellt sich selbst als eine interessantere Figur vor. Und das ist sie zweifellos. Wir sind in ihren Gedanken und erleben dort Spannendes. Unerwartetes. Eben Außergewöhnliches.
Eine Störung der natürlichen Ordnung, das ist es, was ich bin.

Eine Möglichkeit, Ihre Figuren zu Störern der Ordnung, zu Unruhestiftern und Klischeeausbrechern zu machen, sind Ansichten, die anders als die der Allgemeinheit sind. Oder sogar konträr dazu. An solchen Stellen horchen wir als Leser auf. Im besten Fall berühren uns solche Stellen sogar. Sie lassen uns nachdenken, sie lassen uns tiefer in den Text tauchen. Sie sorgen dafür, dass die Personen aus den Seiten zu uns sprechen.

Der Tod hat etwas Wundervolles, beginnt ein solcher Gedankengang Veronicas, nachdem ihr Lieblingsbruder Liam gestorben ist.

Wow. Das hat mich aufhorchen lassen. Tod hat was Wundervolles? Da bin ich gespannt, wie die Erzählerin mir das erklärt.
Begründungen sind in solchen Fällen wichtig. Sie können Ihre Charaktere nicht einfach etwas Ungeheuerliches sagen lassen. Das wäre zu einfach. Das klänge womöglich bloß kindisch oder trotzig.
Aber wenn Sie es Ihre Charaktere logisch – logisch innerhalb ihrer eigenen Denkweisen – begründen lassen, dann bringen Sie auch die Leser dazu, ihre bisherigen Ein- und Ansichten infrage zu stellen. Zumindest für den Moment des Lesens. Mag sein sogar darüber hinaus.
Menschen neigen dazu, ihr Verhalten zu rationalisieren, sprich: einen vernünftigen Grund zu konstruieren für unvernünftiges Tun, für Gefühle und irrationale Gedanken. Je stärker das alles von einer akzeptierten gesellschaftlichen oder sozialen Norm abweicht, desto größer ist das Bedürfnis nach Rationalisierung – und desto spannender wird es für die Leser und auch für den Autor.
Anders gesagt: Je stärker abweichlerisch das ist, was Ihre Heldin tut oder sagt oder denkt oder fühlt, desto mehr ist der Leser auf eine Rationalisierung, sprich: auf eine Begründung angewiesen, um bei der Heldin zu bleiben und nachvollziehen zu können, was sie tut oder sagt oder denkt oder fühlt.

Beispiel: Ihre Heldin, die 33-jährige und bislang verhaltensunauffällige Vorstandsassistentin Sonja Hanselmann, verliebt sich unsterblich und mit durchaus erotischen Absichten in einen Esstisch. Das darf sie gerne tun, aber auf Sie als Autor kommt die nicht wenig anspruchsvolle Aufgabe zu, dieses für eine hübsche und kluge Frau in den besten Jahren leicht ungewöhnliche Gefühl zu erklären. Und erklären müssen Sie es, sonst schaffen Sie bloß eine absurde, aber letztendlich belanglose Situation.

Zurück zu Veronica.
Der Tod hat etwas Wundervolles, wie sich alles abschaltet, und alles, was du für lebensnotwendig gehalten hast, ist nicht mal ansatzweise wichtig. Dein Mann kann den Kindern ihr Essen auf den Tisch bringen, er kann den neuen Backofen bedienen, er kann letztendlich auch Würstchen im Kühlschrank finden. Und sein wichtiges Meeting war nicht wichtig, nicht im geringsten. Und die Mädchen werden von der Schule abgeholt und am nächsten Morgen wieder hingebracht (...) – das meiste, was du tust, ist bloß dumm, richtig dumm ...
Das Wundervolle am Tod ist, für Veronica in diesem Moment, wie alles herunterfährt, zumacht, wie all die eben noch für so lebenswichtig gehaltenen Dinge auf einmal ihre Bedeutung verlieren.

Nur wenn Sie aus dem Klischee und dem Erwarteten ausbrechen, können Sie Ihre Leser aufhorchen lassen, nur dann bringen Sie sie zum Nachdenken, zum Nach*fühlen*. Wir reden als Autoren immer so viel davon, dass unsere Charaktere sich verändern, dass sie wachsen. Ein perfekter Roman verändert auch den Leser ein wenig, lässt auch ihn ein Stück wachsen.
Wenn das Ihrem Roman gelänge – das wäre doch etwas Wundervolles, oder?

Reiten wie der Wind oder doch lieber segeln?
Wie zwei perfekte Popsongs Ihren Roman besser machen

Wenn Sie der emotionalen Seele Ihres Romans und den Gefühlen Ihrer Helden näher kommen wollen, könnten Sie sich mit Musik behelfen: Versetzen Sie sich in die richtige Stimmung oder spüren Sie den Gefühlen nach, die die Musik in Ihnen an die Oberfläche spült.

Was Emotionen betrifft, können wir Autoren von Musikern eine Menge lernen. Der amerikanische Songschreiber, Gitarrist und Sänger Christopher Cross hat zwei vollkommene Pop-Songs geschrieben und aufgenommen: »*Ride Like the Wind*«* und »*Sailing*«*, beide von seinem Debüt-Album »*Christopher Cross*« von 1979, das bis heute eins der meistverkauften Debüt-Alben überhaupt ist. Nicht von ungefähr.

»*Ride Like the Wind*« beginnt so:
Es ist Nacht / mein Körper schwach / Bin auf der Flucht / Keine Zeit zu schlafen / Ich muss reiten / Reiten wie der Wind / Um wieder frei zu sein.

Der Text wird von der Musik nach vorne getrieben, stürmisch und wild, die Orchestrierung ist üppig, passend zu dem leichten Pathos dieser Geschichte eines Gangsters auf der Flucht. (Für Musikkenner: Gewidmet ist das Lied passenderweise Lowell George von *Little Feat*, dem Desperado des Blues Rock.)

Mit einem Rhythmuswechsel folgt der Refrain:
Und ich habe einen langen Weg vor mir / Um es zur Grenze nach Mexiko zu schaffen / [Rhythmuswechsel] Also reite ich wie der Wind / Reite wie der Wind.

Der Refrain beginnt anders gestimmt, getragener, nachdenklich, fast verzweifelt. Ist seine Flucht nicht doch aussichtslos? Aber sofort, noch im Refrain und nach nur zwei Versen, schüttelt der Verfolgte die aufziehende Verzweiflung wieder ab, schwingt sich auf sein Pferd und reitet weiter.
Im Roman entspricht das dem Wechsel von Aktion und Reaktion. Ersteres saftig und kräftig und schnell, die Erzählstimme dementsprechend gestimmt. Dann folgt die Reaktion des Helden: Nachdenklich, müde, schon ein wenig verzweifelt.
Während der Aktion treiben Sie die Handlung voran, während der Reaktion zeigen Sie die Gefühle des Helden auf das soeben Geschehene. Beides ist unverzichtbar, wenn Sie mit Ihrem Roman sowohl Spannung erzeugen als auch den Leser emotional berühren wollen.

Im Refrain zeigt sich noch etwas: Lassen Sie Ihren Helden nur kurz nachdenken und rekapitulieren. Die Handlung sollte den weit größeren Raum einnehmen. Nachdem er dem Leser seine Gefühle gezeigt hat und ihn an seinen Gedanken teilhaben ließ, sollte sich auch ihr Held gleich wieder aufs Pferd schwingen.

Handlung und die Reaktion darauf sollte ein Auf und Ab sein – wie bei Wellen, die an die Küste schlagen.

Womit wir bei dem anderen Song wären: »*Sailing*« (eigene Übersetzung).

Auch hier fügen sich Text und Musik zu einem perfekten Ganzen: Cross fängt das Schwebende eines friedlichen Tages beim Segeln ein, man sieht das Wasser glitzern, hängt seinen Gedanken nach, fühlt sich frei, findet sogar die Freuden der Unschuld wieder. Schon in der ersten Strophe präsentiert er sich als Erzähler, der den Hörer direkt anspricht:
Es ist nicht weit vom Paradies entfernt / Zumindest nicht für mich / Und wenn der Wind günstig steht, kannst du davonsegeln / Und Ruhe finden / Das Segelleinen bewirkt Wunder / Wart's nur ab / Glaub mir.

Die Wortwahl im ersten Satz gibt bereits die Gestimmtheit des Liedes vor: Nicht weit vom Paradies entfernt. Für Ihren Roman heißt das: Lassen Sie den Leser sofort wissen, mit welcher Art von Roman er es zu tun hat. An den Anfang einer Komödie gehört ein besonders witziger oder skurriler Satz. Der Horror-Roman sollte düster anfangen – oder aber übertrieben sonnig, in jedem Fall: Unheil verheißend. Versuchen Sie, bereits im ersten Satz die Stimmung Ihres Romans einzufangen – ob direkt oder, über Kontrast, indirekt.

Bei Christopher Cross bittet der Erzähler den Hörer, ihm zu glauben, was er über das Segeln erzählt. Und da die Musik die Worte perfekt unterstreicht, glaubt der Hörer dem Erzähler.
Für Sie heißt das: Mit dem richtigen Ton, etwa mit einer selbstbewussten Erzählstimme, ziehen Sie den Leser schnell in Ihre Geschichte hinein. Je besser der Ton passt, desto eher ist der Leser bereit, seinen Unglauben an der Schwelle Ihres Romans abzulegen und sich Ihnen anzuvertrauen.
So wie ich mich bedenkenlos Christopher Cross und seinen Segelkünsten anvertrauen würde. Obwohl ich wasserscheu bin.

---
*) © der original Songtexte 1979 Pop 'N' Roll/Music / ASCAP. All Rights Reserved.

1. Backen, 2. Brauen, 3. Königskind holen
Wie Sie mit der passenden Liste Ihren Roman verbessern

Eine Liste sagt mehr als nur das, was sie auflistet. In Romanen können Listen die unterschiedlichsten Aufgaben übernehmen, wie etwa in David Mitchells überragendem historischen Roman »The Thousand Autumns Of Jacob De Zoet« (Random House 2010 / eigene Übersetzung):

Über zwanzig neugierige Hälse strecken sich, als die Filzer den Deckel heben und Jacobs fünf Leinenhemden auseinanderfalten; Strümpfe; ein Kordelzug-Säckchen mit Knöpfen und Gürtelschnallen; eine struppige Perücke; ein Satz Schreibfedern; gelbliche Unterwäsche; seinen Kompass aus Kindertagen; ein halbes Stück Windsor-Seife; die zwei Dutzend Briefe von Anna, zusammengehalten mit ihrem Haarband; eine Rasierklinge; eine Delfter Pfeife; ein gesprungenes Glas; eine Mappe mit Musiknoten; eine mottenzerfressene flaschengrüne samtene Anzugweste; ein Teller, ein Messer, ein Löffel, allesamt aus Zinn; und, eng auf dem Boden verstaut, fünfzig und ein paar ausgewählte Bücher.

Diese Liste erfüllt gleich mehrere Funktionen. Sie erzählt erstens etwas über den Charakter Jakobs, sie passt zweitens zu dem Charakter – er ist Buchhalter –, sie gibt dem Leser drittens ein Gefühl für die Zeit, in der der Roman spielt (Ende des 18. bis Anfang des 19. Jahrhunderts in Japan), also für das Setting. Und vor allem, viertens, erzeugt sie Spannung.

(Randnotiz: Alles in Ihrem Roman sollte mehrere Funktionen erfüllen: eine Beschreibung etwa könnte zugleich noch charakterisieren und die Handlung vorantreiben. Schlechte Autoren entlarven sich auch dadurch, dass bei ihnen vieles nicht mal eine einzige Aufgabe erfüllt.)

Spannung deshalb, weil Jacob unter seinen Büchern auch ein verbotenes hat: eine Bibel. Zu jener Zeit hat der Shogun sein Land komplett abgeschottet, kein Japaner darf es verlassen, und von den Ausländern dürfen nur ganz wenige hinein. Vor allem wehrt man sich gegen jegliche kulturelle oder gar religiöse Infiltration.
Die Liste erhöht die Spannung mit jedem gefundenen Gegenstand: Wird der Zöllner das Buch finden? Und wenn ja: Wird er erkennen, dass es eine Bibel ist? Jacob darf hoffen, dass sie unerkannt bleibt, denn ein Übersetzer ist nicht da. Angst hat Jakob dennoch.
Doch kaum sind die Bücher ausgepackt, erscheint ein Übersetzer. Und zwar der fähige, der, der die Bibel erkennen muss.

Listen können auch skurrile und witzige Effekte haben, selbst wenn Ihnen die Pointe fehlt. So besteht das 55. Kapitel »*Reisemenü*« in Nicolas Dickners Roman »*Tarmac*« (Frankfurter Verlagsanstalt 2011) allein aus einer Aufzählung der Inhaltsstoffe der

Schokoriegel und sonstiger Schnellgerichte, die die Heldin Hope auf ihrer Reise zu sich nimmt.
Ein Ausschnitt:

Zucker, Glukosesirup, Kakaobutter, Vollmilchpulver, hydriertes Pflanzenfett, Kakaomasse, Laktose, Magermilchpulver, Milchserumpulver, Magerkakao, Milchfett, Malzextrakt, Salz ...

Das Kapitel zieht sich über fast eine Seite und endet mit »*Farbstoff (Paprika)*«. Nicht gerade eine hoch dramatische Pointe, der Skurrilität der Liste tut das jedoch keinen Abbruch. Zwar besteht die Gefahr, dass der Leser die Punkte nur überfliegt. An der Komik ändert das nichts. Der komische Effekt wird allein mit der Menge der Stoffe erzielt, die Stoffe selbst sind dafür unwichtig.

Hier eine kleine und unvollständige Liste, was Sie mit Listen im Roman noch alles anstellen können:
+ Listen erlauben Ihnen, das Tempo zu variieren.
+ Listen ermöglichen Exposition (Erklärungen, Einführungen von Charakteren oder Schauplätzen) auf eine andere Art.
+ Listen können durch fehlende Einträge die Aufmerksamkeit eben auf diese lenken.

Beispiel: Die Handtasche einer Frau wird am Zoll untersucht. Es finden sich Geldbörse, Smartphone, iPod, Lippenstift, Tampons, Tempos, Pass, Müsliriegel, Make-up und Zubehör, das Ticket nach Maui. – Kein Rückflugticket.
Was hat sie vor? Will sie nicht mehr zurück?

Je nach Vorgeschichte kann eine kleine Lücke in einer Liste sehr viel bedeuten – und sehr viel Suspense erzeugen.

Listen enthüllen eine bestimmte Art von Mensch, wie oben gezeigt den Buchhalter Jacob de Zoet, oder Menschen, die zumindest geordnet zu denken versuchen, bis hin zu zwanghaften Charakteren. Zeigen können Sie dies etwa, indem Sie die Romanfigur beim Erstellen einer Liste beschreiben.

Oder über einen Dialog: «Erstens: Du weißt einen Scheiß. Zweitens ..." (Aus dem Film »*König der Fischer*«; USA 1991; Regie: Terry Gilliam; Drehbuch: Richard LaGravenese). Mercedes Ruehl, die wunderbare Dame, die als Anne Napolitano diese Liste sehr italienisch und sehr erregt abspult, bekam hierfür den Oscar für die besten Nebenrolle, Richard LaGravenese brachte das Drehbuch immerhin eine Oskar-Nominierung. Sie sehen: Listen machen lohnt sich!).

Was wohl auf einer typischen Einkaufsliste von Hannibal Lecter steht? Und was fehlt? Das Fleisch? Seltsam, wo doch alle anderen Zutaten für ein schönes Lammkarree in Olivenkruste aufgeführt sind ...

Einem echten Kerl verzeiht eine Frau doch alles
Die Wucht der Begeisterung

Don Winslows Roman »*The Power of the Dog*« (dt. »*Tage der Toten*«) hat den deutschen Krimipreis gewonnen und davor schon den japanischen Maltese Falcon Award. Zurecht, wie ich finde.

Ein perfekter Roman ist das Buch nicht. Warum nicht? Winslow wechselt oft recht wild die Erzählperspektive innerhalb einer Szene, er traut dem Leser manchmal zu wenig zu, wiederholt vieles, benutzt Sprecher-Zuordnungen (»dachte er«), die überflüssig sind und den Lesefluss unterbrechen, bremst mit Exposition an ungünstiger Stelle sein eigenes Tempo aus, benutzt überflüssige Adverbien, schwelgt in Pathos und und und – dennoch hat er einen phantastischen Roman geschrieben.

Wie hat er das geschafft?
Winslow reißt mit der Wucht von Sprache, Handlung und Thema (US-Drogenkrieg in Mexiko, auf realistische und daher gnadenlos brutale Weise beschrieben) den Leser mit. Der Roman ist ein Tsunami, eine haushohe Welle aus starken Emotionen, die den Leser erfasst.

Was können Sie daraus lernen?
Wenn es Ihnen als Autor gelingt, starke Gefühle beim Leser zu erzeugen, wird Ihnen vieles (und von vielen Lesern sogar alles) verziehen. Das klingt gut: Vergessen wir alles über Erzähltechniken und Erzählkunst und beschränken uns darauf, den Leser zu berühren.
Oder?
Nein, tut mir leid, so einfach ist es nicht. Das Erzeugen von Gefühlen beim Leser ist eine hohe Kunst (die Ihnen dieses Buch an manchen Stellen näher bringen will). Leider glauben viele Autoren, dass sich die eigenen starken Gefühle (»Ach, was geht mir die Geschichte dieses dreibeinigen Kätzchens doch nahe«) automatisch auf ihre Leser übertragen.

Sie irren.
Ein Leser mag einwenden: »Ich mag lieber Hunde, und außerdem ist mir diese blöde Katze unsympathisch«. Ein anderer stößt sich an der Sprache. Einem dritten gefällt die Wortwahl nicht.

Leser etwas fühlen zu lassen, dazu bedarf es einigen Könnens. Leser ganz bestimmte Gefühle an den richtigen Stellen und im richtigen Maß empfinden zu lassen, ist höchste – und edelste – Autorenkunst.

Klingt schon nicht mehr ganz so leicht?
Gut.
Aber es ist mach- und lernbar.

Keine Bühne für Geschwätz
Wie Sie allein durch Streichen Dialoge stärker machen

Dialoge schreiben sich wunderbar leicht, Seiten füllen sich wie nichts. Wäre alles so einfach, Romane schreiben könnte noch mehr Spaß machen. Genau hier liegt der Hase im Argen und der Pfeffer begraben: Dialoge verführen zum Schwätzen.

Irgendwie naheliegend.

Dialoge, die sich von selbst schreiben, weisen auf mehrere Probleme hin.

Eins davon: Sie schreiben den Dialog aus Ihrer Perspektive, nicht aus der der Sprecher. Das Problem ist mit dem der Erzählung aus der Ich-Perspektive verwandt, die sich auch oft zu einfach schreiben lässt. Dort schlüpft der Autor, wenn er nicht ständig auf der Hut ist, aus der Haut seines Charakters zurück in die eigene, hier drängt sich seine Dialogstimme in den Vordergrund und übertönt die seiner Charaktere.

Ein anderes: Der Dialog enthält zu viel heiße Luft.

Margo Gold tat überrascht. »Du kennst Mitschüler, die so etwas professionell tun?«
Sie nickte. »Ist eine recht lukrative Nebenbeschäftigung für diejenigen, die es können.«
»Du hast dafür bezahlt?«
»Nichts ist umsonst, Mama, das solltest gerade du wissen.«
Margo Gold seufzte langgezogen. »Geht das jetzt schon wieder los?«
»Du hast angefangen.«
»Ich weiß, ich weiß.«
»Frau Gold?« Die Wissmann schaltete sich ein.

Streichen Sie in diesem Dialog aus dem Roman »*Grimm*« von Christoph Marzi (Heyne 2010) probehalber die Zeile »*Ich weiß, ich weiß.*«.
Der Dialog gewinnt.

Er gewinnt noch mehr, wenn Sie die Zeile davor ebenfalls streichen. Das neue Ende »*Geht das jetzt schon wieder los?*« ist kein schlechtes. Aber kann man die Zeile nicht auch noch streichen?
»*Nichts ist umsonst, Mama, das solltest gerade du wissen*«, ist eine scharfe Entgegnung, die schärfste in diesem Ausschnitt. Da auch in Dialogen eine Dramaturgie wichtig ist, sollte der Dialog mit einem Höhepunkt enden. Und der ist hier die scharfe Erwiderung von Margos Tochter Vesper, der Heldin des Romans.

So geht es weiter:
»Frau Dr. von Stein kann sie jetzt empfangen.«

Margo Gold hob die Hand. »Moment noch«, *unterbrach sie die Sekretärin, wandte sich erneut ihrer Tochter zu und flüsterte:* »Irgendeine Idee, wie wir die Stein davon abhalten können, dich zu feuern?«
»Keine Ahnung.«
»Das ist alles, was du dazu zu sagen hast?«
Vesper zuckte die Achseln. »Es ist, wie es ist. Was soll ich machen?«
»Ich dachte, du wolltest dir jetzt Mühe geben.« *Sie machte eine Pause.* »Nach allem, was in Berlin passiert ist.«
Vesper senkte den Blick. »Tut mir leid, aber ...«
»Kein Aber mehr ...«
Die Wissmann nahm zufrieden zur Kenntnis, dass Vesper Ärger bekam ...

Streichen wir wieder die letzte Zeile, nein, die beiden letzten Zeilen. »Nach allem, was in Berlin passiert ist«, ist ein Abschluss, der neugierig macht. Mit ihm würde der Dialog auf einer spannenden Note enden.

Auch den Anfang des Dialogs kann man knackiger machen. Etwa so:
Margo Gold hob die Hand. »Moment noch«, *unterbrach sie die Sekretärin, wandte sich erneut ihrer Tochter zu und flüsterte:* »Irgendeine Idee, wie wir die Stein davon abhalten können, dich zu feuern? Ich dachte, du wolltest dir jetzt Mühe geben.« *Sie machte eine Pause.* »Nach allem, was in Berlin passiert ist.«

Alles Wichtige bleibt drin, der Ballast ist abgeworfen, der Dialog kommt weit knackiger rüber. Und Platz spart er auch noch. (Randnotiz: Dies hier ist keine Kritik an Herrn Marzis Text. Ich benutze ihn nur als Beispiel, um zu zeigen, was möglich und für andere Autoren sinnvoll sein mag. Wie stets kommt es auch hier letztlich auf die persönlichen Vorlieben an und auf das, was der Autor mit seinem Dialog bezweckt. Was der Leser daraus macht, ist wieder eine andere Frage.)

Ein Beispiel für einen ballastfreien Schlagabtausch findet sich etwa bei C. C. Fischer und seinem Thriller »*Erlösung*« (Blessing 2011).
Er [Silvan] schaltete die Warnblinkanlage ein. »So kannst du mit mir nicht umgehen.«
»Yes, I can«, *sagte sie [Ella].*
»Ich bin ein Mensch.«
»Nein, du bist ein Chirurg.«
»Ich habe Gefühle.«
»Wo steht das? In deinem Pass?«
Er schwieg, und sie sah durch die Windschutzscheibe auf den Eingang des Clubs ...

Achten Sie darauf, dass die Beats, also die Handlungen innerhalb eines Dialogs, an den dramaturgisch wirkungsvollsten Stellen kommen. Hier beendet die starke letzte Zeile »Wo steht das? In deinem Pass?« einen Teil des Dialogs, anschließend folgt ein wenig Handlung, bevor es mit dem Dialog weitergeht:

»Was ist mit mir?« [fragte Ella]
»Mit dir habe ich mich immer so lebendig gefühlt ...«
»Ja«, sagte sie. »Aber du bist es nicht.«
»Was bin ich dann?«
»Du bist nur eine Kühlbox für ein Herz, das auf dem Weg zu einem Lebenden ist.«
Er wandte ihr das Gesicht zu ...

Zack! Auch dieser Abschnitt des Dialogs endet mit einer starken Pointe, bevor wieder ein wenig Handlung folgt. Man merkt, dass C. C. Fischer Drehbücher schreibt.

Der Dialog ist klasse. Doch sofort stellt sich eine andere Frage: Sind beide hier gezeigten Abschnitte des Dialogs notwendig? Im ersten wie im zweiten Teil ist die Botschaft dieselbe: Silvan ist gefühllos.

In so einer Situation haben Sie als Autor den Luxus und zugleich die traurige Aufgabe, einen Teil auszuwählen und den anderen zu streichen. Redundanz mag in Lehrbüchern sinnvoll sein, in Romanen ist sie meist Ballast.

Dennoch, in diesem Beispiel könnte eine Dopplung eben doppelt so deutlich machen, was für ein Mensch Silvan in Ellas Augen ist. Vielleicht aber nimmt die Dopplung jedem der beiden Abschnitte an Kraft. Wenn Sie nur eins davon auswählen, verleihen Sie ihm automatisch mehr Bedeutung.
Es ist Ihre Entscheidung. Aber es hilft, wenn Sie wissen, dass Sie eine Entscheidung treffen können und sollten und was die möglichen Konsequenzen sind.
Und wenn Sie es partout nicht übers Herz bringen, weil beides so wunderbar ist, dann ... Egal. Kill your darlings!?

Nicht unbedingt. Wenn manches beim Lesen so viel Spaß macht, dann sollte man es einfach mal stehen lassen (dürfen), selbst wenn es nicht (unbedingt) notwendig ist. Solange es nicht zu oft vorkommt. Finde ich. Aber ich bin ja auch kein Chirurg, nicht mal einer für Texte. Ich habe Gefühle und ich liebe Autoren, die sie mit ihren Romanen anrühren.

Also los, schreiben!

Aber nicht gar so viel schwätzen, gell.

Roman mit Tsunami-Frühwarnsystem
Überraschungen glaubhaft anlegen

Der Science-Fiction-Film »*Tron Legacy*« (USA 2010; Regie: Joseph Kosinski; Drehbuch: Adam Horowitz, Richard Jefferies, Edward Kitsis, Steven Lisberger) zeichnet sich durch seine Optik, die Action und die Bildkompositionen aus, für die mir ein Wort treffend erscheint, eben weil es ein Anglizismus ist: stylish. Die Handlung dagegen ist vor allem eins, auf gut Deutsch: vorhersehbar.

In Filmen aus Hollywood kann man davon ausgehen, dass ein von einem bekannten Schauspieler dargestellter Charakter nicht gleich zu Anfang eines Filmes stirbt. Und wenn es doch den Anschein hat, taucht er spätestens kurz vor dem Höhepunkt wieder auf.
Das überrascht keinen.

Auch in Romanen ergeben sich Situationen, die der Leser vorhersieht. Manchmal hängt das schlicht an der Menge des Personals. Kommt beispielsweise nur einer oder zwei Ihrer Charaktere überhaupt als Täter in Ihrem Krimi infrage, machen Sie es Ihren Lesern zu leicht und verderben ihnen den Spaß.

Die Lösung hierfür ist simpel: Schreiben Sie einfach noch eine oder mehrere Figuren dazu.

Aber Achtung. Diese Spätgeborenen müssen genau so entwickelt werden wie das vorhandene Personal, auch müssen sie ihr Scherflein zur Handlung und Charakterisierung der Heldin beitragen. Auf keinen Fall darf man ihnen anmerken, dass sie schlicht zur Ausweitung der Geschichte dazugekommen sind. Sobald sie ausreichend entwickelt und in den Plot eingewoben sind, sollte der Roman nicht mehr ohne sie auskommen.

Sie konstatieren: Der Charakter kam gar nicht dazu, er hat anfangs bloß gefehlt.

In Genre-Romanen gelten mehr Gesetzmäßigkeiten als in den Romanen des Mainstream: Etwa das Happy End in Liebesromanen nach einer Reihe von Verwicklungen, die einen guten Ausgang unmöglich erscheinen ließen. Oder das Ermitteln des Mörders im Krimi, wobei der Fall für den Ermittelnden spätestens im Lauf der Handlung persönlich wird, selbst wenn er ihn nur aus beruflichen Gründen, eben als Kommissar, begonnen hat.
Die Folge: Bestimmte Handlungen und Ergebnisse lassen sich oft sehr zuverlässig erahnen.

Bei manchen Vorausdeutungen macht der Autor sich diese Regelkenntnis zunutze. Dann aber gibt es Überraschungen, die der Autor genau so geplant hat: als Überraschungen.

Wie aber können Sie als Autorin und Autor vermeiden, dass Ihre Leser schon vorher wissen, wie sich Henriette verhalten wird, wenn ihr Chef Georg ihr einen Heiratsantrag macht?
Sie haben mehrere Möglichkeiten.

Eine davon: Sie vertiefen Henriette. Wurde sie bislang nur als hysterisch dauerkreischendes Dämchen dargestellt, das vor jeder Pfütze in Ohnmacht fällt, wird der Leser diese Reaktion auch bei Georgs Antrag erwarten.
Wenn Sie Henriette jedoch ein breiteres Handlungsspektrum auf den Leib geschrieben haben, weiß der Leser nicht mehr, was er erwarten soll.
Eine Ohrfeige, weil Georg sie in der Konferenz vorgestern lächerlich gemacht hat? Eine Abfuhr, zumindest zum Schein, weil sie so einfach nicht zu haben ist? Eine schneidige Bemerkung, die Georg aus dem Konzept bringt?

Eine andere Möglichkeit: Sie lassen die Figur »out of character« handeln, sprich: die Überraschung kommt insofern unerwartet, als der Leser dem Charakter gerade diese Reaktion nicht zutraut.
Das überzeugend hinzubekommen, ist knifflig. Eben weil, wie oben gezeigt, der Leser diese Tat nicht im Repertoire des Charakters erwartet.

Zwei Dinge helfen hier weiter:

Erstens die Vertiefung des Charakters – und zum Beleg bemühe ich die Wahrscheinlichkeitsrechnung, na ja, eine schriftstellerische Form davon:

Henriette hat 1 Handlungsmöglichkeit in ihrem Repertoire. Claudine hat 7 Handlungsmöglichkeiten in ihrem Repertoire. Bei welchem Charakter ist die Wahrscheinlichkeit, 1 weitere Handlungsmöglichkeit zu zeigen, größer? (Ein Tipp: Es ist nicht Henriette.)
Zweitens hilft uns der Handlungsdruck, das Ausmaß der Schwierigkeiten, in denen der Charakter steckt. Jemand, dessen Leben in akuter Gefahr ist, wird eher außerhalb seines üblichen Handlungsspektrums agieren als jemand, der nur mal bei einem Bierchen gebeten wird, doch mal spontan zu sein. (Randnotiz: Hier kommen wir dem Veränderungsdruck nahe: Ein Charakter wird sich erst dann in seinem Wesen ändern, wenn der Druck auf sein bisheriges Ich zu groß geworden ist.)

Eine Handlung außerhalb ihrer üblichen Möglichkeiten verleiht Claudines Tat etwas Besonderes – sie schafft einen außergewöhnlichen und intensiven Moment in Ihrem Roman, also genau das, was Ihre Leser suchen: eine Überraschung.

Stellt sich die nächste Frage: Wie schaffen Sie Überraschungen außerhalb Ihrer Charaktere, sprich: Wie bereiten Sie solche Überraschungen vor?

Auch Naturkatastrophen lassen sich vorbereiten. Und sogar Zufälle sollten nicht ganz zufällig geschehen. Bei manchen Überraschungen funktioniert eine direkte Vorbereitung gut, auf andere arbeiten Sie besser indirekt hin.

In seinem Mystery-Thriller »*The Passage*« (Ballantine 2010 / zitierte Seitenzahlen nach dem Taschenbuch von 2011) demonstriert Justin Cronin, wie man eine Überraschung direkt vorbereiten kann.
Dazu führt Cronin seine Helden in ein einsturzgefährdetes Hotelkasino im zerstörten Las Vegas der Zukunft. Sie bemerken einen Geruch nach Fäulnis, und einer von ihnen, Michael, versucht sich an einer Erklärung: In der Kanalisation unter dem Kasino muss sich in all den Jahren, in denen es leersteht, eine riesige Blase aus Methan gebildet haben. Wenn sich das entzündet, so Michael, wird das ganze Haus in die Luft gehen wie eine Fackel (S. 608). Die Handlung schreitet voran. Als einer der Helden, Peter, von einigen ihrer untoten Gegner, den »Virals« durchs Kasino gejagt wird, fällt ihm Michaels Satz ein. Cronin lässt Peter den Satz wortwörtlich zitieren (S. 616) – eine Erinnerung auch für den Leser. Anschließend benutzt Peter dieses Wissen, um den Bau tatsächlich in die Luft zu jagen – und damit auch seine Verfolger zu erledigen (S. 617). Die Explosion überrascht den Leser, obwohl er sie im Nachhinein nachvollziehen kann.
Cronin benutzt drei Stufen:
1. Er legt den Grundstein für die Überraschung (S. 608).
2. Er erinnert den Leser daran (S. 616).
3. Er führt die Überraschung aus (S. 617).
Mehr als diese drei Stufen sollten auch Sie dem Leser nicht anbieten. Bei zu vielen Andeutungen überrascht die Überraschung nicht mehr. Und Sie erzählen nicht effizient. Spätestens nach der vierten Andeutung denkt der Leser, Sie hielten ihn für dämlich. (Was nicht gut ist. – Ach, das haben Sie sich gedacht? Sehen Sie, Leser werden nicht gerne für dämlich gehalten.)

Andere Überraschungen lassen sich nur indirekt vorbereiten, wie etwa Zufälle. Zwar ist das Leben bekanntermaßen voll von Zufällen. Der einzige Zufall aber, der in Ihrem Roman eine tragende Rolle spielen sollte, ist der Zufall, der die ganze Geschichte ins Rollen bringt, etwa das auslösende Ereignis. (Randnotiz: Eine weitere Ausnahme sind Zufälle, die den Helden noch tiefer in die Bredouille bringen. Einen Sturm, der den Cowboy bei der Rettung der Postkutsche aufhält, akzeptieren die Leser bereitwillig. Das Auftauchen der rettenden Kavallerie nicht.)

Mit anderen Zufällen sollten Sie sparsam umgehen. Würde der Leser in seinem Alltag bei bestimmten Ereignissen bestenfalls denken »Was für ein Zufall!« und in seinem Tagwerk fortfahren, so würde ihn dort, im Roman, ein Zufall stören. Der Leser weiß schließlich, dass der Zufall im Roman kein echter Zufall ist, sondern ein vom Autor gemachter.
In dem Fall erscheinen Zufälle für den Leser dann so, als wäre dem Autor nichts Gescheiteres eingefallen. Oder, auch nicht besser, als hätte er sich zu wenig Mühe gegeben.

Einen Zufall zum Vorteil des Protagonisten entscheidend in die Handlung eingreifen zu lassen (die Kavallerie war zufällig gerade in der Nähe, als die Rothäute – sorry: First People – angriffen), wirkt immer wie ein Betrug.

Diesen Eindruck können Sie vermeiden, wenn Sie den großen Zufall durch kleinere vorbereiten.

Bei einem Tsunami könnte das so aussehen: Sie deuten das Ereignis voraus, indem sie Ihre Heldin bei einem Wolkenbruch zeigen. Der Regen unterspült die Straße und sie bleibt mit dem Wagen stecken. Einige Zeit später wird sie nachts aus dem Schlaf gerissen, weil die Erde bebt. Oder war es nur ein Traum? Vielleicht lassen Sie noch jemanden, ganz beiläufig, etwas vom Tsunami-Frühwarnsystem erzählen und wie wunderbar es funktioniert.

Und dann klatscht überraschend die Welle aufs Land und reißt Ihre Heldin mit (und befreit auch den noch immer im Schlamm steckenden Wagen).

Die Vorausdeutungen können sie auch indirekt einbauen. Um etwa einen Lottogewinn vorauszudeuten, lassen Sie zuvor einige Male das Glück eine Rolle spielen. Ganz nebenher gewinnt der Held beim Mensch-ärgere-dich-nicht, dann fällt sein Toast herunter – aber nicht auf die Seite mit der Marmelade.

Das Glück spielt eine Rolle. Ein Satz, der wörtlich genommen nach Animismus klingt. Und warum auch nicht? Wenn Sie sich das Schicksal als einen eigenen Charakter denken, kommen Ihnen womöglich ganz neue Ideen, wie sie es in die Handlung eingreifen lassen können.

Ihr Ziel sollte sein, ihre Überraschungen so vorzubereiten, dass sich die Vorbereitungen organisch in den Text einpassen – und nicht herausstechen wie Stacheln und den Leser piksen.

Ein kleines *aber* am Ende – und eine Beruhigung der Verteidiger des Zufalls.

Aber wenn alles vorbereitet wird, alles bis ins Detail durchgeplant wird und alle Fäden zusammengeführt werden, wirkt der Roman womöglich zu perfekt und gerade eben nicht mehr organisch.

Also lassen Sie dem Zufall ab und an die Zügel locker. Kleinere Abschweifungen vom Weg, unvorbereitete kleine Überraschungen, die nicht in das große Ganze eingreifen, sondern sich nur auf Szenen-Ebene abspielen, dürfen sein und machen Ihren Roman lebendiger.

Rechnen Sie aber damit, dass Ihre Lektorin anderer Ansicht ist. Das ist schon okay, dafür ist sie schließlich da: Wenn Sie Ihr Vorgehen verteidigen müssen, werden Sie eher seine Schwächen erkennen. Und Ihr Roman? Wird stärker.

Die Kavallerie und die Blutsauger
Wie wundersame Rettungen Ihren Roman stärker machen

Zufälle geschehen überraschend. Die Menschen lieben Überraschungen. Ergo sind Zufälle gut. Ergo verschenken manche Autoren Zufälle so großzügig wie ein Supermarkt-Nikolaus billiges Naschwerk.
Diese Autoren haben vergessen, dass es auch unangenehme Überraschungen gibt.
Zufälle, unvorbereitet und aus heiterem Himmel, gehören für die meisten Leser dazu.
Ihr schlimmster Vertreter: die wundersame Rettung (des Helden) in letzter Sekunde.
Das klassische Beispiel: die Kavallerie.
Der Fachausdruck: Deus ex Machina – der Gott aus der Maschine.

Selbst wenn Sie Pferde mögen oder Männer in Uniform, sollten Sie diesen Trick meiden. Aus verschiedenen Gründen.
Beim Zufall im Leben mag das Schicksal, das Universum oder Gott seine Fäden, Naturgesetze oder Finger im Spiel haben. Beim Zufall im Roman ist der Schuldige vom Leser schnell ausgemacht:
Sie.
Ja, Sie brauchen nicht nach hinten zu schauen, Frau Autorin und Herr Autor. Sie meine ich.
Lässt ein Autor den Zufall walten, heißt das, er stellt seine eigenen Regeln auf. Er lässt Dinge geschehen, wann immer sie ihm in den Plot passen. Er wird für den Leser unberechenbar. Damit verspielt er Vertrauen – und zwar den Vorschuss an Vertrauen, den die Leser ihm gegeben haben, als sie sein Buch aufschlugen und mit dem Lesen anfingen.
Der Vorschuss wurde unter der Annahme gewährt, dass der Leser sich auf den Autor verlassen kann, sich darauf verlassen kann, dass die Dinge nach Regeln ablaufen, die der Leser versteht. Verstehen ist essenziell. Denn der Leser macht durch sein Lesen das Buch zu seinem. Er eignet sich die Geschichte an, indem er sie in seinem Kopf ablaufen lässt.

Ein Buch gehört seinem Leser zu einem weit größeren Teil als ein Film seinem Zuschauer. Indem Sie als Autor Zufall spielen und die Regeln hinter sich lassen, entreißen Sie dem Leser ein Stück weit das Buch. Sie sagen: Das Buch gehört mir allein, ich mache die Regeln, ich lasse dich, Leser, außen vor.
Der von Ihren Zufällen aus der Geschichte gerissene Leser weiß nicht mehr, ob in Ihrem historischen Western nach der Kavallerie bei einer anderen Szene nicht plötzlich Elvis Presley ins Geschehen eingreift. Oder Außerirdische. Wie etwa in jener wunderbaren Szene aus Monty Python's »*Das Leben des Brian*«, wo Brian von einer fliegenden Untertasse mitten aus dem Palästina der Zeitenwende gerissen wird. Monty Python bricht die Regeln bewusst und macht sich über das Klischee lustig.

Haben Sie aber, als Autor eines scheinbar regelgetreuen Werks, die Regeln außer Kraft gesetzt, muss der Leser fürchten, Sie werden es jederzeit wieder tun. Ihm macht das

Spiel keinen Spaß mehr. Es ist, als ob Sie beim Skat nach mehreren Stichen plötzlich behaupteten, ihr Gegner (der Leser) wäre schachmatt. Und seinen Berg Münzen zu sich herüberziehen. Die Folge: Der Spieler verlässt wütend den Spieltisch.

Und der Leser? Klappt Ihren Roman zu.

Sie sind der Ansicht, Ihr Roman gehörte Ihnen? Sie glauben, Sie müssten den Leser bei der Hand nehmen und ihn durch Ihre Phantasie hindurchführen, in der er sich sonst rettungslos verirrte? Ihnen sind die Leser und die Lesbarkeit ihres Romans schnurzpiepegal?

Dennoch sollten Sie aus einem anderen Grund auf die wundersame Rettung in letzter Sekunde verzichten: Weil Ihre Charaktere sich die Rettung nicht selbst erarbeitet und verdient haben, indem sie durch die Hölle Ihres Plots gegangen sind. Weil Ihre Charaktere nur reagieren, passiv bleiben, statt sich selber aus dem Schlamassel zu ziehen. Sie sollten es allerdings nicht, wie Münchhausen, an den eigenen Haaren tun. Nicht in einem realistischen Roman. Nicht, wenn Sie nicht schon wieder eine dieser ungeschriebenen Regeln zwischen Autor und Leser außer Kraft setzen wollen.

Aber Moment. Nicht jede wundersame Rettung ist von vornherein schlecht. Justin Cronin zeigt in seinem Mystery-Thriller »*The Passage*« (dt.: »*Der Übergang*«), wie eine solche Rettung auf durchaus befriedigende Weise funktioniert. [Cronin zeigt auch, wie man Überraschungen wirkungsvoll vorbereitet. Siehe dazu das vorige Kapitel.]
Cronins Helden sitzen im zerstörten Las Vegas, umringt von blutsaugenden Feinden. Da taucht, kavalleriemäßig, ein gepanzerter Truck auf, der die Feinde mit seinem Flammenwerfer auf Abstand hält und die besiegten Helden einsammelt.
Cronin liefert zwar, anders als die Zufallsmacher, eine Begründung, warum der Truck im genau richtigen Moment zur Stelle war. Diese jedoch befriedigt weder den Leser noch die Helden des Romans. Und eben weil die Helden nicht mit der Erklärung zufrieden sind, geht Cronin weiter.
Denn was zunächst wie ein glücklicher Zufall aussah, entpuppt sich als Falle.

Fazit: Sie dürfen wundersame Rettungen in Ihren Roman einbauen. Allerdings sparsam und am besten nicht mehr als eine. Anschließend sollten Sie diese Rettungen gut begründen.
Aber auch das reicht nicht aus. Das schale Gefühl beim Leser, betrogen worden zu sein, bliebe. Gehen Sie einen Schritt weiter: Sorgen Sie dafür, dass die vermeintlich wundersame Rettung gar keine war, sondern die Lage Ihrer Charaktere noch weiter zuspitzt.

Zufälle, die Ihre Helden tiefer in den Scheibenkleister reiten, werden von den Lesern nämlich durchaus goutiert. Ansonsten lassen Sie den Deus in der Machina und die Kavallerie im Fort. Sonst hält man sie am Ende noch für einen Lügenbaron. Und das ist kein Ehrentitel.

Du darfst nicht alles, bloß weil du Gott bist
Nur bestimmte Zufälle werden von Ihren Lesern akzeptiert

Für viele Autoren besteht einer der Reize beim Romane Schreiben darin, Gott zu spielen, nein: Gott zu *sein*. Wer Gott ist, der darf es dem Zufall, dem Schicksal, der Fügung, dem Glück erlauben, in seine Geschichte einzugreifen. Oder eben dem Unglück.
Manche Götter aber vergessen den Leser. Du sollst keine Götter neben mir haben? Geschenkt. Der Leser ist der Gott, der noch über dem Autor steht. Bei der Ausschüttung des Zufalls über seine Romanfiguren sollte kein Autorengott (und auch keine Göttin) den Willen des Lesers vernachlässigen.

Jed Rubenfeld bemüht in seinem historischen Krimi »*The Death Instinct*« (Headline 2010 / eigene Übersetzung) an folgender Stelle den Zufall – sehr zum Wohlgefallen des Lesers. Der Protagonist Younger muss seine geliebte Colette vor einem vorzeitig freigelassenen Mörder warnen, der es auch auf sie abgesehen hat. Da wir 1920 schreiben, ist es mit einer SMS nicht getan. Younger schreibt und schickt ein Telegramm. Aber:
Weil es Sonntagabend war, musste Younger ein königliches Lösegeld zahlen, um sein Telegramm abzuschicken und es sofort nach Erhalt persönlich überbringen zu lassen. Unglücklicherweise konnte der eilig eingestellte Botenjunge von Western Union die Wohnheime der Universität von Yale nicht auseinanderhalten, und so wurde das Telegramm unter der Tür der falschen Wohnung durchgeschoben.

Unglücklicherweise, schreibt Younger, schiebt der unerfahrene Botenjunge das lebenswichtige Telegramm unter die falsche der alle gleich aussehenden Türen. Die Situation spitzt sich zu für unsere Helden. Der Leser? Ihn freut's, denn Spannung und Suspense steigen.
Stellen Sie sich den umgekehrten Fall vor. Younger hätte sein Telegramm falsch adressiert – und der pfiffige Botenjunge hätte das Schreiben dennoch an die richtige Adresse geliefert. Was für eine unbefriedigende Einmischung der Fügung! Die Suspense wegen des freigelassenen Mörders verpufft, im schlimmsten Fall macht der Leser (zurecht!) den Autor direkt verantwortlich und taucht aus der Geschichte auf.
Tatsächlich wird beim Schreiben die ordnende Hand des Autors vom Leser in aller Regel nur dann wahrgenommen, wenn sie es dem Helden einfacher macht. Eine neue Erschwernis auf dem Weg des Helden zu seinem Ziel, so zufällig sie auch ist, wird dagegen freudig zur Kenntnis genommen, ohne dass der Leser einen Gedanken an den Autor verschwendet.
Sie könnten dem Leser logische Inkonsequenz vorwerfen. Freuen Sie sich stattdessen, dass er Ihnen eine weitere Möglichkeit eröffnet, Ihren Roman spannender zu machen: durch schlimme Zufälle, unglückliche Wendungen, durch unvorhergesehenen Eisregen, Börsencrashs, Stolperer und alles, was Ihnen Gemeines einfällt.
Ein netter Gott, der seinen Geschöpfen Gutes widerfahren lässt, dürfen Sie keiner sein. Ein Teufel schon. Viel Vergnügen.

Und der Oscar geht an ... den Helden Ihres Romans!

Was Sie aus dem Film »*127 Hours*« für Ihren Roman lernen können

Du bist in einem engen Slot Canyon eingeschlossen, die rechte Hand unter einem unverrückbaren Felsen eingeklemmt. Kein Mensch in der Nähe, keiner der deine Schreie hört. Und das Schlimmste: kein Mensch, der dich vermisst.

Die Macher von »*127 Hours*« (USA 2010; Regie: Danny Boyle; Drehbuch: Danny Boyle, Simon Beaufoy) haben ihrem Helden nur eine einzige Chance gegeben: Er muss sich selbst helfen. (Statt »die Macher« trifft es »das Schicksal« besser. Denn der Film basiert auf der wahren Geschichte des Aron Ralston und seinem Buch »*Between a Rock and a Hard Place*«.)
Leider beginnen auch so manche Romane mit Helden, die Einzelkämpfer sind. Das Problem: Solchen Helden bringt der Leser zunächst nur zögerlich Sympathie entgegen. Aus mangelnder Sympathie aber folgt oft mangelndes Interesse – und daraus folgt, dass keine Spannung und schon gar keine Suspense aufkommen wollen.

»*127 Hours*« begegnet dieser Gefahr, indem er die Wucht und die Leidenschaft zeigt, ja, zelebriert, mit der sein Hauptdarsteller sich ins Abenteuer stürzt (sic!). Beim Zuschauer entsteht zunächst weniger Sympathie als vielmehr Faszination. Leidenschaft zieht uns an, Kraft und Energie ziehen uns an und Lebensfreude ebenso – all das zeigt Aron in den ersten Minuten des Films im Überfluss. Dass er es in einer spannenden Umgebung, den Canyonlands im Südwesten der USA tut, verstärkt die Wirkung noch.
Auch im Roman hilft ein außergewöhnlicher und emotionsbeladener Schauplatz, den Leser an den Haken zu nehmen.

»*127 Hours*« setzt ein weiteres Stilmittel wirkungsvoll ein: Kontrast. In der ersten Viertelstunde erlebt der Zuschauer Aron als jungen Mann mit unbändiger Energie. Er rast mit lauter Musik durch die Nacht zu seinem Ziel, einem Trailhead, von dem aus mehrere Wege hinunter in verschiedene Canyons führen. Aron übernachtet im Auto und brettert am nächsten Morgen mit seinem Mountainbike durch die Landschaft. Selbst ein heftiger Sturz hält ihn nicht auf, sofort steigt er wieder aufs Rad, und weiter geht's. Er begegnet und hilft zwei jungen Frauen, die sich beim Wandern verirrt haben, er zeigt ihnen einen unterirdischen See – und immer scheint er unter Starkstrom zu stehen.
Diese permanente Dynamik endet abrupt, nachdem er sich von den Frauen verabschiedet hat und in einen engen Slot Canyon stürzt, wo ein nachrutschender Felsen ihn einklemmt. Der Fluss der Energie stockt, die unbändige Kraft Arons scheint gebändigt. Den Rest des Films verbringt der Held damit, zu überleben und einen Weg aus seiner Misere zu finden.

Wie lange das dauert, verrät der Titel. Grundsätzlich sollten Sie beim Betiteln Ihres Romans vermeiden, zu viel von seinem Inhalt zu verraten.

»*127 Hours*« mag eine Ausnahme von dieser Regel sein. Dem Zuschauer wird von Anfang an klar gemacht, wie lange Aron in seinem Gefängnis verbringen muss. Einhundertsiebenundzwanzig Stunden! Das klingt extrem, das macht gespannt. Dass Aron überlebt, kann sich jeder denken, auch der, der die reale Vorlage der Geschichte nicht kennt.

Die Macher interessierte die Frage »Wird Aron überleben?« nicht. Ihnen ging es allein darum, Arons Kampf zu zeigen, seine Versuche, am Leben zu bleiben, den Verstand nicht zu verlieren. Und um die schreckliche Entscheidung, die er am Ende treffen muss.

Sie als Romanautor können von dem Film noch mehr lernen. Etwa, wie Sie Vorausdeutungen setzen.
Ganz zu Anfang in Arons Wohnung deutet ein erst rauschender, dann nur noch tropfender Wasserhahn Arons Kampf gegen das Verdursten voraus.
Der suchende, aber letztlich vergebliche Griff nach dem Taschenmesser im Wandschrank (mit der rechten Hand!) deutet die zentrale Entscheidung voraus: Soll er versuchen, sich den eingeklemmten Teil des rechten Arms zu amputieren? Wenn es schiefgeht, stirbt er schneller und vielleicht kurz bevor man ihn findet. Hat er Erfolg mit seiner wahnsinnigen Operation, kann er sich zwar aus der Spalte befreien, ist aber womöglich zu geschwächt von dem Blutverlust, um zum nächsten Ort zu laufen. Eine dritte Vorausdeutung baut der Drehbuchautor ein, als Aron mit den zwei Frauen unterwegs ist. Um die beiden – und die Zuschauer – zu erschrecken, lässt Aron sich in eine Felsspalte fallen. Nur er weiß, dass unter ihm ein blauer Pool darauf wartet, seinen Sturz auf erfrischende Weise aufzufangen.

Gegenüber Drehbuchschreibern haben Sie als Romanautor den Vorteil, dass Sie Ihre Vorausdeutungen weit subtiler pflanzen können. Sätze gehen zwischen Sätzen eher unter als Bilder zwischen Bildern. Die Reduktion auf das unbedingt Notwendige sorgt dafür, dass Vorausdeutungen in Hollywood-Filmen häufig leicht zu entlarven sind.

Schön und effektiv auch, wie »*127 Hours*« Musik als Stilmittel einsetzt, statt bloß als Emotionsverstärker. Musik ist für Filme das, was Adjektive für die Literatur sind. Hier wie dort wird damit oft zu großzügig und zu klischeehaft umgegangen.

Nicht so in »*127 Hours*«. (Laute) Musik ist wichtig für Aron. Während Aron in seiner Felsspalte gerade alles andere als einen schönen Tag hat, läuft laut »*Lovely Day*« von Bill Withers, und setzt damit einen effektvollen, wenngleich zynischen Kontrast.

Dieses Kontrastieren von Emotionen können Sie auch einsetzen, um gegen Klischees und Erwartungen anzuschreiben. Warum etwa muss eine Beerdigung meist bei Regen stattfinden? Ist sie bei strahlendem Sonnenschein und Vogelgezwitscher nicht weitaus schrecklicher?

Auch formal traut »*127 Hours*« sich einiges. Wie die heute kaum noch verwendete Split-Screen-Technik. Überlegen auch Sie, ob nicht durch eine Änderung der Form Ihre Geschichte noch lebendiger erzählt werden kann. Achten Sie jedoch darauf, dass die Form nicht vom Inhalt ablenkt und den Leser aus seinem Erzähltraum reißt.

Eine weitere Technik, die auch einen Roman besser macht, findet man in »*127 Hours*«: Vermeintlich Gutes entpuppt sich als schlecht (oder umgekehrt), was sich wiederum als gut entpuppt und so weiter.
So steht Aron kurz vor dem Verdursten, als sich der Himmel verdüstert und ein Gewitter Regen bringt. Er klappt den Mund auf, hält seine Wasserflasche in den Regen. Wunderbar! Doch wer sich mit der Landschaft des Südwestens auskennt, weiß, dass eine der meist unterschätzten Gefahren dort die Flash Floods sind, die einen Slot Canyon in wenigen Minuten zu einem rasenden Wildbach machen. Auch im Film lässt die Flut nicht lange auf sich warten. Und Aron, der eben fast verdurstet wäre, kämpft nun gegen das Ertrinken.

Schön, dass der Film auf Wüstenklischees verzichtet: Weder Skorpione noch Schlangen plagen Aron. Auch Ihren Roman sollten Sie auf Klischees abklopfen – und dazu gehört der Verzicht von Dingen, »die in der Realität aber genau so sind«. In den Canyonlands gibt es Schlangen und es gibt Skorpione – und weil der Zuschauer oder Leser das weiß, müssen sie nicht vorkommen.
Im Gegenteil: Der Zuschauer, der um dieses Klischeegetier weiß, fürchtet sein Auftreten, auch ohne darauf hingewiesen zu werden, und erspart so dem Drehbuchautor, darüber zu schreiben.
Die Symbolik des Films wird direkt angesprochen: Aron erkennt den Felsen als das, was bislang auf seinem Leben lastete.
So offensichtlich sollten Sie es in Ihrem Roman nur in Ausnahmefällen machen, die Symbolik fühlt sich zwischen den Zeilen wohler als im Rampenlicht. Sonst liest es sich schnell so, als wollten Sie vor allem eine Botschaft transportieren, anstatt eine spannende Geschichte zu erzählen.

In seinem *Moment der Wahrheit* bittet der befreite, aber schwer verletzte Aron am Ende eine Gruppe Wanderer um Hilfe. Er ist endlich kein Einzelkämpfer mehr, der glaubt, alles allein bewältigen zu können.

James Franco hätte für seine Leistung den Oscar als bester Hauptdarsteller verdient, Colin Firth hat ihn 2011 für »*The King's Speech*« ebenso verdient gewonnen.

Hätten Ihre Charaktere Oscars verdient? Sie meinen, das wäre etwas zu viel verlangt? Dann lese ich eben das Buch von jemandem, dessen Helden den Oscar verdient haben. So lange Ihre Helden – Ihrer eigenen Meinung nach! – nicht oscarreif agieren, können Sie sie noch besser machen. Und das sollten Sie tun. Die Konkurrenz schläft nicht.

James Franco war fantastisch, aber Colin Firth war fantastischer.

Wahre Liebe überwindet alles (sogar den Plot)
Was Sie aus dem Film »*Der Plan*« für Ihren Roman lernen können

Der charismatische Kongressabgeordnete David Norris (Matt Damon) scheitert bei der Wahl zum Senator – im letzten Moment hat man eine Kneipenschlägerei aus seiner Vergangenheit ausgegraben. Am Abend der Wahlschlappe trifft er die Tänzerin Elise Sellas (Emily Blunt). Sie verlieben sich sofort und verlieren sich aus den Augen. So beginnt »*Der Plan*« (USA 2011; Regie & Drehbuch: George Nolfi).

Viel später begegnet David Elise noch einmal – ein Zufall, genauer: Ein Zufall, der dem Plan einer Gruppe sonderbarer Männer in Hüten zuwiderläuft. Die Männer geben sich David zu erkennen und verraten ihm gerade so viel von sich, um ihn einzuschüchtern. Wie sie hoffen. Sie verbieten ihm, Elise wiederzusehen. Das Leben jedes Menschen, so erklärt einer von ihnen, ist weitgehend determiniert – ein universaler Plan gebe es vor. Abweichungen rufen die Männer von der Regulierungsbehörde auf den Plan (sic!). Sie bringen die anders handelnden Menschen zurück in die Spur. Dazu verfügen sie über außergewöhnliche Kräfte, die sie David – und dem Zuschauer – eindrucksvoll demonstrieren.

David weigert sich dennoch. Sein Bedürfnis, Elise zu gewinnen, ist stärker als seine Angst vor den ebenso mysteriösen wie mächtigen Männern.

Der Film lässt sich für Autoren als Parabel aufs Romane Schreiben lesen. Die seltsamen, Hut tragenden Männer des »*Adjustment Bureau*« (so der Originaltitel des Films nach einer Geschichte des Science-Fiction-Autors Philip K. Dick) versuchen nichts anderes, als David zurück in den Plot zu bringen. Doch je überraschender und für sie unerwarteter sich David verhält, desto schwieriger wird das.

Eine Situation, die Sie als Autor wahrscheinlich sofort wiedererkennen: Der Charakter will nicht so, wie er laut Plot soll.

Figuren, die ein Eigenleben entwickeln, sind ein beliebter Mythos unter Autoren. Das eigentliche Problem ist nicht, dass eine erfundene Person auf einmal zum Leben erwacht (wie sie es etwa in »*Stark – The Dark Half*« von Stephen King tatsächlich tut). Das Problem entsteht dadurch, dass der Plot nicht aus dem Charakter heraus entwickelt wurde. Vielmehr hat der Autor, hat die Autorin den Charakter in den Plot hineingesetzt wie eine Laborratte in ein Labyrinth. Am Ende des Labyrinths wartet das, vom Plot und der Versuchsanordnung dort platzierte Stück Speck (sofern der Autor den Helden wenigstens ein Ziel mitgibt). Doch der Versuchsleiter vergisst zu leicht, dass die Ratte womöglich andere Prioritäten hat.

Denselben Fehler begehen auch die Männer von der Regulierungsbehörde: Statt sich mit den Prioritäten von David zu beschäftigen, sehen sie allein ihr Ziel. Für

David aber ist die Liebe zu Elise wichtiger als seine Karriere, wichtiger als alles andere. Darum bricht er aus dem Plot aus. Der Versuchsleiter jagt im Folgenden der ausgebüxten Ratte durchs ganze Labor hinterher.

Ein interessanter Charakter sorgt für Überraschungen – und durch sein überraschendes Verhalten wird er noch interessanter. Das ist ein sich selbst verstärkender Prozess sowohl für den Autor als auch für den Leser.

Wie können Sie mit solchen Überraschungen arbeiten und Ihren Roman reicher machen?

Stellen Sie sich die folgenden Fragen in dieser Reihenfolge:
1. Was würde man (der Durchschnittstyp) in dieser Situation tun? (= *erwartbares* Verhalten)
2. Was kann der Charakter anders machen? (= *erwartbares* Verhalten plus *mögliches* Verhalten)
3. Was würde der Charakter in dieser Situation tun? (= Einschränkung auf das, was dieser bestimmte Charakter *normalerweise* tun würde)
4. Was tut er tatsächlich? (Abweichung: Was tut dieser bestimmte Charakter jetzt, was zwar noch innerhalb seiner Möglichkeiten liegt, aber *außerhalb seines gewöhnlichen, erwartbaren* Verhaltens?)

Ein Beispiel aus »*Der Plan*«:
David muss dringend herausfinden, wo Elise probt. Er kennt nur den Namen der Theatergruppe.

(1) Was würde der Durchschnittstyp tun?
Mit dem Handy die Auskunft anrufen. Auch David versucht das. Die Männer von der Regulierungsbehörde sorgen jedoch dafür, dass Davids Handy kein Netz bekommt.

(2) Was kann der Charakter anders machen?
Das Telefon in der Pförtnerloge ausprobieren. Auch das tut David, auch das erwarten die Herren mit den Hüten. Sie sorgen dafür, dass das Telefon des Pförtners nicht funktioniert.

(3) Welche Möglichkeiten bleiben David noch?
In ein in der Nähe liegendes Restaurants laufen. Die Herren aber sorgen vor. Sie haben alle Telefone im Umkreis von dreihundert Metern lahmgelegt.

(4) David rennt dennoch ins nächste Restaurant – und weicht vom Schema ab, vom Erwartbaren. Statt den Wirt oder die Anwesenden darum zu bitten, ihm ihr Telefon zu leihen, macht er Folgendes: Er stellt sich mitten in das vollbesetzte Restaurant und ruft laut, ob jemand schon mal ein Stück besagter Theatergruppe gesehen hat. Einer hat. (Ob das sehr glaubhaft ist, ist eine andere Frage.) Er sagt David die Adresse der Bühne. Das haben die Herren von der Regulierungsbehörde nicht kommen sehen.

Der Zuschauer übrigens auch nicht. Was für die Regulierer unangenehm ist, bedeutet für den Zuschauer eine angenehme Überraschung. Und David hat sich als findiger Charakter etabliert, der klug und buchstäblich für eine Überraschung gut ist.

Und noch etwas zeigt der Film überdeutlich: Die Wendepunkte sind jeweils schwierige – zunehmend schwierigere – Entscheidungen für den Protagonisten David.
Der letzte Wendepunkt stellt ihn vor ein scheinbar unlösbares Dilemma: Wenn er bei Elise bleibt, wird das (die Herren mit dem Plan kennen die wahrscheinliche Zukunft) dafür sorgen, dass Elise ihren Lebenstraum vom Tanzen aufgeben wird. Und Davids eigener Lebenstraum, Präsident der Vereinigten Staaten zu werden, würde ebenfalls zerstört.
Kann eine Liebe bestehen, wenn sie das zerstört, was den Liebenden am Wichtigsten ist? Wie das Dilemma gelöst wird, will ich nicht verraten.

»*Der Plan*« ist ein Film, an dem jeder Autor wunderbar das Funktionieren eines Plots studieren kann – und dass ein Plot nicht gegen seinen Helden arbeiten darf. Ein starker, hoch motivierter Held mit einem klaren Ziel wird ihn zerstören. Und ein schwacher Held, nun, über den will niemand etwas lesen.

Sie sollten nicht über ihn schreiben.

PS: Von einem Roman erwarten die Leser dasselbe wie vom Leben – Abwechslung, Frische, Ausgewogenheit. Plus ein paar unerwartete Katastrophen.

Harry, hol schon mal den Wagen...heber
Spannung auf jeder Seite durch Mikro-Erwartungen

Sie waren kürzlich im Süden? Womöglich wurden Ihre Erwartungen an das Wetter enttäuscht. Eventuell hat das für Spannungen unter den Mitreisenden geführt.
Im Roman ist der Aufbau von Erwartungen ein klassisches Mittel, Spannung zu erzeugen. Das funktioniert keineswegs nur bei den großen, entscheidenden Ereignissen im Plot. Ebenso wichtig sind die kleinen Spannungen, Mikrospannungen, die den Roman auch zwischen den Wendepunkten, den Sterbe- und Abschiedsszenen am Laufen halten – und dafür sorgen, dass der Leser am Ball bleibt, Seite für Seite für Seite für Seite.

Léonie steht am offenen Grab mit ihrem Bruder und ihrer Mutter, ihr atemberaubendes Gesicht hinter schwarzer Spitze verborgen. Von den Lippen des Priesters kommen Plattitüden, Worte der Absolution, die alle Herzen kalt und alle Gefühle unberührt lassen.

Bei dieser Beerdigungsszene in Paris lernen wir eine der Heldinnen des historischen Romans »*Sepulchre*« von Kate Mosse (Orion 2007 / eigene Übersetzung / dt. »*Die achte Karte*«) kennen, Léonie.
Wir wissen nichts über den Menschen, der dort beigesetzt wird, aber wir vermuten und erwarten, dass es Léonies Vater ist. Die Familienkonstellation – junge Frau und ihr Bruder und ihrer beider Mutter – deutet darauf hin, lenkt uns in diese Richtung. Die üblichen Denkschemata laufen im Leser ab: Okay, diese Familie hat ihren Vater und vermutlich Ernährer verloren usw. Die Autorin lässt uns eine halbe Seite im Ungewissen, bevor sie enthüllt, dass die Frau des Bruders zu Grabe getragen wird.
Die Erwartung wird, wenn sie sich auf ein emotional bedeutsames Geschehen für den Helden bezieht, zur Suspense. Obiges Beispiel bleibt zwar eine banale Erwartung, doch erfüllt auch sie ihren Zweck: Den Leser ein klein wenig, vermutlich unbemerkt, anzustacheln.

Stellen Sie sich Mikrospannungen wie winzige Stromstöße vor: Jedes Mal, wenn der Leser das Buch beiseitezulegen droht, verpassen Sie ihm einen solchen kleinen Stoß. Und da Sie nie wissen, wann er das Buch weglegen will, sollten Sie ihn so oft wie möglich zumindest sanft elektroschocken.

Erwartungen treten nie allein auf, sondern im Zweiklang mit ihrer Erfüllung oder Nicht-Erfüllung (Enttäuschung klingt zu negativ – eine nicht erfüllte Erwartung kann ja auch gut sein, wenn das Erwartete schlecht war.). Sowohl realisierte wie auch nicht realisierte Erwartungen bedeuten neue Reize für den Leser.
Reizvoll ist nicht von ungefähr ein so positiv besetztes Wort.

Im obigen Beispiel aus »*Sepulchre*« erfüllt die Autorin die Erwartungen nicht. Auch bei Erwartungen ist es sinnvoll, immer mehrere Erwartungen gleichzeitig »am

Laufen« zu halten. Damit erreichen Sie, dass nach dem Abbau einer Erwartung durch Erfüllung oder Enttäuschung immer mindestens eine andere den Leser – bewusst oder unbewusst – beschäftigt.

Auch sollten Sie abwechseln: Mal erfüllen Sie eine Erwartung, mal enttäuschen Sie sie. So vermeiden Sie, dass der Leser Sie durchschaut und allzu leicht und allzu oft vorhersieht, was als nächstes geschieht.
Erwartungen gehen ja Hand in Hand mit Überraschungen: Je weiter die Nicht-Erfüllung von der Erwartung des Lesers entfernt ist, umso größer die Überraschung. Und Überraschungen sind einer der wichtigsten Anreize beim Lesen.

Die schon zum Klischee gewordene Darstellung enttäuschter Erwartung findet sich in folgender Szene: Der Held meint, in der Menge seine große und vor Jahren verloren gegangene Liebe entdeckt zu haben. (Der Leser erwartet das auch, so zumindest die Erwartung des Autors.) Er rennt ihr hinterher, erreicht sie schließlich und legt ihr die Hand auf die Schulter. Sie dreht sich um. Und ist – welche Überraschung! – nicht die Gesuchte.
Hier sehen Sie deutlich, wie eng Erwartungen auch mit Hoffnungen zusammenhängen. Das für Autoren so Spannende daran: Erwartungen und Hoffnungen der Romanfiguren sind häufig mit starken Gefühlen verbunden.

Vor allem die starken Emotionen sind es, die Sie als Autor interessieren. Wenn die Identifikation mit dem Charakter funktioniert, überträgt sich zumindest eine Ahnung dieses Gefühls auch auf den Leser.
Apropos Gefühl: Enttäuschen Sie die Erwartungen Ihrer Leser häufiger, wenn es um Gefühle Ihrer Charaktere geht. Reagiert eine Heldin mit einem anderen Gefühl als dem erwarteten, erzielen Sie damit eine enorm starke Wirkung. Das hängt vermutlich damit zusammen, dass unsere Gefühlsreaktionen sehr stark schematisiert und gesellschaftlich normiert sind. Kaum etwas bleibt so gut im Gedächtnis wie ein Ausbruch aus einem (Gefühls-)Schema.

Beispiel:

Der Kommissar und sein Harry überbringen an der Haustür eine Todesnachricht an die Ehefrau des Verstorbenen. Harry klingelt. Eine junge Frau öffnet. Der Kommissar sagt sein Beileidssätzlein auf – und die Frau fängt an zu lachen.

Leser und Polizei werden gleichermaßen überrascht sein. Natürlich sollte die Frau einen überzeugenden und nachvollziehbaren Grund haben, weshalb sie lacht. Vielleicht hat Harry die falsche Klingel gedrückt, und die Frau ist erleichtert, weil es nicht ihr Mann ist, der tot im Straßengraben liegt. Oder weil der Assistent, wie bei *Derrick*, tatsächlich Harry heißt – eine erfüllte Erwartung?

Von Zeitbomben, auch menschlichen
Zeit als Spannungsfaktor

Als Kinder spielten wir ein Spiel, das wir Bombe nannten.

Ein Gegenstand wurde herumgereicht oder von einem zum anderen geworfen. Ein Ball. Ein Stein. Irgendetwas.
In Wirklichkeit war es eine *Zeitbombe*.
Jemand saß da mit einer Uhr.
Oder wir benutzten einen Wecker.
Wir hatten drei oder fünf Minuten. Wir wussten nicht, wann die Zeit um war.
Die erste geschätzte Minute war leicht.
Wir lachten.
Mancher behielt die Bombe lange bei sich.
Nach einer gewissen Zeit nicht mehr.
Immer schneller flog die Bombe von Hand zu Hand.

Ich stelle mir vor, dass Kinder in Afghanistan heute dasselbe Spiel spielen.
Mit Blindgängern.
Die vielleicht so blind gar nicht sind.
Der Gedanke allein fühlt sich wie eine Bombe an.

Nach den Terroranschlägen vom 11. September schien jeder, der einen Bart hatte und irgendwie arabisch aussah, eine lebende Bombe zu sein.
Wir wussten nicht, wann die Zeit um war.
Wir wussten nicht, wann unsere Zeit um war.
Wir wussten nicht einmal, wer die Uhr hatte.

Wir wissen es noch immer nicht.

Charaktere in Romanen können die verheerendsten Zeitbomben sein.
Tatsächlich oder metaphorisch.

Wie lange, bis Claus die Seitensprünge seiner Frau nicht mehr toleriert und die Pistole, die er jeden Tag ölt, einsetzt?
Wie lange, bis Jette das Machtspiel ihres Chefs nicht mehr mitspielt und sie der Firmenleitung die getürkten Zahlen in seinen Abrechnungen offenbart?
Wie lange, bis die alte Dame unter der Last der Tage noch dahinsiecht und unter den wie Geiern wartenden Erben das Bankett eröffnet wird?

In seinem Roman »*The Power of the Dog*« (William Heinemann 2005 / eigene Übersetzung / dt. »*Tage der Toten*«) setzt Don Winslow die Zeit als Spannungsfaktor höchst wirkungsvoll ein.

Der US-amerikanische Drogenfahnder Art, ein tragischer Held, will Nora, die Frau eines Drogenbosses aus einem Versteck der mexikanischen Mafia befreien. Nora hat die Seiten gewechselt. Die Gangster sind kurz davor, das herauszufinden. Sie sind schwerbewaffnet, haben das Haus wie eine Festung gesichert. Bei der Aktion der Fahnder kommt es auf exaktes Timing an.
Art steht nur eine kurze Zeit für seine – nicht mit den mexikanischen Behörden abgesprochene und daher illegale – Befreiung zur Verfügung.

Zeit spielt die größte Rolle. Zeit ist in diesem Kapitel der eigentliche Protagonist.

In kurzen Szenen schneidet Winslow zwischen dem Drinnen bei Nora und den Gangstern und dem Draußen bei Art und seinen Leuten hin und her.
Der Clou: Die Szenen passen chronologisch nicht zusammen.
Das heißt, dass das Ende einer Szene draußen nach dem Ende der folgenden Szene drinnen liegen kann.

So genau weiß der Leser das nicht.
Und das sorgt für Hochspannung.

Draußen:
»Am Strand hast du dreißig Minuten«, sagt Sal. »In dreißig Minuten sind wir zurück auf dem Boot und fahren raus. Das letzte, was wir brauchen können, ist, wenn uns ein mexikanisches Patrouillenboot stoppt.«
»Kapiert«, sagt Art. »Wie lange, bis wir da sind?«
Scachi übersetzt die Frage für den Kapitän ihres Bootes.
»Zwei Stunden.«
Art sieht auf seine Uhr.
Gegen neun landen sie am Strand.

Schnitt nach drinnen:
Nora begeht ihren Fehler um 8:15.
Die Dreiviertelstunde, die sich damit den Entführern eröffnet, rauscht in die Szene wie eine Überschwemmung in die Kanalisation. Eine Dreiviertelstunde, dann steht hier alles unter Wasser. Du hast eine Dreiviertelstunde, um aus dem Labyrinth herauszufinden. Bevor das Wasser die Decke erreicht hat.
Nora bleibt eine Dreiviertelstunde.
Ihr Fehler bedeutet, dass die Entführer bald herausfinden werden, wer sie wirklich ist. Sobald sie es wissen, werden sie sie töten.
Die Zeit läuft ab.
Schnell.

Der Leser weiß nicht, wie viel Zeit noch bleibt.
Die Spannung steigt.
Tick, tick, tick, tick, tick, tick, tick, *tick* ...

Es ist nicht spannend, sich in den Fuß zu schießen
Wie Sie sich beim Erzeugen von Spannung selbst aus dem Weg gehen

Methoden, in einem Roman Spannung zu erzeugen, gibt es viele. Zum Glück. Manche Autoren aber verzichten bewusst auf Spannung, vielleicht weil sie einen höheren, künstlerischen Anspruch verfolgen. Andere stehen sich beim Erzeugen von Spannung selbst im Weg.

Joanne Harris' Held sieht sich in ihrem Thriller »*Blaue Augen*« (List 2011) nach dem vermeintlichen Unfalltod seines Bruders mit der Polizei konfrontiert. Der Leser weiß zu dem Zeitpunkt nicht, ob der Ich-Erzähler etwas mit dem Tod des Bruders zu tun hat.

»Ich fürchte, Sie müssen mit uns aufs Revier kommen.«
Mein Mund fühlte sich auf einmal sehr trocken an. »Aufs Revier?«
»Eine reine Formalität.«
Einen Augenblick lang sah ich mich festgenommen und in Handschellen abgeführt. Ma in Tränen aufgelöst, die Nachbarn schockiert, ich selbst in einem orangefarbenen Trainingsanzug (die Farbe steht mir wirklich nicht), eingesperrt in einem Raum ohne Fenster. In einer Geschichte würde ich jetzt abhauen: den Polizisten niederschlagen, seinen Wagen klauen und über der Grenze sein, bevor die Polizei die Fahndung rausgeben kann. Im wahren Leben aber –
»Was für eine Formalität?«
»Wir müssen Sie bitten, die Leiche zu identifizieren.«
»Oh. Das.«
»Tut mir leid, Mr Winter.«

Grundsätzlich eine gute Methode, Spannung zu erzeugen: Der Held nimmt das mögliche, für ihn schreckliche Geschehen vorweg. Der Leser fragt sich: Wird es wirklich so kommen? Vermutlich nicht. Aber was wird stattdessen geschehen? Gut auch, dass der Autor den Ich-Erzähler bei seinem Gedankenspiel die tatsächliche Lösung gar nicht in Betracht zieht. Die kommt dann als Überraschung. Zusätzlich wird die Auflösung durch den inneren Monolog zeitlich aufgeschoben.

Leider nimmt die Autorin selbst die Spannung gleich zu Anfang fast vollständig weg. Indem sie schreibt: »*Einen Augenblick lang sah ich mich festgenommen.*« Der Satz deutet darauf hin, dass der Protagonist nicht verhaftet werden wird, sein Gedankenspiel steht daher von Beginn als bloßes Spiel fest.

Sie hätte den inneren Monolog auch so beginnen können:

Jetzt war es so weit. Sie würden mich festnehmen und in Handschellen abführen. Ich sah Ma in Tränen aufgelöst, die Nachbarn schockiert ...

Doch wie stets sollte man zweierlei im Blick behalten: Was wollte die Autorin mit der Szene? Und passt die Reaktion zum Ich-Erzähler? *Blauauge* ist ein sonderbarer Typ. So wie man ihn bis dahin kennen lernen durfte, würde es einen nicht verwundern, wenn er selbst die eigene Verhaftung neugierig und aus ironischer Distanz beobachtet. Und was die Autorin mit der Szene bezweckte, weiß ich nicht.

Grundsätzlich sollten Sie insbesondere auf Spannung ausgelegte Szenen genau prüfen, ob Sie die Spannung darin nicht durch eine Unachtsamkeit etwa in Sprache, Ton oder Stil gleich wieder verpuffen lassen. Und: Sehen Sie zu, dass der Leser gerade an den spannendsten Stellen nicht aus der Erzählgegenwart gerissen wird. Sprich: Mischen Sie sich als Autor auf keinen Fall ein, etwa durch Bewertungen oder Ablenkungen.

Auch an einer Stelle unangebrachter Humor kann schnell jede Spannung töten. Nicht umsonst gibt es im Englischen den Ausdruck »comic relief« – Humor entspannt.

Ha, ha, ha.

Beschreibungen & Bilder

Schreibtipps & Autorentipps

Waldscheidt auf Twitter

Vernetzen Sie sich mit Stephan Waldscheidt
und erfahren Sie Neuigkeiten über das Schreibhandwerk und den Buchmarkt

twitter.com/Schriftzeit

Wie sehen Sie aus, wenn ein Riese Sie in die Länge zieht?
Warum Sie Romanfiguren nicht zu Tode beschreiben sollten

»*Zu viel Beschreibung kann den Leser irreleiten oder den Figuren unrecht tun*«, schreibt Angela Leinen in ihrem launigen Buch »*Wie man den Bachmannpreis gewinnt*« (Heyne 2010). Das Buch ist kein typischer Schreibratgeber, sondern spricht Empfehlungen aus der Sicht einer aufmerksamen Leserin aus. Leinens Fokus liegt jedoch weniger auf erzählenden Romanen (um die es mir in diesem Buch geht) als auf literarischen Texten.

Die Autorin spricht hier einen wichtigen Punkt an, wichtig nicht nur, wenn Sie den Bachmannpreis gewinnen wollen. Mit einer zu ausführlichen Beschreibung des Äußeren Ihrer Romanfiguren erreichen Sie schnell das Gegenteil des Gewollten: Die Figur gewinnt nicht an Konturen, sie verliert.

Die meisten Leser wenden eine von drei Taktiken an:

Entweder lesen sie die Beschreibung aufmerksam und vollziehen sie in ihrem Kopf nach. Jedes Detail erfordert eine Visualisierung. Zu viele Details können sich – aus Sicht des Lesers, nicht unbedingt aus Sicht des Autors! – verwirren, können einander widersprechen oder einfach – wieder: für den Leser – nicht passen. Das Ergebnis: Der Leser wird aus seinem Erzähltraum, aus Ihrer Geschichte gerissen.

Die zweite Taktik ist die, die Beschreibung zu lesen, ohne sie sich vorzustellen. So weiß der Leser, dass Carlos eine Adlernase hat und Aknenarben auf dem Kinn. Das in der Stirn schon lichte, aber hinten volle Haar trägt er zu einem Pferdeschwanz gebunden, und zwar mit einem der einfachen, neonbunten Haargummis seiner verstorbenen Frau. Bloß vor sich sieht der Leser Carlos nicht.

Ein dritter Teil der Leser wird die Beschreibungen nur überfliegen, sie sich weder merken noch sie sich vorstellen. Denn für viele Leser sind Beschreibungen von Figuren grundsätzlich störend. Nicht nur für den Autor Sven Regener, der sagt, er lese grundsätzlich darüber hinweg.

Manche Leser fühlen sich sogar von Beschreibungen bevormundet, besonders dann, wenn die Beschreibung nicht dem Bild entspricht, das sie sich bereits von der Figur gemacht haben. Sofort ist der Lesefluss gestört.
Um das aufzufangen, ist es meist eine gute Idee, einen neu eingeführten Charakter möglichst sofort zu beschreiben. Nachdem der Leser sich sein eigenes Bild gemacht hat, wirken Beschreibungen meist nur noch kontraproduktiv.

Für die Visualisierer unter den Lesern zu schreiben, ist anspruchsvoller, als Sie vermutlich denken.
Zum einen sollten die Beschreibungen einer räumlichen Logik folgen.

Beispiel:

Bertas Nase beherrschte ihr Gesicht genau so absolut, wie sie selbst lange Jahre ihre Familie beherrscht hatte. Ihre Beinprothese klopfte bei jedem ihrer schnellen Schritte ein ungeduldiges Stakkato. Ihr graues Haar schnitt sie sich schon seit Jahren selbst, seit die einzige Friseurin, der sie vertraute, Helma, nach Australien ausgewandert war. Nicht einer, sondern zwei Trauringe prangten an ihrem zierlichen Ringfinger. Der Frage danach ging sie stets aus dem Weg. Im Dorf wusste man nur von einem Mann.

Hier lässt der Autor den inneren Blick des Lesers hin und her über die Frau springen: Nase, Bein, Haare, Finger. Das entstehende Bild wirkt entsprechend chaotisch – und damit, wahrscheinlich zu Unrecht, auch die Person.

Behalten Sie beim Beschreiben stets die Erzählperspektive im Kopf – und bleiben Sie ihr treu. Zu oft gewinne ich als Leser den Eindruck, bei Beschreibungen (nicht nur von Personen) verlässt der Autor mal eben seinen Point of View, erledigt die Beschreibung und kehrt danach wieder in seinen Erzähler zurück.

In welcher Reihenfolge würden dem Erzähler, dem POV-Charakter die Details auffallen? Würde er überhaupt alle (diese) Einzelheiten bemerken? Wie würde er sie beurteilen? Ist es glaubhaft, dass er tatsächlich all die aufgeführten Details kennt oder kennen kann, etwa alles Wichtige über die Friseurin?

Ein weiteres Problem bei der Visualisierung, gerade wenn Sie Metaphern verwenden: Der Charakter gerät Ihnen zur Karikatur.

Ein Beispiel aus dem Thriller »*Caught*« von Harlan Coben (Signet 2010 / eigene Übersetzung / dt. »*In seinen Händen*«):
Amanda war groß, dünn; Körper und Kopf wirkten in die Länge gezogen, als hätten Riesenhände den Lehm auf beiden Seiten zusammengequetscht.
Ich las das und stellte mir sofort den Riesen vor, der das arme Mädchen oben und unten in die Länge zieht. Das Mädchen sah für mich fortan immer sonderbar aus, grotesk. Coben hat hier zwar ein eindringliches Bild geschaffen – doch für mich ist es zu eindringlich und steht darüber hinaus an der falschen Stelle.
Ein weiteres Problem allzu schöner Metaphern: Sie lassen den Autor als Autor erkennen und reißen damit den Leser aus der Geschichte. Das gilt bei Metaphern grundsätzlich und eben auch bei Beschreibungen.

Beschreibungen werden umso lebendiger, je dynamischer sie sind, sprich: je stärker der Autor sie in Handlung eingebunden hat. Für die Beschreibung von Personen gilt das Gleiche. Beschreiben Sie Menschen möglichst in Aktion.
Etwas, was sich bewegt, ist ein natürlicher Hingucker, auch für Ihren POV-Charakter – und damit ein natürlicher Ausgangspunkt für die Beschreibung. Banales Beispiel: Berta mit der prominenten Nase schnäuzt sich – und als sie das Taschentuch weg-

nimmt, fällt der Blick des Beobachters oder Erzählers ganz selbstverständlich als erstes auf ihre prominente Nase.

Denken Sie daran: Auch Dialog ist Handlung und eignet sich ganz hervorragend zur Beschreibung von Romanfiguren.

Einen wichtigen Aspekt ergänzt Angela Leinen: »*Kleidung, Frisur, das ist schon eher die Entscheidung der Figur als Augenfarbe, Größe oder Blondheit.*« Mit anderen Worten: Wenn Sie sich dem Charakter, dem Wesen einer Figur nähern wollen, konzentrieren Sie sich auf die Dinge, die die Figur selbst gewählt hat.
Eine große Nase sagt nichts über den Charakter aus. Körpermerkmale werden erst dann interessant, wenn Sie für die Geschichte (oder den Charakter) eine Bedeutung bekommen.

Beispiel: Bertas Beinprothese ist schuld daran, dass sich seit dem Unfall kein Mann mehr für sie interessiert hat. Was sich auch auf ihr Wesen niederschlägt.
Wie wirkt die Person auf die Szene ein? Wie reagieren die Menschen um sie herum auf ihr Dasein, auf das, was sie tut oder sagt?

Versuchen Sie – auch wenn's schwerfällt – beim Beschreiben Ihrer Romanfiguren dem Leser zu vertrauen, genauer: ihm mehr zuzutrauen. Ein Roman ist kein Film und er will auch keiner sein. Versuchen Sie nicht, über Beschreibungen einen Film nachzuäffen. Sie schreiben das Drehbuch, den Film sichtbar macht der Leser selbst.

[Meinen Dank an Isabella und Susanne, durch deren wertvolle Kommentare ich diesen Artikel um neue Aspekte bereichern konnte.]

Es ist nichts Körperliches, sagte sie
Worauf es bei der Beschreibung von Romanfiguren ankommt

Manchmal bringen Autoren in ihren Romanen Sätze zu Papier, die sich unmittelbar auf das Schreiben übertragen lassen. Ob gewollt oder nicht, spielt keine Rolle. Solange Sie die Weisheit darin für Ihre eigenen Texte verwenden können.

So lässt Justin Cronin in seinem Phantastik-Thriller »*The Passage*« (Ballantine 2010 / eigene Übersetzung / dt. »*Der Übergang*«) eine seiner Figuren Folgendes denken:

Nein, es war nichts Körperliches, was Zero aus den anderen hervorstechen ließ; es war, was er dich fühlen ließ.

Für die Darstellung der Charaktere Ihres Romans gilt das Gleiche: Es ist nicht vorrangig das Äußere, das Figuren für die Leser interessant macht, und selbst das Innenleben ist nicht entscheidend, obwohl wir da der Sache schon näher kommen. Nein, worauf es vor allem ankommt, ist, welche Gefühle Ihre Charaktere beim Leser auslösen.

Wobei wir wieder bei Äußerlichkeiten wären. Einige davon können durchaus Gefühle auslösen: Ein kleines Mädchen, dem das rechte Auge fehlt, erweckt Mitleid. Ein ungewaschener alter Mann, der den Helden mit einem faulzahnigen Grinsen drohend mustert, erweckt unangenehme Gefühle, vielleicht Abscheu, vielleicht sogar Furcht.

Genau das ist der Punkt: Äußerlichkeiten, die keine Gefühle auslösen – beim Leser und / oder bei einem wichtigen Charakter! –, sind nicht mehr als Kosmetik. Manche Beschreibungen lesen sich auch so: einfach draufgeklatscht. Man merkt der Autorin ihre Hoffnung an, die Beschreibung möge schon irgendwie Gefühle auslösen. Bei irgendwem, irgendwo.

Dennoch: Nichts gegen ein bisschen Kosmetik. Manche Leser freuen sich über klare Beschreibungen, weil ihnen das die Vorstellung erleichtert, sie wollen wissen, ob der Mann Lederjacke oder Holzfällerhemd trägt und vielleicht interessiert sie auch die Marke. Notwendig ist das aber in den meisten Fällen nicht, es sei denn, das Holzfällerhemd sagt etwas über den Charakter aus. Im Zweifel entscheiden Sie sich gegen eine allzu genaue Beschreibung, denn die wird von vielen Lesern unbewusst anders empfunden, nicht als hilfreich, sondern als Bevormundung.
Die blauen Augen des geheimnisvollen Fremden sind aber nur dann von Belang, wenn die Heldin beispielsweise eine Schwäche für blaue Augen hat. Oder natürlich, wenn sie in der Handlung eine Rolle spielen (»Der blauäugige Serienkiller tötet nur braunäugige Frauen.«).

Außerdem lauern bei Beschreibungen des Äußeren immer zwei Dinge: die Klischeefalle (Rothaarige Frauen sind immer ... Sie wissen schon. Was sagt man eigentlich über rothaarige Männer?) und die Schmalzfalle (»Ihr honigblondes Haar fiel in Wellen bis fast auf ihren Po.«).

Die Beschreibung der Gedanken und Gefühle eines Charakters – etwa in einem inneren Monolog – kann dem Leser die Gefühle nahebringen. Doch Vorsicht: Auch hier ist es meist suboptimal, einfach zu behaupten: »Wow, die Augen dieses geheimnisvollen Fremden machen mich ganz kribbelig.«. Zugegeben: Nicht bei jedem Gefühl ist es möglich oder auch nur sinnvoll und effizient, das Gefühl zu zeigen, anstatt es bloß zu behaupten. Kein Mensch will, dass der Roman plötzlich vor schweißnassen Händen und Gänsehäuten wimmelt.

Feuchte Hände und eine Gänsehaut sind eine Reaktion auf ein Gefühl. Reaktionen können aber vielfältiger ausfallen als bloß unmittelbar körperlich.
Also: Statt Ihrer Heldin dauernd ein Kribbeln, eine Gänsehaut und schweißnasse Hände zu verpassen, lassen Sie sie im Gefühlsüberschwang doch auch mal eine Kaffeetasse umwerfen. Oder sich verplappern: »Ich geh mal eben ins Bett, sorry, haha, Bett, ich meinte natürlich: Bad.«

Wägen Sie ab und zeigen Sie nur die wichtigsten und intensivsten Emotionen – und das möglichst auf eine originelle Art. Manchmal ist es besser, ein Gefühl (glaubwürdig) zu behaupten, als es ganz unter den Tisch fallen zu lassen. (Ein Gefühl unter den Tisch fallen lassen? Hoffentlich komme ich damit nicht in eine Radarkontrolle der Metaphernpolizei.)

Schöpfen Sie bei der Schilderung von Gefühlen immer auch aus sich selbst und nutzen Sie Ihre Empathie dazu, sich in Ihre Charaktere einzufühlen. Flaubert war Madame Bovary, und Ihre Heldin, das sind vor allem Sie, genauer: ein Teil von Ihnen.

Das Zitat aus Cronins Roman geht übrigens so weiter:
Besser konnte Grey es nicht erklären. Die anderen schienen in etwa so sehr an den Leuten hinter der Scheibe interessiert zu sein wie ein Haufen Schimpansen im Zoo.
Nur wenn es Ihnen gelingt, dass ihre Charaktere den Leser etwas fühlen lassen, werden sie auf den Leser nicht wirken wie Menschen hinter Glas. Was den Leser hier zum Affen macht ... nö, irgendwie habe ich es heute nicht so mit Metaphern. Aber Sie habe ich hoffentlich ein wenig zum Schmunzeln gebracht. Auch ein schönes Gefühl, nicht wahr?

[Meinen Dank an Katharina, durch deren wertvollen Kommentar im Blog ich diesen Artikel um weitere Aspekte bereichern konnte.]

Ihr Herz, ein beschwingtes Organ
Ein paar Gedanken zu Beschreibungen von Charakteren

Ein schönes Beispiel, wie Romanfiguren über ihr Äußeres hinausgehend beschrieben werden können, liefert Friedrich Ani in »*Süden*« (Droemer 2011):

> Manchmal beobachtete er sie [Sonja] heimlich, wie sie den Kopf senkte und ihre Hände zu Schalen formte, als wollte sie Tränen darin auffangen.
> Seit Süden sie kannte, war sie eine eigenbrötlerische, zu Ingrimm neigende Frau gewesen, mit einer Aura von Traurigkeit. Er hatte sich oft vorgestellt, sie an der Hand zu nehmen und loszulaufen, bis der schwere Atem aus ihr herausgeströmt wäre und sich ihr Herz in ein beschwingtes Organ verwandelt hätte.
> Anders als Martin Heuer jedoch erlaubte Sonja der Schwermut nicht, sie vollständig zu besetzen. Sie verscheuchte die Wolken, indem sie spontane Reisen auf die Kanarischen Inseln oder nach Asien unternahm. Und anders als Süden zelebrierte sie ihr Alleinsein nicht mit Ritualen, sondern hielt es einfach aus.

Für manchen mag das schon zu kitschig klingen. Die Beschreibung kommt dem Wesen Sonjas und damit der Wahrheit jedoch sehr viel näher, als es eine einfache statische Beschreibung von Aussehen und einem klar bezeichneten Gefühl (»sie war schwermütig«) je könnte.

Was die Beschreibung besonders gelungen macht, ist ihre Dynamik: Beschrieben wird auch über Aktion (so etwa die spontanen Reisen). Sonja ist nicht nur so und so. Sie definiert sich durch ihre Handlungen. Was eine Anwendung der klassischen Regel »*Show, don't tell!*« ist – Zeigen statt erzählen.

Beispiel:
Erzählt: *Arnulf war verfressen.*
Gezeigt (im weiteren Sinne): *Wenn Arnulfs Frau abends hinter ihm aufräumte, musste sie drei Mal laufen, bis sie die leeren Chipstüten, die fettigen Pizzaschachteln und klebrigen Bierflaschen alle in die Küche geschafft hatte.*

Wenn Sie Handlung, wie oben Ani, anekdotisch verwenden, reißen Sie den Leser jedoch aus der Erzählgegenwart. Zeigen Sie hingegen Arnulfs Frau beim Aufräumen in der Erzählgegenwart (also als Bestandteil der aktuellen Szene), lassen Sie den Leser in der Szene.

Das Beispiel hat Handlung, die aber wird erzählt, nicht erlebt. Die sähe so aus:
Gezeigt (im engeren Sinne): *Arnulfs Frau rannte fluchend in die Küche, das dritte Mal, beladen mit leeren Chipstüten, fettigen Pizzaschachteln und klebrigen Bierflaschen. Wo steckte Arnulf den ganzen Fresskram bloß hin!*

Und: Eine Beschreibung beschreibt immer auch den Beschreibenden!

Wunderbar eingefangen hat Ani das in dem Bild »*Er hatte sich oft vorgestellt, sie an der Hand zu nehmen und loszulaufen, bis der schwere Atem aus ihr herausgeströmt wäre und sich ihr Herz in ein beschwingtes Organ verwandelt hätte.*«

Wann immer Sie in der nahen dritten Person erzählen (bei der ersten Person versteht sich das hoffentlich von selbst), prüfen Sie bei jeder Beschreibung, ob Ihr POV-Charakter das tatsächlich so sähe.

Beispiel (POV Arnulf):
Das Kleid von Marc Jacobs stand Belinda hervorragend. Sie duftete nach Chopard Happy Spirit.

Arnulf kann gerade mal eine Pizza Margherita von einer Quattro Stagioni unterscheiden. Von Marc Jacobs und Chopard hat er noch nie etwas gehört.

Sofern wichtig, ergänzen Sie die Beschreibung um die Einstellungen, die Gefühle des POV-Charakters oder des Erzählers zum beschriebenen Gegenstand. Hier nehmen wir mal an, Arnulf kennt sich mit Mode besser aus als Belinda:
Ein Kleid von Marc Jacobs? Gut, dass Belinda keine Ahnung von Mode hatte. Seit ihr Ex sie wegen eines Mannes verlassen hatte, war sie auf Schwule gar nicht mehr gut zu sprechen, Modedesigner eingeschlossen.

Sie vertiefen damit die Beschreibung und erzählen zugleich etwas über den Beschreibenden.
Und: Achten Sie bei Beschreibungen in der ersten Person immer wieder darauf, dass die Beschreibung tatsächlich die Weltsicht Ihres Ich-Erzählers widerspiegelt. Und nicht etwa Ihre eigene, es sei denn, Sie und der Erzähler wären ein und derselbe.

Wundern Sie sich nicht, wenn Leser diese in Ich-POV geschriebenen Einstellungen mit Ihren tatsächlichen Einstellungen gleichsetzen – und etwa in Lesungen entsprechende Fragen stellen. Erstaunlich (oder erschreckend?) viele Leser unterscheiden nicht zwischen dem Autor eines Romans und dem (von ihm erfundenen) Ich-Erzähler.

Körperteile-Shuffle
Vorsicht vor zu viel oder zu detaillierter Anatomie

Die wenigsten Leser sind ausgebildete Anatome. Und selbst unter denen, die sich der Anatomie verschrieben haben, sind nur Vereinzelte exakt an den Bewegungsabläufen der verschiedenen Körperteile Ihrer Charaktere interessiert.

Dann wird die Horizontlinie dort liegen, wohin jetzt die Fingerspitzen des Mannes weisen, der, die Arme waagerecht ausgestreckt, das Kreuz durchgedrückt, langsam in die Knie geht und sich aus der Beuge wieder in den Stand erhebt.

In seinem Roman »*Sunset*« (Eichborn 2011) beschreibt Klaus Modick hier, wie Lion Feuchtwanger eine Kniebeuge macht. Bereits in dieser ruhigen, actionfreien Szene hat der Leser es nicht leicht, die einzelnen Körperbewegungen nachzuvollziehen. Die Frage, ob diese Detailwut notwendig ist, sei dahingestellt.

Richtig problematisch werden solche detaillierten anatomischen Beschreibungen in Action- und Kampfszenen. Dann nämlich, wenn der Leser versucht, sich die einzelnen Bewegungen sämtlich vorzustellen. Da verwirren sich vor dem inneren Auge des Lesers rasch Arme und Beine und Schwerter und was sonst noch an Körperteilen und Waffen am Geschehen beteiligt ist.

Die Absicht des Autors ist ehrenhaft: Er möchte, dass sich die Leser genau vor Augen führen können, wie der Held den Schlag mit seinem Schild pariert, den er in der rechten Hand hält, weil ihm seine Streitaxt heruntergefallen ist und er sie mit der linken aufnehmen musste, obwohl er kein Linkshänder ist und wie ihn die Wunde in der rechten Schulter zusätzlich beeinträchtigt und wie dann von rechts ein Gegner mit Morgenstern angerannt kommt und sich der Held hinter einen Wagen wirft und mit der verletzten rechten Schulter ausgerechnet auf einen Stein schlägt und mit dem Gesicht in der blutenden Wunde eines Schwerverletzten landet und wie er sich auf dem linken Knie aufrichtet und ausholen will, aber sich mit der Axt in der Rüstung des Verletzten verhakt und dann ein Hund in seine linke Wade beißt, während der Feind mit dem Morgenstern von schräg vorn und der mit dem Schwert von Nordosten kommt und …

Verzichten Sie darauf, jede einzelne Bewegung im Detail zu beschreiben.

Entgegen der Erwartung, jedes weitere Detail verschaffe zusätzliche Klarheit, verwirren Sie mit zunehmender Genauigkeit Ihrer Beschreibung den Leser nur mehr.

Besonders problematisch wird es, wenn Sie anfangen, mit verschiedenen Richtungen und Seiten zu kommen, linker Arm, rechtes Bein, Zeigefinger der linken Hand, Blut fließt aus der rechten Braue, Wechselschritt und Cha-Cha-Cha …

Als Anhaltspunkt für Beschreibungen ist es meist eine gute Idee, sich darauf zu konzentrieren, wo die eigentliche Action tobt. In einer Schlacht kann das zum Beispiel die Bewegung eines Schwertes sein. Ob der Held hingegen das verletzte linke Bein (Oder war es das rechte? Oder der Arm?) nachzieht und ihm Blut aus der abgerissenen rechten Braue die Sicht nimmt, ist eher nebensächlich.

Behalten Sie die Erzählperspektive im Blick. Wenn Sie aus naher personaler Perspektive erzählen, beschreiben Sie, was der POV-Charakter sieht und fühlt. Bei der einer Vielzahl von Eindrücken konzentrieren Sie sich auf das Wesentliche.
Das mit der abgerissenen Augenbraue mag wehtun und hinderlich sein, aber im Vergleich zur Lebensgefahr, die durch den Morgenstern eines der Gegner droht, ist es nur eine Banalität und muss nicht erwähnt werden, schon gar nicht mehrfach.

Lassen Sie dem Leser den Freiraum, sich die Szene weitgehend selbst zusammenzubasteln. Das wird er sowieso tun, und je weniger Sie ihn dabei stören, desto besser. Andernfalls wird aus Ihrem Schlachtgetümmel vor allein eins: ein Schlachtgewimmel, bei dem man schnell die Orientierung verliert und die Übersicht über die Gliedmaßen, Verletzungen und wer gerade wem in die Quere kommt. Oder tanzen die etwa miteinander? Oder ist es am Ende Liebe? Schwer zu sagen.

Arzt mit Haaren auf den Zähnen sucht Sprechstundenhilfe mit Biss
Metaphern richtig verwenden: mit Hilfe von Wortwelten

Wenn der Autor eines Romans Sie schon mit dem ersten Satz am Haken hat, dann – hat er etwas richtig gemacht. Und ich habe eine Metapher verwandt. Sofern der Autor kein wahnsinniger Pirat und Serienkiller mit einem Haken anstelle einer Hand ist, ist meine Aussage nur bildlich gemeint.

Viele Sprachbilder benutzen wir unbewusst. Das ist okay – beim ersten Entwurf. Spätestens in der Überarbeitung sollten Sie die Bilder, die Ihnen im Schreibflow aus den Fingern geflossen sind, genauer unter die Lupe nehmen. Ups, und schon wieder ist mir ganz automatisch ein Bild aus den Fingern geflossen. Hoppla, das nächste folgt schon auf dem Fuße ...

Die Gefahr: Bilder, die automatisch kommen, Bilder, die Ihnen als erstes einfallen, sind fast immer Klischees. Schlimmer: Wenn Sie die Bilder nicht bewusst steuern – während des Schreibens oder danach –, verhageln (sic!) sie Ihnen schnell den ganzen Text.

In seinem »*Lexikon der Wortwelten*« (SGV 2008) beschäftigt sich Stephan Gottschling mit dem bildhaften Schreiben. Er unterteilt, sehr sinnvoll, die Bilder in zahlreiche Wortwelten. Eine davon ist »*Der menschliche Körper*« (»*Eine Maßnahme, die Hand und Fuß hat.*«), eine andere »*Die Seefahrt*« (»*Denn damit steuern Sie Ihren Text in sicheres Fahrwasser.*«).

Zu jeder Wortwelt liefert er launige Beispiele, gibt Praxistipps und führt, wie es sich für ein Lexikon gehört, seitenweise bekannte Bilder auf. Jede der Wortwelten, und auch das ist hilfreich, unterteilt er nochmals, etwa die Wortwelt »*Malen und Farben*« nach verschiedenen Farben (»*schwarz auf weiß*«), nach Zeichnen (»*einen Schlussstrich ziehen*«) und so weiter.

Wozu nun Wortwelten?

Zwar richtet sich das Buch in erster Linie an Texter, Präsenter, Redenschreiber, doch auch Romanautoren können davon profitieren. Zunächst durch die Erkenntnis, dass das bildhafte Schreiben Wortwelten kennt – und diese zum Textpassen sollten.

Daher seine Regeln:

1. Bilder müssen stimmig sein. (Beispiel: Alles, was dieser Wachhund tut, hat Hand und Fuß. Äh, ein Hund mit Händen?)

2. Bleiben Sie in einer Wortwelt. (Eine Mischung führt schnell zu unfreiwillig komischen Bildern, etwa wenn ein Plan, der mit heißer Nadel gestrickt wurde, eine Steil-

vorlage für den Vorstand bietet.) Doch auch innerhalb der Wortwelt sollten Sie sich vor schiefen Bildern hüten. Wie sähe das wohl aus, wenn der Leitwolf der Abteilung das Pferd von hinten aufzäumt?

3. Widerstehen Sie der Versuchung, das letzte aus der Wortwelt herauszuholen. Was manchmal gar nicht so einfach ist, wenn man sich gerade auf die Wortwelt »*Militär*« eingeschossen (ups!) hat.

4. Manche Bilder scheinen zum Greifen nah, aber irgendwie kommen Sie nicht an sie heran. Dann lassen Sie es bleiben. Klar und einfach schlägt immer bemüht originell.

Romanschreiber, möchte ich ergänzen, sollten noch weitere Punkte bedenken:

5. Die Metaphern müssen zu dem Charakter passen, durch dessen Augen und Gedanken der Leser die Geschichte erfährt. Würde ein dreizehnjähriges Mädchen heute tatsächlich noch mit Kanonen auf Spatzen schießen? Wohl weder buchstäblich noch tatsächlich. Und: Würde der Charakter überhaupt solche bildlichen Ausdrücke verwenden? Oder ist er ein ganz Nüchterner, der sich zu nicht mehr als gelegentlichen Subjekt-Prädikat-Objekt-Sätzen hinreißen lässt?
Im Umkehrschluss heißt das: Die Bilder, die ein Charakter verwendet, sagen einiges über ihn oder sie aus. Machen Sie sich das bei einer Charakterisierung zu Nutze.

Im Thriller »*Erlösung*« von C. C. Fischer (Blessing 2011) sieht das bei der Heldin, einer Notärztin, so aus:
Sie fragte sich, ob es gar nicht sie war, die zu lieben aufhörte, sondern ob nicht einfach die Liebe aufhörte, ganz ohne sie, so wie ein Medikament irgendwann einfach verfiel und nicht mehr wirkte.
Stell dir vor, dachte sie, Liebe wäre ein Notfallkoffer, in dem man einfach die abgelaufenen Gefühle ersetzt oder die verbrauchten austauscht ...

Aber denken Sie daran: Nicht übertreiben!

6. Sorgen Sie dafür, dass die Art der Bilder sich abwechselt. Immer nur Metaphern zu verwenden, wirkt bald monoton. Verwenden Sie in Ihrer Bildsprache auch Vergleiche und Analogien und andere Bilder, die der reiche Schatz der Rhetorik hergibt.

7. Lenken Sie die Aufmerksamkeit nicht auf die Metapher selbst. Sonst mischen Sie sich als Autor allzu offensichtlich in den Text ein. So hat mich in dem Roman »*Die Glasfresser*« (DVA 2011) von Giorgio Vasta die Metapher fasziniert:
Rom ist ein Tier. Von oben gefilmt sehen die Häuser und Straßen aus wie ein Rücken aus Stein. Ein mineralisches Tier. Mit Toten drin.

Das Bild ist so stark, dass es mich aus meinem Erzähltraum gerissen hätte – wäre Vastas Roman nicht sowieso mehr ein Sprachkunstwerk als eine Erzählung.

8. Gerade die bekannten Bilder, die, vor denen ich eingangs gewarnt habe, sind zu einem Großteil Klischees, die in einer geschäftlichen Präsentation vor Vertretern nicht stören, einem Roman aber schaden können. Bevor Sie ein ausgelutschtes Klischee verwenden, lassen Sie lieber das Bild ganz weg. Denken Sie daran: Klischees sind hier Bilder, die durch Abnutzung so dünn geworden sind, dass man durch sie hindurchsieht. Schlimmer: Viele sind gänzlich unsichtbar. Sie transportieren keine Information und kein Gefühl.

Vielleicht erreichen Sie mit einem leichten Abweichen vom Klischee den gewünschten Effekt? Gerade wenn Sie auf Lacher zielen, können Sie ganz bewusst auf einem vertrauten Bild aufbauen:
Herbert kam heute Morgen mal wieder nicht in die Gänge. Schon mit dem ersten hatte er Schwierigkeiten.

Bezüge auf oder Abweichungen von bekannten Bildern können (zum Beispiel in Dialogen) für starke Pointen sorgen:
»Stan, dieser Stinker, hat mir die Butter vom Brot genommen. Aber dann kam Olli, oh, und er war schlimmer. Er hat sich auch noch das Brot geschnappt.«

Habe ich Ihnen den Mund wässrig gemacht? Dann machen Sie Nägel mit Köpfen, packen Sie den Stier bei den Hörnern und metaphern Sie drauflos – mit den Wortwelten im Hinterkopf. Verflucht, das beißt sich jetzt mit den Nägelköpfen ... Mist, beißende Hinterköpfe?

Worauf habe ich mich da nur eingelassen?

Ein Gletscher kalbt im Totenreich
Wie Sie Ihre Bildwelten vor Unstimmigkeiten schützen

Gute und schöne Literatur lebt von ihren Bildern. Die Bilder wiederum leben von den Stimmungen, die sie im Leser erzeugen. Je mehr aber ein Autor in solchen Bildern schwelgt – und je mehr Bedeutung ihnen im Roman zukommt –, desto störender sind bereits kleinste Abweichungen und Unstimmigkeiten. Als trüge die Mona Lisa ein Lippenpiercing.

In seinem Roman »*Rasmussens letzte Reise*« (Knaus 2010) erschafft Carsten Jensen gleich auf der ersten Seite ein solch mächtiges Bild.

Damals kam er im Sommer. Doch er hatte den Eindruck gehabt, als wäre der Sommer nur eine dünne Schicht Schminke auf dem Gesicht eines Toten. Das Land hatte sich von der ersten senkrechten Felswand an abweisend gezeigt, und je tiefer der Reisende eindrang, desto menschenfeindlicher wurde es. Wie eine Warnung zogen sich die Gletscher bis hinunter ans Meer. Hier begann das Totenreich. Überall streckte das Eis seine weißen Leichenfinger zur Küste aus, und das bisschen Vegetation, das sich behauptete, schien nichts anderes zu sein als Schimmel, der auf einem Gerippe blühte.
Wie Boten des Todes schwammen die Eisberge, an deren Grund die Gletscher kalbten, aus den Tiefen der Fjorde heran, oder sie tauchten knirschend mit der Meeresströmung aus dem Süden auf, als beabsichtigten sie, das Schiff, das sich so weit vorgewagt hatte, unter den Pol zu zwingen – bis zum Ende der Welt und des Lebens. Er hatte das Gefühl gehabt, den Anfang einer vollkommenen Vereisung der Erde zu erleben. Wenn der Tag des Jüngsten Gerichts käme, würde er in einen Eisblock eingefroren sein, den Mund zu einem stummen Schrei aufgerissen.

Nun, frösteln Sie schon? Ich ja, obwohl ich mich frage, ob Jensen hier nicht etwas zu dick aufgetragen hat. Einen klaren Eindruck jedenfalls vermittelt er: den vom Kältetod. Die Bilder unterstützen das nach Kräften. Wäre da nicht ein Ausrutscher, der mich stört: »*die Gletscher kalbten*«. »Kalben« ist zwar der korrekte Ausdruck für das Abbrechen von Gletscherteilen, aber leider auch dasselbe wie Gebären – womit wir beim Gegenteil der ganzen und ansonsten durchgängig eingehaltenen Todesbilder wären.

Hat Carsten Jensen diese kleine Störung absichtlich eingebaut? Eine kleine, angenehme Irritation, einen Hoffnungsschimmer in all dem Elend? Das wäre dann wirklich meisterlich. (Da Carsten Jensen auf Dänisch geschrieben hat, mag es sich auch um einen Patzer oder einen Geniestreich des Übersetzers Ulrich Sonnenberg handeln. Aber da es mir hier nicht um den Roman Jensens geht, sondern ums Grundsätzliche, ist das nicht entscheidend.)

Auf Seite 28 kehrt der Autor oder der Übersetzer zu diesem Bild zurück:

Näher an der Küste sah er Wiesen und steinige Ebenen. Er sah goldene Butterblumenteppiche und das schimmernd grüne Laub der Zwergbirken. Häufig lagen blühende Flächen mit Weidenröschen, Weiden und Blaubeeren in der Nachbarschaft eines Gletschers, der sich bedrohlich zwischen den grauschwarzen Klippen vorschob. Und plötzlich sah er alles aus einer umgedrehten Perspektive. Nicht die Gletscher kalbten, es war das Leben. Er befand sich in keinem Totenreich, sondern in einem Grenzland, in dem das Leben standhielt.

Zurück bei den Gletschern also. Die auch hier für den Tod stehen und somit nicht kalben sollten. Er entwirft ein Gegenbild zu dem des Anfangs – mit den kalbenden Gletschern als Bindeglied.

Das *Bindeglied* ist natürlich auch ein Bild, eins dieser unbedacht dahergeschriebenen. Gerade die aber gefährden unsere schönsten Bilderwelten – wie oben der kalbende Gletscher. Achten Sie also gerade bei den vertrauten Bildklischees des täglichen Bedarfs darauf, ob Sie sich in Ihren Text und Ihre Bildwelt fügen.

Denn ein Roman mit unstimmigen Bildern ist nicht mehr wert als eine Mona Lisa mit Ring in der Lippe.

Der Autor als Schnellschussgewehr
Ein paar schnelle Gedanken über das perfekte Sprachbild

Bilder sind Schnellschüsse in unser Gehirn. So habe ich es in meinem Studium der Konsumentenforschung gelernt. Dementsprechend viel können die richtigen Sprachbilder wie Metaphern oder Vergleiche auch in Ihrem Roman leisten – und das auf eine effizientere Art, als es eine direkte Beschreibung könnte.

Eine Metapher (»Sören war ein Fuchs«) sagt mit wenigen Worten eine Menge aus. Selbst das lässt sich noch steigern. Das perfekte Sprachbild an der richtigen Stelle ersetzt nicht nur eine Beschreibung einer Person oder eines Gegenstandes, sie kann sogar die komplette Szene umreißen und emotional beleuchten.

Draußen im Waagehof fühlt sich die Sonne so heiß an wie ein Brandeisen.

So David Mitchell in seinem überragenden Roman »*The Thousand Autumns Of Jacob de Zoet*« (Random House 2010 / eigene Übersetzung).

Dieser Vergleich leistet zwei Dinge:

Zum einen und offensichtlich beschreibt er die große Hitze, die im Waagehof herrscht, vergleicht sie mit der Hitze eines Brandeisens.

Zum zweiten aber – allein aus dem Satz nicht ersichtlich, nur aus dem Kontext – umreißt Mitchell die komplette Situation des Helden Jacob de Zoet in diesem einen Moment. Jacobs Bibel, die er in das abgeschottete Japan des ausgehenden 18. Jahrhunderts einschmuggeln will, steht kurz vor der Entdeckung – Jacob selbst steht kurz vor der Entlarvung. Die Angst davor treibt ihm den Angstschweiß aus den Poren. Entdeckt man ihn, wird er, zumindest metaphorisch, als Verbrecher gebrandmarkt.

Leider schaffen es die wenigsten Autoren, solche perfekten Bilder zu finden. Erzwingen können Sie das nicht. Die Umstände, unter denen Sie solche Bilder eher finden, können Sie jedoch begünstigen. Wenn Sie sich auf die Szene und auf Ihre Charaktere einlassen, Ihrer Empathie nachspüren und Ihrem Unterbewusstsein Raum zur Entfaltung geben, besteht eine gute Chance, dass auch Ihnen dann und wann ein solch kraftvolles Bild gelingt.

Und Ihren Roman mit einem einzigen Satz um vieles reicher macht.

Eine kleine Spinne namens »Unsere Ehe«
Symbolik im Genre-Roman

Auch Genre-Bücher wie Thriller profitieren vom richtigen Einsatz von Symbolik. Symbolik ist ein gutes Mittel, einem Text Tiefe zu verleihen. Viele Genre-Bücher übertreiben es jedoch mit billigen Symbolklischees: rote Lippen = rotes Blut; weiße Haut = Unschuld. Vieles, was manche Leser von Unterhaltung als zu literarisch oder maniert bemängeln, kann durchaus sowohl der Lesbarkeit als auch dem Unterhaltungswert dienen – wenn der Autor weiß, was er da tut.

Der in Deutschland zu Unrecht kaum bekannte amerikanische Autor Peter Abrahams weiß das ganz genau. Seine Thriller bieten spannende Unterhaltung und sind hervorragend geschrieben. In folgendem Beispiel findet er ein starkes Bild von hoher Symbolkraft für die gescheiterte Ehe von Mackie und Kevin.
Mackie ging ins Bad. Es gab Er-und-Sie-Waschbecken, einen Schminkspiegel, umgeben von Glühbirnen, und einen runden Whirlpool, wo sie und Kevin ein oder zwei Mal herumgealbert hatten. Eine winzige Spinne krabbelte in den Abfluss.
(aus: Peter Abrahams, »*Their Wildest Dreams*«, Ballantine 2003 / keine deutsche Ausgabe / eigene Übersetzung)

Von den beiden Waschbecken ist eins überflüssig geworden, vom »Sie« und »Er« blieb nur das »Sie«. Der Schminkspiegel (wörtlich übersetzt: Eitelkeitsspiegel) könnte einen Grund für die Trennung symbolisieren, eben Eitelkeit. Oder zeigen, dass Mackie sich jetzt nicht mehr für Kevin schön machen wird. Das wesentliche Bild aber liefert die winzige Spinne. Eben saßen da noch Mackie und Kevin – und jetzt ist ihre Ehe zu einer Spinne zusammengeschrumpelt, zu einem hässlichen Ding, das im Abfluss verschwindet wie Dreck.
Symbolik ist dann gelungen, wenn sie unaufdringlich ist und dennoch stark, wenn sie sich organisch in den Text einfügt und nicht hervorsticht. Wenn sie überlesen werden kann. Und sie dennoch ein emotional eindringlicheres Leseerlebnis schafft. Zwingen Sie Ihrer Geschichte die Symbolik nicht auf – entdecken Sie sie.
Die Überarbeitung Ihres Textes bietet die beste Gelegenheit. Sehen Sie die Überarbeitung als eine Entdeckungsreise in das eigentliche Wesen Ihres Romans. Wenn Sie nur aufmerksam genug hinschauen, werden Sie so manches finden, das Sie nicht bewusst platziert haben, das dem Text aber mehr Tiefe gibt und womöglich sogar über ihn hinausweist.
Symbole sind nur ein Teil davon. Wenn Sie meinen, ein bestimmtes Symbol mache Ihren Text tiefer, dann verstärken Sie es. Fügen Sie es noch an zwei oder drei weiteren Stellen ein, laden Sie es mit Bedeutung auf, aber bleiben Sie knapp an der Grenze der Wahrnehmung. Bleiben Sie behutsam.
Ein gutes Symbol schreit nicht, ein gutes Symbol ist bestenfalls wie der Basslauf in einem Rocksong: für den flüchtigen Hörer nicht zu bemerken. Doch für den, der richtig zuhört, öffnet der Bass eine weitere Dimension in der Musik.

Von der Hure blieb nur der Hut
Gefahren und Chancen der Symbolik

Symbolik ist ein Instrument, das manchen Literaten als zu platt und manchen Erzählern als zu literarisch erscheint. Richtig ausgeführt ist es weder das eine noch das andere, sondern ein wirkungsvolles Mittel, Ihren Roman noch besser zu machen und zu vertiefen.

In ihrem Roman »*The Mineral Palace*« (dt. »Der Mineralpalast«) setzt die Autorin Heidi Julavits Symbolik effektiv ein. So prägt sie dem Leser das Bild eines auf einem See schwimmenden Huts als Symbol für Selbstmord ein. Am Ende verschwindet eine der tragischen Frauenfiguren des Romans, die Prostituierte Maude. Vor dem Haus zurück bleibt ihr Hut.

Dem aufmerksamen Leser ist sofort klar: Maude will sich umbringen oder hat es bereits getan. Der Leser treibt die beiden Protagonisten Bena und Red an, schneller nach Maude zu suchen. Schon hat die Symbolik ihre Wirkung erfüllt: Sie beschert dem Leser ein intensiveres emotionales Erlebnis.

Bena und Red finden Maude. Sie steht auf dem Geländer eines über den Abgrund gebauten Hauses. Ein winziger Schritt, und sie wird sterben. Während ihrer unentschlossenen Versuche, Maude zum Herunterklettern zu bewegen, gibt Bena Maude den Hut. Maude setzt ihn auf – und der für Symbole sensibilisierte Leser weiß, sie wird jetzt nicht springen. Tatsächlich klettert sie nach einigem Geplänkel herunter und kommt mit ins Haus.

Hat zu viel Symbolik hier die Spannung verdorben?

Ein paar Minuten später, Bena und Red wollen ein wenig Normalität zurückholen, geht Maude hinaus. Sie wolle ihr ans Geländer gebundenes Hemd reinholen, ihr sei kalt. Sie kommt nicht zurück. Vor dem Geländer liegt, Sie ahnen es, Maudes Hut.

Ist die Symbolik zu platt und offensichtlich? Macht das Symbol des Huts den Text zu starr, vielleicht vorhersehbar? In einem literarischen Roman wie »*The Mineral Palace*«, wo Atmosphäre, Sprache und tiefere Bedeutungsebenen eine wichtigere Rolle spielen als Spannung und Suspense, mag der Leser Symbole goutieren und der Autorin die ein wenig eingeschränkte Spannung verzeihen. In einem Thriller darf Symbolik nicht auf Kosten von Spannung und Suspense gehen.

Behalten Sie das Ziel Ihres Romans im Auge, wenn Sie Symbolik einbauen, finden oder verstärken und stellen Sie sich die folgenden Fragen:
Wer ist der typische Leser Ihres Romans oder Ihres Genres?
Was wollen Sie beim Leser erreichen?

Wer ist Ihr idealer Leser?

Übrigens: Diese Fragen sollten Sie sich, ganz unabhängig von Gedanken zur Symbolik, auch schon beim Planen und Vorbereiten Ihres Romans gestellt haben.

Falls Sie sich nicht sicher sind, ob das mit dem Symbol passt, ob es eine gute Idee ist oder ob Sie das so hinbekommen, wie Sie es gerne hinbekommen möchten – dann lassen Sie das mit der Symbolik sein.

Verwenden und verstärken Sie Symbole nur, wenn Sie selbst Herzklopfen bei ihrem Anblick bekommen, wenn Sie der Meinung sind: Ja, das macht meinen Roman noch einen Tick besser!

Sprache & Stil

Buchtipp für den effektiveren & klügeren Einsatz von Adjektiven

Adjektive – Gut oder böse?: Kleiner Stilratgeber für Autoren

»Eine extrem lehrreiche Abhandlung über die Verwendung von Adjektiven. Kurz und komprimiert, sehr einleuchtend und verständlich mit vielen Beispielen.«
(Thomas Dellenbusch)
»Ein typischer Waldscheidt: gescheit, geistreich + informativ. Dazu ausführlich, präzise und unterhaltsam. Ein wichtiges Buch.«
(pe)

E-Book
amzn.to/1cXRPJ0

Jesus und der aufgeschlitzte Teddy
Wie Sie Details fürs Ganze sprechen lassen

Wenn Christen um ihr täglich Brot beten, dann meinen selbst die strenggläubigen unter ihnen das nicht wörtlich. Das Vaterunser und dessen Urheber, Jesus von Nazareth, bedienen sich lediglich einer rhetorischen Stilfigur, dem Pars pro Toto, was übersetzt nichts anderes heißt als: Ein Teil steht für das Ganze.
Man stelle sich dieses wichtigste Gebet der Protestanten ohne diese Stilfigur vor: »Unser täglich Brot, Wasser, Latte macchiato, Ring Fleischwurst, Müsli Beerenauslese (nach persönlichem Gusto ergänzen) gib uns heute ...« Je nach Geschmack füllte sich da der Gottesdienst auch mal außerhalb des Erntedankfestes mit allerlei Leckereien und neo-babylonischer Sprachverwirrung.

Jesus wusste, was er tat – und vor allem: was er sagte.
In Ihrem Roman können Sie sich dieser rhetorischen Figur gleich mehrfach bedienen. Erst einmal und offensichtlich in Dialogen. Die werden sofort knackiger, wenn einer der Redner rhetorisch geschickt argumentiert.

Beispiel:

»Sieh dir bloß unseren Sohn an. Der Junge läuft den Frauen hinterher, ganz wie sein Vater früher. Nur wesentlich erfolgreicher.«
»He, so schlimm finde ich dich gar nicht.«

Und jetzt mal mit Pars pro Toto, ein bisschen übertrieben:

»Sieh dir bloß an, worin wir unser hart verdientes Geld investiert haben. Unsere Alterssicherung läuft jeder Stiefelette hinterher, ganz wie sein Erzeuger. Nur erwischt er auch mal eine oberhalb des Knies.«
»He, du hast meine Fußmassagen geliebt.«

Noch besser wirkt Pars pro Toto in Beschreibungen. Und lässt Sie womöglich knapper sagen, was Sie sagen wollen. Statt eine Szene, etwa eine von Einbrechern verwüstete Wohnung, Stück für Stück zu beschreiben, greifen Sie einige wenige heraus oder beschränken sich auf ein besonders starkes, signifikantes Detail. Wenn Sie dieses Detail plastisch genug beschreiben, erschafft sich die Vorstellungskraft des Lesers den Rest selbst.

Beispiel:

Die Wohnung war ein Chaos. Im Wohnzimmer lagen umgestürzte Möbel, waren Schubladen herausgezogen und Kleider über dem Boden verteilt. Den alten Fernseher hatte man eingeschlagen, die Kabel der HiFi-Anlage spreizten sich übers Par-

kett. Im Schlafzimmer bot sich das gleiche Bild: Die Matratzen hingen aus den Bettkästen, die Gardinen lagen in Stoffpfützen vor den Fenstern, die Türen der Kleiderschränke klafften und zeigten den bunten Inhalt wie erschrockene Eingeweide. Drei leere Koffer auf dem Boden sperrten ihre Deckel auf.

Und jetzt mit Pars pro Toto:

Inmitten des Chaos' aus Möbeln, Kleiderfetzen, Scherben lag der alte Teddy Waldemar mit aufgeschlitztem Bauch. Ein Auge fehlte. Das verbliebene blickte erstaunt und anklagend auf das weiße Gestrüpp, das aus ihm quoll.

Beide Beschreibungen sind bildhaft, doch in Erinnerung bleiben wird Ihnen Waldemars Anblick. Was das Pars pro Toto noch weiter führt, hin zur Symbolik. Denn der aufgeschlitzte Teddy könnte für die Gefühle der nach Hause Kommenden stehen. Außerdem: Der zweite Text ist deutlich kürzer – von wegen Erzählökonomie!

In humorvollen Texten bietet Pars pro Toto Ihnen zudem die Gelegenheit für einen Witz: indem Sie es wörtlich nehmen.

Wie zum Beispiel hier:

»Unser täglich Brot? Und was ist mit der Butter? Wenn ich als Christ nur noch trockenes Brot essen muss, konvertiere ich sofort. Und zwar zum Alpinismus. Butter aus Alpenmilch mag ich am liebsten.«

Schreiben statt Kleistern
Wie Sie Sprachklischees vermeiden

Wie unerträglich fühlte es sich an, nicht mehr in seine himmelblauen Augen blicken zu dürfen. Sie genoss es, wenn er ihr zeigte, dass die Welt ein sanfterer Ort war.

Ist das nun Poesie oder Zuckerwatte?

Wahre Poesie entsteht nicht durch heiße Luft, sondern durch das Aufspüren und Beschreiben konkreter und besonderer Details. Eine Schriftstellerin ist man nicht, weil man versucht, wie eine Schriftstellerin zu klingen, sondern indem man wie eine Schriftstellerin erzählt. Die Sprache – in erzählender, unterhaltender Prosa – sollte in erster Linie Mittel zum Zweck bleiben. Stattdessen dienen gewagte Konstruktionen oder zuckerwattige Prosa vor allem einem: zu demonstrieren, ach, wie toll der Autor schreiben kann. Und erreichen damit meist das Gegenteil: Sie entlarven den Autor als Schwätzer.

Leider werden wir alle Tag für Tag mit unzähligen Klischees bombardiert. Folglich sind Klischees oft das Erste, was uns in den Sinn kommt, wenn wir nach einem Bild suchen, einem Vergleich, einer Metapher – Sprachklischees.

Ebenso schlimm sind Klischees der Handlung.

Beispiel für ein Handlungsklischee:
Matz ohrfeigte Eva. Eva drehte sich um und weinte.

Kein Klischee:
Matz ohrfeigte Eva, wollte es, aber Eva fiel ihm in den Arm. Sie packte seine Hand und spuckte in die offene Handfläche. »Mein Abschiedsgeschenk«, sagte sie.

Übrigens: Auch Klischees der Form verschlechtern einen Text.

Seien Sie sich als Autor der Klischeefalle bewusst. Widerstehen Sie der Versuchung, das erstbeste Wort zu verwenden, die erstbeste Szene, die erstbeste Art, Ihren Roman aufzubauen. Nur in der Rohfassung dürfen Sie das zulassen. Bei der Überarbeitung aber drehen Sie Ihren Klischee-Detektor auf die empfindlichste Stufe. Leider ist es einfacher – und damit verführerischer –, heiße Luft zu produzieren, als konkret zu schreiben, was mit den Charakteren im Roman geschieht. Viele Autoren bleiben vage, eben weil sie nicht genau (genug) wissen, was in ihrem Roman vor sich geht. Sie kleistern alles mit ihren klebrigen Silben zu, bis sie die Geschichte dahinter selbst nicht mehr erkennen. Und die Leser tappen ratlos im Dunkeln. (Das Tappen im Dunkeln ist auch ein Klischee – ein abgenutztes Bild. Das Davorsetzen eines Adjektiv, hier »ratlos«, hilft dem Klischee kaum.)

Vor allem mit drei Mitteln rührt der Möchtegern-Autor seinen Sprachkleister an:

1. Mit Klischees.

Klischees wie »himmelblaue Augen« schaffen nicht nur keine stärkeren Bilder, sie lassen uns gar nichts mehr sehen. Wenn ich »himmelblaue Augen« lese, entsteht vor meinem inneren Auge: Leere. Gibt mir der Autor hingegen »Augen, blau wie die Ägäis an dem Tag vor drei Jahren, als ich beinahe ertrank«, dann zeigt er mir ein machtvolles Bild.

2. Mit Abstraktem.

Was bedeutet »er zeigte ihr, dass die Welt ein sanfterer Ort war«? Was hat dieser angeschmachtete »er« konkret getan? Hat er sie auf einer Blumenwiese zum Picknick eingeladen und ihre Füße gestreichelt, bis ein Sommergewitter die Luft schwer und elektrisch machte? Hat er sie in den Zoo mitgenommen und ihr die frisch geschlüpften Kiwi-Küken gezeigt?
Ersparen Sie dem Leser leeres Blabla und geben Sie ihm starke Bilder, mächtige Emotionen, die ihn noch verfolgen, nachdem er Ihr Buch zu Ende gelesen hat.

3. Mit Behauptungen.

Wie oft liest man schauderhafte Adjektiv wie etwa »unerträglich«? Meist wird so etwas bloß behauptet. Denn wäre das Schicksal jener armen Frau tatsächlich unerträglich – würde sie es nicht ertragen. Und zusammenbrechen. Oder etwas dagegen unternehmen, um sich von der schweren Last zu befreien.
Verschonen Sie den Leser mit leeren Behauptungen. Zeigen Sie ihm stattdessen die Konsequenzen und lassen Sie Ihre Charaktere handeln. Ein passiver Held ist keiner und der Tod jedes Romans.

Ihr Medium als Autorin oder Autor sei Tastatur oder Tinte, nicht der Kleistereimer.

Das Universum? Ein Schritt in die falsche Richtung
Spielarten von Humor im Roman – auch für unlustige Texte geeignet

Es gibt eine Theorie, die besagt, wenn jemals irgendwer genau herausfindet, wozu das Universum da ist und warum es da ist, dann verschwindet es auf der Stelle und wird durch etwas noch Bizarreres und Unbegreiflicheres ersetzt.

Es gibt eine andere Theorie, nach der das schon passiert ist.

So beginnt »*Das Restaurant am Ende des Universums*« (1980) von Douglas Adams. Für mich einer der witzigsten Romananfänge überhaupt. Nur Adams selbst toppt diesen Anfang noch – im nächsten Satz:

Bisher passierte folgendes:
Am Anfang wurde das Universum erschaffen.
Das machte viele Leute sehr wütend und wurde allenthalben als Schritt in die falsche Richtung angesehen.

Finden Sie nicht witzig? Ist Ihr gutes Recht. Bei kaum etwas unterscheiden sich die Menschen so grundlegend wie bei ihrer Auffassung, was komisch ist. Umso spannender ist es für Sie als Autor, einmal genau hinzusehen, welche Möglichkeiten Sie haben, Humor in Ihrem eigenen Roman einzusetzen.

Dazu habe ich den Roman »*Tarmac – Apokalypse für Anfänger*« (Frankfurter Verlagsanstalt 2011) des Kanadiers Nicolas Dickner (übersetzt von Andreas Jandl) nach witzigen Stellen abgeklopft und bin auf eine erstaunlich hohe Zahl unterschiedlicher Arten gestoßen, humorvoll zu schreiben. Die Bandbreite reicht von subtil bis plakativ.

In diesem Kapitel zeige ich verschiedene Arten von Humor und wie Sie diese in Ihrem eigenen Roman verwenden können. Die meisten der zugrundeliegenden Techniken sind auch auf ernste Texte anwendbar.

Wie immer ist es schwer, Humor zu analysieren. Dennoch ist es unerlässlich, will man die dahinter liegende Technik verstehen. Und die sollten Sie verstehen, wenn Sie sie bewusst auf die eigenen Texte anwenden wollen – gerade wenn es im eigenen Roman nicht um etwas Witziges geht. Deshalb: Bitte nicht auf die einzelnen Beispiele konzentrieren, ob diese Ihnen gefallen oder nicht, sondern abstrahieren, um die Methode zu durchschauen. Oder, zum Training, sich gleich selbst einen besseren Witz mit derselben Technik ausdenken.

[Vielen Dank an die Frankfurter Verlagsanstalt, die das Copyright der deutschen Übersetzung von »*Tarmac*« innehat und mir freundlicherweise die Verwendung der zahlreichen Zitate aus dem Roman gestattete.]

Der Roman erzählt die Geschichte von Hope Randall, einer Sechzehnjährigen, die aus einer bemerkenswerten Familie stammt: Seit Generationen durchlebt jedes Mitglied der Randalls eine apokalyptische Vision und sieht das Datum des Weltuntergangs. Was für die Familie schlimme Konsequenzen hat, für die Welt glücklicherweise nicht. Bisher. Dann aber stoßen Hope und der Ich-Erzähler, der in Hope verliebt ist, auf ein ganz bestimmtes Datum ...

Auf dem Weg zur Schule klaute Hope eine Zeitung, die aus einem Briefkasten herausragte.

Hier wird ganz lakonisch über einen kleinen Diebstahl berichtet, als wäre das die normalste Sache der Welt. Was einerseits einen komischen Effekt erzielt, andererseits die Heldin charakterisiert.

Wenn Ihre Heldin etwas Ungewöhnliches oder Verbotenes, vielleicht sogar Strafbares tut, erzielen Sie einen witzigen Effekt, wenn Sie die Sache einfach nur berichten, ohne sie zu kommentieren oder gar zu rechtfertigen. (Nebenbei: Wenn Sie als Autor hinter Ihrer Geschichte verschwinden wollen, sollten Sie gerade bei moralisch oder gesetzlich verpönten Handlungen darauf achten, sie nicht zu werten. Das ist eine Binsenweisheit. Die Gefahr: Oft macht man das automatisch und so subtil, dass es nicht einmal einem selbst auffällt.)

Merke: Trockener Humor ist umso trockener, je weniger von seinem Senf der Autor dazugibt.

Auf der ersten Seite prangte ein Bild des Planeten Neptun, aufgenommen von der Raumsonde Voyager 2. Da Hope bei mir nicht die nötige Begeisterung dafür entdecken konnte, erklärte sie mir, dass die Sonde 1977 ins All geschossen worden war und dass die zwölf Jahre, die sie bis zum Neptun gebraucht hatte, uns auf ganz wunderbare Weise die unendliche Weite des Universums und die Winzigkeit unserer Erde vor Augen führen würden.
So betrachtet schien die Tatsache, dass die Schule wieder begann, eher unbedeutend.

Dickner stellt Dinge in ein Verhältnis – die Weiten des Alls und die Schule –, die für gewöhnlich nicht zusammen betrachtet werden. Außerdem, und das ist der zweite humorvolle Effekt dieser Stelle, wird hier das Erhabene der Unendlichkeit zur Gewöhnlichkeit der Schule in Kontrast gesetzt.

Literatur lebt davon, dass sie Dinge miteinander in ein Verhältnis setzt, die so noch nie miteinander verglichen wurden. Das kann, wie hier, einen humorvollen Effekt erzeugen, aber auch einen tiefsinnigen.

Seien Sie mutig, vergleichen Sie bisher noch nie miteinander Verglichenes, indirekt, indem sie es einfach nebeneinanderstellen. Oder direkt, wie es die Mutter von Forrest Gump mit ihren berühmten Pralinen tut: *»Das Leben ist wie eine Schachtel Pralinen. Du weißt nie, was du bekommst.«*

Zum Beispiel hatte Einstein tatsächlich einen Brief an Präsident Roosevelt geschickt, mit der Bitte, die Atombombe zu entwickeln, bevor die Deutschen es täten. (...) Und er hatte ehrlich gesagt: »Ich bin nicht sicher, mit welchen Waffen der Dritte Weltkrieg ausgetragen wird, aber im Vierten Weltkrieg werden sie mit Teppichmessern aus dem örtlichen Baumarkt kämpfen.«

Dickner benutzt ein Zitat, das erfunden oder wahr sein mag (ein Baumarkt zu Einsteins Lebzeiten?), jedenfalls klingt es herrlich abstrus.

Zitate können auch Ihren Roman aufwerten und für komische Effekte sorgen. Aber sie sind in der Lage, noch mehr zu leisten: Etwa eine Figur zu charakterisieren (*»Harry warf gerne mit Zitaten von Shakespeare um sich. Zumindest behauptete er, sie seien von Shakespeare. Meiner Meinung nach stammten sie eher von Woody Allen. Oder von Woody Allens Großmutter.«*) oder einen Dialog aufwerten, auf ernste oder auf witzige Weise, ganz nach Bedarf.

Jeden Abend wusch sie [Hope] ihr Oberteil und ihre Unterwäsche im Spülbecken in der Küche, doch nach drei Wochen räumte sie ein, dass es an der Zeit war, bald eine andere Lösung zu finden.

Klassischer trockener Humor. Wobei hier nicht so ganz klar ist, wessen Humor trocken ist, der von Hope oder der des Erzählers. Eine solche Unschärfe der Erzählperspektive ist nur eine kleine Irritation. Wenn sie jedoch gehäuft auftreten, beeinflussen sie den ganzen Roman. Achten Sie darauf.
Ihr Schlafplatz blieb allerdings nach wie vor die Badewanne ...

Abweichungen von Erwartungen – zuvor wurde nicht gesagt, wo Hope schläft. Das trockene *»nach wie vor«* betont das Skurrile.

Von Erwartungen des Lesers abzuweichen, ist ein bewährtes humoristisches Mittel, wertet aber einen Text jeder Art auf. Abweichungen machen einen Text lebendig und halten den Leser wegen der Überraschung bei der Stange – das gilt umso mehr, je bildhafter sie sind.

Der Tisch bog sich unter einem riesigen Berg von Papier: Rechnungen, Mondphasen, kabbalistische Diagramme und Ramen*-Packungen der Marke Captain Mofuku.
[* Ramen sind japanische Nudeln oder Nudelsuppe.]

Durch ein spezifisches, nicht in die Umgebung passendes Detail gewinnt die Aufzählung an Witz. Ohne die Markenbezeichnung wäre die Aufzählung bestenfalls skurril, aber langweilig.

Spezifische, gerade auch unpassende Details beleben jeden Text und können, je nachdem, wie sich das Detail zur Umwelt verhält, ganz unterschiedliche Effekte erzielen.

Beispiel:

Während Lars im Bad war, wanderte Corinna an seinen Bücherregalen entlang. Shakespeare, die Bibel, Moby Dick, Der Tod in Venedig, Tolstoi, Döblin und verschiedene Bände der Emmanuelle-Reihe.
[Lars als kleiner Erotheoretiker? Süß. Mal sehen, wie es mit der Praxis, ähem, steht.]

Während Lars im Bad war, wanderte Corinna an seinen Bücherregalen entlang. Shakespeare, die Bibel, Moby Dick, Der Tod in Venedig, Tolstoi, Döblin und drei Bücher über Sadismus. Letztere waren die einzigen, die abgegriffen aussahen.
[Zeit, abzuhauen, Corinna?]

Während Lars im Bad war, wanderte Corinna an seinen Bücherregalen entlang. Shakespeare, die Bibel, Moby Dick, Der Tod in Venedig, Tolstoi, Döblin und, zwischen Hesse und Frantzen, einen Totenschädel, aus dessen Mund ein Nachtfalter ragte wie eine Zunge.
[Definitiv Zeit, abzuhauen, Corinna!]

Und weiter mit »*Tarmac*«:

Dieses Durcheinander war die letzte »große Phobie«, die ihr das Clozapin noch nicht hatte nehmen können: Madame Randall suchte versessen weiter nach dem Datum des Weltuntergangs.

Skurriles Ziel oder skurrile Handlung. Ob so etwas komisch oder dramatisch erscheint, hängt stark vom Kontext ab. In einem anderen Kontext wäre denkbar, dass Madame Randall den Verstand verliert und der Autor darüber eine Tragödie schreibt.

Mit ein wenig Skurrilität können Sie einem ansonsten zu nüchtern wirkenden Text oder einem Charakter darin die nötige Portion Leben verleihen. Am besten funktionieren Dinge, die nicht zu skurril sind, also eher die kleineren Abweichungen von der Norm (»*Silke zog zum Essen von Brathähnchen immer ihre Einweg-Handschuhe an*« ist eine bemerkenswerte Abweichung und glaubhafter als »*Silke biss dem – lebenden – Hähnchen erst den Kopf ab, bevor sie es mit Federn und allem verschlang.*«)

Wollen Sie eine größere Leserschaft erreichen, dürfen Ihre Skurrilitäten nicht zu skurril sein. Der Mainstream ist ein breiter, aber eher seichter Fluss.

Madame Randall hatte tatsächlich einen Sprung in der Schüssel. Nachsichtig zuckte Hope die Schultern:
»Das kannst du nicht verstehen. Für einen Randall ist es beruhigend, das Datum des Weltuntergangs zu kennen. Das gibt Halt und Orientierung. Man glaubt, alles unter Kontrolle zu haben.«

In diesem Beispiel entsteht das Komische dadurch, dass die Skurrilität zu etwas Normalen gemacht wird. Um das witzig zu finden, muss man dem Humor nicht um eine (»sie ist skurril«), sondern um zwei Ecken folgen (»es ist normal, dass sie skurril ist«).

Mit dieser Methode können Sie auch in nicht primär komischen Romanen Charaktere vertiefen. Wie muss jemand gestrickt sein, der offenbar Verrücktes für ganz normal hält? Oder, fragt sich der Leser, und das ist der Reiz an dieser Technik, oder bin ich derjenige, der verrückt ist?

Als Autor können Sie kaum etwas Besseres erreichen, als das Weltbild Ihrer Leser wenn nicht zu erschüttern, so doch ein wenig ins Wanken zu bringen.
Anfang Oktober setzte Hope sich in den Kopf, Geld auf die hohe Kante zu legen. Nachdem sie den Bereichsleiter des Austragsdienstes drei Wochen lang bearbeitet hatte, ließ dieser sie ein Verkaufsgebiet übernehmen – ein Wunder, da diese Gebiete stark geschützte Gefilde waren, die im Prinzip nur vom Vater zum Sohn oder von Bruder zu Bruder weitergereicht wurden.

Der Humor steckt am Ende, in der Unverhältnismäßigkeit. Es geht hier bloß ums nicht sehr lukrative Austragen irgendwelcher Zeitungen, ein winziger Nebenjob, wie ihn Schüler erledigen, um ihr Taschengeld aufzubessern. Das Weitergeben dieser Gebiete nur an engste Familienmitglieder, wie es hier impliziert wird, das Generationenübergreifende erinnert eher an altehrwürdige Kaufmannsdynastien, wo Millionen von Dollar auf dem Spiel stehen statt, wie hier, nur ein paar Cent.

»Wusstest du, dass Druckerschwärze zum größten Teil aus Sojaöl besteht?« [, fragte Hope]
»Ach ja?«
»Und daher ist es auch fast unmöglich, sie ohne Seife und warmes Wasser abzubekommen.«
»Aha, verstehe. Schwierigkeiten im Sanitärbereich?«

Hier verwendet der Ich-Erzähler im letzten Absatz Ironie und benutzt gestelzte Sprache für ein banales Problem: Hopes Heim ist eine Bruchbude, auch das Bad.

Dieses Gestelzte können Sie wie hier für ironische Anmerkungen benutzen, aber auch, um eine Figur zu charakterisieren.

Eine schöne Möglichkeit bietet unfreiwillige Komik: Der Charakter ist überzeugt, normal zu reden, sein Dialogpartner und der Leser finden das jedoch ganz und gar nicht. Erweitern lässt sich das durch die falsche Verwendung von Fremdwörtern, im Beispiel etwa: *»Schwierigkeiten im Sanitätsbereich?«*

Achten Sie darauf, dass der Leser auf diese Falschverwendung nicht mit einem »Hä?« reagiert. Das korrekte Wort sollte, im Kontext, erkennbar bleiben. Was nicht der Fall wäre, hätte der Ich-Erzähler hier mit »*Schwierigkeiten im Kapazitätsbereich?*« geantwortet.

In Grenzfällen lassen Sie den Gesprächspartner sicherheitshalber nachfragen: »*Meintest du vielleicht Sanitärbereich?*« Oder, besser noch: In Grenzfällen verzichten Sie lieber ganz auf einen Witz, den viele Leser nicht verstehen.
Witze im Roman, die in die Hose gehen, sind für den Autor bloß peinlich. Solange es den Roman zu kaufen und zu lesen gibt. Und das bei womöglich Tausenden von Lesern, jedes einzelne Mal. Allein beim Gedanken daran bekomme ich eine Entenhaut.

Entenhaut. Kapiert? Nein?

Peinlich, oder?

Hope nickte. Nach dem Öl-Embargo der OPEC hatte man die Mineralöle in den Siebzigern durch Sojaöl ersetzt. Manchmal frage ich mich, was Gutenberg* von unserer Zivilisation gehalten hätte.

[*) Randnotiz: Der Bezug zu Gutenberg stammt von der Bemerkung zuvor, Druckerschwärze bestehe zum größten Teil aus Sojaöl. Und wenn Sie statt Gutenberg Guttenberg gelesen haben, sind Sie ein Opfer der Medienmaschine geworden. Hüten Sie sich in Ihren Romanen davor, solche aktuellen, doch flüchtigen Themen wie etwa die Plagiatsdiskussion des ehemaligen Doktors und Verteidigungsministers aufzugreifen. Denken Sie daran, dass man Ihren Roman auch noch in ein paar Jahren verstehen soll. Nichts veraltet schneller als trendige Witze.
Dennoch spricht nichts dagegen, wenn ein Roman die Zeit widerspiegelt, in der er geschrieben wurde. Im Gegenteil. Verständlich sollten die Geschehnisse jedoch schon wiedergegeben werden.]

Der Witz in dem Beispiel von Dickner entsteht durch einen ungewöhnlichen Gedanken – was wohl Gutenberg von der heutigen Zivilisation gehalten hätte – und dadurch, dass der Leser sich aus diesem Gedanken automatisch eine eigene kleine Geschichte spinnt: Er stellt sich Gutenberg in unserer heutigen Zeit vor. Die Vorstellung dieses Kontrasts – ehrwürdiger Buchdrucker in der heutigen Welt des Medienirrsinns – lässt ihn schmunzeln.

An anderer Stelle wird diese Vorstellung dem Leser durch den Autor abgenommen, ein witziger Gedanke anschaulich weitergedacht:

»*Weißt du, woher das Wort ‚Elektrizität' kommt?*«
»*Keine Ahnung.*«
»*Die Griechen entdeckten die statische Elektrizität durch das Reiben von Bernsteinstücken auf Fell. Auf Griechisch heißt ‚Elektron' nämlich ‚Bernstein'.*«
Hope biss in ein Viertel Zitrone und verzog das Gesicht.

»Kannst du dir vorstellen, was wäre, wenn sie damals mehr mit Zitronen rumprobiert hätten? Dann würde jetzt alles anders heißen. Wir hätten Unterricht in Zitrizität, und die Zitrone wäre eine offizielle elektrische Maßeinheit.«
(...)
»Was machst du da?«
»Ich rechne die Atombombe von Hiroshima in Zitronen um.«

Auch mit dem passenden Adjektiv / Adverb kann man Humor erzeugen:

Die letzte Aufgabe wollte sich einfach nicht lösen lassen – eine Gleichung mit drei besonders fiesen Unbekannten –, doch ich konnte mich unmöglich konzentrieren ...

Schön an diesem Beispiel ist die Nachvollziehbarkeit: Dass Variablen *»besonders fies«* sein können, dieses Gefühl kennt jeder Schüler aus dem Matheunterricht.

Humor entsteht auch dann, wenn Sie ein extrem unpassendes Adjektiv verwenden oder es in einen Kontext stellen, in den es – von Ihnen beabsichtigt – nicht hineinpasst.

Beispiel:

Sylvia erfreute mit ihrer hellen Stimme. Ganz anders ihre Schwester Gitta, deren Stimme ihr Ex-Mann als »harntreibend« zu bezeichnen pflegte.

Oder, ein Beispiel aus *»Tarmac«*:

Die Mauer fiel nicht: Sie kippte – mit verunsichernder Leichtigkeit. Ein kleiner Stupser sollte ausreichen, um das verruchte Bauwerk in die Knie zu zwingen?

Das verruchte Bauwerk? Solche ungewöhnlichen Adjektive beleben nicht nur komische Texte, sondern haben das Zeug, jede Geschichte eine Spur spezieller, eigener zu machen. Bei der Adjektive ausmerzenden Überarbeitung sind es Adjektive dieses Kalibers, die stehenbleiben dürfen.

Meine gesamte Aufmerksamkeit galt dem Wasserplätschern in der Dusche. Ich zwang mich, die Augen auf das Blatt zu heften, vergeblich. Ich wünschte mir den Röntgenblick. Ich stierte auf die Wand, durchbohrte die Atome, durchdrang das dünne PVC, das Holz, den Dampf und kartografierte Hopes zierliche Figur beim Einseifen.

Pubertäre Phantasien sind für sich oft schon lustig genug (wenn man nicht gerade selbst daran leidet, egal in welchem Alter). Wenn sie dann noch, wie hier, mit extremen Übertreibungen arbeiten, umso besser, weil umso witziger.

Manchmal gehen die Übertreibungen auch mit Pathos und – gespieltem oder echtem – Größenwahn einher, was einen eigenen komischen Effekt hervorbringt:

Für die Bauermans bedeutete Beton weit mehr als nur Broterwerb: Wir hatten eine zivilisatorische Aufgabe, die vom Vater an den Sohn weitervererbt wurde. Wir waren die Erbauer neuer Welten.

Oft erzielt man mit einer ganz schlichten Übertreibung den stärksten Effekt:

Auf dem Potsdamer Platz gab es die höchste Konzentration an Baustellenkränen in diesem Teil der Galaxie.

Doch das gelingt nur, wenn man beim Übertreiben (für Freunde des nichtenglischen Fremdworts: einer Hyperbel) richtig in die Vollen geht. Ein »... *die höchste Konzentration in diesem Teil der Welt*« wäre zwar ebenfalls übertrieben, aber nicht so, dass es witzig wäre.

Übrigens: Übertreibungen sind wunderbare Mittel, Charaktere zu kennzeichnen oder zu entlarven.

Mit dem Handtuch um den Hals inspizierte sie die Kellerräume, hielt kurz vor dem Fernseher inne und blieb dann vor dem großen Foto meiner Tante Ida stehen, die stolz vor der familieneigenen Flotte Betonmischer posierte.

Mit einem originellen und witzigen Bild (hier sogar eins im doppelten Sinne) bringt Dickner die Leser zum Schmunzeln.

Wichtig ist, dass Sie ein möglichst lebendiges Bild im Kopf der Leser erzeugen. Ein weiteres bewährtes Mittel des Humors kommt ebenfalls zum Einsatz: Tante Ida posiert nicht einfach nur von den Betonmischern – das allein wäre schon ein kleines Schmunzeln wert –, nein, sie posiert stolz.
Der Kontrast zwischen diesem Stolz und einer Reihe vermutlich ziemlich ramponierter, weil hart arbeitender Betonmischmaschinen macht den eigentlichen Humor aus.

Die ausgefallensten komischen Bilder können die Charaktere selbst hervorbringen, da sie im Kopf an keinerlei Logik oder Naturgesetze gebunden sind. Geben Sie Ihren Figuren eine ausufernde Phantasie voller witziger, abstruser, verrückter innerer Bilder. So wie Dickner es hier tut:

Das menschliche Gehirn verfeuert angeblich ein Fünftel der vom menschlichen Körper hergestellten Energie, bei Hope war es aber ganz offensichtlich mehr – und während sie mit geschlossenen Augen ruhig vor sich hin atmete, stellte ich mir vor, wie ihr Großhirn in aller Ruhe ein paar Kügelchen Uranium 235 spaltete.

Ich versprach also Hope, ihr bei einer anderen Gelegenheit alles über den Bauermann-Clan zu erzählen, und wir stiegen hinauf ins Erdgeschoss.

Die Familie Bauermann wird zum Clan, ein kleiner Seitenhieb, eine kleine Übertreibung. Doch gerade solche unauffälligen Schmunzeleinheiten tragen zum humorvollen Ton eines Romans bei, ohne dass der Autor Witz an Witz oder gar Brüller an Brüller reihen müsste.

Das Wesen der Wörter und die Stimmung, die diese transportieren, prägen jeden Text. Eine unüberlegte Wortwahl ist ein Grund, weshalb viele Texte nicht funktionieren. Wie etwa ein Horrorroman, in dem Wörter wie *Liebe, Licht, freundlich* und *schön* häufiger auftauchen als *Schatten, Tod, hässlich* und *schwarz*.

Achten Sie auf jedes Wort, das ein Gefühl oder eine Stimmung transportiert oder repräsentiert. *Anfassen* ist neutral, *grabschen* nicht. *Baum* ist neutral, *Blutbuche* ist es nicht.

Adjektive sind, von ihrem Wesen als Attribute her, selten neutral (von dem Adjektiv neutral mal abgesehen), zumal viele Adjektive tendenziöse, emotionale Wörter beinhalten: *parteilos, unvoreingenommen, vorurteilsfrei*. Bedenken Sie das, wenn Sie vermeintliche Synonyme verwenden. *Neutral* und *vorurteilsfrei* stehen im Thesaurus als Synonyme, aber sie sind keineswegs austauschbar.

Mein Vater las den Wirtschaftsteil, meine Mutter studierte die Todesanzeigen. Die Kaffeemaschine tat ihre Pflicht. Im Hintergrund dudelte das Radio leise vor sich hin.

Ein Gegenstand wird personifiziert. In vielen Fällen bemerkt man das gar nicht mehr, etwa bei einem Motor, der arbeitet. Lässt man Dinge etwas mehr tun, kann das ganz lustig sein. Eine Kaffeemaschine, die ihre Pflicht tut, sieht sofort ein bisschen weißer aus, steht gleich ein wenig aufrechter.

Achten Sie aber darauf, dass jeder kapiert, was gemeint ist und hüten Sie sich vor zu schrägen Bildern. Was, wenn es hieße: »*Die Kaffeemaschine schlief.*«? Steht sie im Standby? Oder schnarcht sie leise vor sich hin, weil noch ein Rest Wasser drin ist? Personifizierung ist als Stilmittel in jeder Art von Text möglich – und belebend.

»*Wie geht's denn deiner Mutter?*«
»*Gut, glaube ich. Sie arbeitet viel. Ernährt sich schlecht. Aber wenn Sie *wirklich* meine Meinung hören wollen, ist kalte Fusion ein interessanteres Thema.*«

Mit diesem Wortwechsel endet das Kapitel. Schlaue oder oberschlaue Sprüche wirken am Ende eines Abschnitts besonders scharf, sie werden durch die Leerzeilen dahinter mit mehr Bedeutung und, im Humorfall, mit mehr Witz aufgeladen. Sie klingen in den leeren Zeilen nach.

Kleiner Exkurs: Sehen Sie weiße Stellen in Ihrem Roman immer als etwas, was gefüllt werden muss – nicht unbedingt mit Wörtern. Der Zwischenraum zwischen den

Zeilen ist der Raum für den Subtext, der unter dem Erzählten mitschwingt. Der Leerraum hinter kurzen, knackigen Dialogzeilen verleiht dem Gesagten Kraft.

Und wenn es sogar eine oder mehrere leere Zeilen sind, die mit etwas anderem als Wörtern gefüllt werden wollen, dann muss das davor stark genug sein, diese leeren Zeilen vollzupacken mit Bedeutung, mit der Schwere des Gesagten – oder mit dessen gewitzter Leichtigkeit.

[Mehr über die Gestaltungskraft von Absätzen lesen Sie in meinem Ratgeber »*Spannender und besser schreiben mit Absätzen*«.]

Hier fiel mir – durch ein Übersehen von Anführungszeichen – noch eine weitere Möglichkeit ein, humorvoll zu schreiben: Lassen Sie Ihren Erzähler mal, wie es in der Filmsprache heißt, »die vierte Wand durchbrechen« (gemeint ist die Kinoleinwand): Lassen sie ihn sich direkt an die Leser wenden.

Der Erzähler könnte beispielsweise seine eigene Meinung kundtun, die nichts mit der seiner Charaktere zu tun hat: »*Aber wenn Sie wirklich meine Meinung hören wollen, ist kalte Fusion ein interessanteres Thema.*«

(Woody Allen hat dieses Durchbrechen der vierten Wand in manchen seiner Filme ganz wunderbar praktiziert. Und natürlich eine Vielzahl Romanciers in der ersten Hälfte des 20. Jahrhunderts und davor.)

Beim Durchzappen der Kanäle stieß ich auf eine Reportage der BBC über die Ausgrabungsarbeiten in Pompeji. Hope gab vor, sich ausschließlich für die Werbung zu interessieren – sicher nur, um mich damit auf die Palme zu bringen. Bei jeder Unterbrechung mimte sie eine Ekstase, fiel in Trance oder suchte nach geheimen Botschaften in den Spots für Tampons (größere Freiheit, ultimatives Gefühl).

Der Witz liegt hier in der unpassenden Gegenüberstellung von »*geheimen Botschaften*« mit »*Spots für Tampons*«. Das ist abstrus und erzeugt sofort Bilder und Fragen. Welche geheimen Botschaften? Von wem und wozu? Wir könnten die aussehen? Wo könnten sie versteckt sein?

Der letzte Satz zeigt auch eine im Humor wichtige Regel: Das Gesetz der Drei: »*mimte Ekstase*«, »*fiel in Trance*«, »*suchte nach Botschaften*«. Es besagt, dass in einer Reihung oder Aufzählung drei Dinge optimal sind, um einen Witz rüberzubringen. Ausnahmen sind etwa Reihungen, deren Witz sich aus der großen Anzahl der eingereihten Dinge speist.

Drei ist meist die kleinstmögliche und fast ebenso oft die größtnötige Zahl. Das hängt sicher auch mit der Nähe des Witzes zur gesprochenen Sprache zusammen. Viele Witze müssen funktionieren, wenn sie laut ausgesprochen werden. Drei Dinge in einem Satz klingen gesprochen besser als vier oder zwei. So auch hier im Beispiel.

Vergleichen Sie:

Bei jeder Unterbrechung mimte sie eine Ekstase oder suchte nach geheimen Botschaften in den Spots für Tampons.

Bei jeder Unterbrechung mimte sie eine Ekstase, fiel in Trance oder suchte nach geheimen Botschaften in den Spots für Tampons.

Bei jeder Unterbrechung mimte sie eine Ekstase, fiel in Trance, flehte um Gnade *oder suchte nach geheimen Botschaften in den Spots für Tampons.*

Sprechen Sie es laut aus. Was klingt am besten, am natürlichsten?

Noch ein Tipp: Zu viele dieser magischen Dreier auf einmal gehen auf Kosten der Wirkung. Auch aus dem Grund stehen in der Klammer besser nur zwei Begriffe: »größere Freiheit, ultimatives Gefühl«.
Ein dritter Begriff klänge, im ganzen Satz, schon wieder schlechter:

Bei jeder Unterbrechung mimte sie eine Ekstase, fiel in Trance oder suchte nach geheimen Botschaften in den Spots für Tampons (größere Freiheit, unwiderstehliche Schönheit, *ultimatives Gefühl).*

Was in der Geschichte als Ganzes wichtig ist, macht auch Ihre Sätze besser: Steigerung. Jeder Autor akzeptiert sofort, dass ein Roman gegen Ende immer spannender werden sollte. Erstaunlich viele dieser Autoren lassen diese vernünftige Regel im einzelnen Satz außer Acht. Dickner tut hier das Richtige. Er steigert sich, sprich: das Witzigste beziehungsweise der eigentliche Witz kommt am Schluss.

Vergleichen Sie:

Bei jeder Unterbrechung suchte sie nach geheimen Botschaften in den Spots für Tampons, mimte sie eine Ekstase oder fiel in Trance.

Bei jeder Unterbrechung mimte sie eine Ekstase, suchte sie nach geheimen Botschaften in den Spots für Tampons oder fiel in Trance.

Bei jeder Unterbrechung mimte sie eine Ekstase, fiel in Trance oder suchte nach geheimen Botschaften in den Spots für Tampons.

Keine Frage, wie der Satz lauten muss, oder?

Doch eine Frage? In dem Fall lesen Sie mehr (rhythmusbetonte) Lyrik, hören Sie mehr (rhythmusbetonte) Musik und haben Sie mehr (rhythmusbetonten) Sex.
Ist ja alles Recherche.

Ich fragte mich, ob der Ausbruch des Vesuvs einige Pompejaner möglicherweise bei ihrer letzten Kopulation überrascht hatte, und wenn ja, ob die Archäologen in diesem Fall aussagekräftige Abgüsse gemacht hatten.

Was zunächst von einem wissenschaftlichen Interesse getragen scheint, entpuppt sich dann doch als, passend zum Alter des Erzählers, pubertäre Frage. Mit schrägen Bilder oder etwas abseitigeren Gedanken über Sex im weitesten Sinn stoßen Sie meist auf dankbare und amüsierbereite Leser. Hier wird Humor noch stärker als sonst zur Geschmackssache.

Achten Sie in jedem Fall darauf, dass Sie die Art des Humors auch Ihrem POV-Charakter anpassen. Schwierigkeiten bringt da nicht nur der alters-, sondern auch der geschlechtsspezifische Humor mit sich.
Worüber die Figuren Ihres Romans Witze machen und worüber sie lachen, ist ein potentes (sic!) Mittel der Charakterisierung. In Romanen, die nicht lustig sein wollen, umso mehr.

Ich reichte ihr die Tüte. Auf dem Bildschirm tauchten Mauerreste mit antikem Graffiti auf. Die Römer hatten nicht bis zur Erfindung der Sprühfarbe gewartet, um öffentliche Wände zu verunstalten.

Der Witz entsteht aus dem Zusammenbringen von Dingen, die in unserem Denken nicht zusammengehören: Graffiti und (alte) Römer. Durch den Zusammenprall, hier buchstäblich den *Clash of Cultures*, entsteht Humor. Ob der Autor das hier gut gelöst hat, sei dahingestellt. Je krasser die Gegensätze, desto besser. Gehen Sie hier zu zimperlich vor, verschenken Sie den Witz und stellen ein lediglich leicht schräges Bild in Ihren Roman – eine vertane Gelegenheit.

Früher hatten die Häuser einfach Keller, Krypten, Vorratsräume, Hohlräume zur Verlegung von Rohrleitungen oder Verstecke für Kalaschnikows.

Eine Aufzählung schließt mit einem Gegenstand, der komplett aus der Reihe fällt und womöglich ironische oder satirische Qualitäten aufweist.

Seit einigen Wochen schon verlangte sie nach einer UMFASSENDEN GESCHICHTE DER FAMILIE BAUERMANN – mit allem, was diese an Wahrheiten und Legenden zu bieten hatte –, und zähneklappernd machte ich mich nun daran, ihr alles zu erzählen.

Hier entsteht der Witz aus der Form heraus: Die umfassende Geschichte der Familie Bauermann wird in Versalien, Großbuchstaben, geschrieben, um damit den Titel eines gewichtigen Werkes zu simulieren. Witzig ist das nur, sarkastisch, wenn Konflikt zwischen Simulation und Wirklichkeit da ist, wenn also die Geschichte der Familie Bauermann eher auf einer Briefmarke erzählt werden könnte als in einem mehrbändigen Kompendium.

Entsprechend die Großschreibung von »*golden*« an dieser Stelle:

Das Goldene Zeitalter der Bauermanns fand zu Beginn des Kalten Krieges sein Ende, als die Mafia die Familie vom regionalen Markt drängte.
Von Bedeutung ist hierbei die Konsistenz. Wenn Sie etwas humorvoll überhöht darstellen, sollten Sie nicht im nächsten Satz gleich wieder ins Gegenteil oder in eine andere Tonart wechseln. Denn so torpedieren Sie den Witz oder, auch bei nicht humorvollen Texten, die Gestimmtheit des Geschilderten.

Dickner bleibt bei der Überhöhung, auch noch einige Sätze später (»*Exodus*«):
Der Exodus der Bauermanns erfolgte an einem Morgen im Dezember 1953.

Mit klassischem Sarkasmus haben wir im Folgenden zu tun:
Die Fabrik befand sich direkt am Ufer des Flusses Fresh Kills, nur einen Steinwurf von dem Ort entfernt, an dem später die größte Müllkippe der Welt stehen sollte. Die größten Fabriken, die gigantischsten Müllkippen – Amerika ist ein geheiligtes Land.

Sarkasmus bezeichnet beißenden, bitteren Spott und Hohn – treffenderweise enthält der Begriff im griechischen Wortstamm die Bedeutung (rohes) Fleisch, Zerfleischung. Sie können Sarkasmus direkt ausdrücken oder indirekt mittels Ironie, wie es Dickner im Beispiel oben tut.
Die Verwendung von Sarkasmus lässt sich gut zur Charakterisierung heranziehen. Wer sarkastisch ist, ist immer auch ein bisschen bitter.

Ein bewährtes Mittel der Komik ist es, Ernstgemeintes aus dem Zusammenhang zu reißen oder in einen anderen Zusammenhang zu stellen.
… die Aufgabenstellung für einen Aufsatz, den wir zu schreiben hatten. Ein Thema, in dem alles zusammenkam: »Wie sieht die Welt in der Zukunft aus?« Umfang circa 250 Wörter, bitte unter Vermeidung der Verben sein und haben.

Das Herausreißen dieser Stelle aus dem Zusammenhang des Schulalltag, der meist weniger lustig ist, ist nicht die einzige Technik, die der Autor hier anwendet. Was die Stelle darüber hinaus witzig macht, ist, mal wieder, der Kontrast: Ein im wahrsten Sinne weltbewegendes Thema, um das sich die klügsten Köpfe Gedanken machen, soll auf 250 Wörter komprimiert werden – von normalen Schülern –, und das auch noch unter Vermeidung der einfachsten Verben.

Keine schlechte Idee übrigens auch für Ihren Roman, das mit der Vermeidung der Verben *sein* und *haben*. Etwa durch Auslassung, wie im vorigen Satz. Stärker noch wirken besser passende und kraftvolle Verben, klischeefreie und aktive Verben sowie Verben, die Bilder und Gefühle hervorrufen.

Denn: Witz entsteht durch möglichst konkrete Sprache, selten dadurch, dass sie dem Leser einen Haufen Abstrakta vor seinen Humorsinn schütten.

Nachbereitung

Ist Ihr Roman fit für Agenten, Verlage, Leser?

Autorenberatung
Exposé- & Plotgutachten * Manuskriptgutachten * Titelfindung

»*Ihr Exposé-Gutachten ist das beste,
was ich in dem Bereich der Schriftstellerausbildung je gesehen habe.*«
(Patrick Burow)

Service für Autoren
schriftzeit.de/expose-gutachten

Ihr Roman im Fegefeuer
Die Überarbeitung

In der ZEIT gibt es auf der letzten Seite eine Rubrik für die Leser, »Was mein Leben reicher macht«. Eine Leserin schrieb: »*Der Papierkorb*«.

Der Name der Dame sagt mir nichts, aber ich wette, die Frau ist Autorin. Eine gute. Erstens beschränkt sie sich auf das Wesentliche, kommt sofort zum Punkt. Zweitens hat sie den Wert des Papierkorbs für ihr Leben erkannt. Nicht bloß fürs Schreiben, obwohl schon das eine Menge wäre. Nein: für ihr Leben.

Schreiben ist vor allem – Streichen. Überarbeiten. Überarbeiten. Und wieder überarbeiten. Das ist ein Klischee – aber eins dieser Klischees, die wahr sind.

Leider betrachten weniger erfahrene Autorinnen und Autoren Überarbeiten als notwendiges Übel. Sie streichen mit einem Widerwillen, als wären die Zurück- und die Entf-Taste schmierige, kleine Egel. Für sie ist das Überarbeiten ihrer liebevoll zu Papier gebrachten Texte die Hölle.

In Wahrheit ist Überarbeiten das reinigende Fegefeuer. Sind die Texte erst einmal da hindurchgegangen, glänzen sie frisch und schön. Sie sind von den Sünden des Autors befreit.

Sehen Sie Streichen nicht als etwas Negatives, Zerstörerisches an. Sondern als einen eigenen Schöpfungsakt: Sie schaffen Platz für das Wesentliche, bringen das Schöne, Wahre, Gute an Ihrem Text besser zur Geltung. Sie schaffen den Raum, in dem sich Ihre Geschichte erst richtig entfalten kann.
Durch Streichen nehmen Sie Ihrem Text nichts weg. Sondern Sie fügen Neues, Wesentliches hinzu: Raum zum Atmen. Raum zum Nachdenken.

Streichen muss nicht heißen, schöne, aber leider nicht in die Geschichte passende Metaphern, Sätze, Gedanken, Textpassagen oder ganze Kapitel für immer wegzuwerfen. Legen Sie sich ein eigenes Dokument an, in das Sie die gestrichenen Stellen kopieren. Die, die Sie am ehesten auch woanders verwenden können, markieren Sie. So können Sie bei einem nächsten Projekt die alten Streichungen überfliegen und sehen, ob diese Texte in den neuen Roman passen. Womöglich kommen Ihnen beim Wiederlesen sogar neue Ideen.

Vermutlich aber werden Sie sich das Dokument nie mehr ansehen. Macht ja nichts. Bei der Arbeit am nächsten Roman wählen Sie aus einer Fülle ganz neuer Ideen.

Fangen Sie an, das Überarbeiten wertzuschätzen. Genießen Sie den freien Raum, den die Rücktaste in ihren Text-Dschungel pflügt. Freunden Sie sich mit dem Papierkorb an.

Sehen Sie jede Streichung als einen kleinen, persönlichen Triumph: »Schon ist mein Text ein Stückchen weniger schlecht geworden. Und jetzt ersetze ich das unpräzise Verb ‚gehen' mit dem in dieser Situation und für meinen erschöpften Helden treffenderen Verb ‚schlurfen' – und schon ist mein Text ein Stückchen besser geworden.«

So viele Triumphe wie beim Überarbeiten und Streichen werden Sie an keiner anderen Stelle Ihrer Karriere je feiern – und das in so kurzer Zeit. Genießen Sie jedes einzelne Mal.

Und jetzt ran an den Text – überarbeiten! Viel Spaß dabei.

Der Kuckuck und die Normseite

Was ist eine Normseite und wofür brauchen Sie sie?

Was, fragte mich eine Leserin meines Blogs schriftzeit.de, was zum Kuckuck ist eine Normseite? Und halten sich alle Verlage daran?

Die Normseite ist eine alte Maßeinheit, die noch aus der Ära der Schreibmaschine stammt. Sie bezeichnet: eine Seite Text, die so formatiert ist, dass in jeder Zeile (maximal) 60 Zeichen einschließlich Leerzeichen stehen und auf jeder Seite (maximal) 30 Zeilen. Dabei wird nicht getrennt. Für gewöhnlich wird ein 12-Punkt-Font gewählt und ein Zeilenabstand von 1,5 Zeilen.

Die Normseite baut auf nicht proportionalen Schrifttypen auf, etwa Courier. Nicht proportional heißt, dass jeder Buchstabe dieselbe Breite beansprucht, das M nicht mehr als das i. (Vermutlich haben Sie eine Proportionalschrift in Ihrem Reader (vor)eingestellt, sodass Sie diesen Text anders sehen: Die Buchstaben nehmen nicht dieselbe Breite ein, dafür sind die Abstände zwischen den Buchstaben gleich. Dies sorgt für eine bessere, eine leichtere, schnellere und angenehmere Lesbarkeit.)

Die Normseite dient(e) der, wie der Name schon sagt, Normierung von Texten. Dem Lektor gibt sie einen schnellen Überblick darüber, wie dick Ihr Roman nun tatsächlich ist – und eine schnelle Vergleichsmöglichkeit mit anderen Texten. Zwar bieten alle modernen Textverarbeitungsprogramme eine automatische Zählung der Zeichen an, dennoch bevorzugen viele Lektoren oder Agenten nach wie vor die Normseite. Ein Grund mag die Macht die Gewohnheit sein, ein anderer die eben erwähnte schnelle Vergleichbarkeit.

Wichtig für Lektoren ist auch, dass sie bei einer Normseite das ausgedruckte Manuskript – oder genauer gesagt: das Typoskript – besser bearbeiten können. Die großzügigen Ränder und Zeilenabstände bieten ihnen viel Platz für Anmerkungen und Korrekturen. Eine Rolle für die Beliebtheit der Normseite mag spielen, dass man sofort sehen kann, wie viel man schon be- und gearbeitet hat. Und: Schreibfehler lassen sich sicherer und besser erkennen.

Andere Berufsgruppen, wie Übersetzer, werden anhand einer Normseite bezahlt. Dass manche Verlage die Normseite mit 1.800 Anschlägen pro Seite gleichsetzen, kann einen Übersetzer um sehr viel Geld bringen, da auf den meisten Normseiten – etwa durch Dialoge, Absätze und andere Einrückungen – tatsächlich weit weniger als 1.800 Zeichen einschließlich Leerzeichen stehen.

Technisch notwendig ist die Normseite nicht mehr. Die Zeichen werden automatisch gezählt, Überarbeitungen können, etwa bei MS Word, auf dem Bildschirm erfolgen (»Extras/Änderungen verfolgen«).

Was aber wollen die Verlage? Random House schreibt auf seiner Website: »*Senden Sie ein Exposé, eine Inhaltsangabe oder ein repräsentatives Kapitel Ihrer Arbeit in Papierform an folgende Adresse ...*« Von Normseite steht da nichts. Bei Piper auch nicht. Und auch bei anderen Verlagen nicht.

Was tun?

Bleiben Sie erst einmal ruhig. Viele Autoren fallen bei dem Wort Normseite sofort in Schockstarre. Man könnte meinen, die Normseite sei so etwas wie das Bermuda-Dreieck der Buchbranche, ein Mysterium, ungelöst, furchteinflößend. Mein Verdacht ist, dass viele Autoren sich lieber mit unwichtigem Kram ablenken, statt sich um ihren Text zu kümmern. Und manche wollen alles vorgekaut haben, statt selber zu denken.

Dann: Beachten Sie die Hinweise der Verlage, was die Formalien betrifft. Wenn ein Verlag explizit sagt, er will Ihr Manuskript auf dem Postweg, dann schicken Sie es nicht per E-Mail. Wenn er ein repräsentatives Kapitel möchte, dann schicken Sie nicht das ganze Manuskript. Wenn der Verlag etwas nicht explizit erwähnt, dann benutzen Sie Ihren gesunden Menschenverstand. Den, entgegen anders lautender Behauptungen, sowohl die meisten Autorinnen und Autoren besitzen (und auch die Lektorinnen und Lektoren).

Formatieren Sie Ihr Exposé und Ihr Probekapitel so, dass man es gut lesen kann. Benutzen Sie eine ausreichend große Schrift. Benutzen Sie eine gut lesbare und gewöhnliche Schrifttype, nichts Exotisches wie Ringadingadingbats. Courier New, die nicht proportionale Schrift der klassischen Normseite, ist nicht sehr gut lesbar. Ich bevorzuge eine Schrift mit Serifen (das sind diese kleinen Füßchen an den Buchstaben), also etwa Times New Roman. Das serifenlose Arial ist mir zu unfreundlich, leblos und kalt. Und: Schriften mit Serifen lassen sich besser lesen. Lassen Sie auf jeder Seite ausreichend Ränder und setzen Sie die Zeilen nicht zu dicht aufeinander.

Wenn Sie keine Normseiten verschicken, sollten Sie unbedingt die Anzahl der Zeichen in Ihrem Manuskript angeben, die Anzahl der Wörter schadet auch nicht. Einen Anhaltspunkt, wie umfangreich Ihr Manuskript ist, müssen Sie dem Verlag geben, ob über Normseiten oder über Zeichen oder Wörter.

Wenn Sie Normseiten verschicken möchten, auch gut.

Und jetzt denken Sie in Ihrem Leben als Autor nur noch dann an Normseiten, wenn es unbedingt sein muss. Konzentrieren Sie sich auf den Inhalt Ihres Romans. Romane werden von den Verlagen nie wegen einer falsch formatierten Normseite abgelehnt (»Igitt, die Seite hat 31 Zeilen, in den Papierkorb damit!«), sondern wegen eines Inhalts, der missfällt oder nicht ins Programm des Verlags passt.

In den Verlagen, ob Sie es glauben oder nicht, arbeiten Menschen. Die meisten von ihnen sind sogar recht freundliche Gesellinnen und Gesellen. Wenn Ihre Lektorin Ihr Manuskript gerne in Normseiten hätte, wird Sie Ihnen das sagen. Dann formatieren Sie es wie gewünscht – und fertig. Und dann, statt Ihre Zeit mit und Ihre Gedanken an Formatierungen zu verschwenden, arbeiten Sie an Ihrem Text, zum Kuckuck noch mal!

PS: Auf der nächsten Seite finden Sie eine typische Normseite. Die Zeilen- und Spaltennummern dienen nur zur Orientierung und müssen in Ihren Manuskripten, die Sie an Verlage oder Agenten schicken, nicht auftauchen. Mich würden sie sogar eher stören.

Beispiel einer Normseite, maßstabsgemäß verkleinert:

```
     5    10   15   20   25   30   35   40   45   50   55   60
 1  einen Übersetzer um sehr viel Geld bringen, da auf den
 2  meisten Normseiten - etwa durch Dialoge, Absätze und andere
 3  Einrückungen - tatsächlich weit weniger als 1.800 Zeichen
 4  einschließlich Leerzeichen stehen.
 5
 6  Technisch notwendig ist die Normseite nicht mehr. Die
 7  Zeichen werden automatisch gezählt, Überarbeitungen können,
 8  etwa bei MS Word, auf dem Bildschirm erfolgen
 9  (»Extras/Änderungen verfolgen«).
10
11  Was aber wollen die Verlage? Random House schreibt auf
12  seiner Website: »Senden Sie ein Exposé, eine Inhaltsangabe
13  oder ein repräsentatives Kapitel Ihrer Arbeit in Papierform
14  an folgende Adresse ...« Von Normseite steht da nichts. Bei
15  Piper auch nicht. Und auch bei anderen Verlagen nicht.
16  Was tun?
17
18  Bleiben Sie erst einmal ruhig. Viele Autoren fallen bei dem
19  Wort Normseite sofort in Schockstarre. Man könnte meinen,
20  die Normseite sei so etwas wie das Bermuda-Dreieck der
21  Buchbranche, ein Mysterium, ungelöst, furchteinflößend. Mein
22  Verdacht ist, dass viele Autoren sich lieber mit unwichtigem
23  Kram ablenken, statt sich um ihren Text zu kümmern. Und
24  manche wollen alles vorgekaut haben, statt selber zu denken.
25
26  Dann: Beachten Sie die Hinweise der Verlage, was die
27  Formalien betrifft. Wenn ein Verlag explizit sagt, er will
28  Ihr Manuskript auf dem Postweg, dann schicken Sie es nicht
29  per E-Mail. Wenn er ein repräsentatives Kapitel möchte, dann
30  schicken Sie nicht das ganze Manuskript. Wenn der Verlag
```

Ab mit ihrem Kopf!
Weshalb ich an einem Abend drei Romane anfing – und beiseitelegte

Kürzlich habe ich an einem einzigen Abend, als Leser, gleich drei Romane aufgegeben.

Der erste, ein Science-Fiction-Roman, hat mich immerhin bis zur Hälfte ausreichend fasziniert und durch noch nie Gelesenes bei der Stange gehalten. Mehr und mehr frustrierte mich, dass ich nicht kapiert habe, worum es überhaupt ging, was die Figuren antrieb, was sie wollten. Ein Frustrationsstau, der auch nach der Hälfte des Buchs nicht aufgelöst wurde.

In all den innovativen Geschehnissen in ferner Zukunft fehlte mir ein Halt, eine Orientierung. In dem Roman schien alles möglich, Erinnerungen, Körper, das Denken, selbst der Tod, alles davon war relativ. Falls Regeln galten, kannte oder verstand ich sie nicht. Der Autor fabulierte drauflos, und ich, als Leser, schien ihn nicht zu kümmern. Beim Schreiben mag das angehen, sogar besser sein, beim Überarbeiten weniger, und am wenigsten bei der Redaktion im Lektorat.

Wenn Sie sich als Leser dumm fühlen, liegt das meist nicht an Ihrer Dummheit, sondern an der des Autors. Oder an dessen Gleichgültigkeit. Kopflastige Literatur mit Kunstanspruch darf auf den Leser pfeifen. Aber bei erzählenden Romanen ist der Leser ein unverzichtbarer Teil der Erzählung und auch als solcher zu behandeln: mit Respekt.

Danach stürzte ich mich auf einen Krimi eines deutschen Schriftstellers, der damit beworben wird, »noir« zu sein. In den ersten beiden kurzen Szenen wurden zur Einstimmung gleich mal zwei Frauen von jeweils anderen Männern wie Dreck behandelt, als Schlampen bezeichnet und geschlagen.
Très noir, n'est-ce pas? Pas pour moi.

Die Art, wie das geschildert wurde, widerte mich an. Nach einigen weiteren Szenen hatte sich der Roman mit einer ganzen Reihe von Gestalten bevölkert, von denen eine unsympathischer war als die andere. Faszinierend oder wenigstens interessant war leider keine davon. Es gibt, im wahren Leben, solche Anhäufungen von uninteressanten Widerlingen, insofern muss man dem Autor einen gewissen Realismus bescheinigen – den hob er jedoch durch hölzerne und klischeelastige Dialoge sogleich wieder auf. Einige peinliche Rechtschreibfehler halfen auch nicht gerade, mich bei der Stange zu halten.
Realitätsnähe ist keine Entschuldigung. Weder für ein durch und durch unsympathisches Personal noch für widerliche, menschenverachtende Handlung ohne erkennbaren Sinn.

Mein dritter Versuch: ein literarischer Krimi einer irischen Autorin. Die Protagonistin – gleichzeitig der POV-Charakter – wird, anscheinend unschuldig, zu lebenslanger Haft verurteilt. Sie soll ihren Mann ermordet haben. Die Heldin, eine Frau aus besse-

ren Kreisen, auch sensibler als die üblichen Insassen eines Gefängnisses, beschreibt den Alltag hinter Gittern.
Ich habe schon einiges über Gefängnisse gelesen, ich kenne Menschen, die im Gefängnis saßen, aber was die Autorin hier abliefert, klingt nach Sozialkitsch unterster Kategorie.

Sie kennen den Film »*Chicago*« (2002), das Musical mit Renée Zellweger, Catherine Zeta-Jones und Richard Gere? (Wenn nicht: kaufen, ansehen, mitsingen, nochmal ansehen, weiterschenken, der Film ist uneingeschränkt sensationell.) Bei einer Szene in besagtem Roman wurde ich tatsächlich an ein Musical erinnert, könnte auch »*West Side Story*« gewesen sein, obwohl das nicht im Knast spielt (natürlich auch zu empfehlen, die erste Verfilmung mit Natalie Wood als Maria). In ihrem Roman lässt die Autorin die Insassinnen das Lied »*I will survive*« singen, im Chor, während sie bedrohlich um die Wärterinnen herumtanzen, selbst die Heldin wird angesteckt, singt mit. Sogar die Strafgefangenen, die Männer auf der anderen Seite des Zauns stimmen mit ein. Das Schlimme: Die Szene ist von der Autorin ernst gemeint.

Das Problem einer unglaubwürdigen Szene oder eines Recherchefehlers: Die Autorin verliert an Glaubwürdigkeit – und das strahlt auf alles aus, was im Roman noch folgt. Der Leser will sich auf Sie als Erzähler verlassen können. Wer einmal schlampt, dem glaubt man nicht mehr – oder doch zumindest nicht mehr so leicht.
(Randnotiz: Sollten Sie in diesem Buch auf einen Fehler stoßen, ganz gleich, ob inhaltlicher Art oder Rechtschreib-, Grammatik- oder Zeichensetzungsfehler, freue ich mich, wenn Sie ihn mir übermitteln, sodass ich ihn in der nächsten Ausgabe beseitigen kann. Schließlich möchte ich, dass Sie und meine anderen Leser mir glauben. Einfach Mail an blog@waldscheidt.de. Danke.)

Wie sagt, nein, trällert es die Herz-Königin (gespielt von Helena Bonham-Carter) in der Verfilmung von »*Alice im Wunderland*« (USA 2010; Regie: Tim Burton; Drehbuch: Linda Woolverton) so schön und wie nebenbei: »*Ab mit ihrem Kopf!*«

Zum Glück gibt es haufenweise gute Bücher, in denen Fehler wie die genannten nicht vorkommen. Zum Beispiel der Roman, an dem Sie gerade schreiben. Oder?

Schreiben & Leben

Buchtipp für das Leben als Autor

Autors kleiner Helfer: Wie Sie das Leben als Schriftsteller perfekt meistern und produktiver schreiben

»Hilfreich gegen Schreibblockaden und Selbstzweifel«
(Heinz W. Pahlke)
» Praktischer Ratgeber, den jeder Schreibende lesen sollte«
(Alexa)

Taschenbuch
amzn.to/1bHYafd

Kann man literarisches Schreiben lernen?
Oder warum Sie diese Frage vergessen sollten

Diese Frage wird so oft gestellt, man könnte meinen, sie ließe sich schwer beantworten. Irrtum. Die Antwort ist leicht: Natürlich.

Schwieriger zu klären ist eine andere Frage, die zugleich viel interessanter für Sie ist: »Können Sie literarisches Schreiben lernen?« Und was sind Sie dafür zu tun, zu opfern bereit?

Was ist überhaupt »literarisches Schreiben«? Und was heißt, es zu »lernen«? Schreiben können ist nicht wie schwanger sein, es gibt Abstufungen.

»Kann man literarisches Schreiben lernen?« Dass Ihnen diese Frage immer wieder begegnen wird, ist das Los von uns auf Deutsch schreibenden Autoren. Vergessen Sie die Frage. Schreiben Sie, lernen Sie. Wenn Sie durch das Gelernte Ihre Geschichte, Ihren Text nur ein kleines bisschen besser machen, hat sich das Lernen gelohnt – und Sie haben Ihre Antwort.

Werden Sie spezifischer: Was meinen Sie mit »Schreiben«? Sprache und Stil? Oder Erzählen? Ganz sicher kann man Erzählen lernen. Nach Studium dieses Buchs werden Sie einiges übers Erzählen gelernt haben. Ein wenig auch über Sprache und Stil.

Gehen Sie nicht zu streng mit sich und vermeintlich unübersehbaren Lernerfolgen ins Gericht. Oft sind es Kleinigkeiten, eher Inspirationen, Anstöße für neue Ideen, die man aus Schreibratgebern bezieht. Aber auch vor dem großen Aha-Erlebnis sind Sie dort nicht sicher.

Machen Sie sich zu Anfang und beim Schreiben nicht zu viele Gedanken über gut und richtig, literarisch wertvoll oder bedeutungslos. Schreiben Sie. Nur schreibend lernt der Schreiber schreiben.

Leben Sie. Lesen Sie. Damit haben Sie die wichtigsten Quellen für Ihre Stoffe angezapft. Und für Ihre Gefühle.

Eines Tages bringen auch Sie die Augen vieler Leser zum Funkeln.

Lass die Fehlersau raus!
So schreiben Sie eine erste Fassung

Ein scheinbares Paradox aus der psychologischen Forschung belegt Erstaunliches: Sind den Testteilnehmern Fehler ausdrücklich erlaubt, machen sie offenbar weniger.

Auch Sie als Autor sollten sich Fehler gestatten. Vor allem in der ersten Fassung Ihres Romans sollten Sie sich nicht bremsen oder unter Leistungsdruck setzen. Das Wichtigste ist, Sie erzählen Ihre Geschichte möglichst schnell von Anfang bis Ende durch (oder welche Richtung Sie auch bevorzugen). Zu viele, durchaus sehr vielversprechende Romane werden nie fertig, weil ihre Autoren zu früh zu selbstkritisch sind.

Wenn Sie an jedem Satz herumfeilen, bis er perfekt ist, werden Sie nie den nächsten beginnen. Fassen Sie Mut zur Lücke. Wenn Sie beispielsweise nicht wissen, welche Dienstwaffe die Kripobeamten tragen, machen Sie eine kurze Notiz (»Recherche Dienstwaffen«) und schreiben Sie weiter. Und wenn Sie finden, dass Ihnen statt »war« ein besseres Verb einfallen sollte, einfallen muss, dann überlegen Sie höchstens kurz, streichen sich die Stelle an – und schreiben Sie weiter.

Gewöhnen Sie sich einen eigenen Code an, mit dem Sie die Stellen je nach Bedarf kennzeichnen. Um sie so rasch mit der Suchfunktion Ihres Textprogramms wiederzufinden. Oder Sie nutzen andere Möglichkeiten, die Ihre Software bietet.

Machen Sie sich klar, dass niemand Ihre erste Fassung zu Gesicht bekommt, sofern Sie das nicht wollen. (Und das sollten Sie schon aus Gründen Ihres Selbstwertgefühls als Autorin oder Autor auf keinen Fall wollen.) Sprich: Niemand weiß, welch schreckliche Sätze Sie geschrieben, welche Rechtschreibfehler Sie gemacht haben und welch abgründige Lücken Ihre Allgemeinbildung hat: »Paul und seinne Frau # standen [liefen zum?] vor dem Gebrutshaus von # in Saltzburrg an der # [Fluss?].«

Ein Tipp: Mit der Autokorrektur Ihres Schreibprogramms trainieren Sie sich langfristig Fehler an und Ihre Rechtschreibung wird erst schlampiger, dann schlechter, bis sie irgendwann vergessen haben, wie man ein bestimmtes Wort schreibt. Nicht jeder kleine Helfer ist ein Segen, und die Autokorrektur lässt sich ausschalten.
Sehen Sie es so: Beim ersten Entwurf dürfen Sie die Sau rauslassen oder welches Tier noch so in Ihnen steckt. Fühlen Sie sich wie ein Kind inmitten von Handmalfarben und Matsch. Nur so holen Sie auch die Sachen aus sich heraus, die tief in Ihrem Unterbewusstsein schlummern. Und das sind oftmals die ehrlichsten, die wahrhaftigsten Erkenntnisse. Die Rohfassung heißt nicht von ungefähr Roh-Fassung. Nur aus einem rohen Stück Fleisch lässt sich ein perfektes Steak zaubern, nicht aus etwas Halbgarem.

Zur Disziplinierung Ihrer Undiszipliniertheit ist es hilfreich, wenn Sie sich feste Zeiten zum Schreiben und feste Zeiten zum Recherchieren und Korrigieren geben. Wenn Sie sich selbst dauernd aus der Geschichte herausreißen mit Ihren Fragen und Recherchebedürfnissen, werden Sie nie so eindringlich erzählen, als wenn Sie ganz dabei sind, im Flow, wie der Rauschzustand so schön kurz heißt.
Ziehen Sie sich zum Schreiben irgendwohin zurück, wo Sie nicht von Telefon oder Familie gestört werden. Vor allem: wo Sie keinen Zugang zum Internet haben. Die ständige Verfügbarkeit des Internets hat mehr Romane auf dem Gewissen als sämtliche Schreibblockaden zusammen.

Gönnen Sie sich diese Auszeit von der Perfektion. Sie werden auch so noch reichlich Zeit mit Überarbeiten verbringen dürfen.

Wie schreibt Florian Illies so schön »*Wenn wir uns nicht gelegentlich verirren, dann haben wir uns nicht genug bewegt. (...) Die ganze Vielfalt der Kultur und der Natur ist (...) im Grunde nichts anderes als sehr viele originelle Schreibfehler.*«
(aus: Florian Illies, »*Die besten Irrtümer aller Zeiten*«, ZEITmagazin, 30.12.2010 Nr. 01)

Mehr ist anders
Zur Emergenz von Romanen

Emergenz ist ein Begriff aus der Physik, der sich kurz umschreiben lässt als »mehr ist anders«. Was das mit dem Schreiben zu tun hat? Der folgende Auszug aus einem Wissenschaftsartikel in der ZEIT lässt sich wunderbar auf die Emergenz auch von Romanen übertragen. Und mit der Gottesperspektive kennen Sie sich als Autor aus.

Ein Liter Luft zum Beispiel ist, mikroskopisch gesehen, ein unüberschaubares Gewimmel von ungeheuer vielen Molekülen, deren einzelne Bewegungen zu beschreiben praktisch unmöglich ist. Und dennoch manifestieren all die Teilchen als Gas ein kollektives Verhalten, das ganz einfachen Gesetzen gehorcht. Komplexität – so könnte man sagen – schlägt bei einer bestimmten Größenordnung und unter bestimmten Bedingungen um in gesetzmäßige Einfachheit.
Viele banale Eigenschaften wie die Festigkeit eines Steins, die Flüssigkeit von Wasser, die Temperatur von Luft sind »emergente« Phänomene, sie tauchen nur ab einer bestimmten Größe des Systems auf. (...) Es klingt durchaus paradox: Man weiß um die fundamentalen Zusammenhänge der Materie, aber man ist nicht in der Lage, daraus die Eigenschaften alltäglicher und weniger alltäglicher Stoffe herzuleiten. Man macht vielmehr die Entdeckung, dass genügend viele Teilchen im Kollektiv oft »verrücktzuspielen« beginnen – mehr ist anders.
(aus: Eduard Kaeser, »*Physik aus der Gottesperspektive*«, DIE ZEIT, Nr. 1 vom 30.12.2010)

Wenn wir uns mit dem Schreiben eines Romans befassen, blicken wir vor allem auf die hunderttausend Wörter, die Erzähltechniken, die etlichen mehr oder weniger sinnvollen und starren Regeln, auf Sprache, Grammatik, Zeichensetzung, auf Ton und Stil, auf die Charaktere, auf Dialoge, Symbole und und und – und sehen uns mit einem Wust von Einzelheiten konfrontiert, die alle für sich schon unendlich komplex sind.
Am Ende aber steht etwas da, das uns berührt oder kalt lässt, das gut funktioniert oder eher schlecht. Etwas ganz Simples: ein Roman.

Verlieren Sie vor lauter Wörtern den Wörterwald nicht aus dem Auge, nicht beim Lesen und nicht beim Schreiben. Verzweifeln Sie nicht, wenn beim Schreiben eine Kleinigkeit einfach nicht werden will oder wenn die schiere Fülle an Verbesserungsmöglichkeiten Sie erschlägt. Ihre Geschichte als Ganzes mag dennoch stimmig sein – wie man etwa bei Don Winslows »*Tage der Toten*« sieht, einem Roman mit vielen kleinen Schwächen, die zusammen doch ein atemberaubendes Leseerlebnis bescheren.

Manche Probleme werden unsichtbar, wenn Sie sie aus der Nähe betrachten – wie Nebel. Verschwunden sind Sie dadurch nicht.
Treten Sie ab und an mal einen Schritt von Ihrem Roman zurück und betrachten Sie ihn sich als eine Einheit. Haben Sie das Gefühl, er funktioniert, als Ganzes? Oder gibt es etwas, was Sie womöglich nicht benennen können, was aber das Gesamterlebnis stört?

Stellen Sie sich folgende Fragen, um einige der typischen Probleme zu erkennen, die den Roman als Ganzes betreffen:

* Der Satz, der Absatz, die Szene stimmen, aber ... Liegt es am Ton, in dem Sie den Roman erzählen? Fangen Sie auf einer sehr ernsten Note an und verfallen dann mehr und mehr (und ungewollt) in Sarkasmus? Ironie? Zynismus? Oder umgekehrt?

* Haben Sie zu Anfang vergessen, Ihrem Helden das Mitgefühl der Leser zu sichern und trägt er diese unsichtbare Last von zu wenig Gefühl Seite für Seite mit sich herum?

* Stimmt etwas mit der Erzählperspektive nicht?

* Oder liegt es an der Balance, sprich: Haben Sie ein Problem innerhalb der Struktur? Liegen die Meilensteine wie der Plot Point 1 (Wendepunkt am Ende des ersten von drei Akten) an der falschen Stelle?
Fehlen Pinch Points (das sind die Stellen, an denen der Gegenspieler dem Leser seine Gefährlichkeit und Macht demonstriert, unerlässlich dafür, dass der Roman im Mittelteil nicht durchhängt)?

* Erfüllen zwar alle Szenen ihre Funktion, aber sind einige Szenen zu viel (weil beispielsweise Szene 23 dieselbe Funktion hat wie Szene 18)?

* Fehlt Ihrem Helden ein genau definiertes Ziel? Verfolgt er mehrere, die sich gegenseitig im Wege stehen?

* Fehlt dem Gegenspieler ein genau definiertes Ziel?

* Passen die Meilensteine, wie etwa der Höhepunkt, zum eigentlichen – im Plot Point 1 definierten – Ziel der Heldin? Oder löst der letzte Akt ein Problem, das sich der Heldin im zweiten Akt gar nicht stellte?
(Beispiel: Die Heldin macht sich auf, die Welt vor den außerirdischen Invasoren zu retten. Im Höhepunkt aber bekämpft und schlägt sie eine Gruppe von Neonazi-Verschwörern, die eine Atombombe im Reichstag zünden wollten.)

* Sind die Geschehnisse im Roman durchgängig negativ? Ist der Held immer bloß verzweifelt? Geht stets alles schief?

* Konzentrieren Sie sich so stark auf den Plot, dass Sie nach und nach die Charaktere vernachlässigen? Oder umgekehrt: Konzentrieren Sie sich so stark auf die Charaktere, dass nichts mehr passiert, die Handlung nicht mehr vorangebracht wird?

* Wird Ihr Plot komplex und immer komplexer, statt zu eskalieren und gegen Ende in eine schlüssige Lösung zu münden?

* Langweilen die eigenen Charaktere Sie nach einer Weile?

* Haben Sie den Eindruck, es müsste mal wieder etwas Neues passieren, aber Sie haben keine Ahnung, was?

Dies sind nur einige Fragen, die Sie auf Szenen-Ebene nicht beantworten können. Auch um hierfür ein Gefühl zu entwickeln, empfiehlt sich von Beginn an eine Planung, die zumindest so detailliert ist, dass Sie wissen, was in jeder Szene (Plotrelevantes) geschieht.

Ein Roman ist mehr als die Summe seiner Szenen.

Leben und Sterben wie Bonnie und Clyde
Chancen und Risiken der als Roman getarnten Autobiografie

Sie waren die Art Menschen, deren Leben sich bestens erzählen, aber ganz schlecht leben ließ.
(aus: Heidi Julavits, »*The Mineral Palace*« (Putnam 2000 / eigene Übersetzung / dt. »*Der Mineralpalast*«)

Die hier zitierte Heldin von Heidi Julavits' Roman spricht von dem berüchtigten Gangsterpärchen Bonnie und Clyde. Das Leben der beiden hat eine Reihe von Autoren, Filmemachern und Musikern inspiriert. Bonnie und Clyde raubten während der Weltwirtschaftskrise (nein, nicht der 2008ff. sondern der ersten, Anfang der 1930er) im Südwesten der USA Banken aus, überfielen Läden und Tankstellen. Dreizehn Morde sollen sie verübt haben.

Der erste Roman ist bei (zu vielen) Autorinnen und Autoren nur eine (viel zu) schlecht getarnte Autobiografie. Die darin geschilderten Ereignisse mögen für den Autor erstaunlich, erdrückend oder erschreckend gewesen sein, wichtige Marken in ihrem oder seinem Leben. Für die Leser sind sie meist nur eins: öde.
Es ist kein Zufall, dass dieses Phänomen in der ernsten Literatur weit häufiger auftritt als in der Unterhaltung. Während Literatur tiefer in Charaktere eintaucht, toben sich die Erzähler in Geschichten aus. Tendenziell. Und in welchen Charakter kann man am leichtesten eintauchen? Mal psychologische Barrieren außer Acht lassend: in sich selbst.

Wenn Sie literarisch in Ihr Ich eintauchen wollen, sollten Sie das nur tun, wenn Sie dadurch einen literarischen Mehrwert schaffen.

Wenn Sie eher aus Ihrem Leben erzählen wollen, bedenken Sie folgendes: Ihr Roman muss sich messen lassen an den extremsten Geschichten von Serienkillern, Kriegserlebnissen, Welteneroberungen, ihr Personal an Heerscharen großartiger, überlebensgroßer Helden und Schurken und den skurrilsten Charakteren. Tausende solcher Bücher liegen in jedem Buchladen. Sie müssen davon ausgehen, dass die Leser Sie nicht kennen und sich kein bisschen für Ihr Leben interessieren. All diese Leser haben selbst ein Leben, das vermutlich (rein statistisch gesehen) ebenso durchschnittlich ist wie Ihres. Und sie hungern nach großen, außergewöhnlichen Geschichten, um eben diesem Leben zu entfliehen.
Können Sie diese bieten? Sind Sie sicher?
Seien Sie ehrlich. Von dieser Ehrlichkeit hängt womöglich ihre weitere Laufbahn als Autorin oder Autor ab. Diese Ehrlichkeit entscheidet über Erfolg oder Misserfolg der vielen hundert Stunden, die Sie in Ihren Roman investieren.
Das eigene Leben hat einen weiteren Nachteil, der verhindert, dass es sich zu einem guten Roman machen lässt: Es sträubt sich gegen inhaltliche wie chronologische

Veränderungen. Die aber müssten Sie mit hoher Wahrscheinlichkeit vornehmen, wenn Sie einen Roman zustande bringen wollen, der das erzählerisch Bestmögliche aus Ihrer Geschichte herausholt. Schließlich geht es darum, Ihren Helden aus der Komfortzone herauszureißen und ihn zu den Abgründen seines Lebens und seiner Ängste zu führen, ihn bis an die Grenzen zu fordern – und darüber hinaus.
Haben Sie so ein Leben gelebt?

Anstelle von Extremen und Sensationen können Berichte aus anderen Zeiten oder fremden Orten treten, mit denen Sie im Leser Interesse an Ihrem Leben wecken.

Andersherum: Mit einer Autobiografie legen Sie sich Fesseln an. Wie viel schwerer fällt es, das eigene Leben umzuschreiben, weil es der Plot erfordert, als das einer erfundenen Romanfigur zu verändern!
Überhaupt, der Plot. Selbst wenn Ihr Leben außergewöhnlich spannend gewesen sein sollte, so fehlt ihm doch die Dramaturgie. Die aber brauchen Sie, um das Optimum aus den Ereignissen Ihres Lebens herauszuholen.

Ein Beispiel:
Stellen Sie sich vor, das Aufregendste in Ihrem Leben ist Ihnen im Alter von sieben Jahren passiert, das Zweitaufregendste als Dreißigjährige, das nächst Aufregende als Teenager. Ohne Dramaturgie und Plot erzählen Sie das Spannendste gleich zu Anfang, der Rest des Buches wird zunehmend langweiliger.
Moment. Ganz richtig ist das nicht. Mit einem geeigneten Plot können Sie Ihre Geschichte so erzählen, dass Sie sich an der Dramaturgie statt an der Chronologie orientiert. Es ist machbar, aber es erfordert noch mehr erzählerisches Können. Sind Sie so gut?

Mein Fazit: Falls Sie kein Problem damit haben, die Ereignisse Ihres Lebens weiterzudenken und sie ins Extreme zu treiben (Merke: Es geht immer noch schlimmer.) und sich nicht um Wahrheit oder chronologische Entsprechung mit Ihrem Leben scheren, dann kann Ihre Autobiografie den Grundstein eines Romans bilden.
Oder Sie stellen Ihr Leben so sprachmächtig und einzigartig dar, dass die Ereignisse in den Hintergrund treten und das Wie wichtiger wird als das Was.
Tatsächlich sind viele der größten literarischen Leistungen der Autobiografie ihres Autors entsprungen, man nehme nur Prousts Suche nach der verlorenen Zeit.

Wenn Sie den Leser unterhalten wollen, muss eins im Vordergrund stehen: Sie müssen den Leser emotional berühren und packen. Leuten wie Frank McCourt (»*Die Asche meiner Mutter*«) oder J. R. Moehringer (»*Tender Bar*«) gelingt das selbst mit autobiografischen Romanen. Beide erzählen zudem von besonderen Orten (Moehringer wuchs mehr oder weniger in einer Bar auf) oder Zeiten (McCourt erzählt von seiner ärmlichen Kindheit im irischen Limerick in den 1930ern). Beide Bücher wurden internationale Bestseller.
Kann Ihr Leben – oder wie Sie davon erzählen – die Menschen mitreißen?
Seien Sie ehrlich. Davon hängt viel Ihrer Zeit, Ihrer Mühe ab.

Meine Lektion von Spritzgebäck
Über Schreibregeln

Ich backe gerne und häufig Kuchen. An Rezepte halte ich mich kaum noch, stattdessen improvisiere ich teils wilde Mischungen. Das Ergebnis kann sich vielleicht nicht immer sehen, aber immer schmecken lassen.

Vor ein paar Jahren habe ich das erste Mal Weihnachtsgebäck gemacht. Erfahrung mit dem Backen von Keksen hatte ich kaum. An Rezepte habe ich mich dennoch nicht gehalten, stattdessen wilde Mischungen probiert.

Das Ergebnis wanderte in den Biomüll.

Mich hat das Backen an das Schreiben eines Romans erinnert. Bevor man seine ganz eigenen Mischungen improvisiert und die Regeln bricht, sollte man genug Erfahrung mit Rezepten gesammelt haben. Nur dann weiß man, worauf man sich einlässt. Nur dann kann man das Ergebnis abschätzen. Begreifen Sie auch beim Schreiben Rezepte zu Anfang als Leitfaden, der Ihnen Sicherheit gibt. Sie werden schnell merken, dass beim Schreiben eines Romans weit mehr schief gehen kann als beim Plätzchenbacken.

Die Angst, damit uniforme Ware abzuliefern, ist unbegründet. Selbst wenn Sie sich an die meisten der bewährten Regeln der Erzählkunst halten, stehen Ihnen unendlich viele Varianten zur Verfügung – und das bei jedem Aspekt, seien es Charaktere, Schauplätze oder Handlung. Ihre Vorstellungskraft allein ist die Grenze.

Backen Sie los!

Wenn der Hund dringend raus muss
Wie das Aufhören mitten im Satz Ihre Phantasie beflügelt

Viele Autoren setzen sich ein Pensum an Anschlägen, Wörtern oder Seiten, das sie pro Tag oder Woche schreiben wollen. Manche davon, darunter auch Bestsellerautoren wie James Scott Bell, halten dieses Pensum so rigoros ein, dass sie mitten im Satz aufhören zu schreiben.

Dies habe für ihn den Vorteil, so Bell, dass der unvollendete Satz in ihm weiterarbeite, sich fertig schreibe und manchmal der ganze Absatz gleich mit.
Setzt Bell sich dann am nächsten Morgen an seinen Schreibtisch, wisse er schon genau, was er schreiben will. Als erstes muss er nichts weiter tun, als den angefangenen Satz zu beenden. So umgeht er den schwierigen (Neu-)Anfang, mit dem fast jeder Autor fast jeden Tag zu kämpfen hat.

Ein kleiner Tipp: Für viele ist es hilfreich, sich das am Vortag Geschriebene zuvor durchzulesen und kleinere Korrekturen durchzuführen. Auf diese Weise finden sie schneller wieder in den Text hinein.

Wenn sich das mit dem abrupten Aufhören für Sie wie eine gute Idee anhört, Sie sich aber nicht überwinden können, einen Satz unvollendet stehen zu lassen, versuchen Sie einen der folgenden Tricks.

Bei mir etwa sorgt die Straßenbahn fürs Aufhören, häufig mitten im Satz. Wenn ich nicht rechtzeitig mein Netbook zusammenklappe und zum Ausgang springe, muss ich bis zur nächsten Haltestelle mitfahren und ziemlich weit laufen bis nach Hause.

Anderen hilft der Beginn ihrer Lieblingsserie im Fernsehen oder eine Schar heimkommender Kinder, die nach Essen und Aufmerksamkeit verlangen oder ein vor der Bürotür winselnder Hund, der auf dem sehr neuen, sehr weißen und sehr teuren Teppich so lange hin und her läuft, bis sein Frauchen mit der Leine kommt, ansonsten ...

Auch den vorigen Satz, da habe ich keine Zweifel, werden Sie im Geiste vollenden.

Sie sehen, die Methode funktioniert.

Die literarische Begleiterscheinung von Mittagsschläfchen
Ihre Inspiration beim Schopf packen

Er fühlte sich beschissen. Das war eine Begleiterscheinung von Nachmittagsschläfchen, wahrscheinlich auch vom Leben als Autor im Allgemeinen.
(aus: Peter Abrahams, »*Their Wildest Dreams*«, Ballantine 2003 / keine deutsche Ausgabe / eigene Übersetzung)

So die Gedanken des Krimiautors Loeb im Thriller von Peter Abrahams. Doch Loeb hat neben dieser leider nicht ganz unwahren Erkenntnis auch einen guten Rat für uns bereit, ausgeborgt von W. H. Auden:

Manchmal allerdings gab es einen Durchbruch gerade in diesem Augenblick des Aufwachens, kurz bevor die Brücke des Unbewussten in sich zusammenstürzte. Was riet Auden? Geh nach dem Erwachen schnurstracks zum Schreibtisch und halte nicht mal zum Zähneputzen an.

Tatsächlich haften häufiger Traumfragmente an uns, die mindestens inspirierend sind, wenn sie uns nicht sogar auf eine konkrete Idee bringen. Wenn Sie lange genug wie ein Autor denken, mögen Ihnen sogar ganze Plots im Traum erscheinen (die, meiner Erfahrung nach, jedoch so unlogisch sind wie ein Zeitreiseroman). Doch, das wissen Sie selbst: Solche Fragmente sind höchst flüchtig. Bis Sie Ihren Schreibtisch erreicht haben, kann Sie das Wetter (»Schon wieder Schnee schippen?«), die leider am Vorabend nicht weggeräumte Unordnung (»Zwei leere Flaschen Wein? O Mann.«) und das Drängen Ihrer Blase abgelenkt haben und die Träume und mit ihnen der Meisterplot sind verblasst.

Um das zu vermeiden, deponieren Sie einen Notizblock, ein Diktiergerät oder Ihr Handy in Griffweite neben dem Bett und halten Sie jede Idee sofort fest. Denn Ideen sind, wie Sie im Chemieunterricht womöglich nicht gelernt haben, das flüchtigste aller Edelgase, flüchtiger noch als Wasserstoff. Und explosiver.

Von Auden stammt übrigens auch dieses Zitat:
»*Die meisten Leute sind in ihren Träumen sogar noch weniger originell als in ihrem Leben; ihre Träume sind eintöniger als ihre Gedanken und, seltsamerweise, literarischer.*«
(aus: W. H. Auden, »*Forewords and Afterwords*«, Vintage 1973 / eigene Übersetzung)

Der Autor als Sommelier des Lebens
Sensibilisieren Sie Ihre Wahrnehmung

Die Sinne eines Autors sind ebenso wichtig für seine Arbeit wie der Geruch und Geschmack für einen Sommelier. Sensibilisieren Sie Ihre Wahrnehmung – auch für Erzählperspektiven. Manchmal stellt man beim Lesen eines Textes fest, dass die Perspektive nicht exakt stimmt. Damit das bei Ihren bei Ihren eigenen Geschichten nicht passiert, sollten Sie Ihr Gespür für Perspektiven trainieren.

Ein Beispiel einer schiefen Perspektive aus dem Alltag:
»*Weihnachtsgeschäft läuft schleppend*«, so verkündet diese Woche der SWR. Okay, sind wir gewöhnt, Meldungen wie diese kennen wir.

Warten Sie. Denken Sie an die Perspektive. Für wen werden solche Nachrichten gemacht? Doch wohl für uns alle, uns Zeitungsleser und Normalverbraucher. Nachrichten, die unser Interesse wecken sollen, sollten unsere Perspektive berücksichtigen. Was aber tut der SWR? Er nimmt die Sicht des Handels ein, plappert PR-Meldungen nach. Verzeihen wir es dem Sender: So etwas ist billiger und gut fürs Werbegeschäft.

Wie müsste dieselbe Meldung lauten, wenn sie uns ansprechen sollte? Vielleicht so: »Innenstädte vor Weihnachten weniger überfüllt. So macht der Einkaufsbummel stressfrei Spaß. Wegen des für den Handels schleppenden Weihnachtsgeschäfts können Geschenkejäger jetzt noch Superschnäppchen erlegen.«

Wir wurden angesprochen und haben die gleichen Informationen erhalten wie mit der anderen Meldung. Die Folge: Die Zeitung gefällt uns besser.
Nicht nur das. Die Meldung trifft eher unsere Emotionen und bleibt uns leichter im Gedächtnis.

Ich muss Ihnen etwas gestehen: Auch in diesem Kapitel stimmt etwas mit der Perspektive nicht. Eingangs schrieb ich von der Erzählperspektive, das Beispiel aber handelt von der Perspektive der Leser. Ist es Ihnen unangenehm aufgefallen, dass ich Äpfel mit Birnen verglichen habe? Nein?

Sensibilisieren Sie Ihre Wahrnehmung.

Was Ihre Muse liebt

Kreative Pausen nutzen

Fühlen Sie sich zu schlapp zum Schreiben? Funkt Ihr Hirn gerade auf ganz anderer als der kreativen Wellenlänge? Sind Ihnen die Ideen ausgegangen, ist Ihr Kopf ratzekahl leer?

Zeit für eine Pause. Eine kreative Pause.

Kreative Pausen sind so etwas wie das kalte Eis – ein Pleonasmus. Alle Pausen sind kreativ. Sie müssen bloß lernen, Ihre Musenkuh, den Euter voll Ideen, zu melken.

Bitte entschuldigen Sie diese Metapher und lesen Sie einfach weiter.

Geben Sie Ihrem Hirn Freiraum, sie mit Ideen zu überraschen, mit Lösungen zu Problemen von Plot oder Charakteren. Wer Löcher in die Luft starrt, stopft mit den dort gewonnenen Ideen nicht selten die Löcher in seinem Text.

Muße heißt nicht, einfach Zeit zum Schreiben zu gewinnen. Im Gegenteil. Kreativer Müßiggang heißt, zu schreiben ohne zu schreiben.

Lassen Sie sich das auf der Zunge zergehen: Schreiben ohne zu schreiben. Klingt das nicht wundervoll? Wie Arbeit ohne zu arbeiten. Wie Geld verdienen im Schlaf.

Es *ist* wundervoll.

Wenn Sie Ihren Kopf andauernd mit Dingen füllen oder füllen lassen, die nichts mit Ihrem Roman zu tun haben, werden Sie viel länger auf Ideen und Eingebungen warten müssen. Und manche kommen nie.

Schreiben braucht Zeit. Auch die, in der wir nicht schreiben.

Ihre Muse liebt die Muße.

(Lesen Sie dazu den Artikel »*Die Wiederentdeckung des Nichtstuns*«,
in: DIE ZEIT, 30.12.2009 Nr. 01:
www.zeit.de/2010/01/Die-Wiederentdeckung-des-Nichtstuns)

Der perfekte Tag, Ihren Roman zu beginnen
Psst: Der ist heute!

Wann ist der perfekte Tag, endlich mit dem Schreiben des Romans loszulegen, der Ihnen schon so lange von innen an die Schädeldecke klopft?

Heute.

Aber ... Weihnachten diese Woche? Weihnachtsfeiern? Letzte Geschenke besorgen? Einkaufen fürs Menü an Heiligabend? Jahresendstress?
Oder Sommerferien? Reisevorbereitungen! Kindergeburtstag! Jubiläum! Die überfällige Renovierung des Badezimmers!

Hören Sie auf mit den Ausreden. Es wird immer mehr Gründe geben, nicht zu schreiben, als es Gründe gibt, den Allerwertesten auf den Stuhl zu hieven und mit dem Schreiben loszulegen. Das ist eine der wenigen Gewissheiten beim Schreiben.

Glauben Sie, Stephen King hätte kein stressiges Leben? Ich wette, er hat mit weit mehr Ablenkungen und Verlockungen zu kämpfen als jeder von uns. Er könnte sich mal eben eine neue Yacht kaufen und durch die Südsee schippern. Stattdessen schreibt er. Und er hat geschrieben, als er noch in einem Wohnwagen lebte und seine Frau das Geld nach Hause brachte.
Weil er ein Schriftsteller ist. Mit Haut und Haaren, Fleisch und Blut, Herz und Verstand.

Vergessen Sie fürs Erste alle Regeln und legen Sie einfach los. Schreiben Sie ein paar Seiten, um ein Gefühl dafür zu bekommen, für sich, für den Roman, für Ihre Charaktere. Schreiben Sie und sagen Sie sich, dass niemand dieses Geschreibsel zu sehen bekommen wird. Es geht nur darum, ein paar Runden zu drehen, den Motor warmzufahren und den Wagen kennenzulernen.
Jeder Satz, der nachher auf dem Papier steht, wird Sie motivieren. Wenn Sie den einen Satz geschafft haben, dann schaffen Sie einen zweiten. Einen Absatz. Eine Seite. Fangen Sie an, in der ersten Person zu schreiben, das läuft am schnellsten. Weil wir auch in der ersten Person Singular denken (mit Ausnahme mal von der Queen und ihrem Pluralis Majestatis).
Wenn Ihnen nichts einfällt: Lassen Sie Ihren Helden, Ihre Heldin kurz ans Steuer und das Schreiben übernehmen. Sie sollen sich Ihnen vorstellen. Ist ja nur höflich. Vermutlich erzählen Sie Ihnen Dinge, die Sie noch nicht wussten, als Sie sich zum Schreiben hinsetzten. Kann gut sein, Sie erzählen Ihnen etwas, was Sie umhauen wird. Was Stoff bietet für einen ... Roman.

Heute ist der perfekte Tag, einen Roman zu beginnen.
Jetzt ist der perfekte Augenblick.
Schreiben Sie los!

Ich bin ein schwarzer Schwan – und wer sind Sie?
Wie ein Autor sein muss – und wie viele

»*Wer bin ich und wenn ja wie viele?*« Diese Frage im Titel von Richard David Prechts Dauerseller lässt sich für Autorinnen und Autoren scheinbar leicht beantworten: »Ich bin Autor X und ich bin unendlich viele (oder Legion, für die, die mit dieser Anspielung etwas anfangen können). Jeder Schriftsteller trägt schließlich jede der Personen in sich, über die er schreibt.

So schön, so stereotyp. Aber ist das tatsächlich so?

Flaubert mag man es glauben, wenn er sagte »*Madame Bovary, c'est moi.*« Beim Feld-, Wald- und Wiesenautor sind da schon mal Zweifel angebracht. Was mancher für seine unverwechselbare »Stimme« halten mag, kommt auf dem Papier nur als eines herüber: als das Unvermögen, sich in andere hineinzuversetzen und mit deren Stimme zu sprechen.
Unvermögen ist ein hartes Wort. In vielen Fällen trifft Bequemlichkeit es besser. Denn, mal ehrlich, machen Sie sich bei jeder Ihrer Nebenfiguren die Arbeit, tief in diesen Charakter einzutauchen, in seine Lebensumstände, sein Milieu? Verleihen Sie ihm eigenes, unverwechselbares Leben – nur um ihn in wenigen Szenen ein paar Dialogzeilen herunterleiern zu lassen, bevor er für immer von der Bühne Ihres Romans abtritt?

Manch einer macht sich diese Mühe nicht mal mit der Hauptfigur. Und flüchtet sich in die erste Person Einzahl, wo er mit der eigenen Stimme durchzukommen versucht: Ich, ich, ich!

Dummerweise liest und merkt man das. Dummerweise merken das auch Agenten und Lektoren. Und dann wird, und das ist kein Trost für diese Autoren, kein Leser je etwas von ihren Schwächen, ihrem Unvermögen, ihrer Bequemlichkeit bemerken, weil ihr Roman nie in einer Buchhandlung stehen wird.

Ja, jedes Detail zählt.

Statt auf Ihrer Stimme als Autor zu beharren (was auch immer das genau sein soll), statt jeden Charakter wie Sie selber klingen zu lassen, dient es Ihrem Roman weit mehr, wenn Sie sich die Stimmen Ihrer Charaktere zu eigen machen.
Sie haben mit dem Wort »dienen« hoffentlich kein Problem?
Das alles macht viel Arbeit. Vergleichbar damit, in einer Fremdsprache ein paar erste Wörter, Sätze, Floskeln zu lernen.

Die gute Nachricht: Sie brauchen nicht die ganze Sprache zu beherrschen. Doch einige Schlüsselbegriffe – und die in der richtigen Aussprache – sollten Sie schon parat haben. Eben die, die den jeweiligen Charakter unverwechselbar machen.

Die bessere Nachricht: Ihre Geschichte dankt es Ihnen, indem sie glaubhafter wird, lebendiger, authentischer – unverwechselbar.

Nebenfiguren, die Sie mit Respekt behandeln, auf die Sie eingehen, denen Sie Handlungsspielraum geben, sich zu entwickeln, reagieren da ganz wie richtige Menschen: Sie danken Ihnen die Aufmerksamkeit und die Zuneigung – mit neuen Ideen, unerwarteten Wendungen und pfiffigen Bonmots.

Sie wissen nun, wie Sie viele sein können. Aber der erste Teil von Prechts Frage steht weiter im Raum: »Wer bin ich?«

Viel wurde geschrieben darüber, wie Autoren sein sollen: talentiert, diszipliniert, sprachbegabt, vielseitig gebildet, exzessive Leser, phantasievoll, eigensinnig und und und. Was aber macht einen Autor noch aus, gehört zu ihr und ihm?

Besonders schön hat das Georg Seesslen in einer Filmkritik zu Daren Aronofskys Film »*Black Swan*« formuliert (DIE ZEIT Nr. 4, 20.1.2011), als er schrieb, was zum Konzept der »tragischen Anthropologie« dieses Regisseurs gehöre: »*Die Neugier auf die Struktur des Scheiterns ist das eine. Das andere ist die Liebe zu den Menschen, denen es widerfährt.*«

Ein Autor muss vor allem ein Liebender sein.

Das sichere Erfolgsrezept für Schriftsteller
Ja, ganz ehrlich

Sie wollen Erfolg als Schriftstellerin oder Schriftsteller? In diesem Kapitel erfahren Sie, wie Sie das schaffen.

Legen Sie zunächst fest, was Erfolg als Schriftsteller für Sie bedeutet. Preise, Auszeichnungen, Stipendien? Welche? In welchem Zeitraum? Eine Buchveröffentlichung in einem großen Verlag? Jedes Jahr zehntausend verkaufte Bücher? Ich gehe für dieses Kapitel der Einfachheit halber von der mathematisch exakten Anzahl von »einem riesigen Haufen Bücher, mindestens Zigtausende« aus.

Genies, Koryphäen ihrer Disziplin wie etwa ein Schachweltmeister, ein Pianist wie Horowitz oder Roger Federer, einer der besten Tennisspieler aller Zeiten, oder der Golfer Tiger Woods – sie alle verbindet etwas: Sie haben hart an ihrem Erfolg gearbeitet. Ja, ja, das tue ich auch, sagen Sie. Ach ja? Woods wurde von seinem Vater ans Golfspielen herangeführt – da war Tiger gerade mal achtzehn … Monate alt.

Tatsächlich fanden Statistiker eine interessante Gemeinsamkeit sogenannter Genies: Sie alle haben mindestens zehn Jahre lang in ihrer Disziplin konzentriert und diszipliniert und Tag für Tag viele Stunden geschuftet. Diese zehn Jahre harte Arbeit sind so etwas wie die Grundvoraussetzung, um richtig gut zu sein. Und danach? Geht es weiter.

Horowitz sagte von sich selbst: »*Wenn ich einen Tag nicht geübt habe, merke ich das. Wenn ich zwei Tage nicht geübt habe, merkt es meine Frau. Habe ich drei Tage nicht geübt, merkt es die ganze Welt.*«

Und was uns Autoren betrifft: Da geistern Zahlen von einer oder auch ein paar Millionen Wörtern herum, die man geschrieben haben sollte, um überhaupt gut sein zu können. Zum Trost: In zehn Jahren schaffen Sie drei Millionen Wörter locker – das sind pro Tag gerade mal 820, wenn man die zwei bis drei Schaltjahre in diesem Zeitraum mitrechnet.

Zum Vergleich: Allein dieses Kapitel hat mehr als 820 und wurde in eineinhalb Stunden geschrieben und überarbeitet. Ohne Schaltjahr.
Leider reichen Üben und Schreiben nicht aus. Und oft genügt es nicht einmal, gut zu bleiben. Man sollte sich kontinuierlich verbessern.

Eine weitere Gemeinsamkeit von Menschen, die Außerordentliches in ihren Disziplinen vollbringen, ist das konstruktive Feedback, auf das sie sich stützen können. Professionelle Tennisspieler erhalten das andauernd: Sie machen den Punkt oder eben nicht, sie treffen den Ball so satt, dass er dieses genau richtige Geräusch macht; der Trainer lobt. Beim Schreiben ist das schwieriger. Selbst wenn wir jemanden finden, der uns mit seinem Rat kompetent zur Seite steht – steht er eben doch nicht bei jedem Satz hinter uns. Umso wichtiger ist die Rückmeldung, nachdem wir etwas geschrieben haben. Sie kann uns weiterhelfen. Aber verhilft sie uns auch zum Erfolg?

Nein.

Höre ich da Illusionen klirrend auf den Fliesen zerspringen?

Wenn wir die konstruktive Kritik jedoch annehmen – wenn wir das davon berücksichtigen, was wir nachvollziehen können –, hilft sie uns dabei, ein besserer Autor zu werden.

Professionelle Hilfe beim Schreiben finden Sie in zahlreichen Seminaren, in Büchern oder bei Schreibtrainern und anderen Autoren, an vielen Stellen im Web. Egal, welchen Weg Sie wählen (und ausprobieren sollten Sie möglichst vieles): Seien Sie offen für Kritik. Verwerfen Sie sie nicht gleich, selbst wenn sie Ihnen zunächst falsch oder schlecht oder gar verletzend erscheint. Nehmen Sie sich diese wichtige Zeit und denken Sie in Ruhe über das Gehörte nach.

Seien Sie sich im Klaren darüber, dass Sie als Autor in vielen Dingen betriebsblind sind, vor allem, wenn es um Aspekte in Ihren Texten geht, mit denen Sie sich persönlich eng verbunden fühlen. (Gerade diese Stellen sollten Ihnen aber so am Herzen liegen, dass Sie sie besonders gut schreiben möchten.)

Am Ende entscheiden Sie für sich, was Ihnen tatsächlich weiterhilft und vergessen den Rest. (Das Vergessen schlechter Kritik ist, neben der Umsetzung des Gelernten, leider der schwierigste Teil.)
Und wo bleibt der Erfolg? Sicher schadet es nicht, einen guten Agenten zu haben, bei einem etablierten Verlag zu sein und ein gut geschriebenes Buch zu einem faszinierenden Thema auf den Tischen am Eingang der Buchhandlungen liegen zu haben, auf vielen Tischen. Das war es dann aber auch schon mit der Berechenbarkeit. Der Rest ist Glückssache.
Dummerweise – und das ist die nächste, Illusionen zerstörende Nachricht – ist dieser Rest viel größer, als Sie glauben. Wir Menschen neigen nämlich dazu, unseren Einfluss auf die Zukunft als viel höher einzuschätzen, als er in Wahrheit ist. Die Autoren des die Augen öffnenden Sachbuchs »*Tanz mit dem Glück: Wie wir den Zufall für uns nutzen können*« (Haffmanns bei Zweitausendeins, oder im Original: »*Dance with Chance*«. Mehr unter www.dancewithchance.com) nennen diese Fehleinschätzung treffend die »*Illusion von Kontrolle*«.

Hier wie versprochen, die Erfolgsformel für Autoren:

Erfolg = mindestens zehn Jahre diszipliniert schreiben und lernen + viel hilfreiches Feedback erhalten und umsetzen + sehr viel Glück

Die gute Nachricht: Mehr als eineinhalb der drei Faktoren können Sie selbst beeinflussen: das Schreiben ganz und das Feedback zum Teil, indem Sie es aktiv suchen. Die noch bessere Nachricht: Wenn es Ihr Ziel ist, zunächst einen sehr guten Roman zu schreiben und ihn in einem echten Verlag (kein Druckkostenzuschuss, kein Selbstverlag) zu veröffentlichen, schaffen Sie das zum größten Teil aus eigener Kraft.

Die beste Nachricht zum Schluss: Zehn Jahre diszipliniert zu schreiben ist weniger anstrengend als in derselben Zeit jeden Tag acht Stunden auf dem Tennisplatz zu stehen, weniger nervtötend als acht Stunden täglich Klavier zu üben, billiger als acht Stunden täglich zu golfen und weit vielseitiger als Schach.

Wir Schriftsteller haben's gut. Machen Sie das Beste daraus.

Wird Ihr Buch ein Bestseller? Fragen Sie die Affen
Experten und ihre Urteile im Buchmarkt

Wieso können Verlage den Verkaufserfolg Ihres Buchs besser voraussagen als Sie? Weil die im Verlag Experten sind, ganz klar.
Falsch.

Zahlreiche Studien und eine Reihe von Büchern (etwa »*Dance with Chance*« oder »*The Wisdom of Crowds*«) beweisen es: Experten treffen bezüglich künftiger Entwicklungen Ihres Fachgebiets meist die schlechteren Vorhersagen.
Schlechter als wer? Nicht unbedingt schlechter als Sie, die Sie sich weniger mit dem Gebiet auskennen. Aber schlechter als beispielsweise eine größere Gruppe von Laien. Oder als eine Gruppe von Affen, die einfach zufällig Bananenschalen in Wäschekörbe schmeißen. Oder als jener berühmte Krake Paul, der bei der Fußball-WM 2010 die Ergebnisse besser vorhersagte als so ziemlich jeder »Experte« (Wenn es um die Beurteilung der Zukunft geht, sollte man das Wort »Experte« nur noch in Anführungszeichen schreiben – es sei denn der Mann oder die Frau wäre ein Zeitreisender.).

Verlage, zumal die Publikumsverlage, bedienen sich derselben Technik wie die Affen. Mit dem Unterschied, dass die Affen sich nicht für Experten halten. Und die Verlage haben Erfolg damit – den aber aus anderen Gründen, als viele der Entscheider dort glauben.
Bis ein Buch gekauft und bis es dann veröffentlicht wird, geht es durch die Hände und vor allem den Kopf zahlreicher Buchmenschen in Literaturagenturen und Verlagen; nicht selten sind auch Buchhandelsvertreter und der Handel selbst an der Entscheidung beteiligt – und alle halten sich für Experten, was die Qualität eines Werkes betrifft. Wenn es um die Prognose des Erfolgs geht, ist man jedoch vorsichtiger. Zurecht. Die Erfahrung lehrt, dass die Zukunft offen bleibt.

Dennoch: Die Mitarbeiter, die in einem Verlag die Veröffentlichung eines Buches verantworten, sind dazu gezwungen, Erfolgsprognosen zu treffen. Ob sie wollen – oder nicht. Ob sie gut darin sind oder sich für kompetent halten. Oder eben nicht.
Fangen wir beim Agenten an. Da wäre die Assistentin, die für ihn die Vorauswahl trifft. Dann wird der Roman (meist das Konzept und eine Textprobe) in einer Besprechung von allen diskutiert. Abschließend entscheidet der Agent. Fällt seine Entscheidung positiv aus, geht der Roman an Verlage. An welche davon, auch da spielen Prognosen eine Rolle: In welchem Verlag hat das Buch die besten Aussichten auf Erfolg? (Randnotiz: Eine wesentliche Rolle spielt bei allen Prognosen, wie Erfolg überhaupt definiert wird. Misst sich der Erfolg in Verkaufszahlen? In Kritiken? In Buchpreisen? In welchem Zeitraum? usw.)

Im Verlag macht sich die Lektorin Gedanken über den Roman, bespricht sich eventuell mit einer Kollegin, wendet sich dann an ihre Chefin. Die reicht das Konzept manchmal an andere Kollegen weiter. Womöglich befragt man Verlagsvertreter, mit denen ein besonders vertrauensvolles Verhältnis besteht. Eine Konferenz findet statt, wo der Verlagsleiter mit am Tisch sitzt, und Leute aus dem Marketing, aus der Presseabteilung und aus dem Vertrieb ihren Senf zum Projekt abgeben – ihre Prognose.

Wird dem Buch ein großer Erfolg vorausgesagt, hat es Chancen, im Programm als Spitzentitel zu erscheinen, sprich: besonders herausgestellt und beworben zu werden.

Zwar gibt es eine Person, die entscheidet, ob das Buch gemacht wird. Aber an der Entscheidungsfindung sind eine Menge anderer Buchmenschen beteiligt. Verlässt sich der Entscheider auf das durchschnittliche Urteil seiner Entscheidungshelfer, so hat er, statistisch gesehen, eine bessere Chance, dieses Buch zum Erfolg zu führen und auf die Bestsellerlisten, als wenn er sich auf seine Meinung alleine oder auf die eines einzigen Experten verlassen hätte. Statt eines Experten sollte er lieber tausend Affen fragen.

Aber ein Experte ist meist schneller zur Hand. Und verlangt für sein Urteil nicht mal eine Banane.

Liebe Verlagsmenschen, bitte versteht mich richtig: Bei der Beurteilung der Qualität eines Romans liegt ihr sicherlich nicht schlecht und zweifellos besser als die meisten Autoren, die selbst bei größter Anstrengung und Versuchen an Objektivität die Qualität ihres eigenen Werks kaum einschätzen können. (Was unabdingbar ist, um Selbstwertgefühl und Seelenheil vor zu tiefen Abstürzen zu bewahren.) Aber den Erfolg eines Buchs könnt auch ihr nicht voraussehen.

Stellt sich die Frage nach dem Zusammenhang von Qualität und Erfolg im Buchmarkt. Die lasse ich mal so stehen – Raum für fruchtlose Diskussionen. Und biete dafür ein neues Diskussionsthema an.

Erfahrene Buchmenschen in Verlagen und Agenturen wissen, was schon mal und immer wieder funktioniert hat (mal abgesehen von bekannten Autoren, die auf eine Fanbasis bauen können). Wenn sie nun diese Eigenschaften in einem neuen Manuskript wiederfinden, können sie dann den Erfolg – instinktiv – nicht doch besser voraussagen als unsere Affenhorde? Ich behaupte: selbst dann nicht.

Denn erstens würde der Markt dann ausschließlich von extrem formelhaften Romanen überquellen – was trotz mancher Unkenrufe offensichtlich und zum Glück nicht der Fall ist. Und zweitens: Wenn etwas gestern erfolgreich war, muss es heute deshalb nicht immer noch erfolgreich sein. Oder gar morgen. Trends aus der Vergangenheit lassen sich nicht einfach in die Zukunft fortführen. An diesem Irrglauben sind schon die klügsten Köpfe in allen Branchen und Lebensbereichen gescheitert.

Wenn Sie immer noch an dem Konzept zweifeln, dass eine Menge Laien im Schnitt besser entscheiden als ein Experte, lesen Sie »*Dance with Chance*« (wo das Konzept knapp dargestellt wird) oder »*The Wisdom of Crowds*« (wo das Konzept entwickelt wurde).

Sie sind noch immer nicht überzeugt? Dann fragen Sie sich einfach mal, wieso Ihr Anlageberater bei der Sparkasse Sie beim Geldanlegen berät, und statt eine Yacht in der Karibik und ein Loft in New York sein Eigen zu nennen, kaum die Raten für sein Reihenhäuschen abstottern kann. Er ist doch Experte für Geldanlagen.

PS: Sie wollen nicht die Affen fragen? Dann füllen Sie doch den Fragebogen im nächsten Kapitel aus. Die Auswertung hilft Ihnen weiter. Versprochen.

Der große Test – Wird Ihr Buch ein Bestseller?
Vierzig Fragen an Ihren Roman

In dem Kapitel »*Wird Ihr Buch ein Bestseller?*« habe ich über die Schwierigkeit geschrieben, den Verkaufserfolg eines Buchs vorherzusagen. Auch warne ich davor, hierin der Meinung sogenannter oder selbsternannter »Experten« zu vertrauen. Aussagen über die Zukunft, deren Aussagekraft über die eines Münzwurfs hinausgeht, sind bei derart komplexen Themen nicht möglich.
Als Experte spiele ich mich nicht auf. Stattdessen habe ich mich in mein Affenkostüm geworfen – Sie wissen ja, Affen urteilen erwiesenermaßen zuverlässiger als Experten – und den folgenden Test in die Tasten gehackt.

Auch er wird Ihnen nicht zuverlässig prophezeien können, ob Ihr Buch ein Erfolg wird. Gerade bei Bestsellern spielt ein Schneeballeffekt eine Rolle. Ein Teil des Erfolgs lässt sich erklären – ab einer gewissen Schneeballgröße aber schafft es das eine Buch, weiteren Schnee anzusammeln, und das andere, gleichwertige schafft es eben nicht.

Immerhin sagt der Test Ihnen, ob Ihr Roman zumindest das *Zeug* zum großen Verkaufserfolg hat. Heißt: ob er überhaupt ein Schneeball werden kann. Die Fragen sollen Ihnen Anregungen geben, Ihren Roman aus einer anderen Perspektive zu betrachten. Die Gewichtung der Antworten anhand der Anzahl der Punkte hält keinerlei wissenschaftlichen Kriterien stand. Zufällig gewählt ist sie dennoch nicht. Es lohnt sich, genauer darüber nachzudenken – für Sie und Ihren Roman.

Herzstück des Tests sind die Erläuterungen. Das Fazit am Schluss fasst lediglich die Tendenzen zusammen.
Kurzum: Der Test hier ist ein weiteres, besonders schön verkleidetes Kapitel mit Schreibtipps. Er soll Spaß machen – und Ihren Roman besser.

Ich bin gespannt, was Sie davon halten. Mailen Sie mir Ihre Anmerkungen, Ergänzungen oder ganz und gar gegensätzliche Meinungen an blog@schriftzeit.de.

Die Einführung zum Test

Als Bestseller definiere ich hier jedes Buch, das es in die Bestsellerliste des Spiegels geschafft hat, also in die Top-20 der Hardcover oder Taschenbücher.
Die Grenzen zwischen Publikumsverlagen, mittleren Verlagen und kleinen Verlagen sind fließend. Die meisten Verlage aber kann man relativ gut einer Gruppe zuordnen. Random House, Piper oder Rowohlt sind klassische Publikumsverlage, sie gehören auch zu größeren Konzernen. Im Jahr werden in einem solchen Verlag meist weit über 100 Titel publiziert.
Zu den mittelgroßen Verlagen zähle ich beispielsweise Klett-Cotta oder Emons. Publiziert werden dort zwischen zwanzig und hundert Büchern im Jahr. Zu den Kleinverlagen zählt beispielsweise der Uschtrin-Verlag, in dem eins meiner Bücher erschienen ist. In Kleinverlagen gibt man im Jahr selten mehr als zehn, wenn es hochkommt auch mal zwanzig, Bücher heraus.
Der Test erhebt keinerlei Anspruch auf mathematische Genauigkeit. Und er fordert sie auch nicht von Ihnen. Wählen Sie die Antwort, die Ihnen am passendsten erscheint und denken Sie über die Erläuterungen nach.

Auf der nächsten Seite geht's los. Viel Vergnügen.

Der Test

1. Wie viele Bestseller haben Sie bislang veröffentlicht?

___

2. Wie viele Bestseller haben Sie bislang in dem Genre veröffentlicht, in dem auch der zu prüfende Roman erschienen ist?

___

3. Wie viele Romane haben Sie bislang selbst veröffentlicht?

___

4. Wie viele Romane haben Sie bislang in einem kleinen Verlag veröffentlicht?

___

5. Wie viele Romane haben Sie bislang in einem mittleren oder großen Verlag veröffentlicht?

___

6. Wie viele Romane in einem großen Verlag haben Sie bislang in dem Genre veröffentlicht, in dem auch der zu prüfende Roman erschienen ist?

___

7. Wie viele Romane haben Sie bislang (zu Ende) geschrieben?

___

8. Wie viele Romane haben Sie bislang in dem Genre geschrieben, in dem auch der zu prüfende Roman erschienen ist?

___

9. Wo veröffentlichen Sie das Buch?

Selfpublishing ___
Kleinverlag ___
Mittelgroßer Verlag ___
Großer Publikumsverlag ___

10. Wie viele Jahre schreiben Sie schon Romane?

___ Jahre

11. Wie viele Stunden am Tag schreiben Sie im Durchschnitt?

___ Stunden

12. Erscheint Ihr Buch in einem Publikumsverlag als Spitzentitel?

Ja ___
Nein ___

13. Wie viele Testleser haben das Buch bislang gelesen und waren hellauf begeistert? Bitte ehrlich bleiben und Lob allein der Freundschaft willen abziehen!

___

14. Haben Sie einen Agenten?

Ja ___
Nein ___

15. Von wie vielen Literaturagenten wurde das Manuskript bereits abgelehnt?

___

16. Von wie vielen Verlagen wurde das Manuskript bereits abgelehnt?

___

17. Ist das Manuskript mindestens in der Rohfassung fertig?

Ja   ____
Nein ____

18. Ist das Buch High Concept oder Low Concept (die Begriffe stammen aus der Welt der Drehbuchautoren)?
Das heißt, geht es darin um eher gewaltige, laute Dinge (wie den Weltuntergang oder eine spektakuläre Verbrechensserie) oder eher um Kleinformatiges, Zwischenmenschliches, eher Leises?

High Concept   ____
Low Concept   ____

19. Können Sie das Buch spontan und jetzt sofort (!) in zwei Sätzen pitchen, das heißt, einen potenziellen Leser oder Lektor supergespannt darauf machen?

Kann ich, kein Problem   ____
Nein, so spontan und knapp geht das nicht ____

20. Können Sie in drei Sätzen spontan und sofort (!) sagen, was Ihr Buch einzigartig macht?

Kann ich, klar, und zwar...   ____
Nein, so spontan und knapp geht das nicht ____

21. Haben Sie das Exposé verfasst, bevor Sie den Roman geschrieben haben?

Ja   ____
Nein ____

22. Falls Sie das Exposé nach dem Roman geschrieben haben – ist Ihnen das sehr schwergefallen?

Allerdings   ____
Geht so   ____
Nö, war easy ____

23. Enthält der Roman eine Liebesgeschichte? Hat diese tragische Momente?

Liebesgeschichte mit Tragik ___
Liebesgeschichte ohne Tragik ___
Keine Liebesgeschichte ___

24. Haben Sie einen zentralen Protagonisten, der dem Leser auf Anhieb sympathisch ist?

Ja ___
Ich habe eine Reihe von gleich wichtigen Protagonisten ___
Nein, er/sie ist vielschichtig und wird erst später sympathisch ___
Nein, mein Protagonist ist ein Antiheld / ein Schurke ___

25. Durchläuft Ihr Protagonist alle Stufen zwischen himmelhochjauchzend und am Boden zerstört und ohne Hoffnung auf Besserung?

Nein, so extrem ist das bei meinem Roman nicht ___
Ja, er durchlebt Gutes und Schlechtes im Extrem ___

26. Hat Ihr Protagonist ein Ziel, das er um jeden Preis erreichen will? Würde er dafür auch Freunde vor den Kopf stoßen oder sogar gefährden?

Hat er und würde er ___
Hat er, aber nicht zulasten seiner Freunde ___
Nein und nein ___

27. Bedeutet das Nicht-Erreichen des Ziels für Ihren Protagonisten einen oder mehrere dieser Tode: den tatsächlichen (er selbst oder ein geliebter Mensch verliert das Leben), den professionellen (er verliert zum Beispiel den Job), den psychologischen (er verliert zum Beispiel die große Liebe)?

Ja ___
Nein ___

28. Wird Ihr Protagonist von etwas extrem Starkem angetrieben? Etwas, das ihn auch noch antreibt, wenn alles verloren scheint?

Ja ___
Nein ___

29. Ist Ihr Protagonist ein Mensch? Oder ein anderes Geschöpf, etwa ein Zwerg, ein Roboter, ein Alien?

Ein Mensch ____
Etwas ganz anderes ____

30. Aus wie vielen Perspektiven erzählen Sie die Geschichte?

Aus 1 bis 2 Perspektiven ____
Aus 3 bis 5 Perspektiven ____
Aus 6 oder mehr Perspektiven ____

31. Wie lang ist Ihr Roman ungefähr (in normalen Buchseiten, nicht in Normseiten)?

Weniger als 100 ____
101 bis 199 ____
200 bis 399 ____
400 bis 599 ____
600 bis 800 ____
Über 800 ____

32. Ist der Roman der erste Band einer geplanten Reihe? Funktioniert er als eigenständiger Roman?

Ja, erster Band. Braucht die Folgebände. ____
Nein, eigenständiger Roman. ____
Ja, erster Band. Kann man auch als eigenständiges Buch lesen. ____

33. Ist der Roman ein Kinder- oder Jugendbuch?

Ja ____
Nein ____

34. Wie gut sind Sie in der Buchbranche vernetzt? Kennen Sie viele andere Autoren und Verlagsmenschen?

Sehr gut vernetzt ____
Einigermaßen vernetzt ____
Gar nicht vernetzt ____

35. Sind Sie ein guter Vermarkter der eigenen Person?

Unbedingt   ___
Geht so   ___
Nein   ___

36. Haben Sie gute Kontakte zu den Medien?

Nein   ___
Presse oder Radio oder Web   ___
Fernsehen   ___

37. Wie viele Follower haben Sie bei Twitter?

Ich bin nicht bei Twitter   ___
Weniger als 1.000   ___
Zwischen 1.000 und 5.000   ___
Mehr als 5.000   ___

38. Wie viele »Gefällt mir« hat Ihre Seite bei Facebook?

Ich bin nicht bei Facebook   ___
Ich habe nur ein Profil, aber keine Seite   ___
Weniger als 100   ___
Zwischen 100 und 500   ___
Mehr als 500   ___

39. Sind Sie (außerdem oder nur) bei anderen sozialen Netzwerken aktiv?

Nein   ___
Ja   ___

Noch eine Frage, und Sie haben es geschafft ...

40. Was tun Sie dafür, einen Bestseller zu landen?

Alles, was dazu nötig ist. Das ist mein Lebensziel. ___

Viel. Ich bin auch zu Kompromissen bereit, etwa bei der Wahl meiner Themen oder des Genres. ___

Ein Bestseller ist mir gar nicht so wichtig. Ich würde gerne die Romane schreiben können, die ich schreiben will. Und einigermaßen davon leben. ___

Ich will einfach nur schreiben und habe den Test bloß zum Spaß gemacht. ___

___
Auf den nächsten Seiten finden Sie die Auswertung und ausführliche Erläuterungen dazu.

Die Auswertung

1. Wie viele Bestseller haben Sie bislang veröffentlicht?

Pro Bestseller: 100 Punkte.

Erläuterung:
Die besten Chancen auf einen Bestseller haben (leider) Autoren, die schon einen Bestseller geschrieben haben. Je größer der Bucherfolg war, desto mehr schwächere Bücher danach trägt der Superseller mit. Bestseller-Autoren werden von ihrem Verlag mit großem Werbe-Budget unterstützt, sie bekommen eher Auftritte im Fernsehen, ihr Buch wird eher besprochen, Leser, die den oder die bisherigen Bestseller gelesen haben, erinnern sich an den Namen oder fiebern dem neuen Buch sogar entgegen.

2. Wie viele Bestseller haben Sie bislang in dem Genre veröffentlicht, in dem auch der zu prüfende Roman erschienen ist?

Pro Bestseller: 300 Punkte.

Erläuterung:
Die meisten Leser lieben einen Autor nicht, weil er nett ist. Sondern weil er ihre Bedürfnisse erfüllt: nach Hochspannung und Suspense, nach Lachen und guter Laune, nach Träumen von Romantik und Liebe. Diese Bedürfnisse definieren ein Genre. Eine Autorin, die fünf Bestseller mit heiteren Frauenkrimis veröffentlicht hat, kann deshalb noch lange nicht das Bedürfnis nach düsterer Romantik erfüllen.
Sie selbst erwarten von Tempo ein gutes Papiertaschentuch. Aber würden Sie auch unbesehen ein Deo kaufen, auf dem Tempo steht?

Ein Bestseller ist ein Beleg dafür, dass der Autor ein Bedürfnis einer Masse von Lesern befriedigen konnte. Er ist keine Garantie, dass er automatisch auch die Bedürfnisse einer anderen Leserschaft erfüllt. Daher gibt es für den Bestseller im selben Genre deutlich mehr Punkte.

3. Wie viele Romane haben Sie bislang selbst veröffentlicht?

Pro Roman: 2 Punkte.

Erläuterung:
Wenn Sie einen Roman selbstpubliziert haben, zeigt das nur eins: Sie halten das Buch für wert, gelesen zu werden. Es muss dabei nicht mal einem einzigen anderen Menschen gefallen haben. Wer weiß, ob das Buch überhaupt von jemand anderem gelesen wurde!

Dass es überhaupt Punkte hierfür gibt, hat nur einen Grund: Sie bringen eine gewisse Disziplin mit, mehrere hundert Seiten mit Wörtern zu füllen (dafür 1 Punkt). Und Sie sind entschlossen, andere daran teilhaben zu lassen (noch 1 Punkt für diese Entschlossenheit).

4. Wie viele Romane haben Sie bislang in einem kleinen Verlag veröffentlicht?

Pro Roman: 8 Punkte.

Erläuterung:
Die Unterschiede zwischen kleinen Verlagen sind groß. Immerhin aber haben Sie mit Ihrem Roman jemanden überzeugt, der vom Fach ist. Jemand hat Geld in den Roman investiert, an ihn geglaubt. Sie haben außerdem bewiesen, dass Sie in der Lage sind, mit einem Verlag zusammenzuarbeiten. Wichtige Voraussetzungen für weitere Erfolge.

5. Wie viele Romane haben Sie bislang in einem mittleren oder großen Verlag veröffentlicht?

Pro Roman: 15 Punkte.

Erläuterung:
Bestseller kommen so gut wie ausschließlich aus zumindest mittelgroßen Verlagen. Die nämlich haben gegenüber Kleinverlagen den Vorteil, dass Buchhandelsvertreter für sie arbeiten. Diese sorgen dafür, dass die Bücher ihrer Verlage mehr oder minder flächendeckend im deutsch(sprachig)en Buchhandel vertreten sind.
Dass Sie bereits in einem solchen Verlag veröffentlichen konnten, zeigt, dass eine Reihe von Buchmenschen Ihre Bücher als wert für eine Publikation erachtet hat. Ihr Name ist im Handel womöglich bekannt, vermutlich wurden Ihre Bücher auch bereits in den Medien besprochen.
Der gewaltige Unterschied in der Punktewertung zum Bestseller kommt daher, dass Sie bislang eben noch nicht bewiesen haben, dass Sie massentauglich schreiben können. Und das können eben selbst viele gute Autoren nicht.

6. Wie viele Romane in einem großen Verlag haben Sie bislang in dem Genre veröffentlicht, in dem auch der zu prüfende Roman erschienen ist?

Pro Roman: 30 Punkte.

Erläuterung:
Das oben zu Frage 2 Gesagte gilt auch hier: Haben Sie schon im selben Genre veröffentlicht, in dem auch Ihr neuer Roman angesiedelt ist, so haben Sie zumindest

einige Hürden genommen, nämlich die zur Publikation in einem größeren Verlag. Da erscheint der Bestseller greifbarer, als wenn Sie in einem neuen Genre schreiben, in dem Sie noch niemanden überzeugen konnten.

7. Wie viele Romane haben Sie bislang (zu Ende) geschrieben?

Pro Roman: 2 Punkte.

Erläuterung:
Ein Bestseller gelingt äußerst selten beim ersten Roman-Versuch. Wenn Sie hingegen schon mehrere Romane geschrieben haben, haben Sie in der Zeit vermutlich auch einiges über das Schreiben von Romanen und eben auch über das Schreiben von erfolgreichen Romanen gelernt. Hoffnungsvolle Punkte.

8. Wie viele Romane haben Sie bislang in dem Genre geschrieben, in dem auch der zu prüfende Roman erschienen ist?

Pro Roman: 4 Punkte.

Erläuterung:
Siehe die Erläuterungen zu Frage 2 und Frage 6. Hier kommt dazu, dass Sie sich vermutlich in dem Genre auskennen. Was nicht zu unterschätzen ist. Denn dann haben Sie wahrscheinlich auch manche Genre-Erwartung der Leser erfüllt. Genau darum geht es ja bei Genre-Texten: Erwartungen bedienen und diese (über-)erfüllen und gelegentlich auch bewusst, ein wenig, brechen.

9. Wo veröffentlichen Sie das Buch?

Selfpublishing:	2 Punkte.
Kleinverlag:	8 Punkte.
Mittelgroßer Verlag:	15 Punkte.
Großer Publikumsverlag:	30 Punkte.

Erläuterung:
Hier spielt mit hinein, was ich weiter oben erklärt habe. Um einen Bestseller zu landen, brauchen Sie die Präsenz im Buchhandel. Erfolge von Selfpublishern sind (noch) die Ausnahme, weswegen es für sie auch die kleinste Punktzahl gibt.

Hinzu kommt, dass ein Publikumsverlag professionelles Marketing einschließlich Werbung und Medien-Arbeit macht und zudem über Kontakte in die Buch- und Medienwelt verfügt, die Ihrem Buch eine größere Aufmerksamkeit ermöglichen.

Dass die Unterschiede nicht noch größer sind, liegt vor allem daran, dass für die meisten Autoren auch in großen Verlagen kaum noch geworben wird – es sei denn, sie sind sowieso schon Bestseller-Autoren. Die Werbeausgaben fließen, streng nach dem Gravitationsgesetz, stets dorthin, wo bereits das meiste Geld liegt.

10. Wie viele Jahre schreiben Sie schon Romane?

Pro Jahr: 3 Punkte.
Für jedes Jahr über zwanzig Jahre ziehen Sie 3 Punkte ab.

Erläuterung:
Diese Frage bezieht sich auf dasselbe wie die Fragen 7 und 8. Um richtig gut zu werden, braucht es seine Zeit. Das gilt für Autoren ebenso wie für Pianisten oder Zeichner.
Wenn Sie jedoch schon eine sehr lange Zeit schreiben, ohne einen Bestseller gelandet zu haben, spricht das dafür, dass Sie nicht massenwirksam schreiben können oder wollen. Ab einem bestimmten Zeitpunkt nimmt die Wahrscheinlichkeit eher ab, dass Sie tatsächlich noch groß rauskommen. Ihr Schreiben hat sich vermutlich festgefahren und die Lernkurve steigt nicht mehr.

11. Wie viele Stunden am Tag schreiben Sie im Durchschnitt?

Pro Stunde: 1 Punkt.

Erläuterung:
Ein Bestseller verkauft sich häufig auch deshalb so gut, weil er seinen Lesern ein so intensives Erlebnis beschert. Intensive Bücher aber entstehen in den meisten Fällen über einen intensiven Zeitraum. Hinzu kommt, dass ein Roman ein komplexes und vielschichtiges Gebilde ist, mit dem man sich als Autor am besten täglich Stunden befassen muss, um ihm gerecht zu werden. Je weniger man sich damit beschäftigt, desto wahrscheinlicher wird man dieser Komplexität nicht gerecht.
Ebenfalls spielen Erfahrung und Routine beim Schreiben eine große Rolle.

12. Erscheint Ihr Buch in einem Publikumsverlag als Spitzentitel?

Ja: 30 Punkte.
Nein: 0 Punkte.

Erläuterung:
Spitzentitel sind die Titel, denen der Verlag besonders hohe Chancen auf einen Verkaufserfolg einräumt. Entsprechend werden sie aktiver beworben, es wird mehr in die Vermarktung investiert, allgemein bemüht man sich im Verlag intensiver um sie. Ent-

sprechend höher sind die Chancen, dass ein solches Buch Aufmerksamkeit erzeugt – und etwa im Buchladen von mehr potenziellen Käufern in die Hand genommen wird.

13. Wie viele Testleser haben das Buch bislang gelesen und waren hellauf begeistert? Bitte ehrlich bleiben und Lob allein der Freundschaft willen abziehen!

Für den ersten begeisterten (!) Testleser 1 Punkt.
Für den zweiten 2 Punkte.
Für den dritten 3 Punkte usw.

Erläuterung:
Testleser sind Gradmesser. Gerade weil sie keine Profis sind, zeigen ihre Reaktionen vor allem die emotionale Kraft Ihres Romans. Und genau das braucht ein Bestseller: jede Menge starke Emotionen! Je mehr Testleser Sie mit dem Roman ehrlich begeistern konnten, desto größer ist die Wahrscheinlichkeit, dass das Buch auch Massen von Lesern anspricht. Daher steigt die zusätzliche Punktzahl mit jedem Leser an.

14. Haben Sie einen Agenten?

Ja: 10 Punkte.
Nein: 0 Punkte.

Erläuterung:
Agenten fungieren als Filter auf dem Weg in die Verlage. Sie arbeiten häufig unter der Maxime des vorauseilenden Gehorsams: Sie müssen antizipieren, ob ein Autor sich teuer verkaufen lässt. Häufig müssen sie auch die Verlagsprogramme antizipieren. Folglich sind sie tendenziell noch mehr auf Verkäuflichkeit aus als die Verlage selbst.
Wenn Sie mit Ihrem Roman einen Agenten überzeugt haben, bringt Sie das einen wichtigen Schritt weiter. Denn um in einen Publikumsverlag zu kommen, brauchen Sie fast zwangsläufig einen. Und in einem Publikumsverlag haben Sie eben immer noch die besten Chancen, einen Bestseller zu landen.

15. Von wie vielen Literaturagenten wurde das Manuskript bereits abgelehnt?

Für die erste Absage: –1 Punkt.
Für die zweite: –2 Punkte.
Für die dritte: –3 Punkte usw.

Erläuterung:
Wenn ein Agent Ihr Manuskript ablehnt, dann tut er das deshalb, weil er kein Verkaufspotenzial darin sieht. Das muss nicht an der Story an sich liegen, sondern

könnte auch bedeuten, dass Ihr Manuskript sehr viel Arbeit braucht, um richtig gut und vor allem richtig gut verkäuflich zu sein.
Eine Absage muss nicht viel bedeuten. Je mehr Agenten Ihnen jedoch absagen, desto unverkäuflicher scheint Ihr Roman zu sein. Daher auch hier wie schon bei den Testlesern eine progressive Zunahme der Bedeutung für jede weitere Absage.

16. Von wie vielen Verlagen wurde das Manuskript bereits abgelehnt?

Pro Absage: –3 Punkte.

Erläuterung:
Wenn ein Verlag Ihr Manuskript ablehnt, gibt es dafür mehr mögliche Gründe als bei der Absage durch eine Agentur. Der Wichtigste davon: Der Roman passt nicht in das Programm des Verlags. Daher bedeutet eine weitere Absage auch nicht dasselbe wie eine weitere Absage von einer Agentur. Die zunächst höhere Punktzahl ergibt sich hier dadurch, dass Sie nach der Absage von einem Verlag das Projekt dort endgültig verbrannt haben. Während Sie nach Absagen von Agenten immer noch an Verlage herantreten können.

17. Ist das Manuskript mindestens in der Rohfassung fertig?

Ja:	1 Punkt.
Nein:	–30 Punkte.

Erläuterung:
Den 1 Punkt bekommen Sie als kleine Respektbezeugung und weil ein fertiges Manuskript nun mal die erste wichtige Voraussetzung für den Verkauf des Manuskripts ist. Weil aber die meisten angefangenen Romane nicht zu Ende geschrieben werden, gibt es zunächst mal einen gewaltigen Punktabzug, wenn Sie Ihren Roman noch nicht fertig haben. Machen Sie den Test doch dann einfach ein zweites Mal. Womöglich haben Sie bis dahin auch einige andere der hier genannten Aspekte berücksichtigt.

18. Ist das Buch High Concept oder Low Concept (die Begriffe stammen aus der Welt der Drehbuchautoren)?

Das heißt, geht es darin um eher gewaltige, laute Dinge (wie den Weltuntergang oder eine spektakuläre Verbrechensserie) oder eher um Kleinformatiges, Zwischenmenschliches, eher Leises?

High Concept:	3 Punkte.
Low Concept:	–30 Punkte.

Erläuterung:
Ein Bestseller ist in den meisten Fällen High Concept. Gerade die richtig großen Bucherfolge sind fast immer großangelegte Geschichten: »*Die Tribute von Panem*«, »*Harry Potter*«, »*Der Herr der Ringe*«, »*Säulen der Erde*«, »*Das Parfum*«, »*Der Name der Rose*«, »*Das Schweigen der Lämmer*«, »*Der Da-Vinci-Code*«, »*Der Schwarm*« – allesamt Geschichten mit einem großen Spektrum, in denen es um eine Menge geht.
Ein Beispiel für eine kleinere Geschichte, die dennoch ein Weltbestseller wurde, ist der auch verfilmte Roman »*The Help*« (»*Gute Geister*«). Oder nehmen Sie »*Der Hundertjährige, der aus dem Fenster stieg und verschwand*« oder »*Die unwahrscheinliche Pilgerreise des Harold Fry*«.
Der Megaseller »*Shades of Grey*« ist nur eine kleine Liebesgeschichte. Die aber wurde über die Sadomaso-Thematik zu etwas Gewaltigem aufgeblasen – mehr von den Medien und Lesern als von der Autorin – und hat auf diesem Weg viele weitere Leser hinzugewonnen.
Auch mit einer kleineren Geschichte können Sie sehr erfolgreich sein, doch haben Sie es in jedem Fall weit schwerer damit. Diese muss schon durch etwas ganz Besonderes bestechen, und die Wahrscheinlichkeit spricht dagegen, dass ausgerechnet Ihr Roman dieses ganz Besondere hat. Sorry.

19. Können Sie das Buch spontan und jetzt sofort (!) in zwei Sätzen pitchen, das heißt, einen potenziellen Leser oder Lektor supergespannt darauf machen?

Kann ich, kein Problem: 10 Punkte.
Nein, so spontan und knapp geht das nicht: −20 Punkte.

Erläuterung:
Die besten großen Geschichten sind im Kern simpel. Wenn Sie Ihren Roman nicht pitchen können, ist Ihre Geschichte entweder nicht so simpel. Oder Sie haben den Kern schlicht selbst nicht erkannt. In beiden Fällen sind das keine guten Voraussetzungen. Entweder ist die Geschichte zu kompliziert, um ein Massenpublikum zu erreichen. Oder Sie sehen vor lauter Wald die Bäume nicht mehr und können daher auch nicht ordnend eingreifen und das Besondere herausstellen.
Bekommen Sie hingegen locker einen Pitch hin, spricht viel dafür, dass die Geschichte simpel genug ist und Sie zugleich ihren Kern erkannt haben. Was wiederum dafür spricht, dass Sie sie entsprechend fokussiert erzählen. Das nicht zu können, wiegt schwerer, als es zu können. Zumindest, wenn es um das Ziel »Bestseller« geht.

20. Können Sie in drei Sätzen spontan und sofort (!) sagen, was Ihr Buch einzigartig macht?

Kann ich, klar, und zwar: 10 Punkte.
Nein, so spontan und knapp geht das nicht: −30 Punkte.

Erläuterung:
Ein Bestseller ist selten ein Buch wie alle anderen. Etwas hebt es aus der Masse heraus, etwas macht den Unterschied. Nur wenn Sie das Besondere erkannt haben, können Sie es im Roman angemessen herausstellen und verstärken. Das spricht für Sie als Autor.

Wissen Sie hingegen nicht einmal selbst, was das Besondere an Ihrem Buch ist – wie soll es dann jemand erkennen, der mit dem Roman weit weniger am Hut hat als Sie (also alle anderen)?

Das nicht zu können, wiegt schwerer, als es zu können. Zumindest, wenn es um das Ziel Bestseller geht.

21. Haben Sie das Exposé verfasst, bevor Sie den Roman geschrieben haben?

Ja:	5 Punkte.
Nein:	−2 Punkte.

Erläuterung:
Falls Sie das Exposé vor dem Schreiben verfasst haben, spricht das für eine durchdachtere und funktionalere Struktur. Vermutlich fällt Ihnen auch das Pitchen leichter und auch, das Besondere an dem Roman zu benennen.

22. Falls Sie das Exposé nach dem Roman geschrieben haben – ist Ihnen das sehr schwergefallen?

Allerdings:	−20 Punkte.
Geht so:	−10 Punkte.
Nö, war easy:	10 Punkte.

Erläuterung:
Wenn es Ihnen sehr schwergefallen ist, ein Exposé (die Synopsis) zu schreiben, spricht das dafür, dass Sie, selbst nachdem Sie den Roman geschrieben haben, noch nicht wissen, worum es darin zentral geht. Wenn Sie »Geht so« gewählt haben, hatten Sie offenbar noch Probleme damit – was unter anderem für strukturelle Probleme im Roman spricht.

Beides sind schlechte Ausgangspunkte für einen Bestseller, daher auch der relativ hohe Punktabzug.

Ist Ihnen das Verfassen der Synopsis hingegen leichtgefallen, spricht das dafür, dass Sie den Kernplot Ihres Romans kennen und ihn strukturell beherrschen. Deshalb gibt es dafür sogar noch mehr Punkte als für das Verfassen eines Exposés vor dem Schreiben des Romans.

23. Enthält der Roman eine Liebesgeschichte? Hat diese tragische Momente?

Liebesgeschichte mit Tragik:	10 Punkte.
Keine Liebesgeschichte:	1 Punkt.
Liebesgeschichte ohne Tragik:	–5 Punkte.

Erläuterung:
Happy Endings sind nett, aber tragische Liebesgeschichten verkaufen sich meistens besser. In den meisten großen Liebesroman-Bestsellern von gestern bis heute finden die Liebenden nicht zueinander, nicht in »*Vom Winde verweht*«, nicht in »*Gut gegen Nordwind*«, nicht in »*Zwei an einem Tag*« und nicht einmal in »*Shades of Grey*« Romane, die ganz ohne Liebesgeschichte auskommen, haben es schwerer, zum Bestseller zu werden, dennoch ist das Fehlen einer Liebesgeschichte weniger tragisch als das Fehlen von, nun ja, Tragik. Weil es meist weniger besonders ist.

24. Haben Sie einen zentralen Protagonisten, der dem Leser auf Anhieb sympathisch ist?

Ja:	3 Punkte.
Ich habe eine Reihe von gleich wichtigen Protagonisten:	–5 Punkte.
Nein, er/sie ist vielschichtig und wird erst später sympathisch:	–10 Punkte.
Nein, mein Protagonist ist ein Antiheld / ein Schurke:	–30 Punkte.

Erläuterung:
Fast alle Bestseller schaffen eine direkte emotionale Bindung zwischen Leser und Protagonist. Denn erst sie sorgt dafür, dass die Leser eng beim Buch bleiben, ja, sich dafür begeistern und begeistert genug sind, es weiterzuempfehlen. Es gibt Ausnahmen, etwa, wenn Bücher thematisch interessant genug sind, auch ohne Charaktere mit hohem Identifizierungspotenzial – etwa Frank Schätzings »*Der Schwarm*«.

Noch seltener sind Ausnahmen, in denen der Protagonist nicht sympathisch ist, wie etwa bei Patrick Süskinds Roman »*Das Parfum*«.

Einen Helden, der als nicht sympathisch eingeführt wird, im Lauf des Buchs dem Leser sympathisch zu machen, ist handwerklich anspruchsvoll und aufwändig. Auch bei Romanfiguren übertrumpft der erste Eindruck alles, was danach kommt.

25. Durchläuft Ihr Protagonist alle Stufen zwischen himmelhochjauchzend und am Boden zerstört und ohne Hoffnung auf Besserung?

Nein, so extrem ist das bei meinem Roman nicht:	–5 Punkte.
Ja, er durchlebt Gutes und Schlechtes im Extrem:	5 Punkte.

Erläuterung:
Die meisten Bestseller zeichnen sich dadurch aus, dass sie den Leser nicht nur auf eine emotionale Berg- und Talfahrt schicken, sondern auf eine höllische Achterbahn. Je stärker Ihre Leser sich mit Ihrem Protagonisten identifizieren, desto eher werden sich die von Ihrem Romanhelden durchlebten Extreme auch auf Ihre Leser übertragen. Die meisten Bestseller zeichnen sich zudem dadurch aus, dass es darin stets um eine Menge geht. Denn wenn viel auf dem Spiel steht, kochen tendenziell die Gefühle am heißesten.

26. Hat Ihr Protagonist ein Ziel, das er um jeden Preis erreichen will? Würde er dafür auch Freunde vor den Kopf stoßen oder sogar gefährden?

Hat er und würde er:	10 Punkte.
Hat er, aber nicht zulasten seiner Freunde:	−2 Punkte.
Nein und nein:	−5 Punkte.

Erläuterung:
Ein starkes Ziel zieht den Protagonisten durch den Roman – und die Leser zieht es mit. Wie sehr der Charakter an der Zielerreichung tatsächlich interessiert ist, zeigt sich häufig und gerade in Extremsituationen, die auch moralisch grenzwertig sind. Viele Autoren schrecken vor diesen Grenzen zurück, aus Furcht, ihren Helden dadurch unsympathisch zu machen. Die Gefahr besteht, aber ohne großes Risiko gibt es eben auch bei Romanen keine Aussicht auf großen Erfolg. Ausnahme: Sie sind schon ein Bestseller. Wenn Sie hingegen noch auf Ihren ersten Bestseller warten, sollten Sie darüber nachdenken, ein Risiko einzugehen.

27. Bedeutet das Nicht-Erreichen des Ziels für Ihren Protagonisten einen oder mehrere dieser Tode: den tatsächlichen (er selbst oder ein geliebter Mensch verliert das Leben), den professionellen (er verliert zum Beispiel den Job), den psychologischen (er verliert zum Beispiel die große Liebe)?

Ja:	5 Punkte.
Nein:	−20 Punkte.

Erläuterung:
Diese Frage zielt darauf ab, was in Ihrem Roman und für den Protagonisten auf dem Spiel steht. Ein Buch, in dem nichts oder wenig auf dem Spiel steht, wird kein Bestseller. Es wird vermutlich nicht mal verlegt.

28. Wird Ihr Protagonist von etwas extrem Starkem angetrieben? Etwas, das ihn auch noch antreibt, wenn alles verloren scheint?

Ja: 5 Punkte.
Nein: −10 Punkte.

Erläuterung:
Ein starker Antrieb im Protagonisten ist vor allem aus zwei Gründen essenziell für einen erfolgreichen Roman.

Zum einen geht es um die Glaubwürdigkeit des Protagonisten. Nur jemand, der sehr, sehr gut motiviert ist, würde sich das antun, was die meisten Bestseller-Protagonisten durchmachen. Warum aufstehen und weiterkämpfen, wenn doch alles verloren scheint? Als Antrieb reicht da durchaus schon der unbedingte Wille zum Überleben.

Zum anderen zeigt ein starker Antrieb, was für eine starke und entschlossene Persönlichkeit der Held ist. Auch das ist entscheidend, damit der Leser mitfiebert und emotional bei der Sache – der Geschichte – ist und bei der Sache bleibt.

29. Ist Ihr Protagonist ein Mensch? Oder ein anderes Geschöpf, etwa ein Zwerg, ein Roboter, ein Alien?

Ein Mensch: 0 Punkte.
Etwas ganz anderes: −5 Punkte.

Erläuterung:
Auch bei dieser Frage geht es darum, wie leicht der Leser eine emotionale Verbindung zur Hauptfigur eingehen kann. Das fällt in der Regel umso leichter, je näher und ähnlicher der Charakter der eigenen Person ist.
Es funktioniert durchaus auch bei Vampiren, Werwölfen und zweidimensionalen Strichmännchen, aber es wird eben schwieriger, sprich: es gibt Punktabzug.

30. Aus wie vielen Perspektiven erzählen Sie die Geschichte?

Aus 1 bis 2 Perspektiven: 0 Punkte.
Aus 3 bis 5 Perspektiven: −5 Punkte.
Aus 6 oder mehr Perspektiven: − 30 Punkte.

Erläuterung:
Ein Roman, der mehrere Protagonisten hat, zwingt den Leser, seine Aufmerksamkeit und vor allem seine Gefühle auf mehrere Charaktere aufzuteilen. Hinzu kommt, dass der Leser bei mehreren Charakteren entsprechend weniger Zeit mit jedem einzelnen der Charaktere verbringen kann. Die Folge sind fast immer deutlich schwächere Emotionen auf Seiten des Lesers. Vor allem deshalb werden Viel-Protagonisten-Romane wie »Der Herr der Ringe« oder so manches von Stephen King erst dadurch

erfolgreich, dass sie ziemlich dick sind und damit dem Leser Zeit genug geben, sich auf jede einzelne der wichtigsten Figuren einzulassen.

31. Wie lang ist Ihr Roman ungefähr (in normalen Buchseiten, nicht in Normseiten)?

Weniger als 100:	−20 Punkte.
101 bis 199:	−5 Punkte.
200 bis 399:	0 Punkte.
400 bis 599:	−1 Punkt.
600 bis 800:	−3 Punkte.
Über 800:	−5 Punkte.

Erläuterung:
Weniger als hundert Seiten sind kein Roman. Die besten Chancen haben Sie mit einer Länge, an die die Mehrzahl der Leser gewöhnt ist. Natürlich können auch deutlich dickere Romane Bestseller werden, tatsächlich sind viele Bestseller sehr dick. Aber mit einem so dicken Buch wird ja bereits das Finden eines Verlags wesentlich schwieriger. Und wenn Sie dann einen Verlag gefunden haben, wird man dort häufig versuchen, Sie das Buch auf ein allgemeinverträglicheres Maß zusammenstreichen zu lassen.
Stephen Kings erste Romane waren noch keine Wälzer.

32. Ist der Roman der erste Band einer geplanten Reihe? Funktioniert er als eigenständiger Roman?

Ja, erster Band. Braucht die Folgebände:	−10 Punkte.
Nein, eigenständiger Roman:	0 Punkte.
Ja, erster Band. Kann man auch als eigenständiges Buch lesen:	2 Punkte.

Erläuterung:
Ein Verlag wird von einem noch unbekannten Autor nur in sehr seltenen Ausnahmefällen gleich eine ganze Buchreihe ordern. Bei einer Trilogie etwa verdreifacht sich das Risiko! Im Verlag will man zunächst sehen, ob der Autor überhaupt die Leser begeistern kann – mit einem in sich abgeschlossenen Buch.

In manchen Genres wie Krimi oder Fantasy bevorzugen die Leser und damit die Verlage Reihen (von Anfang an auf ein Ende angelegt, etwa eine Trilogie) oder sogar Serien (nicht von Anfang an auf ein bestimmtes Ende angelegt). Daher gibt es hierfür mehr Punkte als für den eigenständigen Roman.

33. Ist der Roman ein Kinder- oder Jugendbuch?

Ja: −10 Punkte.
Nein: 0 Punkte.

Erläuterung:
Das potenzielle Publikum für Kinder- und Jugendliteratur ist deutlich kleiner als das für Erwachsenenliteratur. Ein Bestseller nach unserer Definition, also einer, der auf der Spiegel-Bestsellerliste für Hardcover oder Taschenbuch landet, wird einem Kinder- und Jugendbuch entsprechend schwererfallen.

34. Wie gut sind Sie in der Buchbranche vernetzt? Kennen Sie viele andere Autoren und Verlagsmenschen?

Sehr gut vernetzt: 5 Punkte.
Einigermaßen vernetzt: 1 Punkt.
Gar nicht vernetzt: −5 Punkte.

Erläuterung:
Je besser Sie vernetzt sind, desto größer ist die Wahrscheinlichkeit, dass man auch in einem Verlag auf Sie und Ihr Buch aufmerksam wird.

35. Sind Sie ein guter Vermarkter der eigenen Person?

Unbedingt: 5 Punkte.
Geht so: 1 Punkt.
Nein: −5 Punkte.

Erläuterung:
Ein Bucherfolg wird nicht nur vom Buch gemacht, sondern auch von der Vermarktung, die das Buch in den Fokus der Öffentlichkeit und damit von potenziellen Lesern rückt. Wenn Sie es verstehen, auf sich aufmerksam zu machen, wird es Ihnen leichter fallen, auch für Ihr Buch zu trommeln.

36. Haben Sie gute Kontakte zu den Medien?

Nein: −5 Punkte.
Presse oder Radio oder Web: 2 Punkte.
Fernsehen: 5 Punkte.

Erläuterung:
Medienkontakte können Ihrem Buch Aufmerksamkeit verschaffen. Oft funktioniert das mit dem Schneeballprinzip. Jeder Medienkontakt ist ein solcher Schneeball, den

Sie den Rang hinunterrollen in der Hoffnung, es möge sich mehr und mehr Schnee darum herumpacken. Das Fernsehen erreicht mit einer einzigen Sendung immer noch die meisten Menschen. Zwar können es im Internet potenziell mehr sein, aber dort ist die Aufmerksamkeit noch weit stärker zersplittert als im Fernsehen mit seinen (lediglich) Hunderten von Kanälen.

37. Wie viele Follower haben Sie bei Twitter?

Ich bin nicht bei Twitter:	−2 Punkte.
Weniger als 1.000:	0 Punkte.
Zwischen 1.000 und 5.000:	1 Punkt.
Mehr als 5.000:	2 Punkte.

Erläuterung:
Vernetzung in den sozialen Medien kann ebenfalls eine Lawine lostreten. Sehr wahrscheinlich aber ist das nicht, wenn es um Romane geht, weswegen ich hier nur wenige Punkte vergebe.

38. Wie viele »Gefällt mir« hat Ihre Seite bei Facebook?

Ich bin nicht bei Facebook:	−5 Punkte.
Ich habe nur ein Profil, aber keine Seite:	−3 Punkte.
Weniger als 100:	−2 Punkte.
Zwischen 100 und 500:	1 Punkt.
Mehr als 500:	4 Punkte.

Erläuterung:
Siehe Twitter. Wichtig bei Facebook ist eine echte Anlaufstelle für Ihre Fans, eben eine Seite, die man mit »Gefällt mir« markieren kann.

39. Sind Sie (außerdem oder nur) bei anderen sozialen Netzwerken aktiv?

Nein:	0 Punkte.
Ja:	1 Punkt.

Erläuterung:
Andere soziale Netzwerke als Facebook und Twitter spielen für die Buchvermarktung derzeit keine große Rolle.
Ergänzen Sie einfach das Netzwerk Ihrer Wahl, etwa Lovelybooks oder Goodreads, falls Sie dort viele Kontakte haben, und geben Sie sich ein paar Punkte. Einen bedeutsamen Unterschied macht es vermutlich nicht.

40. Was tun Sie dafür, einen Bestseller zu landen?

Alles, was dazu nötig ist. Das ist mein Lebensziel:	-10 Punkte.
Viel. Ich bin auch zu Kompromissen bereit, etwa bei der Wahl meiner Themen oder des Genres:	2 Punkte.
Ein Bestseller ist mir gar nicht so wichtig. Ich würde gerne die Romane schreiben können, die ich schreiben will. Und einigermaßen davon leben:	4 Punkte.
Ich will einfach nur schreiben und habe den Test bloß zum Spaß gemacht:	0 Punkte.

Erläuterung:
Gehen Sie nicht zu verbissen an die Sache heran. Bestseller lassen sich nicht mit Gewalt herbeischreiben. Im Gegenteil. Wenn Sie zu sehr auf den Verkaufserfolg fixiert sind, vernachlässigen Sie die Qualität Ihres Buchs.

Kompromisse einzugehen, mag eine gute Idee sein. Ich halte es für eine noch bessere Idee, einfach das zu schreiben, was Sie schreiben wollen. Wenn Sie Glück haben, ist das ein Bestsellerstoff. In jedem Fall werden Sie authentische Bücher schreiben. Und darauf kommt es den Lesern an.

Fazit
(Bitte nur als sehr grobe Richtungsangabe betrachten. Die eigentliche Bewertung Ihrer Antworten finden Sie in den einzelnen Erläuterungen.)

1.000 Punkte und mehr.
Hallo Herr Schätzing, Hallo Herr Fitzek, Hallo Herr Kehlmann, ich fühle mich geehrt, dass Sie hier vorbeischauen.

250 bis 999 Punkte.
Ihre Chancen auf einen Bestseller stehen nicht schlecht. Vermutlich haben Sie bereits einige Bücher in großen Verlagen publiziert, vielleicht war auch schon ein Bestseller dabei. Was Sie brauchen, ist die Entschlossenheit und die Disziplin, Ihr aktuelles Manuskript zu etwas Besonderem zu machen. Vor allem aber brauchen Sie Glück, dann kann auch dieses Buch ein Bestseller werden.

100 bis 249 Punkte.
Sie publizieren bereits in Verlagen, der große Wurf ist Ihnen noch nicht gelungen. Macht aber fast nichts. Wenn Sie Ihren Weg weitergehen, werden Sie Erfolg haben. Ob Ihr aktuelles Projekt ein Bestseller wird? Mit viel Glück schon. Aber wenn nicht mit diesem Buch, dann vielleicht mit dem nächsten oder übernächsten.

30 bis 99 Punkte.
Sie machen vieles richtig. Auf einen Bestseller sollten Sie jedoch nicht fixiert sein. Wahrscheinlich gibt es ein paar Zwischenstufen auf der Erfolgsleiter – großer Buchverlag, ordentliche Verkaufszahlen, gute Kritiken, mehrere Buchverträge –, an die Sie als Nächstes denken sollten.

0 bis 29 Punkte.
Vom Bestseller sind Sie noch ein großes Stück entfernt. Das ein oder andere machen Sie schon richtig, um als Autor weiter voranzukommen. Es gibt allerdings so manche Lücken, die Sie zuerst schließen sollten. Setzen Sie sich nicht zu sehr unter Druck und denken Sie nicht an die Verkaufszahlen. Versuchen Sie einfach, den besten Roman zu schreiben, den Sie schreiben können. Bleiben Sie wach, vernetzen Sie sich in der Branche, vermarkten Sie sich besser und bilden Sie sich kontinuierlich weiter.

Weniger als 0 Punkte.
Eins nach dem anderen. Sie stehen als Autor noch am Anfang. Da schon an einen Bestseller zu denken, wäre, als würde ein Viertliga-Fußballclub an den Gewinn der Meisterschale in der Bundesliga denken. Konzentrieren Sie sich aufs Schreiben. Üben Sie und eignen Sie sich das Handwerk an. Peilen Sie erreichbare Ziele an: Einen guten Roman zu Ende schreiben. Bei einem kleineren Verlag unterkommen. Einen Agenten finden.
Und freuen Sie sich über jeden kleinen Schritt, den Sie weiterkommen. Schreiben soll vor allem eins: Spaß machen.

Diskutieren Sie, was einen Bestseller ausmacht!

Der Test hat Ihnen gefallen? Oder gerade nicht? Sie sind mit den Punktewertungen und den Gewichtungen nicht einverstanden? Was hätten Sie warum anders gemacht?
Sprechen Sie mit Kollegen und Freunden darüber, vielleicht in Ihrer Autorengruppe. Finden Sie die für Sie persönlich entscheidenden Gründe, warum ein Buch ein Bestseller wird.

Als Diskussionsgrundlage können Sie sich unter folgendem Link den Test (ohne Auswertung) als PDF herunterladen oder ausdrucken. Weitergeben ausdrücklich gestattet:
www.waldscheidt.de/bestsellertest_brs.pdf

Oben ging es um Ihr Buch. Doch was ist mit Ihnen als Mensch? Haben Sie das Zeug zum erfolgreichen Autor? Im nächsten Kapitel finden Sie einige Denkanstöße dazu.

Haben Sie das Zeug zum erfolgreichen Autor?
Was Sie brauchen, um verdammt gute Romane zu schreiben

So manche romantische Vorstellung rankt sich um die Person des Romanciers – was bereits der heute etwas angestaubte, ja, romantisierende Begriff *Romancier* zeigt. Wie muss man sein, um einen Roman schreiben zu können? Braucht man ganz bestimmte Persönlichkeitsmerkmale? Oder kann jeder einen Roman schreiben, wenn er nur genug zusammenhängende Wörter in die Tasten klopft?

Haben Sie das Zeug dazu?

Er wusste, lässt Martin Amis den Protagonisten seines Romans »*The Pregnant Widow*« (Random House 2010 / eigene Übersetzung) denken, *er wusste, er könnte nie ein Romanschriftsteller werden. Um ein Romanschriftsteller zu werden, musstest du die stille Präsenz bei der Zusammenkunft sein, der, an dem nichts unbemerkt vorübergeht. Und er war nicht diese Art von Beobachter, nicht diese Sorte Ich. Er durchschaute Situationen nicht; er interpretierte sie stets falsch.*

Sind Sie ein Beobachter, dem nichts entgeht? Der Situationen lesen kann wie ein Buch? Sind Sie in jeder geselligen Runde diejenige, die abseitssteht und das Geschehen über den Rand ihres Glases mit stillem Wasser verfolgt, die jede Begebenheit daraufhin abklopft, ob man sie nicht so oder ein wenig anders in ihrem Roman verwenden könnte?
Nein?
Das ist, glaube ich, kein Grund, warum Sie nicht einen wunderbaren Roman schreiben sollten. Vielleicht sind die oben beschriebenen Eigenschaften wichtig für einen, der Gesellschaftsromane schreibt oder in dessen Texten es vor allem um die komplexen Beziehungen und Verhaltensmuster innerhalb von Gruppen geht.
Womöglich sind Sie eine aufmerksame Zuhörerin, vielleicht empfindsam für die Gefühlsregungen Ihres Gegenübers. Oder für die eigenen. Mag sein, Sie gleichen eine exakte Beobachtungsgabe mit einem guten Gedächtnis aus.
Ich bezweifle, dass es das *eine* Muster gibt, wie eine gute Schriftstellerin, ein guter Autor auszusehen haben. So wenig, wie es die eine Formel für den perfekten Roman gibt.
Doch wie beim Roman haben sich auch beim Autor bestimmte Eigenschaften bewährt. Vorsichtiger ausgedrückt: Bestimmte Eigenschaften machen es wahrscheinlicher, dass die Geschichte beim Leser ankommt. Für Sie als Autor heißt das: Manche Eigenschaften erleichtern es Ihnen, einen guten Roman zu schreiben.

Die wichtigsten sind meiner Meinung nach:
* Einfühlungsvermögen
* Ideenreichtum
* Lernbereitschaft
* Disziplin

* Durchhaltevermögen
* Leidenschaft

Risikobereitschaft hilft, ebenso ein geordnetes Privatleben. Sie sollten kein Problem damit haben, viel allein zu sein. Und wie immer hilft Humor.

Einfühlungsvermögen brauchen Sie, um lebendig wirkende Charaktere zu entwickeln und handeln und sprechen und vor allem fühlen zu lassen.

Ideenreichtum brauchen Sie, weil ein Roman aus 100.000 Wörtern besteht und jedes Wort eine neue Idee ist. Weil Sie oft auf Schwierigkeiten etwa im Plot stoßen werden, die Sie schnell und überzeugend umgehen müssen. Weil Agenten und Verlage und die Anforderungen der Überarbeitung immer wieder neue Ideen, Problemlösungen und Flexibilität von Ihnen verlangen. Und das oft in sehr kurzer Zeit.

Lernbereitschaft brauchen Sie, weil Sie handwerklich immer besser werden sollten – und das unbedingte Bedürfnis danach verspüren. Lernbereitschaft ist auch wichtig, damit Sie sich mit Freude in immer neue Recherchen zu immer anderen Themen stürzen. Wenn dazu eine Offenheit für neue Eindrücke und Erfahrungen kommt, umso besser.

Disziplin brauchen Sie, um die verdammten hunderttausend Wörter tatsächlich zu tippen. In einer nach menschlichen Maßstäben, nicht nach geologischen Zeitaltern messbaren Spanne. Disziplin brauchen Sie insbesondere dann, wenn Abgabetermine drohen.

Durchhaltevermögen brauchen Sie, weil der Buchmarkt und die Karriere nichts für Weichlinge ist, Rückschläge, Ablehnungen, unfaire Kritik sind unvermeidbar – und häufig. Viel häufiger, als Sie in ihren schlimmsten Alpträumen befürchten. Sorry, aber so ist es.

Es ist von Vorteil, wenn zum Durchhaltevermögen die Fähigkeit kommt, sich selbst zu motivieren. Denn die meiste Zeit werden Sie der Einzige sein, der das tut. Wenn Sie Befriedigung nicht im Schreiben selber finden, sondern auf für jeden sichtbare Erfolge und Lob von außen angewiesen sind, werden Sie es schwer haben.

Von allen Eigenschaften ist Leidenschaft vielleicht die wichtigste: Leidenschaft für Ihre Stoffe, für die Menschen und Geschichten, denen Sie Leben einhauchen. Leidenschaft für Ihre Arbeit als Autorin oder Schriftsteller. Doch bedenken Sie: Damit Ihre Leidenschaft sich auch dem Leser mitteilt, müssen Sie Ihr Handwerk beherrschen.

Risikobereitschaft ist dann nützlich, wenn Sie mehr anstreben, als bloß irgendwie und irgendwo veröffentlicht zu werden. Um einen Bestseller zu landen, braucht es in vielen Fällen eine riskante Wahl etwa von Thema oder Form.

Schreiben fällt leichter, wenn Sie nicht von einer Baustelle in ihrem Leben zur nächsten springen. Gerade die Beschäftigung mit längeren Texten erfordert einen klaren Kopf, der sich auch mal frei von Alltagssorgen machen kann. Eine Partnerschaft, die Einbindung in einen verlässlichen Freundeskreis schaffen Ruhe und helfen über die unvermeidlichen Krisen hinweg.

Wer nicht gerne alleine ist, der sollte kein Autor werden. Das heißt nicht, dass Sie ein Eremit sein sollten, im Gegenteil: Sie wollen über Menschen schreiben, und das können Sie am besten, wenn Sie viel mit anderen Menschen zusammen sind. Aber das häufige Alleinsein mit sich und dem Text gehört unvermeidlich dazu. Wenn Sie darunter leiden, werden Sie ein sehr unglücklicher Autor.

Womöglich bedingt häufiges Alleinsein eine Überbewertung des eigenen Egos. Dieser Gefahr sollten Sie gegensteuern. Als Autor müssen Sie Ihr Ego hinter die Geschichte zurückstellen können. Zwar haben auch Egomanen gute Romane geschrieben. Aber wer die Geschichte wichtiger nimmt als sich selbst, schreibt fast automatisch besser.

Humor wird Ihnen helfen, wenn Sie nicht, siehe Durchhaltevermögen, an sich, dem Buchmarkt und der Welt verzweifeln wollen.

Die gute Nachricht zum Schluss: All diese Eigenschaften haben auch Sie. Mal mehr, mal weniger ausgeprägt. Aber alles ist da. Finden Sie heraus, wo Sie Defizite haben und entwickeln Sie diese Eigenschaften. Und pflegen Sie die anderen.

Sie sind Ihre Schätze. Sie sind Ihre Zukunft als Autor.

[Danke, Sabine, für den Kommentar im Blog und den Punkt »Freude am und Bedürfnis nach Alleinsein«.]

Das war's, das Buch ist zu Ende. Ich hoffe, Sie haben viel Anregendes für Ihre eigenen Romane entdeckt, ich hoffe, Sie wurden inspiriert, Sie wurden motiviert.

Wenn Ihnen das Buch gefallen hat, empfehlen Sie es doch einem Ihrer Kollegen von der schreibenden Zunft. Auch über eine Besprechung, zum Beispiel auf amazon.de, freue ich mich.

Wenn Ihnen das Buch gefallen hat: Es gibt Nachschub: »Schneller Bestseller – Bessere! Romane! Schreiben! 3« bringt Sie noch ein Stück näher an die Verwirklichung Ihres Traums als erfolgreicher Autor. Ich freue mich, wenn Sie auch diesem Buch eine Chance geben.

Noch mehr freue ich mich auf einen wundervollen Roman.

Los, schreiben Sie ihn.

Sie können das.
Alles Gute und viel Erfolg!
Ihr
Stephan Waldscheidt

Dank

An die Verlage, die mir die Rezensionsexemplare schickten. An Beate fürs Korrekturlesen und all die anderen Fehlerspürhunde da draußen. An die Leser meines Blogs schriftzeit.de fürs Lesen und Kommentieren. An die Leser meiner Schreibratgeber in E-Book-Form, die mir den Mut gemacht haben, auch die gedruckte Version anzugehen. An all die wunderbaren Autorinnen und Autoren, die mich mit Ihren Romanen verzaubern.

Über Stephan Waldscheidt

Freier Schriftsteller. Geboren und aufgewachsen im Saarland. Studierter Konsumentenforscher. Passionierter Kaffeetrinker, Kuchenbäcker, Wanderer. Wohn- und lebhaft zwischen Schwarzwald und Elsass.

Mit »*Schreib den verd... Roman. Die simple Kunst, einen Bestseller zu verfassen*« schrieb er eine Satire auf Schreibratgeber. Das Buch ist unter Autoren längst ein Klassiker. Viele seiner Kurzgeschichten wurden ausgezeichnet, unter anderem mit dem Literaturpreis der Marktgemeinde Hard in Österreich und dem erostepost-Literaturpreis des Literaturhauses Salzburg.

Sein Roman (als Paul Mesa), »*Die kleine Göttin der Fruchtbarkeit*«, wurde bei Kindler (Rowohlt) als Spitzentitel veröffentlicht und ist 2013 auch in Frankreich und Italien erschienen.
Ab Oktober 2016 tritt er in einer neuen Inkarnation an: Als John Alba startet er eine Buchreihe phantastischer Thriller mit »Zwinger«: Besuchen Sie ihn auf johnalba.de.

Neben der Arbeit an Artikel zum Schreiben und an Schreibratgebern berät er Autoren beim Plotten und Schreiben von Romanen und gibt auf Anfrage auch Workshops zum Schreiben und Veröffentlichen.

Mehr Informationen über den Autor und seine Arbeit finden Sie auf:
schriftzeit.de | johnalba.de

Sozial vernetzen können Sie sich mit Stephan Waldscheidt auf
facebook.com/Waldscheidt | twitter.com/schriftzeit

Folgen Sie John Alba und vernetzen Sie sich mit ihm unter
facebook.com/AlbaPhantastik | twitter.com/AlbaPhantastik

Weitere Schreibratgeber der Reihe finden Sie auf:
schriftzeit.de/rat

HIDDEN TRACK
Keine Romanfiguren, bitte!
Ein paar Fragen, um die Charaktere Ihres Romans kennen zu lernen

Name: _____
Geschlecht & Alter: _____
Beruf & Hobbys: _____
Besondere Fähigkeit: _____
Familienstand & Kinder: _____
Aussehen (nur markante Details): _____
_____

(*Um den Charakter auch während des Schreibens zu visualisieren, suchen Sie sich Fotos aus Zeitschrift, einem Katalog oder dem Web. Ich empfehle, auch Fotos zu suchen, die bestimmte Emotionen ausdrücken, die Ihr Charakter hat.*)

Mit welchem Wort oder kurzen Satz würde der beste Freund / die beste Freundin den Charakter beschreiben? _____
_____

Mit welchem Wort oder kurzen Satz würde der ärgste Feind den Charakter beschreiben? _____
_____

Welche Leidenschaft hat der Charakter? Worauf würde er auf keinen Fall verzichten wollen? _____
_____

Welche Eigenschaft hasst der Charakter an sich am meisten? Welche schätzt er am meisten? _____
_____

Worüber regt sich der Charakter immer wieder auf – und zwar gewaltig? _____
_____
_____

In welcher Umgebung ist der Charakter aufgewachsen? Was will er von damals unbedingt vergessen? Was unbedingt wiederhaben? _____
_____

Was würde der Charakter an seinem Leben zu Beginn des Romans am liebsten verändern? Was hält ihn davon ab? _____

Wo hat der Charakter einen blinden Fleck? Welche negative Eigenschaft an sich sieht er nicht? _____

Welchem Menschen vertraut der Charakter bedingungslos? Warum? _____

Welches tief in ihm verborgene Geheimnis würde der Charakter niemals jemandem verraten? _____

Wovor hat der Charakter panische Angst? Oder eine Phobie? _____

Welche Erinnerung lässt ihn nicht los, nicht nach all den Jahren? Warum nicht? _____

Was würde der Charakter (von Verbrechen abgesehen) niemals tun, unter keinen Umständen? _____

Was war der beschämendste Moment im Leben des Charakters? _____

Was ist die Einstellung des Charakters ...

... zur Liebe: _____

... zu Menschen allgemein: _____

... zu Gott & Religion: _____

... zum Tod: _____

Wenn Ihr Charakter ein Tier wäre, welches Tier wäre er? _____

Wenn Ihr Charakter König in seinem Land wäre, was würde er als erstes ändern? _____

Im Schlafzimmer des Charakters ist eine große Spinne / ein Einbrecher / ein Alien. Wie verhält er sich jeweils? _____

Was vermisst der Charakter in seinem Sexleben? Wie wichtig ist Sex für ihn? _____

Wie redet er? Wie klingt seine Stimme? _____

HIDDEN TRACKS
Schwangere rauchen nicht, nicht mal beim Weltuntergang
Was Sie von Monstern mit Reißverschluss lernen können

Als Autoren haben wir den Vorteil, dass wir unsere Zeit selbst dann sinnvoll verwenden, wenn andere sie verschwendet sähen: beim Lesen missratener Bücher und Ansehen schauderhafter Filme. Je schlechter das Werk, desto mehr lässt sich lernen. Mehr lernen lässt sich nur an guten Bücher oder Filmen. Und es macht mehr Spaß. Grundsätzlich kann man sagen: Je weiter ein Werk von einer angestrebten Ideallinie abweicht, desto eher fallen Abweichungen auf.

Vor einer Weile habe ich mir im Kino den Science-Fiction-Streifen »*Skyline*« angesehen (USA 2010; Regie: Greg Strause, Colin Strause; Drehbuch: Joshua Cordes, Liam O'Donnell). Sie wissen schon, eine dieser Nicht-ganz-billig-Produktionen, die aber ohne Stars auskommen müssen, ein Film, der vor allem auf den DVD-Markt zielt. Im Trailer gab es ein paar gelungene Aliens, und da ich Aliens mag, je größer und widerlicher, desto besser, bin ich ins Kino. Ich habe damit gerechnet, dass der Film schlecht sein würde. Die Aliens immerhin sind so, wie man sich Invasoren aus dem All vorstellt: groß, gnadenlos, gefräßig, ein bisschen schleimig und großzügig mit Augen und Tentakeln ausgestattet. Und dank Digitaltechnik sieht man nicht mal den Reißverschluss im Monster-Anzug.

Klischees

Der Film beginnt mit zwei Menschen im Bett. Sie erwachen von einem Licht draußen. Das Licht ist blau. Die Frau steht auf. Sie geht aber nicht, wie zu erwarten wäre, zum Fenster (Monika Musterfrau: »He, mitten in der Nacht und ein intensives blaues Licht über ganz Los Angeles, das muss ich mir ansehen.«), nein, diese junge Frau geht schnurstracks ins Bad. Wo sie sich übergibt.

Der Anfang mit Menschen im Bett ist ein Klischee, vor allem, wenn sie gerade aufwachen. Das soll die heile Welt symbolisieren und die unausweichliche Überraschung noch überraschender machen, diese Störung des Alltags, die die Geschichte in Fahrt bringt. In diesem Fall war die Überraschung das blaue Licht aus dem Himmel.

Dass die Frau sich übergibt, ist das nächste Klischee. Sofort wusste ich: Sie ist schwanger. Wenn nüchterne Frauen im gebärfähigen Alter sich im Kino übergeben, sind sie grundsätzlich schwanger. Vermutlich gibt es da eine Verordnung, die das den Drehbuchautoren vorschreibt.

Dass weder Elaine noch ihr Freund gleich ans Fenster gehen und durchs Rollo linsen, macht den Film zu Beginn schon so unglaubwürdig, dass man den wenig sehenswerten Rest bereits ahnt.

Nach dieser zweiminütigen Szene hätte man das Kino verlassen können. Bei Romanen kann man ähnlich schnell erkennen, was man im Weiteren von ihnen zu erwarten hat. Kein Lektor hätte nach dieser Anfangssequenz das Manuskript weitergelesen. Wieso dennoch immer wieder aus Skripts dieser Qualität Filme gemacht werden, die Millionen kosten, ist eins der Rätsel, die einem wohl nur ein Mann aus Hollywood erklären kann.

Wie geht es in »*Skyline*« weiter? Elaines Freund Jarrod hört aus dem Nebenzimmer einen Schrei, rennt hinüber und findet eine aufgelöste junge Dame, Denise, und ein offenes Fenster. Das blaue Licht draußen zieht Jarrod an. Er geht zum Licht, wobei sein Gesicht unschöne Krampfadern entwickelt. Stop.

Rückblenden

Hier begeht der Filmemacher den nächsten Fehler: Er blendet zurück. Vierzehn Stunden zuvor landen Jarrod und Elaine in Los Angeles, wo sie zum Geburtstag von Jarrods Freund Terry eingeladen sind, ein stinkreicher Freund, in dessen Luxusapartment ein großer Teil des Films spielt (Budgetbeschränkung, ick hör dir trapsen). Offenbar wissen Regisseur und Produzent um die Qualität ihres Films. Denn sie vertrauen ihrer Geschichte nicht. Statt sie chronologisch aufzubauen, beginnen sie mit der ersten Action-Sequenz. Sie wollen die Zuschauer schnell an die Angel haken. Sie vermuten (und vermutlich vermuten sie richtig), dass der typische Zuschauer eines solchen Films nicht wegen der lästigen Backstory gekommen ist, sondern eins und nur eins will: Action.
Verzichten Sie als Romanautor auf solche Mätzchen.
Erstens reißen Sie damit den Leser, der es sich gerade in Ihrer Geschichte gemütlich gemacht hat, gleich wieder aus dem Sessel.
Und zweitens haben Sie – und Ihre Geschichte – solche billigen Tricks nun wirklich nicht nötig

Die emotionale Verbindung zum Zuschauer

Ich weiß nicht, wem es zu verdanken ist, dass man bei »*Skyline*« an dieser Stelle überhaupt eine Rückblende eingeschoben hat. Wer auch immer es war, hat vermutlich irgendwo gelesen, dass Leser oder Zuschauer erst eine emotionale Verbindung zu den Charakteren aufbauen sollten. Denn erst dann fiebern sie richtig mit ihnen mit.

Leider wird die emotionale Verbindung trotz dieses Kunstgriffs nicht geschaffen. Das verhindert das Drehbuch aus Plattheiten und Dialogen, das wie aus anderen (schlechten) Filmen zusammengeschnitten wirkt.
Ein Kritiker von indieWIRE, Drew Taylor, schreibt, das Skript verfüge weder über die erzählerische Qualität noch über die grundlegenden Erzähltechniken, um mit diesem grellen Chaos oder den banalen menschlichen Dramen in irgendeiner Weise zu fesseln. Er sagt das auch deutlicher: »*Skyline ist ein Langweiler und ein hirnerwei-*

chender Dreck.« Megan Lehman von *The Hollywood Reporter* beklagt das *»verblüffend dumme«* Drehbuch.

Das sind Attribute, die Sie Ihrem Roman nicht anhängen lassen wollen.

Handwerkszeug

Mit Joshua Cordes und Liam O'Donnell haben zwei Profis aus Hollywood das Skript verbrochen. Beide haben zwar bei vielen Filmen mitgewirkt, aber noch nie als Drehbuchautoren. Das merkt man. Wer weiß, wie ein Spezialeffekt funktioniert, weiß noch nicht automatisch, wie eine gute Geschichte funktioniert.

Für Sie stellt sich die Frage: Bin ich handwerklich schon so weit, mich an einen Roman zu wagen? Die sollten Sie ehrlich beantworten, auch mit Hilfe von Testlesern oder sogar Profis, und lieber noch weiterlernen – und viel, viel schreiben.

Dialoge

Aber wir wollen wissen, wieso die Dialoge von »Skyline« so wehtun. Unter anderem, weil sie auf jedes Detail verzichten:

»*Das ist Wahnsinn.*«
»*Ich bleibe nicht hier, wenn diese Dinger da draußen sind.*«
»*Wir sollten auf Hilfe warten.*«
So oder ähnlich laufen die Dialoge ab – und weder mit echtem Bezug zu dem Chaos, das die Außerirdischen draußen entfesseln, noch zum Innenleben der Personen. Die Dialoge entlarven die Leere der Geschichte und die Flachheit der Charaktere, die man hier besser schlicht Figuren nennen sollte, denn mehr als Figuren an den Fäden des Regisseurs sind sie nicht – und auch wenn man keine Reißverschlüsse mehr sieht, die Marionettenfäden des Regisseurs bemerkt man in jeder Einstellung.

Noch einmal: Klischees

Ein weiterer Grund für die misslungenen Dialoge: Außer Schreien – vor Angst oder vor Schmerzen – entfahren den Figuren ausschließlich Klischees.

Warum sind Klischees schädlich? Weil Film oder Roman einen Nachteil wettmachen müssen, den sie gegenüber dem Leben haben: Sie erzählen bloß Erfundenes. Damit das weniger auffällt, bedient sich ein Autor eines Kniffs: Er versucht, sein Werk lebendiger werden zu lassen als das Leben selbst. Das erreicht er über Spezifika (*Hainbuche* statt *Baum*) und möglichst konkrete Details (*eine zu dunkel gebackene Limonentorte mit dem Schriftzug 40 in Zuckerguss* statt *Geburtstagstorte*). Die Kunst besteht darin, zu erkennen, wann ein Spezifikum oder ein konkretes Detail notwendig und effektvoller ist als die allgemeine Bezeichnung.

Klischees leicht abzuwandeln, frischt manchen altbackenen Ausdruck wieder auf. Dann und wann aber scheitert diese Abwandlung und wirkt wie der klägliche Versuch, ein steinhartes Brötchen durch fünf Minuten auf dem Toaster wieder knusprig zu kriegen.

Ein Beispiel: In Skyline brüllt der Hausverwalter, Oliver, bevor er das Alien in die Luft jagt, einen vertraut klingenden Satz: »Vaya con Dios, du [*hier beliebige Beleidigung einsetzen*]!«

Na, hasta la vista, Baby, irgendjemand?

Offenkundige Fehler

Bleiben wir bei dieser Szene, in der einer der außerirdischen Tentakelschwinger dran glauben muss. Oliver plant, das Biest in eine Falle zu locken. Er weiß, er hat keine Chance mehr, und will wenigstens noch einen der vielen Feinde mit ins Grab nehmen.

Auch das ein Klischee, tausend Mal gesehen. Der Held wird zum Märtyrer. Das kann eine sehr berührende Szene geben, aber eben nur dann, wenn dieses Opfer aus dem Charakter heraus kommt und sich dem Zuschauer oder Leser glaubhaft vermittelt. Diesem Helden nimmt der Zuschauer nichts ab.

Um seinen Opfertod zu inszenieren, dreht Oliver die Gasbrenner des Kochfelds auf und wartet mit gezücktem Feuerzeug, dass das Alien durch die Fensterfront in die Küche bricht. Das Alien kommt, die Fenster zersplittern – doch das Feuerzeug funktioniert nicht. (Der einzige halbwegs gelungene Witz dieses Films.) Nach einigem Geplänkel versucht es Oliver noch einmal mit dem Feuerzeug.

Wobei wir bei der nächsten Gelegenheit wären, einen Film oder einen Roman zu vernichten: mit offenkundigen Fehlern. Selbst wenn man glauben möchte, dass die weite, offene Wohnküche sich in kurzer Zeit ausreichend mit Gas gefüllt hat – nachdem der Außerirdische die komplette Glasfront zerstört hat, hatte das Gas reichlich Zeit und Raum, wieder zu entweichen. Egal, es explodiert trotzdem alles, einschließlich Feuerzeug, Alien und Oliver.

Was umso erstaunlicher ist, da der belastbare Oliver doch kurz zuvor die Explosion einer Atombombe, die die Air Force ins nur wenige Kilometer entfernte Alien-Raumschiff geschossen hat, mit ansehen musste, eine Explosion, die keinerlei nachteilige Folgen für Olivers Augen oder seine Gesundheit nach sich zog, eine echte Pferdenatur, der Mann.

Solche massiven Fehler kosten den Autor seine Glaubwürdigkeit. Sie reißen den Leser aus dem fiktionalen Traum, und er sagt sich: Wenn dem Autor ein solch offenkundiger Patzer unterlaufen ist, wird es nicht der einzige sein und bleiben.

Die Folge: Für viele Leser oder Zuschauer ist der Film oder der Roman an dieser Stelle zu Ende. Selbst wenn sie ihn noch weiterlesen, weiteranschauen, werden sie das aus der Distanz tun. Der fiktionale Traum ist für sie ausgeträumt.

Für Sie heißt das: Lieber ein bisschen mehr recherchieren als nachher zum Gespött der Leser zu werden. Verlage mögen schlecht recherchierte Bücher übrigens auch nicht. In vielem muss sich die Lektorin darauf verlassen, dass ihr Autor seine Arbeit gemacht hat. Wenn dann die Leser auf die Fehler aufmerksam machen, wird es mit dem nächsten Buch beim selben Verlag womöglich schwieriger.

Unfreiwillige Komik

„Skyline" bietet noch weiteres Anschauungsmaterial für Autoren. Da wäre etwa die unfreiwillige Komik. In einer Szene sind die Helden in der Wohnung zusammengepfercht, Nervosität und Lagerkoller machen sich breit. Die blonde Candice greift zur Zigarette. Richtig, auch das ist ein Klischee. Warum können nervöse Menschen nicht mal Gummibärchen essen oder an den Zehennägeln ihrer Pudel kauen?
Wem die Qualmerei gar nicht gefällt, ist Elaine, die, Sie erinnern sich, seit kurzem schwanger ist. Also beschuldigt Elaine Candice der Rücksichtslosigkeit. Wie könne sie angesichts des Kindes in ihrem Bauch bloß rauchen! Draußen vor den Fenstern toben derweil die Außerirdischen und zerlegen den Planeten. Aber der Bundesgesundheitsminister warnt uns eben nur vorm Rauchen, nicht vor Aliens. Selbst hartgesottene Monsterfreunde wie ich können spätestens nach dieser Szene den Film trotz aller Anstrengungen nicht mehr ernstnehmen.

Für Sie heißt das: Achten Sie darauf, wie Einzelheiten im Zusammenhang Ihres gesamten Textes wirken. Verlassen Sie sich dabei nicht nur auf Ihr eigenes Urteil.

Subplots

Subplots sind dazu da, einen Film oder einen Roman tiefer, eindringlicher, komplexer zu machen. Sie leisten das, indem sie den Hauptplot spiegeln oder konterkarieren oder Alternativen aufzeigen.
Beim typischen Hollywood-Blockbuster sieht das oft so aus: Held will Welt retten (Hauptplot), Tochter des Helden will ihr Kaninchen retten (Subplot). Ebenfalls gern genommen wird der Liebe-Subplot, wo der mutige Polizist auch ein bisschen Privatleben haben darf, um seine weiche Seite zu zeigen. In Skyline hat man selbst auf solche banalen Subplots verzichtet. Fast.
Einen haben die Autoren immerhin versucht:
Candice ist mit Terry zusammen, aber Terry betrügt sie mit seiner Assistentin Denise. Candice findet das heraus. Das erzeugt Erwartung beim Leser, Suspense. Man erwartet, dass der angedeutete Subplot die Beziehungen zwischen den Figuren interessanter macht. Man hofft auf Intrigen und Eifersüchteleien, die den Kampf ums Überleben weiter erschweren. Auf schwierige Entscheidungen, zum Beispiel, ob Candice in einer brenzligen Situation ihre Nebenbuhlerin umkommen lässt oder ob sie ihr hilft. Vieles ist denkbar. Die Autoren aber kappen den Subplot, indem sie Terry frühzeitig und kurz darauf auch Denise sterben lassen.

Das Ergebnis: Der Zuschauer fühlt sich enttäuscht, wenn nicht getäuscht. Die Szenen, die zum Subplot gehören, sind überflüssig geworden. Der Film dümpelt weiter im flachen Wasser. Die Lektion für uns Autoren: Wenn man schon einen Subplot beginnt, sollte man ihn auch zu Ende führen. Besser, man verzichtet ganz darauf, als ihn so schnöde abzuwürgen, wie in „Skyline" geschehen.

Angemessene Belohnungen

Im Finale werden Held und Heldin zum Raumschiff hochgezogen, gemeinsam. Und was tun sie, die sie eben noch ums Überleben gekämpft haben, halb tot sind vor Wunden und Schmerzen? Sie küssen sich, mitten in der Luft. Dieser Kuss ist nicht nur unglaubwürdig, er wird auch kitschig inszeniert.

Warum fühlt man sich als Zuschauer bei diesem Kuss nicht wohl? Weil er erstens unglaubhaft ist und zweitens, trotz der Kämpfe der Helden, unverdient wirkt. Zumal der Film da noch nicht zu Ende ist.

Für Sie heißt das: Sie dürfen Ihre Helden gerne mal belohnen, und das nicht nur am Ende. Aber sehen Sie zu, dass diese Belohnungen verdient und angemessen sind.

Nichts zurückhalten!

Das abstruse Ende zu verraten, erspare ich mir. Falls Sie sich den Film zu Studienzwecken ja noch ansehen möchten. Eine schlechte Nachricht für Filmliebhaber: Eine Fortsetzung des Films ist schon in Arbeit. Aber, toitoitoi, bis heute, im Juni 2013, ist noch keine Fortsetzung in Sicht.

Und sogar das hält noch eine Lektion für Sie bereit. Falls Ihr Erstling der erste Roman einer Serie werden soll, so halten Sie nichts für die kommenden Bücher zurück. Denn je mehr von den guten Sachen Sie zur späteren Verwendung bunkern, desto unwahrscheinlicher ist es, dass es überhaupt eine Serie geben wird. Geben Sie alles, was Sie haben. Immer.

Wenn Sie Glück haben, ist Ihr Bestes gerade gut genug.

HIDDEN TRACK / SATIRE

Schreib den verd... Roman – für Blinde

So schreiben Sie für eine Zielgruppe mit, nun, speziellen Bedürfnissen

Blinde sind auch Menschen. Oder, in der unverblümten Sprache der Ökonomie: Blinde haben auch Geld, das man ihnen aus der Tasche ziehen kann. Und sie können einem anschließend nicht hinterher rennen, wenn sie den Klau bemerkt haben.

Sie haben Skrupel, so etwas zu tun? Das ehrt Sie. Möchten Sie statt eines reinen Gewissens lieber Erfolg als Autor, vergessen Sie besser Ihre Skrupel. Zudem Blinde doch wohl das gleiche Recht darauf haben, bestohlen (oder veräppelt) zu werden wie jeder andere. Und wenn es mit einem schlechten Buch ist.

Wie muss nun ein Text beschaffen sein, der bei blinden Lesern auf Interesse und Zuneigung stößt? Vor allem sollte er auf Bezüge zur Augenwelt verzichten. „Nachtigall, ick hör dir trapsen" geht in Ordnung, „Trau, schau wem" lassen Sie lieber weg. Was dem Autor nach den ersten Zeilen, nun ja, ins Auge fällt: Schreiben hat sich zu einer in erster Linie visuellen Kunst entwickelt.

Wie sieht nun ein typisch die Augen reizender Text aus? Und wie kann man ihm das Visuelle austreiben?

Ein schlechtes Beispiel:

Es war ein Blauhimmeltag, weiße Wölkchen flockten sich wie Schaum über dem baumgrünen Land, und blau nicht wie der Himmel, nein, kornblumenblau strahlten ihre Augen. Wie sie herbeigeeilt kam, ihre Schritte ein Schweben, der Gang einer Elfe, ach, schon von weitem küsste mich ihr Lächeln.
„Wie sehe ich aus?" Sie blickte mir tief in die Augen. „Findest du, die Farbe meines Kleides steht mir?"
„Deine tänzerische Anmut hast du von Katarina Witt, das verträumte Lächeln von Juliette Binoche – und diesen funkelnden Reif an deinem Handgelenk ..."
„Der ist von Karstadt. Da hat die Verkäuferin mal eben nicht hingesehen – und *schwupps* – habe ich ihr das Ding stibitzt."
„Aber die Überwachungskameras überall. Außerdem sieht jeder, der Reif ist kein echtes Gold. Und was steht da so winzig klein eingraviert? Ein Ring sie zu knechten, sie alle zu finden ... Nun ja, die Hauptsache ist, für deine schändliche Tat gab es keine Augenzeugen."

Ein solcher Text muss sich für einen von Geburt an Blinden anhören wie seinerzeit für mich die Vorlesung Makroökonomik. Doch was meinem Professor nicht gelang – sich verständlich auszudrücken –, darf Ihnen als Autor keine Probleme bereiten. Mit einigen wenigen geschickten Korrekturen machen Sie obigen Text blindengerecht.

Die bessere Fassung:

Es war ein warmer Tag, die Luft roch klar, nur dann und wann spürte ich den kleinen Schatten einer Wolke. So warm wie der Wind, so warm war ihre Stimme, die mir schon von der anderen Seite der Straße entgegen flog. Ihre Schritte (und die ihres Blindenhundes Huxley) trippelten den Rhythmus meines liebsten Liedes auf den die Hitze abstrahlenden Asphalt.
„Wie fühle ich mich an?", fragte sie und bot ihr Antlitz meinen tastenden Händen.
„Findest du nicht, die Seide meines Kleides streichelt sich herrlich kühl und glatt?"
„Dein Duft ist der Duft nach Oleander, dein Näschen hat die schlanke Form von Nofretetes Nase – und dieses Croissant, das ich da in deiner Tüte ertaste …"
„Das ist von Böckeler. Ich habe der Verkäuferin einfach vorgejammert, wie verführerisch die Backwaren dufteten und wie gerne ich sie doch sehen würde. Denn wenn sie nur halb so gut aussähen wie sie röchen … Sie hat mir das Croissant geschenkt."
„Nun ja, die Hauptsache ist, kein anderer Blinder hat gehört, wie du unser Handicap ausnutzt. Wenn das jeder so machte wie du, müssten wir die Hörnchen und Schneckennudeln und Butterkuchenstücke künftig bezahlen."

So viel zum Sprachlichen. Freilich ergibt eine gute Sprache allein noch keinen guten Text oder gar einen guten Roman, auch wenn manche das glauben – ein Irrglauben, nebenbei bemerkt, der für den traurigen Zustand der deutschen Literatur verantwortlich ist. Der überwiegende Teil der Menschen, blind oder sehend, hört lieber Geschichten, die nicht nur schön klingen, sondern auch gut erzählt sind. Dabei ist der verd… Roman für Blinde erzählerisch wenig anspruchsvoll. Hollywood macht seit Jahren vor, wie es geht. Und warum nicht von den Meistern lernen – selbst wenn es nur die Meister des Geldverdienens sind?

Der klassische Hollywood-Plot geht so: Blindes blondes Mädchen aus armen Verhältnissen lernt sehenden Prinzen kennen, der sich in ihre ätherische Schönheit verliebt (und in ihre Ungeschicklichkeit: dauernd stößt sie die teuren Ming-Vasen seiner Mutter, der Königin, um). Ein blinder schwarzer Pianist (Ray Charles) kommentiert das Geschehen mit munterem Blues und peinlichen Blindenwitzen. Das blinde Mädchen aber, Blanche, hat eine böse Konkurrentin. Die sehende schwarzhaarige Melanie will Blanche den Prinzen abspenstig machen. Melanie behauptet, der Prinz strecke Blanche die Zunge heraus und werfe ihr, Melanie, feurige Blicke und Luftküsse zu. Alles Lüge, aber der blinden blonden Blanche mangelt es an Selbstvertrauen, und sie glaubt ihrer gemeinen Konkurrentin.
Die blinde blonde Blanche aber hat ein gutes Herz (und wie wir alle wissen, sieht man nur damit gut). Sie sagt sich, der Prinz wäre ohne sie besser dran. Sie erhört sein Werben nicht und entsagt der Welt in einem abgeschiedenen Kloster. Die blinde Äbtissin lädt die blinde blonde Blanche in den Chor ein, wo sie gemeinsam mit dem blinden Organisten (Stevie Wonder) Gottes Lob singen und anschließend gemeinsam über die peinlichen Blindenwitze des Organisten lachen. Der Chor hat seinen Auftritt – ausgerechnet bei der Hochzeit des Prinzen mit Melanie.

Der Prinz aber, schon mit dem Ring in der Hand und dem Versprechen auf den Lippen, hört die Stimme der blinden blonden Blanche und ist verzaubert. Er lässt Melanie, die Hochzeit und den Thron sausen und geht als Manager mit dem Chor auf Welttournee. Gemeinsam bekommen er und die blinde blonde Blanche sieben entzückende Kinder, die zwar nur auf einem Auge, dafür aber mit sämtlichen Herzkammern sehen können.

Trauen Sie sich, diesen Plot zu variieren: Lassen Sie die blinde blonde Blanche ruhig auch mal Vasen aus der Qing Dynastie (1644–1911) umstoßen.

In Deutschland leben mehr als eine Million blinde oder sehbehinderte Menschen. Oder, in der unverblümten Sprache der Ökonomie: potenzielle Hörer Ihrer auf diese Zielgruppe zugeschnittenen Texte. Na, hören Sie da nicht auch die Nachtigall über ein Meer aus Buchseiten (oder Geldscheinen) trapsen? Ick schon. Dann sehen Sie mal zu, wie Sie Ihren verd... Roman für Blinde – ach, verflixt!

Nachtrag: Haben Sie schon vom Skandal beim Tapetenhersteller Borges aus Satzkorn gehört, den die BILD jetzt aufgedeckt hat? Viele Jahre wurden da, von der breiten Öffentlichkeit unbemerkt, Witze über Sehende verbreitet – auf Raufasertapeten.

(Dieses Kapitel gibt es auch als Hörtext: www.waldscheidt.de/blindeglosse.mp3)

Impressum

Bessere! Romane! Schreiben! 1 & 2
von Stephan Waldscheidt

Ein Autorenratgeber von schriftzeit.de.
Erweiterte Artikel aus dem Blog schriftzeit.de 2010 / 2011
Grundlage dieser Ausgabe sind die E-Books »*Bessere! Romane! Schreiben!*« und »*Bessere! Romane! Schreiben! 2*«, die für die Druckausgabe überarbeitet wurden. Der Hidden Track über Monster mit und ohne Reißverschlüsse erschien erstmals 2011 in *The Tempest*; die Satire über den Blindenroman in der *Federwelt*. Neu in Buchform ist der Fragebogen samt Auswertung über Bestseller.

3., erweiterte und überarbeitete Auflage, Oktober 2016

Druck: createspace.com
ISBN-10: 1478314028
ISBN-13: 978-1478314028

© Stephan Waldscheidt 2010-2016. Alle Rechte vorbehalten.
© Titelillustration: shutterstock

Ihre Fragen und Anregungen: **blog@schriftzeit.de**

Wenn Ihnen das Buch gefallen hat, freue ich mich über eine Weiterempfehlung oder Ihre Besprechung, etwa bei amazon.de. Bücher wie dieses leben von den Besprechungen ihrer Leser.
Falls Sie Fehler entdecken, teilen Sie mir die bitte per Mail an blog@schriftzeit.de mit. So kann ich sie in diesem Print-On-Demand-Buch unkompliziert und schnell beheben. Fehler in einer Rezension zu erwähnen, schadet dem Buch, und das solange das Buch auf dem Markt ist – selbst wenn die Fehler längst behoben wurden. Danke schön.

Herausgeber:
Stephan Müller
Marie-Juchacz-Str. 17
76137 Karlsruhe
Fon: +49 721 467 169 31
hallo@fallera.de

Sämtliche Texte und Bilder dieses Werks sind urheberrechtlich geschützt. Das gilt insbesondere auch für in diesem Werk verwendete Zitate, deren Rechte-Inhaber im jeweiligen Artikel angegeben sind. Eine Nutzung ohne Genehmigung des jeweiligen Urhebers oder Rechteinhabers ist nicht zulässig und daher strafbar. Für Web-Links und Fremdinhalte übernimmt der Herausgeber keine Haftung.

"Stets griffbereit empfiehlt es sich, Waldscheidts Leitfäden unter 'Duden des Schreibens' einzusortieren. Im deutschen Raum ist mir kein vergleichbarer Ratgeber mit solch geballter Portion an Wissen über das Schreiben bekannt."
('Real Name' in einer Amazon-Besprechung)

Vor dem klugen Publizieren kommt das Schreiben ...

Tipps, Wissen, Inspiration finden Sie in meinen Schreibratgebern und auf meinem Blog schriftzeit.de

"Ihre Schreibratgeber helfen immer, lieber Stephan Waldscheidt! Ich arbeite mittlerweile fast täglich mit Ihren Ratgebern. Sowohl Texte verbessern, als auch Wissen aneignen, um den nächsten Text gleich von Anfang an besser zu schreiben, klappt prima.
Sie schreiben wunderbar verständlich. Ich hätte nie gedacht, dass ich einmal ein Fan von 'Sachbüchern' werden könnte!
Danke für so viel Spaß bei der Arbeit!"
(Andrea Senf)

SCHRIFTZEIT

Blättern Sie um ...

schriftzeit.de/rat

Hilft, spornt an, macht produktiver.

Schriftzeit Autorenratgeber

Wie Sie das Leben als Schriftsteller perfekt meistern und produktiver schreiben

Mein Buch ✓

AUTORS KLEINER HELFER
STEPHAN WALDSCHEIDT

Geeignet für...
- Autoren allgemein: ★★★★★
- Schreib-Anfänger: ★★★★
- Roman-Anfänger: ★★★★★
- Roman-Fortgeschrittene: ★★★★★
- Roman-Profis: ★★★

"Gute Tipps und Tricks zur Eigenmotivation. Das Buch ist gut strukturiert und flüssig geschrieben, gut zu lesen. Man kann im Inhaltsverzeichnis auch einfach Stichpunkte nachschlagen, die gerade für das eigene Autoren-Befinden wichtig sind. Es ist auch nicht (nur) für Anfänger geschrieben. Auch Fortgeschrittene und Vielschreiber werden darin manches Nützliche finden. Ich kann es nur empfehlen." (B. Flier auf Amazon)

AUTORS KLEINER HELFER
Taschenbuch & E-Book für alle Reader
Überall im Handel. ISBN-13: 978-3-8476-5377-6

Alles, was Sie über Adjektive wissen müssen.

Schriftzeit Schreibratgeber

"Ein rundum gelungenes Büchlein, das mit einer geballten Ladung an hilfreichen Tipps daherkommt"
(N. Hasse auf Amazon)

ADJEKTIVE STEPHAN WALDSCHEIDT
Gut oder böse?
KLEINER STILRATGEBER FÜR AUTOREN

Geeignet für...
Autoren allgemein: ★★★★
Schreib-Anfänger: ★★★★
Roman-Anfänger: ★★★★★
Roman-Fortgeschrittene: ★★★★★
Roman-Profis: ★★★★★

"In Waldscheidts Ratgeber findet man alle 'darfst' und 'sollst-nicht' verständlich erklärt und mit verständlichen Beispielen illustriert. Empfehlenswert für Autorinnen von belletristischen Texten, aber auch Autoren von Sach- und Fachtexten können noch etwas dazu lernen."
(BleK auf Amazon)

ADJEKTIVE – GUT ODER BÖSE?
Kindle E-Book
Exklusiv bei Amazon

Schriftzeit Schreibratgeber

STEPHAN WALDSCHEIDT

"Legt dem lernwilligen Schreiber und auch den erfahrenen Autoren nahe, welch großartiges Stilmittel der Absatz ist."
(R. Name auf Amazon)

SPANNENDER & BESSER SCHREIBEN MIT

ABSÄTZEN

Kleiner literarischer Stilratgeber für ein großes Stilmittel der Dramaturgie

Stephen Kings grundlegende Einheit beim Schreiben.

Geeignet für...
- Autoren allgemein: ★★★★
- Schreib-Anfänger: ★★★★
- Roman-Anfänger: ★★★★★
- Roman-Fortgeschrittene: ★★★★★
- Roman-Profis: ★★★★★

"Kurz, aber knackig. So macht lernen beziehungsweise das Verbessern seiner eigenen Texte Spaß." (S. Mrowka auf Amazon)

SPANNENDER UND BESSER SCHREIBEN MIT ABSÄTZEN. Kindle E-Book Exklusiv bei Amazon

Entdecken Sie die Tricks der Bestseller!

Geeignet für...

Autoren allgemein: ★★★
Schreib-Anfänger: ★★
Roman-Anfänger: ★★★
Roman-Fortgeschrittene: ★★★★★
Roman-Profis: ★★★★★

"Stephan Waldscheidt hat einen Ratgeber geschrieben, wie er sein soll: Witzig, provozierend, unterhaltend, die Inhalte exakt und ohne Umschweife auf den Punkt gebracht und mit vielen Beispielen anschaulich belegt."
(Aus der Laudatio – Gewinner des Indie-Autor-Peises der Leipziger Buchmesse)

SCHNELLER BESTSELLER
Paperback & E-Book für alle Reader.
Überall im Handel.

Paperback: ISBN-13: 978-1484986240
E-Book: ISBN-10: 3-8476-5379-2

Ihr Schreibtrainer für die einsame Insel.

"Der Schreibratgeber für die einsame Insel" (Gabi P. auf Amazon)

STEPHAN WALDSCHEIDT
SCHREIBCAMP
DIE 28-TAGE-FITNESS FÜR IHREN ROMAN

Geeignet für...
Autoren allgemein: **
Schreib-Anfänger: *
Roman-Anfänger: ****
Roman-Fortgeschrittene: *****
Roman-Profis: *****

"Das ideale Coaching für den 'NaNoWriMo' oder die ein oder andere nächtliche Korrekturschlacht mit dem eigenen Roman." (Curacao auf Amazon)

"Stephan Waldscheidt beginnt mit dem Versprechen: 'Dieses Buch wird Ihren Roman besser machen. Vom ersten Tag an.' Und dieses Versprechen hält er auch." (M. Kohrt auf Amazon)

SCHREIBCAMP (Arbeitsbuch)
E-Book für alle Reader.
Überall im Handel. ISBN-10: 3-8476-5369-5

Intensivere Emotionen für Ihre Leser!

STEPHAN WALDSCHEIDT
SCHREIBCAMP EMOTIONEN
DIE 29-TAGE-FITNESS FÜR IHREN ROMAN

"Informativ, unterhaltsam & fundiert"
(Richard Norden)

Geeignet für...
Autoren allgemein: ★★★
Schreib-Anfänger: ★
Roman-Anfänger: ★★★★
Roman-Fortgeschrittene: ★★★★★
Roman-Profis: ★★★★★

"Warum ist dieser Ratgeber so gut? Weil er einfach jede Möglichkeit, Emotionen in den Roman zu bringen, durchleuchtet. Weil er dort weitermacht, wo andere Ratgeber aufhören. Dieses kleine Kindle-Büchlein hat mich motiviert, meine Romanidee neu anzugehen. Dort, wo ich nicht weiterkam, ist plötzlich wieder Land in Sicht. Super." (a.c. auf Amazon)

SCHREIBCAMP:EMOTIONEN
Arbeitsbuch. E-Book für alle Reader.
Überall im Handel. ISBN-13: 978-3-8476-9439-7

Romane schreibt man heute so:

schriftzeit.de

facebook.com/waldscheidt

twitter.com/schriftzeit

blog@schriftzeit.de

Printed in Great Britain
by Amazon